Informatik-Fachberichte 307

Herausgeber: W. Brauer
im Auftrag der Gesellschaft für Informatik (GI)

Subreihe Künstliche Intelligenz

Mitherausgeber: C. Freksa
in Zusammenarbeit mit dem Fachbereich 1
„Künstliche Intelligenz" der GI

G. Klose E. Lang Th. Pirlein (Hrsg.)

Ontologie und Axiomatik der Wissensbasis von LILOG

Wissensmodellierung im IBM Deutschland LILOG-Projekt

Springer-Verlag
Berlin Heidelberg New York London Paris
Tokyo Hong Kong Barcelona Budapest

Herausgeber

Gudrun Klose
TU Berlin, Fachbereich Informatik (20)
Franklinstraße 28/29, W-1000 Berlin 10

Ewald Lang
Universität Wuppertal, SFB 282 „Theorie des Lexikons"
Gauß-Straße 20, W-5600 Wuppertal

Thomas Pirlein
IBM Deutschland GmbH
Wissenschaftliches Zentrum, WT-IWBS 7000-75
Schloßstraße 70, W-7000 Stuttgart 1

CR Subject Classification (1991): I.2, I.2.4

ISBN-13: 978-3-540-55306-9 e-ISBN-13: 978-3-642-77387-7
DOI: 10.1007/978-3-642-77387-7

33/3140-543210 – Gedruckt auf säurefreiem Papier

Vorwort

Die *Wissensbasis von LILOG* stand in der über fünfjährigen Laufzeit des LILOG-Projekts stets im Brennpunkt des Interesses - als Integrationsbereich der diversen Subprojekte und Verteilerknoten für kooperativ zu lösende Aufgaben; als Quelle praktischer Erfordernisse und Testfeld theoretischer Erwägungen stand sie folglich auch im Schnittpunkt vielfältiger Diskussionen. Der vorliegende Band will den nach Abschluß des Projekts erreichten Stand dieser Diskussionen dokumentieren und damit zur Erarbeitung von *erfahrungsgestützten und theoriegeleiteten Entwurfsprinzipien* für Wissensbasen beitragen.

Die Beiträge des Bandes beziehen sich vornehmlich auf die Wissensbasis von LEU/2, die zweite LILOG-Experimentier-Umgebung, die im Juli 1990 im Wissenschaftlichen Zentrum der IBM Deutschland GmbH als prototypische Implementierung eines textverstehenden Systems der internationalen Öffentlichkeit vorgestellt wurde. Der für diesen Band gewählte spezielle Blickwinkel läßt sich durch einen kurzen Blick auf die Projekt-Geschichte wie folgt verdeutlichen. Das übergreifende Gesamtziel des 1985 begonnenen Projekts LILOG (= '**Li**nguistic and **log**ic methods for the computational understanding of German') wird in dem von O. Herzog und C.-R. Rollinger herausgegebenen Abschlußberichtsband[1] so formuliert:

> "The various reasons for IBM to perform LILOG ... resulted in the practical goal to develop a system capable of understanding German texts, [i.e. a system] able to extract knowledge from these texts and to represent it in such a way that enables further processing." [p. 3]

Zur Erreichung dieses ehrgeizigen Ziels wurde fünfeinhalb Jahre lang großflächige Grundlagenforschung in fast allen einschlägigen Disziplinen und Bereichen geleistet, mit einer durchschnittlichen Anzahl von ca. 60 (insgesamt etwa 200) Wissenschaftlern und - zum Zeitpunkt der Entwicklung von LEU/2 - sechs arbeitsteilig in Subprojekten mit LILOG kooperierenden Universitäten (Hamburg, Stuttgart, Osnabrück, Tübingen, Saarbrücken und Trier). Der als Referenz-Buch für LILOG unerläßlich zu konsultierende Berichtsband von [Herzog, Rollinger (Eds.)] präsentiert das gesamte Spektrum von Inhalten, Strukturen und Ergebnissen des LILOG-Projekts im Überblick, während der vorliegende Band ergänzend dazu konzentriert ist auf eine detaillierte Rekonstruktion und Problemanalyse der Erfahrungen, die beim Aufbau der Wissensbasis von LILOG gesammelt werden konnten.

Die Implementierung des ersten Prototypen im Jahre 1988 brachte eine erste Konkretisierung von bis dahin erreichten Projektergebnissen. Relevant für die Entwicklung waren die danach präziser stellbaren Anfragen und schärfer konturierbaren Einsichten zum *Inhalt* der zu kodierenden Wissensbasis: um dem gesteckten Ziel nach Schaffung eines wissensbasierten Textverstehenssystems näher zu kommen, mußten beträchtliche Anteile sowohl von Alltagswissen ("common sense knowledge" oder "world knowledge") als auch von linguistisch aufbereitetem Sprachwissen ("word knowledge") repräsentiert und für verschiedene Systemkomponenten verfügbar gemacht werden. Die Wissensbasis wurde in dem innerhalb des Projekts entwickelten Formalismus L_{LILOG} geschrieben und mit der dazugehörigen Inferenzmaschine getestet - vgl. hierzu Kap. 2.1 in [Herzog, Rollinger (Eds.)] und den Beitrag von Bollinger (in diesem Band). Angesichts

1 O. Herzog, C.-R. Rollinger (Eds.): Text Understanding in LILOG: Integrating Computational Linguistics and Artificial Intelligence. Final Report on the IBM Germany LILOG Project. (= Lecture Notes in Artificial Intelligence 546). Springer-Verlag, Berlin-Heidelberg-New York etc. 1991

des zu erstellenden Frage-Antwort-Systems ergab sich für die Wissensbasis zudem die Anforderung, daß das benötigte Hintergrundwissen sowohl die Repräsentation der textuellen Information im Sinne *expliziten Textwissens* unterstützt als auch weitergehende Inferenzprozesse bezüglich des *impliziten Textwissens* erlaubt - vgl. hierzu die Beiträge von Gängler & Wachsmuth und von Börkel (in diesem Band). Nach der Fertigstellung von LEU/2 im Sommer 1990 wurde den an der Implementierung Beteiligten eine etwa einjährige Phase intensiver Auswertung ermöglicht, in deren Verlauf Ontologie und Axiomatik der Wissensbasis zum Thema eines von den Herausgebern im Oktober 1990 veranstalteten Workshops wurden, dessen kontroverse und kreative Diskussion zur Konzipierung dieses Bandes geführt hat. Die hier abgedruckten Beiträge sind jedoch inzwischen so weit überarbeitet und aktualisiert worden, daß sie bereits die nächste Diskussionsrunde repräsentieren.

Anlage und Problemauswahl des vorliegenden Bandes sind durch mehrere ineinandergreifende Motive bestimmt. Zunächst einmal ist es angesichts der eindrucksvollen Größenordnung und Bandbreite des LILOG-Projekts von aktuellem Interesse, den letztlich funktionsfähig implementierten Kernbereich der Wissensbasis in den Fokus einer kritischen und weiterführenden Analyse "post festum" zu rücken. Sodann dürfte es die Wirkung von LILOG im internationalen Bereich nachhaltig unterstützen, wenn die hier beim Knowledge Engineering gesammelten Erfahrungen in detaillierter und reflektierter Form mitgeteilt und zur Debatte gestellt werden. Es gibt in der Literatur zur Wissenrepräsentation und zur Architektur von Wissensbasen bisher kaum Studien, die auf einen vergleichbar reichhaltigen Erfahrungsfundus zurückzugreifen willens oder in der Lage wären. Nun liegt mit der ausgezeichneten Monographie von Ernest Davis[2] erstmals auch ein Lehrbuch zur Wissensrepräsentation vor, das verschiedene Ansätze und Formalisierungsvarianten aus der Literatur referierend aufarbeitet und als ergänzende Lektüre für den vorliegenden Band unbedingt zu empfehlen ist, aber ersetzen kann sie ihn nicht. Zum einen bekennt Davis im Vorwort seines Buches die Ausblendung von "representations of knowledge based on linguistic considerations" als "important omission", während unser Band genau diesem Aspekt besonders viel Aufmerksamkeit widmet. Zum anderen hat die vorliegende Aufsatzsammlung eine zu einem Lehrbuch komplementäre Konzeption. Statt um die Darstellung mehr oder minder exemplarischer Beispiele geht es uns primär darum, bei der Entwicklung der Wissensbasis von LILOG getroffene oder erwogene Modellierungsentscheidungen zu dokumentieren und in ihrem Zusammenhang mit der gesamten Implementierung zu diskutieren.

Die geläufige Tatsache, daß Inhalt und Technologie von Wissensbasen auf Fachkonferenzen ebenso wie in der einschlägigen Literatur eher verschwiegen als öffentlich ausgebreitet werden, hat uns ermutigt, am Beispiel von LEU/2 einmal wirklich in die Tiefe zu gehen und einen gerade abgeschlossenen Abschnitt der eigenen Forschung gründlich und schonungslos auszuleuchten. Gewisse Fehlentscheidungen oder Notlösungen werden somit nicht vertuscht, sondern ausdrücklich in die Auswertung einbezogen.

Im Zentrum der Diskussion steht das Hintergrundwissen, das seit der Fertigstellung des zweiten Prototypen einen integralern Bestandteil des Systems bildet. Zu diesem Zeitpunkt umfaßt die Wissensbasis von LEU/2 etwa 700 Konzepte, ca. 300 Axiome ("Regeln") sowie im Durchschnitt 20 Attribute pro Konzept - zu Details vgl. Börkel und Gerstl (in diesem Band). Die Aufteilung der Konstrukte in Ontologie

---

2 Ernest Davis: Representations of Commonsense Knowledge, Morgan Kaufmann Publishers, San Mateo, CA 1990

einerseits und Axiomatik andererseits wird vom Formalismus nahegelegt, aber von mehreren Autoren des Bandes problematisiert. Die vielfältigen Querverbindungen, mit Hilfe derer die Wissensbasis als Integrationsbereich und Verteilerknoten mit den übrigen Komponenten des Systems interagiert, finden in der Anlage des Bandes ihren direkten Niederschlag durch abgestimmte wechselseitige Bezugnahmen unter den Autoren, durch die z. T. mehrfache Kommentierung von Hauptbeiträgen und durch die Gliederung des Bandes in vier inhaltlich eng verbundene thematische Teile.

Teil I: **Aspekte der Wissensmodellierung in natürlichsprachlichen Systemen** spannt zunächst die einschlägigen Problemfelder aus verschiedenen Blickwinkeln auf. Als Einführung dient ein pragmatisch orientierter kritischer Rückblick auf den Verlauf der Implementierung der LILOG-Wissensbasis. Es folgen ein Plädoyer aus linguistischer Sicht für die repräsentationelle Differenzierung von sprachlichem und nicht-sprachlichem Wissen anhand von LEU/2 und ein Grundsatzartikel aus KI-Sicht mit (durch Fallstudie illustrierten) Reflexionen über die Nutzung naiver Theorien in der Wissensrepräsentation.

Teil II: **Wissensmodellierung und sprachliche Oberfläche** diskutiert die unterschiedlichen Ansprüche, denen die Wissensmodellierung eines textverstehenden Systems unter dem Aspekt ihrer kognitiven Adäquatheit und unter den Anforderungen der Generierung gerecht werden muß. Dabei wird die in Teil I aufgeworfene Frage der Differenzierung von sprachlichem und nicht-sprachlichem Wissen aus der jeweiligen Perspektive von Analyse und Generierung aufgegriffen und weitergeführt.

Teil III: **Wissensmodellierung und Inferenzen** beginnt mit einer methodologisch akzentuierten Studie zum "Ontological Engineering", die am Beispiel des Wissens über räumliche Objekte auf die Rolle empirischer Theorien (z.B. aus der linguistischen Semantik) für die Wissensmodellierung hinweist und die Schritte ihrer Überführung in die LEU/2-Wissensrepräsentationen vorführt. Es folgt ein Erfahrungsbericht, der am Beispiel des temporalen Bereichs den engen Zusammenhang von Modellierungs- und Inferenzaspekten thematisiert. Dieser Zusammenhang wird in den folgenden Aufsätzen weiter aufgefächert - in einer kritisch-konstruktiven Bestandsaufnahme der aktuellen Implementierung von L_{LILOG} und in einem Beitrag, der die Modellierung des für sprachnahe Inferenzen benötigten regelhaften Hintergrundwissens diskutiert.

Teil IV: **Entwicklung und Verwaltung der Wissensbasis** bietet zunächst einen Beitrag, der positive und negative Erfahrungen mit der Verwaltung der Wissensbasis in praktikable Richtlinien zur Projekt-organisation umzusetzen versucht. Den Abschluß bildet eine Retrospektive auf die LILOG-Wissensbasen vom ersten Prototypen bis zu LEU/2 und kennzeichnet die dabei gewonnenen Erfahrungen.

Die **Anhänge** dokumentieren Struktur und Konzeptinventar der Wissensbasis, die Syntax von L_{LILOG} sowie das zugrunde gelegte Textkorpus.

Zentriert auf die Wissensbasis geben die hier abgedruckten Beiträge und Kommentare, indem sie über konkrete Entscheidungen im Alltag des Knowledge Engineering informieren, zugleich auch einen erheblichen Teil der in LILOG geleisteten Arbeit zur Integration von Wissensbasis und Nachbar-komponenten wie Syntax, Semantik und Lexikon wieder. Jedes dieser Anschlußstücke für sich wie auch ihre Abstimmung untereinander wären sicher einen eigenen Band wert. Ausführlichere Darstellungen dieser Komponenten finden sich in den Kap. 1.2 - 1.4 in [Herzog, Rollinger (Eds.)].

Was in diesem Band eingestandenermaßen zu kurz kommt, aber an den Leser zumindest als Anregung weitergegeben werden sollte, ist eine *Gegenüberstellung* der Wissensbasis von LILOG mit den Wissensbasen vergleichbarer Projekte. Ein erster Rundblick in der KI-Landschaft ergibt folgendes Bild:

Im deutschen Sprachraum ist derzeit keine vergleichbar große implementierte Wissensbasis für Zwecke der Textverarbeitung oder ähnliche Zielsetzungen auszumachen, aber das kann sich ja rasch ändern. Im anglo-amerikanischen Bereich sind zumindest vier einschlägige Ansätze zu nennen, die für einen Systemvergleich in Frage kommen, aber doch wesentliche - hier nur in Stichworten angedeutete - Unterschiede zu LILOG aufweisen. So verfügt das CYC Project des MCC in Austin, Texas[3] zwar über eine deutlich größere Wissensbasis als LEU/2, jedoch wurde die geplante natürlichsprachliche Anbindung wegen mangelnder Eignung der Wissensbasis vorerst wieder verworfen [Jim Barnett, pers. Mit. vom Oktober 1991]. Das Penman-Upper-Model[3] ist insbesondere für Sprachgenerierung eingerichtet und unterstützt weder Belange der Analyse noch Inferenzprozesse - vgl. den Beitrag von Novak (in diesem Band). Die von K. Dahlgren und J. McDowell[4] erstellte Wissensbasis des Los Angeles Scientific Center der IBM erlaubt lediglich die flache Verarbeitung von relativ einfachen sprachlichen Konstruktionen - so können weder Adjektive analysiert noch Inferenzen gezogen werden. Das von J. Hobbs am SRI geleitete TACITUS Project [5] verdient Beachtung als Vergleichsprojekt vor allem wegen seiner Behandlung von "abductive inferences" durch ein pragmatisches Modul.

Wir verstehen diesen Band, der anhand der Wissensbasis von LEU/2 in die Tiefe zu gehen versucht, zugleich als Aufforderung, unter den hier entwickelten Prämissen in die Breite des verfügbaren Angebots an alternativen Konzeptionen zu gehen. Erfahrung zahlt sich aus erst im Vergleich.

Abschließend möchten wir uns bei den Autoren für ihre Mitarbeit, bei den Gutachtern für wertvolle Hinweise und bei den Herausgebern der Informatik-Fachberichte für die Aufnahme des Bandes in diese Reihe herzlich bedanken.

November 1991 Gudrun Klose, Ewald Lang, Thomas Pirlein

---

3 Guha, R. V. & Lenat, D. B.: CYC: A Midterm Report. *AI Magazine* 11, 3.33-59, Fall 1990

3 Bateman, J.A.: Upper Modelling: Organizing Knowledge for Natural Language Processing, in: Proceedings of the 5th International Workshop on Language Generation, Pittsburgh, PA, 1990, 54-61

4 Dahlgren, K. & McDowell, J. & Stabler, E. : Knowledge Representation for Common Sense Reasoning with Text. *Computational Linguistics* 15, 3.149-170, 1989

5 Hobbs, J. R., Croft, W. *et al.* : The TACITUS Commonsense Knowledge Base, Technical Report, SRI, Menlo Park, CA 1988

Inhalt

I. Aspekte der Wissensmodellierung in natürlichsprachlichen Systemen

In diesem Abschnitt geht es darum, drei verschiedene Sichtweisen auf die Probleme bei der Wissensmodellierung in natürlichsprachlichen Systemen darzustellen: ein eher pragmatischer, implementierungsorientierter Rückblick auf die LEU/2-Entwicklung (*G. Klose, T. Pirlein)* wird kontrastiert mit Ausführungen zur Wissensbasis aus Sicht der Linguistik *(E. Lang)* bzw. der Wissensrepäsentation in der Künstlichen Intelligenz *(K. v. Luck)*. *G. Simmons* kommentiert die linguistische Position unter methodischen Gesichtspunkten. Die in dieser Form aufgespannten Betrachtungsdimensionen finden sich in zahlreichen Beiträgen anderer Abschnitte wieder.

Die Modellierung der LEU/2 - Wissensbasis im Überblick

Gudrun Klose, Thomas Pirlein

Zusammenfassung

Ziel des folgenden Beitrags ist es, aus drei verschiedenen Perspektiven einen Überblick über die Modellierung der Wissensbasis in LEU/2 zu geben, um dem Leser die Lektüre der spezielleren nachfolgenden Artikel zu erleichtern.
Dafür werden zunächst das in LEU/2 angenommene Szenario und die Eigenschaften der Domäne charakterisiert. Hieraus ergibt sich der Bezugsrahmen für die im Modell gewählten Cluster und für den Entwurf der Upper Structure.
Im Anschluß daran werden die Entwicklungen innerhalb des Teilprojektes Knowledge Engineering zu denen des Gesamtprojekts in Beziehung gesetzt. Da sich die Struktur des Projekts in mehrfacher Hinsicht in den Modulen des Systems widerspiegelt, lassen sich auf diese Weise Einflußfaktoren explizieren, die in der Rolle der Wissensbasis als 'Service' für andere Komponenten des Systems begründet sind.
Die dritte von uns gewählte Perspektive besteht aus einer exemplarischen, projekthistorisch orientierten Betrachtung der Veränderungen an einem zu bearbeitenden Textabschnitt. Im Fokus steht hier die Rolle der Aufgabenspezifikation im Sinne der Textrepräsentation, Textverarbeitung und Fragebeantwortung.
Der Beitrag schließt mit dem Versuch, erste methodische Leitlinien aus dem vorhandenen Material abzuleiten und Evaluierungskriterien für implementierte Wissensbasen zu entwickeln.

Aufbau des Modells

Das Szenario für LEU/2

In der KI, speziell in der Teildisziplin 'Textverstehen', setzt sich immer mehr die Auffassung durch, daß man nur mit der Entwicklung von wissensbasierten Systemen einen Zugang zum Verständnis und der Simulation von Sprachphänomenen findet. Dabei wird angenommen, daß das Verstehen von natürlichsprachlichen Äußerungen nicht ohne Wissen über Beziehungen und Gesetzmäßigkeiten in der Welt möglich ist. Methoden, um solches 'Commonsense'-Wissen zu rekonstruieren, sind bisher noch nicht vorhanden.
Versteht man KI als 'the study of mental faculties through the use of computational models' (nach [Charniak and McDermott 85, S.6]), ergeben sich für die Teildisziplin 'Sprachverstehen' zwei Anforderungen: Neben der Entwicklung einer deskriptiven Theorie des Sprachverstehens soll auch ein adäquates Modell implementiert werden.
Eine solche Implementierung wurde im Rahmen des LILOG-Projekts (**LI**nguistische und **LOG**ische Methoden zur maschinellen Verarbeitung des Deutschen[1]) der IBM Deutschland GmbH durchgeführt. Innerhalb dieses Projekts wurde ein prototypisches natürlichsprachliches System implementiert, welches nun in einem zweiten Prototypen LEU/2 (**LILOG-Experimentier-Umgebung/2**)

[1] Vgl. [Herzog et al. 86].

weitergeführt wird[2]. Eine Teilaufgabe besteht dabei neben der Modellbildung der linguistischen Disziplinen wie Morphologie, Syntax, Semantik oder Generierung in der Rekonstruktion von Weltwissen. Eingegliedert war diese Rekonstruktion in ein *Szenario* für LEU/2. In den folgenden Ausführungen gehen wir von der These aus, daß es notwendig ist, ein Szenario für ein wissensbasiertes System zu definieren, um überhaupt adäquat Wissen modellieren zu können. Diese Annahme steht im Widerspruch zu der Konzeption einiger anderer Arbeitsgruppen innerhalb von LILOG, die z.B. von der Allgemeingültigkeit ihrer gefundenen Lösungen ausgingen und damit dem Szenario die Rolle zuwiesen, die gefundenen Ergebnisse nur exemplarisch zu demonstrieren. Im Knowledge Engineering hingegen stellte das Szenario eine konzeptuelle Rahmenbeschreibung dar, innerhalb derer eine Spezifikation der Leistungsfähigkeit des Systems vorgenommen wurde. Dies bedeutete insbesondere eine Festlegung des Aufgabenbereichs, des Gegenstandsbereichs und der Granularität der Modellierung. Das Beispielszenario für LEU/2 kann man wie folgt skizzieren ([Luck et al. 89]):

> Eine Gruppe von Geschäftsleuten hält sich zu einer einwöchigen Veranstaltung in Düsseldorf auf. Während dieser Veranstaltung ist ein freier Nachmittag vorgesehen, der durch Besichtigungen von Sehenswürdigkeiten in der Altstadt von Düsseldorf genutzt werden soll. Zur Information über diese Sehenswürdigkeiten sind textuelle Beschreibungen der jeweiligen Objekte in ein System eingegeben worden, die Nachfragen über die Texte im Sinne eines Auskunftssystems erlauben.

In diesem Szenario sind Informationen über die Aufgabenstellung *explizit* enthalten: LEU/2 ist ein Auskunftssystem, welches natürlichsprachliche Anfragen beantworten soll. Dazu muß Textverstehen praktiziert werden. Der Gegenstandsbereich (die Domäne) ist räumlich eingegrenzt auf die Düsseldorfer Altstadt. Die notwendige Breite und Tiefe der Modellierung (touristische Interessen, Aktionsradius eines Fußgängers, etc.) stecken jedoch *implizit* in der Szenariobeschreibung.
Das Wissen über den Gegenstandsbereich liegt in Form von Texten vor. Um zu zeigen, daß verschiedene Texttypen verarbeitet werden können, wurden drei Arten von *Texten* in den Textkorpus aufgenommen:

Kö-Langtext: Der Langtext ist ca. eine Din-A4-Seite lang und beschreibt die Düsseldorfer Königsallee (Kö) in ihrem Verlauf von Norden nach Süden.
Textbeispiel:

> Die etwa 1 km lange, meist nur "Kö" genannte Königsallee, Düsseldorfs elegante Einkaufs- und Flanierstraße, verläuft in nordsüdlicher Richtung vom Corneliusplatz zum Graf-Adolf-Platz. Zwischen den beiden Fahrbahnen liegt der alte, flache Stadtgraben. Die Allee wurde 1804 angelegt. Zunächst hieß sie Mittelallee. Später hieß sie Kastanienallee, ehe sie im Jahre 1851 ihren heutigen Namen erhielt. An beiden Seiten der von dicht stehenden Bäumen gesäumten Königsallee reihen sich Geschäftshäuser und Verwaltungsbauten aneinander. Exklusive Geschäfte, Restaurants und Terrassencafés findet man an der Ostseite der Kö.

Kurztexte: Hier handelt es sich um eine Sammlung aus 17 Kurztexten. Die einzelnen Texte sind auf Objekte (Restaurants und Sehenswürdigkeiten) im Langtext abgestimmt und sollen Detailinformation bieten (Baugeschichte, Öffnungszeiten, etc.).
Textbeispiel:

> Die Kreuzherrenkirche, die im 15. Jahrhundert als Kloster des Kreuzherren-Konvents erbaut wurde, befindet sich an der Ecke Ratinger Straße/Ursulinengasse. Ab 1803 beinhaltete das Bauwerk Büros, und seit der Restaurierung im Jahre 1968 wurde es als katholische Pfarrkirche genutzt. Besonderheit der gotischen Hallenkirche sind ihre beiden parallelen Schiffe.

Narrativer Text: Der Narrative Text handelt wie der Langtext von der Kö; im Vordergrund steht hier ein Bummel der Geschäftsleute durch die Allee. Wichtig sind dabei weniger Objektdarstellungen

[2]Siehe [Geurts 90].

als vielmehr miteinander verbundene Ereignissequenzen.
Textbeispiel:

> In der ersten Maiwoche fand in Düsseldorf der große LILOG-Workshop statt. Nach der anstrengenden Projektsitzung am Dienstag machten die Teilnehmer des Workshops am Mittwoch einen Ausflug in die Düsseldorfer Innenstadt. Der Bus brachte sie von ihren Hotels am Rhein in rund 30 Minuten zum Hofgarten. Kaum waren sie angekommen, begann es zu regnen, trotzdem unternahmen sie einen etwa einstündigen Spaziergang durch den Park. Gegen 10 Uhr fand man sich am Ausgang ein. Durch die Kö-Passage gingen sie weiter zum Cornelius-Platz. Dort schaute man sich den Schalenbrunnen und die Normaluhr an.

Für die Entwicklung von LEU/2 hat es sich bewährt, zu Beginn auf ein derart allgemeines Szenario zurückgreifen zu können, das groß genug war, um eine relevante Spanne von Phänomenen sowohl sprachlicher als auch inferentieller Art abdecken zu können. Im Laufe der Zeit wurde dieses Szenario mehr und mehr auf eine Bandbreite eingegrenzt, die eine sinnvolle Implementierung ermöglichte. Bei dieser konzeptionell durchaus einleuchtenden Vorgehensweise lassen sich Unterschiede sowohl zur Entwicklung konventioneller Software als auch zu Eigenschaften eines Projektes der Artificial Intelligence Forschung[3] wie CYC festmachen. Bei herkömmlicher Software geht man in der Regel von einer Spezifikationsphase aus, die der Implementierung vorausgeht und die diese in ihrer Funktionalität festlegt. Bei LILOG hingegen gab es *variable Wechselwirkungen* zwischen der Festlegung des Szenarios bzw. der Gestaltung der Texte auf der einen und der Implementierung der verschiedenen Komponenten und Module auf der anderen Seite. Nur so ließ sich eine verläßliche Grenzziehung zwischen Shortcut- bzw. ad-hoc-Lösungen und allgemeingültigeren Teilen des Systems erreichen. Bei CYC hingegen erfolgt die Arbeit an der Wissensbasis ohne jede Spezifikation, da das Ziel des Projekts gerade darin besteht, aufgabenunabhängiges Alltagswissen zu formalisieren und zu implementieren. Die immensen Probleme bei dem Versuch, die CYC Wissensbasis um einen natürlichsprachlichen Zugang zu ergänzen, sind nach neueren Ergebnissen (Jim Barnett, pers. Komm., 1991) auf die mangelnde Eignung der Wissensbasis zurückzuführen und lassen den bei LILOG verfolgten Weg als um so sinnvoller erscheinen.
Die Veränderungen an einem Text im Laufe der LEU/2-Entwicklung werden im Abschnitt "Verarbeitung eines Textes" (s.u.) exemplarisch analysiert. Zunächst sollen jedoch der Aufbau der Wissensbasis und die spezifische Rolle des Hintergrundwissens im LEU/2 Projekt erläutert werden. Aus dem o.a. Szenario lassen sich wichtige Eigenschaften der in LEU/2 zu behandelnden Domäne (Gegenstandsbereich) ableiten. Einige Aspekte werden im folgenden Abschnitt geschildert, bevor der Übergang zu den resultierenden relevanten Entitäten des Modells erfolgt.[4]

Eigenschaften der Domäne

Die modellierungsrelevanten Eigenschaften der Domäne kristallisierten sich auf drei verschiedene Arten heraus. Ein Teil der Überlegungen geschah im Vorlauf zur eigentlichen Kodierung in der Phase der Textauswahl und Eingrenzung der Domäne. (Vgl. hierzu den Ablaufplan des Knowledge Engineering Teilprojekts in Abb. 3.) Eine zweite Gruppe von Charakterisierungen konnte im Laufe der Modellierungsarbeiten und im Spannungsfeld zwischen anderen Komponenten wie Inferenzmaschine, Semantik, Generierung, sowie den spezialisierten Modellierungsgruppen für Raum und Zeit explizit gemacht werden; d.h. der Zwang zur Abstimmung und Koordination führte bei den Beteiligten zur Klärung der erforderlichen Festlegungen. Ein dritter Teil der aufgeführten Domäneneigenschaften schließlich zeigte sich jeweils in dem Moment, wenn Ergebnisse an die wissenschaftliche Öffentlichkeit herangetragen und auf Workshops, Tagungen oder in anderen Forschungslabors mit Vertretern vergleichbarer Projekte diskutiert wurden. Im folgenden sind nur solche Aspekte aufgeführt, die das

[3]Vgl. die Bemerkungen hierzu im Vorwort dieses Bandes.
[4]Eine ausführliche Diskussion des Szenarios von LEU/2 findet sich in [Luck und Pirlein 91].

Design des Modells deutlich beeinflußt haben.
Eine folgenreiche Festlegung bestand zunächst in der Entscheidung zugunsten eines **Auskunftssystems** im Gegensatz zu einem Beratungssystem. Bei dem konzipierten Auskunftssystem liegt der Schwerpunkt auf der Paraphrasierung und inhaltlichen Verarbeitung der Texte, während in einem Beratungssystem die Informationen auf den Standort des Benutzers sowie den Zeitpunkt der Anfrage bezogen werden müßten. In LEU/2 sind folglich keine Anfragen möglich, die die Verrechnung von Informationen mit einem deiktischen Zentrum voraussetzen, wie in *Gibt es hier in der Nähe ein preiswertes italienisches Restaurant?* oder *Wieviel Zeit habe ich noch bis zur Abfahrt meines Zuges?*.
In diesem Zusammenhang ist außerdem die Orientierung an der **Wort-** bzw. **Satzebene** im Gegensatz zur Orientierung an Dialogphänomenen zu nennen. Diese Festlegung führte zum einen zu einer stärkeren Gewichtung der sprachlichen Analyse gegenüber der Generierung (erkennbar u.a. an der personellen Besetzung der Teilprojekte), und zum anderen erhielten Arbeiten zugunsten der Vielfalt von Wortwahl oder des Erkennens von satzübergreifenden inhaltlichen Verknüpfungen Vorrang vor beispielsweise der Implementierung etwaiger Regeln der Dialogkohärenz, um redundante Antworten des Systems zu vermeiden.
Eine weitere Designentscheidung bestand in der Konzentration auf **Alltagswissen**, das grundsätzlich bekannt ist und lediglich explizit gemacht werden muß. Hieraus ergibt sich eine deutliche methodische Divergenz zu Modellierungsfragen in der Expertensystemforschung, wo das relevante Wissen stark problemlösungsbezogen ist und zuerst mit Unterstützung einschlägiger Experten gewonnen werden muß. Vor diesem Hintergrund gestaltet sich die Wissensakquisitionsphase völlig anders, denn statt aufwendiger Interviews, die erhoben und ausgewertet werden müssen, setzen sich die Knowledge Engineers hier eher mit unterspezifizierten Aufgabenstellungen und Problemen bei der sinnvollen Auswahl von Wissensbasisinhalten auseinander. Demnach erhalten für die Kodierung **linguistische, theoriegeleitete Inferenzen** gegenüber problemlösungsbezogenen Heuristiken den Vorzug.
Die Besonderheiten, die sich mit der Ausrichtung an linguistischen Fragestellungen herauskristallisieren, lassen sich auch im Grenzbereich zwischen Modellierung und Formalismus identifizieren. So sind etwa für Probleme wie Echtzeitprogrammierung, Modellierung von Zyklizität (wie z.B. das Einpendeln eines Systems zwischen zwei Werten), nichtmonotone Domänen (in der neue Informationen die Modifikation von älteren Informationen induzieren) oder nicht-deduktive Schlußformen (Induktion, stochastische Inferenzen, etc.) weder entsprechende Eigenschaften des Formalismus noch systematische Modellierungskonzepte vorgesehen. Eine Integration von induktiven Schlußformen würde es beispielsweise ermöglichen, im grösseren Rahmen aus Beispielen, die in den Texten vorkommen, neue Konzepte mit entsprechenden Attributen und Axiomen zu generieren, ohne die Konsistenz der Wissensbasis zu gefährden. Folglich lassen sich die Inhalte der Wissensbasis als **statisch** und **monoton** charakterisieren (Neueinträge in der Wissensbasis führten in unserem Fall nicht zum Ändern oder Überschreiben von vorhandenen Wissensbasisinhalten), mit Schwerpunkt auf **deduktiven** und **nicht-zyklischen Inferenzen.**[5]
Aus dem gewählten Szenario (s.o.) ergab sich für LEU/2 als Domäne die Düsseldorfer Innenstadt, mit Bezug zu touristischen Fragestellungen. Die Spezifika der Domäne sind wichtige Einflußfaktoren für die Modellierung. Als erster Schritt zur Kodierung war es deshalb notwendig, Bereiche zu identifizieren, die im Modell schwerpunktmäßig behandelt werden sollten. Unter "Clustern" verstehen wir im folgenden diejenigen relativ homogenen, abgrenzbaren Teilbereiche der Domäne, die sich vor dem Hintergrund der gegebenen Aufgabenstellung als zentral herauskristallisiert haben und somit in das zu implementierende Modell integriert werden. In [Klose und Pirlein 91] werden die Charakteristika Aufgabenstellung, Gegenstandsbereich (Domäne) und Granularität des Modells ausführlich erläutert und an einem Beispiel diskutiert. An dieser Stelle konzentrieren wir uns auf solche Informationen, die für einen Überblick über die Wissensbasis von Bedeutung sind.

[5] Zyklische Inferenzen sind beispielsweise in technischen Zusammenhängen von Interesse, wo das zeitkritische Einpendeln eines System zwischen zwei Werten simuliert werden soll.

Cluster im Modell

Anhaltspunkte zur Strukturierung der Ontologie können aus einer Analyse des Gegenstandsbereichs gewonnen werden. Dabei kann der Bereich in sogenannte 'Cluster', die relativ eigenständige Konzeptbereiche darstellen, eingeteilt werden:

> „A formalisation cannot be deep without being broad, and must be deep to be dense: so a dense formalisation must be deep and broad. Clusters are exactly partial closures in this sense. A cluster contains a group of concepts which close in on one another to some extent. [Hayes 79]

Das Wissen über den Gegenstandsbereich läßt sich wie folgt in Cluster einteilen:

Raum: In diesem Cluster wird der dreidimensionale Raum in Teilräume, die physikalische Grenzen haben können, aufgeteilt. Wichtig sind hier auch Verbindungsmöglichkeiten dieser Teilräume untereinander und wie Objekte, Menschen, Ereignisse sich zu diesen Räumen verhalten.
In den Texten des LEU/2-Szenarios ist sehr oft von Objekten (Menschen (s.u.), Sehenswürdigkeiten, Straßen, ...) und der Lage dieser Objekte in der Düsseldorfer Altstadt die Rede. Beispielsweise wird im Langtext und im narrativem Text die Königsallee in ihrem Verlauf von Norden nach Süden beschrieben.

Objekte: Objektklassen, die in dem Gegenstandsbereich auftauchen, sind Subjekte (Menschen, ...), Tiere, pflanzliche Lebewesen (Bäume), Sehenswürdigkeiten (Gebäude und Teile von Gebäuden, Brunnen, Kunstwerke, ...), Institutionen (Gaststätten, Kaufhäuser, Hotels, Kirchen, Museen, ...), Kulturobjekte (Kunstakademie, Kunsthalle, Bilder, Keramiken, ...), räumliche Objekte (Plätze, Parks, Straßen, Kreuzungen), Verkehrsmittel (Busse, Schiffe, Straßenbahn, ...), soziale Objekte (Erholungsgebiet, Wahrzeichen, Akademie, ...), Religionsobjekte (katholische Pfarrkirche, ...), Essen (Wein, Imbiß, ...), und abstrakte Objekte (Eintrittspreis, ...).

Qualitäten, Quantitäten und Messbarkeit: Objekte haben Größe, Gewicht, Farbe; Räume haben Volumen usw. Alle diese Qualitäten existieren unabhängig von den Entitäten, die sie besitzen und sind nicht an bestimmte Entitäten existentiell gebunden. Hier kommen Aspekte der Vagheit ins Spiel, da Größenangaben für Entitäten oft relativ sind: Vgl. großer Mensch vs. große Kirche.

Veränderungen, Zeit und Ereignisse: Hier werden Entitäten wie Situationen, Ereignisse oder Zustände beschrieben, die zeitlich variieren können und somit in den Dimensionen Raum und Zeit charakterisiert werden müssen: "Maiwoche, Ausflug, Mitternacht, Dienstag, Barock ..." und Relationen zwischen diesen Beschreibungen ("... nach dem Mittagessen gingen sie an den Rhein...”). Der narrative Text besteht aus einer (teilweise auch parallelen) Verbindung von episodischen Ereignissen. Um diese Ereignisse repräsentieren zu können, sind Konzepte dieses Clusters notwendig.

Energie und Bewegung: Bei der Beschreibung von Ereignissen kann unterschieden werden in der Art ihrer Ereignisinitiierung: laufen sie von selbst ab (regnen) oder müssen sie erst initiiert werden (gehen). Interessant ist diese Art der Unterscheidung im Szenario bei Ortsveränderungen, die einmal aktiv zu Fuß und einmal passiv mit dem Bus oder der Straßenbahn erfolgen.

Zusammensetzungen und Arten von Materie: In diesem Bereich geht es darum, wie Objekte zusammengesetzt sind bzw. woraus sie gemacht sind. Objekte sind oft aus einem einzigen Stoff gemacht (Bronzeplastik) oder setzen sich aus Teilen zusammen, die wiederum Objekte sind (Gebäude: Fassade, erster Stock). Aber nicht nur im Hinblick auf Objekte stellt sich diese Problematik: Auch Ereignisse können wieder aus Teilereignissen zusammengesetzt sein.

Emotionen und Mentale Zustände: Mentale bzw. interne Zustände sind wegen der Beschreibung von Menschen ebenfalls zu modellieren, bilden jedoch keinen zentralen Bestandteil der Textinhalte: "...mit Elan umrundet wurde..." oder "müde sein".

Im Anhang dieses Bandes ist die aus diesen Clustern entwickelte Upper Structure dokumentiert. Die Auswahl der Cluster und die Ausformulierung der gewählten Konzepte in der Upper Structure des Sortenverbandes werden von mehreren Autoren dieses Bandes diskutiert.[6] Insbesondere die Eignung der Einträge für sprachliche Belange bildet den Gegenstand der Ausführungen von E. Lang und den Autoren des Abschnitts "Wissensmodellierung und sprachliche Oberfläche".
Nach einer kurzen Beschreibung der Projektstruktur und der Systemarchitektur wird im folgenden gezeigt, wie diese beiden Faktoren die Arbeit und die Einbindung des Knowledge Engineering und speziell den Aufbau der Wissensbasis beeinflußten.

Funktion der Wissensbasis

Projektstruktur von LILOG

Einige Festlegungen über die Struktur des Projekts und die Architektur des Systems hatte entscheidenden Einfluß auf die Arbeit des Knowledge Engineering Teilprojekts. Deshalb sollen einige Eckdaten an dieser Stelle kurz erwähnt werden. Für eine ausführliche Beschreibung sei auf [Herzog und Rollinger 91] verwiesen.
Die *Projektziele* von LILOG lassen sich charakterisieren als Entwurf und Implementierung von Wissensbasen für natürlichsprachliche Texte, Verarbeitung eines deutschen Sprachfragments sowie die Entwicklung von Prototypen. Wichtige Aspekte der Entwicklung des ersten Prototypen kommen in dem Beitrag von M. Börkel (in diesem Band) zur Sprache. LEU/2, die LILOG Experimentier-Umgebung 2, stellt den *zweiten Prototypen* in diesem Kontext dar. Er wurde im Juli 1990 fertiggestellt. Die Laufzeit des gesamten Projekts begann 1986 und endete 1991, mit durchschnittlich etwa 60 involvierten Wissenschaftlern (incl. Studenten, Diplomanden und Doktoranden).
Projektmanagement und -finanzierung lag beim Wissenschaftlichen Zentrum, IWBS Stuttgart der IBM Deutschland GmbH. Partner im Projekt waren mehrere Universitäten, die Teilbereiche der Forschung und Anteile der Implementierung übernahmen. Mit den Arbeiten des Knowledge Engineering standen insbesondere die Universitäten Hamburg für den Bereich räumlichen Wissens, Stuttgart für temporales Schließen und - in jüngerer Zeit - Bielefeld für die Strukturierung der Wissensbasis in geeignete "Wissenspakete" in Verbindung.
Weitere an LILOG beteiligte Universitäten waren Saarbrücken (Parsing), Osnabrück (Lexikonmanager) und Trier (Datenbankunterstützung).
Innerhalb des IWBS in Stuttgart war LILOG in Teilprojekte aufgegliedert, die u.a. durch die Architektur des Systems motiviert waren. Daher lassen sich einige organisatorische Teilbereiche des Projekts als Module oder Komponenten des Systems wiederfinden, und die Grenzen zwischen "Teilprojekten" und "Teilkomponenten" waren in vielen Fällen fließend.
Das KE-Teilprojekt war eng verflochten mit den Teilprojekten Wissensrepräsentation und -verarbeitung im Hinblick auf Ausdrucksmöglichkeiten des Formalismus L_{LILOG} und Besonderheiten der implementierten Inferenzmaschine. Viele Aspekte aus dieser Abstimmungsarbeit kommen im Abschnitt "Wissensmodellierung und Inferenzen" dieses Buches zur Sprache. Weiterhin ergaben sich enge Bezüge zu den Teilprojekten Semantik (incl. Lexikon) und Generierung. Den sich hieraus ergebenden Integrationsaspekten und Problemen ist der Abschnitt "Wissensmodellierung und sprachliche Oberfläche" vorbehalten. Weniger enge bzw. überhaupt keine Verflechtungen ergaben sich mit Teilprojekten wie Morphologie oder Syntax.[7]
Die Arbeiten der Universitäten Hamburg und Stuttgart sind als übergreifend zu dieser Einteilung in Teilprojekte zu verstehen. So läßt sich z.B. räumliches Wissen nicht nur in der Hintergrundwissensbasis identifizieren, sondern ebenso im Lexikon, innerhalb der Prozeduren der semantischen Analyse

[6] Weitere einführende Aspekte zur Auswahl geeigneter Wissenselemente finden sich in [Klose und Luck 90].
[7] Eine kurze, charakterisierende Beschreibung der Arbeiten der jeweiligen Teilprojekte findet sich z.B. in [Geurts 90].

sowie innerhalb des Generierungsmoduls. Gleiches gilt für die Arbeiten der Universität Stuttgart über zeitliches Wissen und der Universität Bielefeld zur Flexibilisierung von Antworten durch ein geeignetes Regelinventar.

Systemarchitektur von LEU/2

Wie aus Abbildung 1 ersichtlich wird, setzt sich der LEU/2-Prototyp im wesentlichen aus drei Komponenten zusammen.

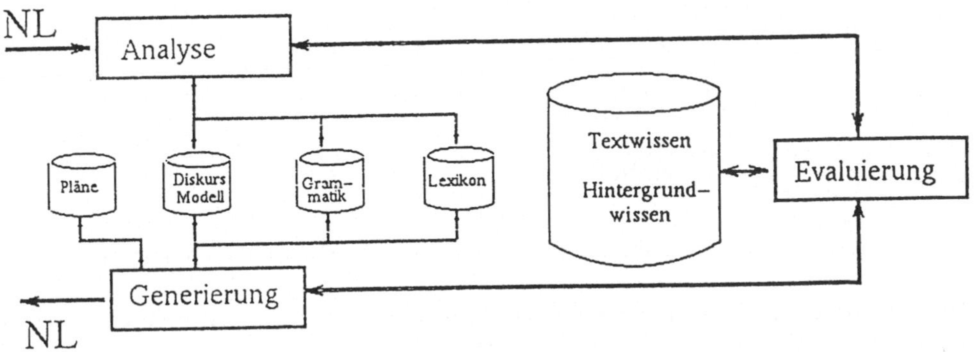

Abbildung 1: Systemarchitektur von LEU/2

In der **Analysekomponente** wird die natürlichsprachliche Eingabe (ein Text oder eine Frage) morphologisch, syntaktisch und semantisch verarbeitet. Die Basis hierfür bilden verschiedene linguistische Wissensbestände und Prozesse, von denen in diesem Band vor allem der semantische Teil des Lexikons sowie der kompositionelle und nichtkompositionelle Teil der semantischen Analyse von Bedeutung sind. Die Ergebnisse dieses Analyseprozesses werden in ein sogenanntes RefO-Netz[8] in internem L_{LILOG}-Code abgelegt.

Das auf diese Weise abgelegte Textwissen wird anschließend in der **Evaluierungskomponente** unter Rückgriff auf den Sortenverband, die Axiomatik und das Textwissen um naheliegende Schlußfolgerungen (Vorwärtsinferenzen) erweitert, die auf den jeweiligen Texten basieren. Handelt es sich bei der Eingabe um eine Frage, steuert die Inferenzmaschine die Suche in den drei Bereichen der Wissensbasis, um eine geeignete Antwort zu finden (Rückwärtsinferenzen). Die drei Bereiche umfassen folglich das konzeptuelle Wissen im engeren Sinne (Sortenhierarchie mit Attributen), die Regeln (Axiomatik) und das repräsentierte Textwissen.[9] Im Hinblick auf das Gesamtverhalten des Systems steuert die Evaluierungs- oder Inferenzkomponente demnach sowohl die interne Repräsentation der Texte als auch die Fragebeantwortung.

In der **Generierungskomponente** werden die Antworten, die durch das Zusammenspiel verschiedener Teile unter Koordination der Inferenzmaschine inferiert werden konnten, ausgewählt, aufbereitet und natürlichsprachlich ausgegeben. Die Generierung muß in diesem Zusammenhang sowohl Zugriffsmöglichkeiten auf die drei Bereiche der Wissensbasis (s.o.) haben, als auch - bei Bedarf - auf

---

[8]RefO steht für ReferenzObjekt.

[9]Die Syntax des zugrundeliegenden Formalismus L_{LILOG} wird im Anhang dokumentiert. Erläuterungen zur Inferenzmaschine finden sich im Beitrag von T. Bollinger in diesem Band.

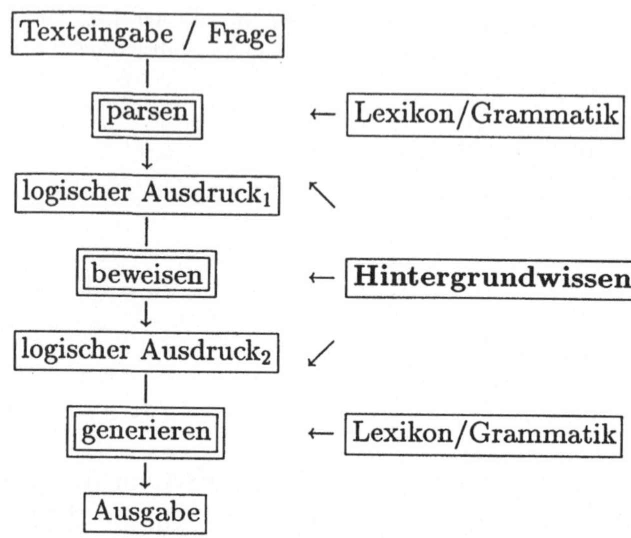

Abbildung 2: Vereinfachte Architektur eines natürlichsprachlichen Systems

solche Informationen in der Analysekomponente zurückgehen können, die nicht in die Wissensbasis übertragen werden (bestimmte syntaktische Informationen, etc.).

Fokussiert man die Rolle des Hintergrundwissens in LEU/2, so lassen sich anhand der Abbildung 2 zwei typische Blickrichtungen der Modellierungsarbeit veranschaulichen. Das Hintergrundwissen soll Inferenzen ermöglichen und die Prozesse der sprachlichen Analyse und Generierung unterstützen. Hieraus ergibt sich die Orientierung an der Ausdrucksmächtigkeit und Funktionalität derjenigen Komponenten, für die die Wissensbasis Services liefern soll (in der Abbildung *parsen, beweisen* und *generieren*). Zum anderen wird hier die Notwendigkeit einer detaillierten Abstimmung mit den rein sprachlich motivierten "Wissensbasen" deutlich, die lexikalische und grammatikalische Informationen enthalten, und die als Input für die gleichen Prozesse von Bedeutung sind (in der Abbildung (*Lexikon/Grammatik*). S. Lorenz diskutiert in seinen Ausführungen einen typischen Konfliktfall aus diesen Koordinierungsarbeiten. Für eine detailliertere Betrachtung sei daher auf die Beiträge aus dem II. und III. Abschnitt dieses Buches verwiesen.

KE-Einbindung in das Gesamtprojekt

> Over the past twenty years computer scientists have realized that, in order to produce reliable software that is easily modifiable, a proven methodology is required. ... The last five years have shown an increasing demand for knowledge-based-systems. ... We should, therefore, be able to learn from our experience and not wait twenty years before developing a methodology for the design of knowledge-based systems. [Brooking 86]

Um den Aufbau der Wissensbasis verständlich zu machen, soll an dieser Stelle auf die Entwicklungsgeschichte des Teilprojekts KE (und damit der Wissensbasis) eingegangen werden. Die Entwicklung der Wissensbasis im Teilprojektes KE und die Entwicklung des Gesamtprojektes beeinflußten sich verständlicherweise gegenseitig. Diese gegenseitige Abhängigkeit soll im folgenden betrachtet werden.

Der Gesamtprojektablauf lässt sich mit Modellen des Software-Engineering als ein Spiralmodell im Sinne von [Floyd 84] darstellen. Dazu wurden drei verschiedene Meilensteine definiert: Zum ersten

Meilenstein (31. Mai 1989) sollten die Komponenten voneinander abgegrenzt und ihre gegenseitige Aufrufstruktur festgelegt sein. Zum zweiten Meilenstein (30.Oktober 1989) sollten alle Datenstrukturen definiert sein, und zum dritten Meilenstein (31. März 1990) war die Fertigstellung des Demonstrationssystems in vollem Funktionsumfang vorgesehen. Am 30. Juni 1990 sollte dann eine integrierte und getestete Version existieren. Der Ablaufplan des Knowledge-Engineering Teilprojekts ist in Abbildung 3 dargestellt. Auf der Zeitachse ist von links nach rechts der Verlauf der LEU/2-Entwicklung von Mai 1988 bis Mitte Juli 1990 eingetragen. Ein † bedeutet, daß die Arbeit an Teilbereichen eingestellt wurde. Gründe waren z.T. der Weggang von Mitarbeitern, abnehmende Gewichtung (Dringlichkeit, Notwendigkeit, ...) von diesen Bereichen. Auf der Fokusachse sind verschiedene interessante Betrachtungsschwerpunkte des Teilprojekts vermerkt (von unten nach oben):

1. Akquisitionsphase mit Textauswahl, Recherchen und Textglättung: Ende März 1990 wurde die letzte Textglättung durchgeführt, dabei wurde der narrative Text vorläufig ganz aus dem Textkorpus genommen. Damit verbunden war die Entscheidung, die auf den Arbeiten der Universität Stuttgart basierende Zeitmodellierung nicht in vollem Umfang zum Stichtag (Juli 1990) zu implementieren, sondern stattdessen eine Reihe von Shortcut-Lösungen zu realisieren (Vgl. Zeile "Ontologie" - "Zeitmodellierung"). Gründe hierfür lagen insbesondere im Zeitverhalten der temporalen Inferenzen sowie in Engpäßen bei der Kodierung der für den narrativen Text zusätzlich notwendigen Lexikoneinträge.

2. Arbeiten an der Ontologie: Zeitmodellierung, Adjektive, Ereignismodellierung, Raummodellierung. Die 'Upper Structure' wurde in ihren ersten Grundlagen mit den Projektpartnern in Osnabrück Mitte 1989 festgelegt und zum dritten Meilenstein fertiggestellt (zeitlich parallel: Schnittstellenüberlegungen, insbesondere gegenüber den Komponenten "Lexikon" und "semantische Analyse"). Im Januar 1990 wurde die text- und wortnahe Lower Structure kodiert, zeitgleich mit der Erstellung handkodierter RefO-Netze und der Systematisierung von Roles und Features im Sortenverband. Die Modellierung von zeitlichen Phänomenen wurde mit Unterbrechungen ebenfalls bis zum dritten Meilenstein integriert. Die Arbeit an der Strukturierung von Ereignissen wurde mit Unterbrechungen an drei verschiedenen Orten durchgeführt: räumliche Aspekte im Hamburger Uni-Teilprojekt, zeitliche Aspekte im Stuttgarter Uni-Teilprojekt und übergreifende Commonsense-Aspekte bei IBM in Stuttgart. Eine Integration in die Ontologie fand ebenfalls um den 3. Meilenstein statt.
   Die Integration der Raumaspekte aus Hamburg geschah in der Ontologie schon sehr frühzeitig im Oktober 1989 und wurde in einem 4. Zirkular (internes Arbeitspapier) der KE-Gruppe verabschiedet. Die Raumregeln mußten wegen Abstimmungsproblemen mit anderen Systemkomponenten und aus Termingründen in verschiedenen Bereichen zu Shortcut-Lösungen verkürzt werden. Etwa vom Mai 1990 an, d.h. ca. drei Monate vor Fertigstellung des Prototypern, konzentrierte sich die Arbeit auf die Verbesserung der Performanz des Gesamtsystems: Axiome (Regeln) wurden im Hinblick auf ihr Zeitverhalten im laufenden System überprüft und gegebenenfalls zu Shortcuts verkürzt. Parallel dazu wurde nur noch an Performanzregeln im Sinne von B. Gängler und I. Wachsmuth (in diesem Band) gearbeitet (in der Grafik: "Objekt-/Ereignisregeln"). Zur Strukturierung dieser Arbeiten erfolgte in dieser abschließenden Phase verstärkt die sogen. "Systematische Erfassung von Fragen".

3. Adäquate Fragebeantwortung: Frage/Antwort-Paare als eine Möglichkeit zur Überprüfung der Performanz des Systems und damit auch der Wissensbasis wurden zwar schon sehr früh entworfen, aber erst 1,5 Monate vor Abschluß des Prototypen systematisiert und auf die Funktionsfähigkeit der Komponenten bezogen. Hinter diesem Sachverhalt verbirgt sich ein besonders interessanter Teil der Ergebnisse des Gesamtprojekts: Viele der verwendeten linguistischen Theorien und Ansätze hatten sich bis dahin zwar in der wissenschaftlichen Diskussion und im Hinblick auf die erreichte Erklärbarkeit von Phänomenen bewährt, aber das Zusammenspiel

mit dem theoretischen "State of the Art" benachbarter Theorien aus anderen sprachwissenschaftlichen Disziplinen sowie der Druck, implementierbare Algorithmen zu gewinnen, ließen viele dieser Ergebnisse oft in einem neuen Licht erscheinen. Die daraus resultierenden Abstimmungsprobleme und Verständigungsschwierigkeiten verhinderten über einen langen Zeitraum eine tragfähige Einigung bzgl. des zu bearbeitenden Korpus von Phänomenen.

4. Axiomatischer Teil der Wissensbasis: Die Regeldefinitionen, die zur Fragebeantwortung und zum Shifting zwischen Ereignis- und Objektbereich notwendig waren (s. Beitrag von B. Gängler und I. Wachsmuth), wurden u.a. wegen der sehr späten Textglättung und wegen des Termins der Standardisierung der Upper-Structure erst relativ spät (ab 3. Meilenstein) in Angriff genommen. Aus dieser zeitlichen Abfolge wird eine klare Zweiteilung bei der Modellierung zwischen dem sortalen und dem axiomatischen Teil der Wissensbasis deutlich. Sowohl innerhalb der KE-Gruppe als auch im Dialog mit den Nachbarkomponenten erhielten die Sortendefinitionen die Rolle einen "Gerüsts" für die nachfolgenden feineren Spezifizierungen im Sinne einer Grundlage für weitere Abstimmungsarbeiten sowie die axiomatische Ausdifferenzierung.

5. Die Definition der formalen Wissensrepräsentationssprache L_{LILOG} wurde in ihrer Ausdrucksmächtigkeit zwar schon relativ früh festgelegt, wurde aber bis zum 2. Meilenstein in der Syntax noch verändert. Erst im November 1989 stand ein Compiler zur Verfügung, der die bis dahin mit Hilfe eines Editors entwickelten Teile der Wissensbasis in internen L_{LILOG}-Code übersetzte und so für andere Module verfügbar machte.

6. RefOs (referentielle Objekte) als interne Repräsentation des Textwissens und damit Grundlage der Inferenzen wurden zuerst von Hand kodiert und später durch die Semantikkomponente automatisch erzeugt[10], d.h. hier handelt es sich um eine der wichtigsten Schnittstellen zu den linguistischen Nachbarkomponenten.

7. Schnittstellenüberlegungen zur Wissensbasis in LEU/2 zogen sich bis zur Fertigstellung des Prototypen hin. Eine generelle und eindeutige Festlegung der Anforderungen von Semantik und Generierung in Bezug auf beispielsweise 'thematische Rollen' fand erst relativ spät statt. Der wesentliche Grund für die Schwierigkeiten bei den Schnittstellenüberlegungen liegt in den fließenden Übergängen zwischen semantischem und konzeptuellem Wissen: die theoretisch unklare Abgrenzung findet sich wieder in Problemen bei der Aufgabenteilung innerhalb des Systems. Konkret bedeutet dies z.B. Divergenzen zwischen den verschiedenen Projektgruppen bzgl. des Inhalts von Einträgen in Wissensbasis oder Lexikon.

[10] Vgl. Ausführungen zur Verarbeitung eines Textes im folgenden Abschnitt.

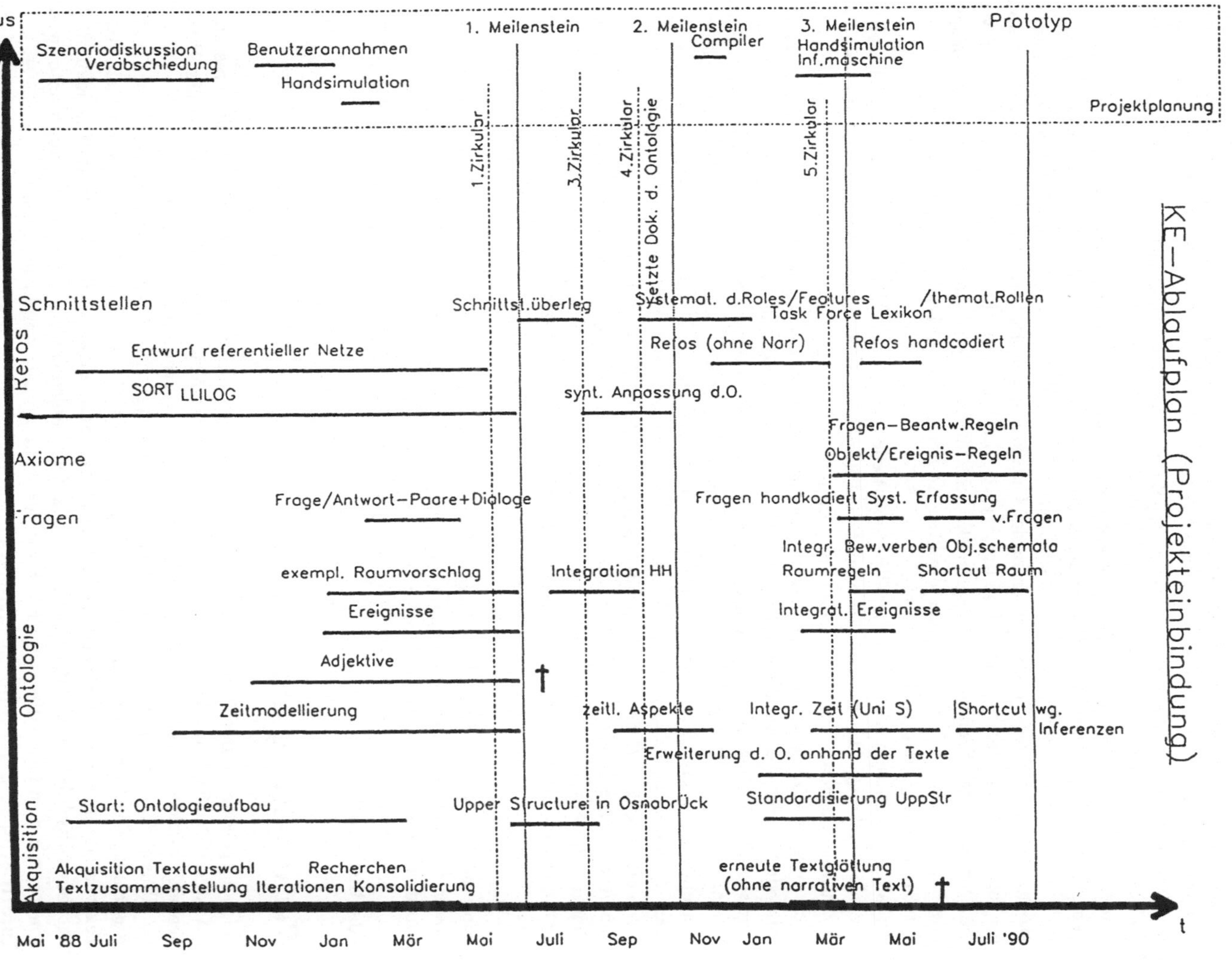

Abbildung 3: Ablaufplan des KE-Teilprojektes

Die Ontologiedefinition geschah schon sehr früh durch ein iteratives Durchlaufen von Verfeinerungsphasen. Bereits in der ersten Phase der Akquisition und Auswahl der Texte begann parallel der Ontologieaufbau. Außerdem wurde parallel die formale Repräsentationssprache L_{LILOG} definiert und die darauf operierende Inferenzmaschine implementiert.[11]
Änderten sich die Texte oder der Formalismus, mußte die Ontologie angepaßt und verfeinert werden. Dabei wurde sowohl nach Top-down als auch nach Bottom-up-Verfahren vorgegangen, d.h. man versuchte, allgemeine Ordnungsprinzipien für das Wissen in unserem Szenario zu finden und gleichzeitig das Wissen in den Texten in der Ontologie zu repräsentieren. Es wurde also zumindest im Sortenverband eine Art von 'rapid prototyping' im KE-Entwicklungsprozess eingeschlagen, wobei die Definition des Szenarios in vielerlei Hinsicht die Funktion einer expliziten Spezifikationsphase übernahm. Dies wird u.a. aus der direkten Kodierung von Wissenselementen aus den Texten als Sorten in L_{LILOG} ersichtlich.
Auffallend an diesem Ablauf ist u.a. die sequentielle Abfolge der Phasen 'Ontologieentwicklung' und 'Regelentwicklung', da erst nach der beinahe vollständigen Definition des Sortenverbandes eine Phase der Regeldefinition begonnen wurde (s.o.). Im KE wurden aus Sicht des Software-Engineering demnach zwei verschiedene Vorgehensmodelle angewandt: zum einen eine zyklische Verfeinerung (Spiralmodell) durch das parallele Arbeiten an Akquisition, Ontologie, RefOs, L_{LILOG} und zum anderen eine sequentielle Verfeinerung dadurch, daß die Arbeit an Axiomen erst nach der Ontologiedefinition begonnen wurde. Der KE-Ablauf war also methodisch nicht deckungsgleich mit der Meilensteinkonzeption des Projektablaufs. Begünstigt wurde dies dadurch, daß für das Gesamtsystem keine klare Trennung zwischen den verschiedenen Arbeitsphasen und -abläufen von *Analyse, Design, Implementierung und Evaluierung* getroffen wurde. Deshalb konnten die konkreten Anforderungen für den Aufbau des Modells und die Struktur der Wissensbasis erst relativ spät expliziert werden.[12]
Beispielsweise wurde in einer Phase, als der Sortenverband schon sehr stabil war, noch in Nachbarkomponenten 'spiralisiert' und verfeinert. Bei der Integration dieser Komponenten ergaben sich im wesentlichen zwei Varianten von Abstimmungsarbeiten: zum einen die Definition von Schnittstellen für den Austausch von Daten zwischen Modulen, etwa mit den semantischen Prozessen zur Erzeugung der RefOs, oder inhaltliche Koordinierungen wie z.B. der Abgleich zwischen Einträgen in der Lower Structure des Sortenverbandes und Einträgen im semantischen Teil des Lexikons.
Um den Verlauf des Teilprojektes im Verhältnis zum Gesamtprojekt zu veranschaulichen, soll anhand eines Satzes aus dem Textkorpus gezeigt werden, wie die Modellierung für LEU/2 zeitlich und inhaltlich ablief.

Verarbeitung eines Textes

Das angegebene Szenario dient als Rahmenbeschreibung für die Funktionalität des Systems und ist u.a. durch das Textkorpus fixiert. Eine Veränderung der Anforderungsspezifikation an den Prototypen im Projektverlauf war daher jeweils mit einer Textveränderung verbunden.
Zur Illustration, *wie* und vor allem *warum* die Texte dem Projektverlauf angepaßt wurden, soll ein Ausschnitt der Kurztexte durch die Projektphasen verfolgt werden. Dabei wird deutlich, daß die Textveränderung auf die Modellierung der Wissensbasis einen nicht zu unterschätzenden Einfluß ausübte. Abschließend soll der Endtext, der in dem implementierten Prototypen verarbeitet werden konnte, mit dem Orginaltextausschnitt aus der Anfangsphase verglichen werden.
Informationsbeschaffung: Der ausgewählte Textabschnitt wurde zunächst unverändert einem Reiseführer entnommen (Juli 1988):[13]

[11] L_{LILOG} wurde somit erst sehr spät konsolidiert.

[12] Eine ausführliche Darstellung der Entwicklung des gesamten LEU/2-Systems findet sich in dem Beitrag von A. Arning in [Herzog und Rollinger 91].

[13] Bei allen Abschnitten, die in Verbatim - Schriftart geschrieben sind, handelt es sich um Orginal-Code oder Orginal-Dokumentationen.

```
Die Kreuzherrenkirche liegt an der Ecke Ratinger Strasse und Ursulinengasse.
Die 1443 durch den damaligen Herzog nach Duesseldorf gerufenen
Kreuzherren erbauten sie als Klosterkirche vor den Toren der Stadt. Die
Besonderheiten der gotischen Hallenkirche sind ihre zwei parallelen
Schiffe, die in dieser Form am Niederrhein relativ selten sind.
```

Textglättung: Diese Rohform wurde auf zweierlei Weise verändert. Zum einen fand eine Glättung von syntaktisch schwierigen Konstruktionen wie beispielsweise der Kopula-Konstruktion

`'..Schiffe, die selten sind..'`

und der Partizipialkonstruktion

`'..nach Duesseldorf gerufenen Kreuzherren..'`

statt. Neben dieser Glättung wurde auch nach inhaltlich interessanten Aussagen gewichtet. Beispielsweise wurde die Passage über die herzoglichen Erbauer der Kirche als irrelevant eingestuft. Darüber hinaus wurden Informationen aus anderen Reiseführern oder Prospekten zur Verdeutlichung eingefügt: Beispielsweise die Ergänzung, daß die Kirche "Büros" beinhaltete und "katholisch" ist. Die erste Glättung ergab dann ungefähr in der Mitte der LEU/2-Entwicklung[14] folgenden Text:

```
Die Kreuzherrenkirche, die im 15. Jahrhundert als Kloster des
Kreuzherren-Konvents erbaut wurde,  befindet sich  an der Ecke
Ratinger Strasse/Ursulinengasse. Ab 1803 beinhaltete das Bauwerk
Bueros, und seit der Restaurierung im Jahre 1968 wurde es als
katholische Pfarrkirche genutzt.
Besonderheit der gotischen Hallenkirche sind ihre beiden
parallelen Schiffe.
```

Ontologieaufbau: Wie aus dem Ablaufdiagramm in Abbildung 3 ersichtlich, wurde an Textakquisition und Wissensbasisaufbau zeitlich parallel gearbeitet. In dieser sehr frühen Phase des Ontologieaufbaus waren 'ad-hoc'-Lösungen notwendig, die später wieder revidiert wurden. Die erste Repräsentation in der Ontologie mit Entitäten, die im Text angesprochen werden, sah wie folgt aus:[15]

```
Stand 30.5.89

kirche          <       (and gebaeude
                             (all hat-turm kirchturm)
                             (one hat-konfession {kath,prot}))
kirchenschatz   <       sammlung
kirchturm       <       turm
kloster         <       (and gebaeude
                             (one hat-nutzer konvent)
kneipe          <       gastronomie
konvent         =       (and menge
                             institution
                             (or
                               (some hat-element moench)
                               (some hat-element nonne))
....
ecke             <       (and flaeche
                              (some ist-schnittstelle-von weg))
```

Ecke wurde hier relativ oberflächlich als `Fläche` mit einer Relation 'ist-schnittstelle-von' zu `Weg` definiert. Adjektive wie 'gotisch' sind noch nicht berücksichtigt. Zu einem späteren Zeitpunkt (s.u.) wurde dann aus verschiedenen Gründen entschieden, Adjektive nur oberflächlich zu modellieren.

[14]Ca. erster Meilenstein am 16.6.1989.

[15]Die Syntax von LLILOG war zu diesem Zeitpunkt noch nicht endgültig festgelegt.

KE-interne Integration der 'Raum'-Modellierung: Die erste Definition wurde um räumliche Modellierungskonzepte aus dem Hamburger Teilprojekt erweitert. Die durch die verteilte Entwicklung der Wissensbasis bedingte Integration zog eine erste Neudefinition von u.a. der Sorte Ecke nach sich:

```
sort FlaechenObjekt     < and (UnbelebtesObjekt,
    <default_schema  dimensionen> : {3});
    roles mass2D :: Raummass2D.

sort Bereich <        FlaechenObjekt;
 features begrenzt   :  FlaechenObjekt;
 roles    bereichsanfang    :: Objekt,
  bereichsende        :: Objekt.

sort Teilgebiet < Bereich;
 features teil_von : Bereich.

sort Ecke <       Teilgebiet;
 features schnitt : Weg+;
       proto_depics ecke_depic.
```

Eine Ecke ist nun ein `Teilgebiet` mit dem Feature 'schnitt' und einer depiktionalen Komponente[16]. Durch die Obersorten `Bereich` und `Flächenobjekt` werden noch zusätzliche Attribute vererbt.
Um nicht nur bereichsunabhängige Entitäten wie beispielsweise Raum- und Zeitentitäten in der Ontologie zu erfassen, wurde versucht, die textspezifischen Entitäten wie beispielsweise "Kreuzherrenkirche", die in den Texten auftauchen, zu formalisieren.
Textrepräsentation: Der Textteil "Die gotische Kreuzherrenkirche befindet sich an der Ecke Ratingerstrasse und Ursulinenstrasse" wird als noch handkodierter interner Code in der neu definierten Ontologie folgendermaßen repräsentiert:

```
%RefOs 20.04.90 fuer 1.Kurztext
%Die gotische Kreuzherrenkirche ...

refo r_khk:Kirche.
axiom khk_1
 name(r_khk) = Kreuzherrenkirche.
refo r_ecke_rat_urs:Ecke.
refo r_ratstr:Strasse.
refo r_ursstr:Strasse.
refo r_rat_urs:Strasse+.
refo r_eck_rat_urs_reg:RaumRegion.
refo r_befinden_khk: SichBefinden.

axiom a17
 thema(r_befinden_khk) = r_khk.
axiom a18
 lokal(r_befinden_khk, r_eck_rat_urs_reg).
axiom a18a
 anlokspec(reg:r_eck_rat_urs_reg, ro:r_ecke_rat_urs).
axiom rat_urs_1
 r_rat_urs = r_ratstr & r_ursstr.
axiom ratstr_1
 name(r_ratstr) = Ratingerstrasse.
axiom ursstr_1
 name(r_ursstr) = Ursulinenstrasse.
axiom eck_rat_urs_1
 schnitt(r_eck_rat_urs) = r_rat_urs.
```

[16]Vgl. zur depiktionalen Repräsentation räumlichen Wissens [Khenkar 91].

Beim Aufbau einer Textrepräsentation sollte gleichzeitig in einer ersten Rückkopplung die Adäquatheit der Ontologie überprüft werden. Dadurch wurde u.a. deutlich, daß eine Adjektivmodellierung im Sinne einer generellen Lösung aus verschiedenen Gründen nicht möglich war. Die Folgen waren z.B. die Einführung so spezieller Attribute wie 'stil' zur Modellierung von 'gotischer Kirche' oder die Entwicklung einer Teillösung speziell für räumliche Adjektive (Vgl. hierzu den Beitrag von G. Simmons, in diesem Band.).

KE-interne Integration des 'Zeit'-Clusters: Bei der Implementierung von zeitlichen Konzepten (z.B. "Ab 1803 beinhaltete das Bauwerk Büros, und seit ...") wurden zuerst nur die zeitlichen Relationen von Allen betrachtet, später wurde diese Modellierung durch das Teilprojekt Stuttgart vertieft. Dies wird in dem Beitrag von S. Lorenz detaillierter geschildert.

Projektintegration: Durch die Integration aller Projektkomponenten (Juni 1990) mußten wiederum verschiedene Änderungen am Textkorpus vorgenommen werden. Durch die neue semantische Darstellung der 'Ecken'-Modellierung mußte die Ontologie angepaßt werden. Dies zeigt sehr gut, wie ein typischer Iterationsschritt beim Aufbau der Wissensbasis in Wechselwirkung mit anderen Komponenten aussah. Der folgende Ausschnitt wurde nicht mehr "per Hand" kodiert, sondern bereits maschinell erzeugt:

```
Parsed: die gotische Kreuzherrenkirche die im ord15 Jahrhundert erbaut wurde
   befindet sich an der Ecke Hafenstrasse und Ursulinenstrasse
Phrase is well_formed
Number of readings: 1
Translating EDRS to L_Lilog ...
Adding quantifiers and facts for refos ...
Facts added.
Translating EDRS to L_Lilog terminated successfully

REFO: drfnt281    SORTS : SichBefinden
   Attributes:    thema: drfnt282
                  lokal: drfnt286
REFO: drfnt282    SORTS : Kirche
   Attributes:    stil: gotisch
                  name: Kreuzherrenkirche
REFO: drfnt283    SORTS : Errichten
   Attributes:    patiens: drfnt282
                  temporal: drfnt284
REFO: drfnt284    SORTS : Zeit
   Attributes:    intempspec: drfnt285
REFO: drfnt285    SORTS : Jahrhundert
   Attributes:    zahlenwert: n15
                  jh: n15
                  einheit: jahrhundert
REFO: drfnt286    SORTS : RaumRegion
   Attributes:    anlokspec: drfnt287
REFO: drfnt287    SORTS : Ecke
   Attributes:    schnitt: drfnt288
REFO: drfnt288    SORTS : plus(Strasse)
REFO: drfnt258    SORTS : Strasse
   Attributes:    in: drfnt288
                  name: Hafenstrasse
REFO: drfnt290    SORTS : Strasse
   Attributes:    in: drfnt288
                  name: Ursulinenstrasse
```

Automatisch erstellte Textrepräsentation

Einführung der Tools: In einer späten Phase der Systementwicklung stand den KE-lern ein Tool zur Visualisierung des Sortenverbands (Browser) und kurze Zeit später auch zur Darstellung der mit den Sorten assoziierten Attribute ("Anklicken" von Roles und Features) zur Verfügung. Dadurch, daß man die Ontologie das erste Mal in graphischer Form betrachten konnte, wurden plötzlich Modellierungsgesichtspunkte in Erwägung gezogen, die nicht nur durch den Gegenstandsbereich, sondern zusätzlich 'ästhetisch' motiviert waren. Wegen der langen Liste von Sorten unter `Gebäude` (s. Abbildung 4) wurde beispielsweise überlegt, ob man nicht durch das Einführen von Zwischensorten die Übersichtlichkeit im Browserausdruck erhöhen sollte. Durch diese Erhöhung der Übersichtlichkeit wurde aber die Leistungsfähigkeit des Systems herabgesetzt, dadurch daß der Subsumptionschecker eine weitere Zwischenebene in der Subsumptionshierarchie berechnen mußte.

Auswirkungen auf den Text: Nach der Integration aller Komponenten sah der Textabschnitt,

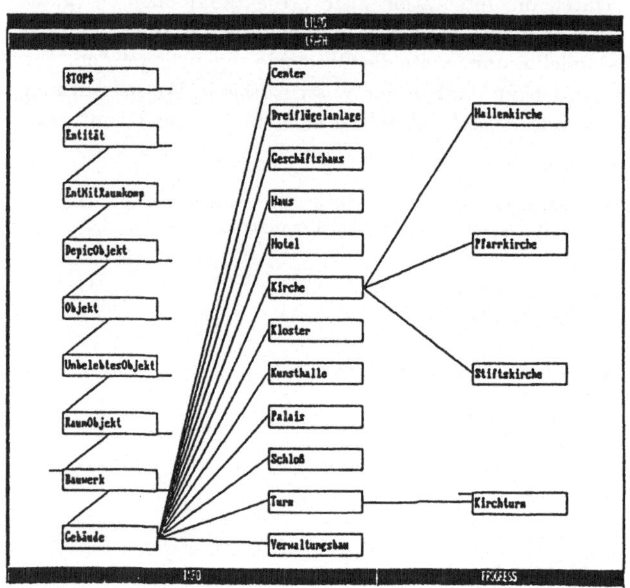

Abbildung 4: Graphische Darstellung des Sortenverbands

der letztendlich verarbeitet werden konnte, wie folgt aus:

```
die gotische Kreuzherrenkirche die im ord15 Jahrhundert erbaut wurde
befindet sich an der Ecke Hafenstrasse und Ursulinenstrasse .
ab 1803 beinhaltete das Bauwerk Bueros .
die Kirche besitzt parallele Schiffe .
```

Textvergleich: Anfangsversion/Endversion

- 'liegt an der Ecke' ersetzt durch 'befindet sich an der Ecke'

  Grund: 'liegen' ist im Zusammenhang mit Gebäuden mehrdeutig: Es ist als 'vertikal gekippt' und auch als allgemeinste Lokationsangabe 'befinden' interpretierbar.

- 'Die 1443 .. erbaute' ersetzt durch 'Die im 15. Jahrhundert'

  Grund: um Jahrhunderte explizit in der Zeitrechnung zu haben.

- '... durch den damaligen Herzog nach Düsseldorf gerufenen Kreuzherren erbauten sie als Klosterkirche vor den Toren der Stadt' wurde ganz gelöscht

Grund: Zu domanenänenspezifisch, d.h. Konzept *Kreuzherrenkirche* ist unterhalb der Granulierungsschwelle. Außerdem war es zu schwierig, die Bedeutung von ('Toren der Stadt','gerufenen') zu rekonstruieren.

- 'Die Besonderheiten der... ' gelöscht

  Grund: Bedeutung von 'besonders' zu schwierig

- 'Hallenkirche' gelöscht

  Grund: Zu domanenänenspezifisch d.h. Konzept *Hallenkirche* ist unterhalb der Granulierungsschwelle.

- '...die in dieser Form am Niederrhein relativ selten sind.'

  Grund: Nebensächlich, Bedeutung von 'relativ', 'selten' und 'in dieser Form' zu schwierig.

- Beziehung 'Kirche ist ein Bauwerk' hereingenommen

  Grund: Interessantes Phänomen für die Anaphernresolution, im Gegensatz zu Kirche als Institution.

- 'beinhaltet das Bauwerk Büros' hereingekommen

  Grund: Interessantes Phänomen für die Modellierung von räumlichen Inklusionsbeziehungen.

Aus dieser exemplarischen Dokumentation wird leicht ersichtlich, wie vielfältig die Gründe für Änderungen an den Texten waren. Oft waren Teilkomponenten nicht in der Lage, bestimmte Textkonstrukte zu verarbeiten; oft ergaben sich aber auch erst in der laufenden Projektarbeit die konkreten Anforderungen an den Text. Durch diese Textveränderungen wurden ad-hoc Lösungen vermieden, die ein unverändertes Textkorpus zwangsläufig nach sich gezogen hätte: die Vorgehensweise hätte dann u.a. darin bestanden, für nicht handhabbare Phänomene in den Texten "Hacks" einzubauen, so daß man bestimmte Funktionalitäten scheinbar erreicht hätte, ohne jedoch in Wirklichkeit über verallgemeinerbare Lösungen zur Repräsentation und Verarbeitung zu verfügen. Insofern spielt die Textgeschichte bei der Evaluation von LEU/2 eine wichtige Rolle. Erste Ansätze der Wissensbasisevaluation sollen im folgenden Abschnitt zumindest ansatzweise erläutert werden.[17]

Evaluierung der Wissensbasis

Vor dem Hintergrund des wachsenden Interesses am Aufbau großer Wissensbasen (nicht nur für linguistisch geprägte Anwendungsszenarien) gewinnt das Problem der Wiederverwendbarkeit von Wissensbasen und damit der Bewertung des Inhalts von vorhandenen Wissensbasen zunehmend an Bedeutung. Im Rahmen des LILOG-Projekts haben wir uns dafür entschieden, sowohl *quantitative* als auch *qualitative* Kriterien zur Auswertung heranzuziehen. Die folgende Tabelle gibt einen ersten Überblick zum Umfang des implementierten Modells.[18]

Stand der Wissensbasis

Wissensbasiselemente	Anzahl
Sortendefinitionen	ca. 700
Upper Structure	ca. 100
Attribute pro Konzept	ca. 20
Axiome	ca. 300

[17]Die Weiterentwicklung dieser Ansätze ist u.a. Gegenstand der Dissertationsvorhaben der Autoren.

[18]Insbesondere der Bereich der Sortendefinitionen ist in dem Beitrag von P. Gerstl detaillierter aufgeschlüsselt.

In der Literatur existieren eine Reihe von Vorschlägen zu rein syntaktisch bzw. quantitativ orientierten Auswertungsstrategien. Als Beispiele seien hier nur "Anzahl der Konzepte", "Tiefe der Subsumptionshierarchie" oder "Quotient aus Axiomen pro Konzept" genannt. Das zuletzt genannte Kriterium wird jedoch auf der Basis der für LEU/2 verfolgten Modellierungsstrategien schnell ad absurdum geführt. Wie aus dem Beitrag von B. Gängler und I. Wachsmuth bzw. dem Kommentar von Th. Pirlein (in diesem Band) hervorgeht, wurde der von Formalismus und Inferenzmaschine bereitgestellte Vererbungsmechanismus dahingehend ausgenutzt, daß sinnvolle Oberkonzepte eingeführt und entsprechend Regeln (Axiome) auf eine Gruppe von subsumierten Konzepten vererbt werden konnten. Die alternative Vorgehensweise hätte darin bestanden, wichtige Axiome für zahlreiche Konzepte in identischer oder nur leicht abgewandelter Form jedesmal neu aufzuschreiben und so eine weitaus weniger strukturierte Wissensbasis zu erhalten.
Auf diese Weise werden zwei Probleme deutlich. Zunächst stellt sich die Frage, ob ererbte Axiome sinnvollerweise mitgezählt werden sollen oder nicht. Werden nur die jeweils auf einer Subsumptionsebene neu hinzukommenden Axiome gezählt, wird es zum "Ziel der Modellierung", die *axioms-per-concept-ratio* so ungünstig wie möglich zu gestalten – aber nur ein hoher Quotientenwert weist ja angeblich eine dichte Modellierung aus. Werden die ererbten Axiome dagegen mitgezählt, hat man keine Möglichkeit mehr, die Modellierungsdichte auf verschiedenen Ebenen zu differenzieren.
Ein zweites Problem liegt in der Orientierung des Modells an Aufgabe und Domäne. Wir haben im wesentlichen versucht, sinnvolle Auswahlentscheidungen im Hinblick auf die Tiefe der Modellierung zu treffen, anstatt soviel wie möglich in die Wissensbasis hineinzuschreiben.
Auf die Frage, welche Alternativen zur rein quantitativen Evaluierung sinnvollerweise zu verfolgen sind, können wir sicher keine abschließende Antwort geben. Im Laufe unserer Diskussionen haben sich jedoch eine Reihe von vielversprechenden Anknüpfungspunkten herauskristallisiert. Eine Gemeinsamkeit dieser Aspekte liegt darin, die zu treffenden Modellierungsentscheidungen zu charakterisieren und explizit zu machen. Nur so wird es perspektivisch möglich sein,

- die Eignung der Wissensbasis ausgehend von Kriterien der Inferenzen, der sprachlichen Analyse und der Generierung zu beurteilen,
- eine Gliederung der Wissensbasis zu erreichen, in der zum einen zwischen "strukturbildender" oberen und "domänenabhängiger" unteren Ebene differenziert werden kann und es zum anderen möglich wird, geeignete Einstiegsebenen zu identifizieren,
- adäquate Metainformation zur Verfügung zu stellen, die eine unproblematische Handhabung der verschiedenen Wissenselemente erlaubt.

Die von uns bisher verfolgten Auswertungsschritte umfassen statistische Aspekte (vgl. Beitrag von P. Gerstl in diesem Band), die Analyse von Ablaufplänen des Gesamt- und Teilprojekts, die Dokumentation von Clustern und Elementen innerhalb der Wissensbasis sowie die Spezifikation der Services, die die Wissensbasis innerhalb der gegebenen Systemarchitektur für benachbarte Komponenten zu leisten hat.
Ein demnächst erscheinender IWBS-Report von I. Glöckner [Glöckner 91] stellt ein Werkzeug zur statistischen Auswertung sowie eine exemplarische Auswertung der Wissensbasis im System vor. Damit wird der Übergang von einer statischen zu einer dynamischen Auswertung der Wissensbasis erfolgen, d.h. die Verwendung von Wissenselementen im laufenden System im Sinne ihrer "Erreichbarkeit" oder ihrem "Grad der Verwendung" rückt in den Vordergrund der Betrachtungen.

Ausblick

Leitendes Erkenntnisinteresse bei den vorangegangenen Ausführungen zur Evaluierung der LEU/2-Wissensbasis war die Suche nach sinnvollen Strukturierungsmöglichkeiten für ein Modell eines Gegenstandsbereichs und nach geeigneten Metainformationen zu einer Wissensbasis. Beides kann als Voraussetzung für die angestrebte Übertragbarkeit zumindest von Teilen einer Wissensbasis auf andere Szenarien bzw. Modelle gelten.[19]
Wir haben uns dafür entschieden, die Fragestellung von zwei Perspektiven aus anzugehen: Die bisherigen Erläuterungen lassen sich entweder einer **problemorientierten** oder einer **technologieorientierten** Sicht zuordnen.
Zur problemorientierten Sicht gehören insbesondere die Auswahl der vom System zu behandelnden **sprachlichen Phänomene** bzgl. der Wortwahl, der Satzkonstruktionen, etc. und die Identifikation der **Charakteristika des Gegenstandsbereichs** wie spezielle Begriffe und Granularität. Wir haben in den bisherigen Ausführungen versucht, einen Teil der diesbezüglichen Entscheidungen zu dokumentieren und zu erläutern; zusätzliche Informationen sind in den anderen Beiträgen dieses Bandes enthalten. Ein wichtiger Aspekt der problemorientierten Sicht ist die Bewertung der Rolle des Szenarios bei der Implementierung. Die verschiedenen Arbeitsgruppen entwickelten sehr unterschiedliche Vorstellungen mit zwei hauptsächlichen Wertungen. Einerseits konnte man das Szenario und das Textkorpus als 'grundsätzlich beliebig' auffassen, da die Verarbeitung der Texte ohnehin nur zur Illustration der gefundenen generellen Lösungen dienen sollte. Die andere Herangehensweise, die auch die Arbeit der KE-Gruppe entscheidend beeinflußte, zielte darauf ab, Charakteristika der Domäne zum konstitutiven Bestandteil von Modellbildung und Implementierung zu machen.
Unternimmt man die Evaluierung einer Wissensbasis aus **technologieorientierter Sicht**, rücken völlig andere Gesichtspunkte in den Vordergrund. Hier sind insbesondere die intendierten Services der Wissensbasis für andere Komponenten des Systems, das Clustering von Inferenzen und die Applikation von Life Cycle Modellen des Software Engineering zu nennen. So bleibt u.a. für LEU/2 zu untersuchen, wie die hier festgelegte Arbeitsteilung zwischen den verschiedenen Wissensbasen und Modulen zu bewerten ist, und welche Informationsverluste damit einhergehen. Die Ergebnisse einer solchen Auswertung können sicher dazu beitragen, Konzepte für die Verbesserung der *Modellierungstransparenz* und *Systemperformanz* zu entwickeln. Ziel sollte dabei sein, geeignete *Niveaus der Konzeptualisierung* zu identifizieren und eine differenzierte Modellierung von *domains of general interest* zu erreichen.

Literatur

[Arning 91] A. Arning. The Trace of Building a Large AI System. In [Herzog und Rollinger 91].

[Brooking 86] A.G. Brooking. The analysis phase in the development of knowledge-based systems. In W.A. Gale, editor, *AI and Statistic*. Addison-Wesley Publishing Company, 1986.

[Charniak and McDermott 85] E. Charniak and D. McDermott. *Introduction to Artificial Intelligence.* Addison-Wesley, Cambridge, MA, 1985.

[Floyd 84] C. Floyd. A Systematic Look at Prototyping. In R. Budde et al., editors, *Approaches to Prototyping*, Springer Verlag, Berlin, Heidelberg, 1984.

[Geurts 90] Bart Geurts, editor. *Natural Language Understanding in LILOG: An Intermediate Overview* LILOG-REPORT 137, IBM Deutschland GmbH, September 1990.

[Glöckner 91] Ingo Glöckner. *Evaluierung von L_{LILOG} -Wissensmodellierungen mit statistischen Methoden.* LILOG-REPORT, IBM Deutschland GmbH, 1991 (*to appear*).

[19]Erste praktische Erfahrungen zur Übertragbarkeit der LEU/2-Wissensbasis auf einen anderen Gegenstandsbereich werden in Kürze im IWBS in Stuttgart vorliegen.

[Hayes 79] Patrick J. Hayes. The naive physics manifesto. In D. Michie, editor, *Expert Systems in the Microelectronic Age*. Edinburgh University Press, 1979.

[Herzog und Rollinger 91] O. Herzog and C.-R. Rollinger. *Text Understanding in LILOG*. Lecture Notes in Artificial Intelligence, Springer Verlag, Berlin, Heidelberg, 1991.

[Herzog et al. 86] O. Herzog, C.-R. Rollinger, and P. Schmitt (et al.). *LILOG - Linguistische und logische Methoden für das maschinelle Verstehen des Deutschen*. LILOG-REPORT 1a, IBM Deutschland GmbH, August 1986.

[Khenkar 91] M. N. Khenkar. Object-Oriented Representation of Depictions on the Basis of Cell Matrices. In [Herzog und Rollinger 91]

[Klose und Luck 90] G. Klose and K. v. Luck. Knowledge Engineering in LILOG. In *Terminology and Knowledge Engineering*, Indeks Verlag, Frankfurt/Main 1990.

[Klose und Pirlein 91] G. Klose and Th. Pirlein. Modelling Knowledge for a Natural Language Understanding System. In *Proc. EACL-91*, Berlin 1991.

[Luck und Pirlein 91] K. v. Luck and Th. Pirlein. Constructing a Context for LEU/2. In [Herzog und Rollinger 91].

[Luck et al. 89] K. v. Luck, R. Meyer, and Th. Pirlein. Die logische Rekonstruktion eines Gegenstandsbereiches. In Retti and Leidlmair, editors, *Proc. of ÖGAI-89*, pages 278–287. Springer Verlag, Berlin, Heidelberg, 1989.

[Pletat and von Luck 89] U. Pletat and K. v. Luck. Knowledge Representation in LILOG. In K.-H. Bläsius, U. Hedtstück, and C. Rollinger, editors, *Sorts and Types in Artificial Intelligence*. Springer Verlag, Berlin, Heidelberg, 1989.

Linguistische vs. konzeptuelle Aspekte der LILOG-Ontologie

Anfragen von außen

Ewald Lang

Zusammenfassung

Der Beitrag versucht zu zeigen, daß und wie die unter linguistischen Rahmenvorstellungen entwickelte substantielle und daher auch repräsentationelle Unterscheidung von sprachlichem und nicht-sprachlichem Wissen für die Modellierung der Ontologie eines textverstehenden Systems nutzbringend anzuwenden wäre. Argumente für die Zweckmäßigkeit dieser Differenzierung ergeben sich, wenn man die Struktur der Ontologie von LEU/2 unter verschärften Systematisierungskriterien betrachtet und dabei von den getroffenen Lösungen aus die zugrunde liegenden Modellierungsprobleme rekonstruiert. Abschnitt 1 kritisiert die gemischte Motivierung der in LEU/2 angenommenen Sorten und Sortendistinktionen, Abschnitt 2 entwickelt daraus Arbeitsdefinitionen für sprachliche und nicht-sprachlichen Kategorisierungen und illustriert sie anhand bestimmter Modellierungsentscheidungen. Abschnitt 3 plädiert für eine "rigorose" Domänenauffassung und interpretiert unter diesem Aspekt die verschiedenen Partitionen der LEU/2 - Ontologie. Im Ausblick werden einige Hinweise gegeben, wie die zuvor getroffenen Distinktionen im Verfolg der Ausgangsthese weiter exploriert und in einer umstrukturierten Wissensbasis integriert werden könnten.

Einführung

Der Dreh- und Angelpunkt eines textverstehenden Systems wie LEU/2 liegt in der Beantwortung der Frage: *How to interrelate word knowledge and world knowledge ?*
So griffig die Formulierung, so knifflig ihre inhaltliche und technische Ausbuchstabierung. Tatsächlich bemessen sich alle mit der Konstruktion des Systems verbundenen Problemtypen und Lösungsvarianten letzten Endes daran, *was* sie zur Beantwortung dieser Frage beitragen. Ebenso beziehen sich alle Aspekte der Bewertung eines Systems hinsichtlich seiner Verarbeitungseffizienz und/oder seiner kognitiven Adäquatheit letztlich darauf, *wie* die Interrelation von sprachlichem und nicht-sprachlichem Wissen im System konzipiert und modelliert ist.
Genau dies ist der Blickwinkel, unter dem die in LEU/2 vorliegende Wissensbasis einem theoretischen Linguisten in mehrfacher Hinsicht Interesse abnötigt:

(1) als **Vorschlag der Wissensmodellierung** in einem (zumindest technisch) funktionierenden System. Das heißt, als Modellbildung unter Implementierungsbedingungen, die ja - anders als die beim spekulativen Theoretisieren gern praktizierten Usancen - formale Stimmigkeit und minutiöse Explizitheit verlangen. Daß und wie unter diesem Gesichtspunkt "linguistic theorizing" durch Implementierung geprüft und gefördert werden kann, wird in Lang & Carstensen 1990, Lang & Carstensen & Simmons 1991 ausführlich belegt und von Simmons (in diesem Band) wieder aufgegriffen. Ich brauche darauf hier nicht weiter einzugehen.

(2) als **Manifestation hypothetischer Annahmen** über die Struktur von Kenntnissen und die Modalitäten ihrer Verarbeitung. Das heißt, als möglicherweise alternative, aber hoffentlich kompatible Ausformung dessen, wonach semantisch interessierte Linguisten durch ihre "grammatische Brille" immer schon Ausschau gehalten haben und wovon sie meist auch Einiges zu (er)kennen glauben. Derlei drängt zu einem interdisziplinären Wissensvergleich über die Struktur, Typifizierung und Repräsentation von Wissen.

(3) als geeigneter **Landeplatz für linguistische Einsichten** und als eventuelles Betätigungsfeld für heuristisch und methodisch probates Vorgehen. Angesichts der Tatsache, daß ein textverstehendes System notwendigerweise die Integration von Sprach- und Wissensverarbeitung erfordert, kommt dem Linguisten hier die Aufgabe zu, darauf zu achten, daß nicht - wie Jean-Paul Sartre in *Les mots* sagt - "die Dinge mit ihren Namen verwechselt werden".

Gewiß bedarf es keiner besonderen Erleuchtung, sich im Alltag darauf einzurichten, daß die Struktur der Sprache (wie wir sie benutzen) und die Struktur der Welt (wie wir sie verstehen) nicht zusammenfallen. Aber wenn es um die Modellierung der zugrunde liegenden Kenntnisbereiche - sprachliches Wissen und Weltwissen - geht, und wenn dabei die Struktur der Sprache nicht nur der eine der beiden konstitutiven Bestandteile des zu modellierenden Gegenstandsbereichs ist, sondern via Wortschatz zugleich auch noch eine gewissermaßen natürliche Rasterung des anderen Bestandteils (Weltwissen) vorgibt, dann ist die Gefahr der Verwechslung oder Vermischung sprachlicher und nicht-sprachlicher Kategorien durchaus vorhanden. Mehr noch, sie ist eigentlich unvermeidlich, solange wir die Struktur des sog. Weltwissens nur über das Sprachverstehen, also über einen sprachlichen Zugang, zu modellieren genötigt oder gewillt sind, d.h. ohne unabhängige Evidenzen aus außersprachlichen Zugängen zu Kenntnisstrukturen (Stichworte: visuelle Wahrnehmung, Kinästhesie etc.) einzubeziehen.

Ich möchte die als Sortenverband codierte Wissensbasis von LEU/2, kurz: die LILOG-Ontologie, zum Anlaß nehmen, um im Sinne der in (2) und (3) skizzierten Gesichtspunkte einige grundsätzliche Fragen zu diskutieren, deren Klärung zur Erarbeitung von Entwurfsprinzipien für eine solche Ontologie nützlich und wünschenswert ist. Ich stelle die Anfragen (wie Maienborn (in diesem Band)) unter das Stichwort "kognitive Adäquatheit" und ordne sie zu einem Plädoyer für die strukturelle und repräsentationelle Unterscheidung von Sprachkenntnis und Sachwissen. Meine These ist, daß eine methodisch strikte (freilich im Detail oft schwierig durchzuhaltende) Trennung von sprachlichem und nicht-sprachlichem Wissen und entsprechend von linguistischen und konzeptuellen Aspekten der Wissensrepräsentation die Voraussetzung ist, um die "*interrelation of word knowledge and world knowledge* " angemessen bewerkstelligen zu können.

Einzelheiten und linguistisch gute Gründe für die hier angesprochene Ebenenunterscheidung sind in Bierwisch & Lang 1989 und in einschlägigen neueren Studien (Lang & Carstens & Simmons 1991; Maienborn 1990a,b, 1991; Herweg 1990; Habel 1991) nachzulesen. Ich will die Hauptargumente hier nicht wiederholen, sondern gleich auf die LILOG-Ontologie anwenden. Ebenso muß ich mir aus Platzgründen eine Diskussion mit alternativen Auffassungen wie etwa K. Dahlgrens "naive semantics" verkneifen.

1. Wie ist die Interrelation von *word and world knowledge* in LEU/2 ?

1.1 Systematik tut not

Wenn man den Sortenverband der Wissensbasis von LEU/2 betrachtet, dann fällt als erstes auf, daß die darin aufgeführten Sorten und Subsumptionsrelationen bezüglich ihrer Motivierung ein eigenartiges Gemisch darstellen, will sagen, daß man aus der Struktur der vorliegenden Sortenhierarchie vielfach nicht so recht erkennen kann, warum die Sorte X als Sorte (und nicht etwa als Attribut oder Feature) angesetzt wurde oder warum die Sorten Y, Z, W als Subsorten von X (und nicht etwa als eigenständige Obersorten) etabliert wurden. Der Eindruck fehlender Systematik verstärkt sich noch, wenn man sich die Geschichte der LILOG-Ontologie vergegenwärtigt (vgl. dazu Klose & Pirlein (in diesem Band)). Ein Nachlesen in den Protokollen der Knowledge Engineering-Gruppe ist höchst aufschlußreich und als Erfahrungsfundus für Entwurfsprinzipien zur Auswertung zu empfehlen (vgl. dazu auch Gerstl (in diesem Band)).

Ich will bei der folgenden Diskussion nicht auf die einzelnen Ontologie-Versionen eingehen, vielmehr als Illustrationsmaterial exemplarische Fälle (egal welcher Version) herausgreifen. Es geht mir nicht um Kritik, sondern um Klärung. Die Ausgangsüberlegung ist die folgende:
Wenn eine Sorte nicht bloß ein etikettierter Knoten in der Verbandsstruktur sein soll, sondern legitimiertes Element einer Wissensbasis, die (i) außersprachliches Alltagswissen repräsentiert und zwar so, daß sie (ii) über (deutsche) Texte zugreifbar ist und (deutsche) Texte aus ihr generierbar sein sollen, dann stellt sich die keineswegs nur sophistische Frage (F):

(F) Ist die gegebene Sorte X
- (a) eine konzeptuelle (d.h. sprachunabhängige) Kategorie, deren Bezug zu sprachlichen Einheiten zwar regulär, aber prinzipiell arbiträr ist und auch einzelsprachlich variiert,

oder

- (b) verdankt die Sorte X ihre Aufnahme in die Ontologie dem Vorhandensein und der häufigen Okkurrenz eines gleichnamigen Ausdrucks in den (deutschen) Texten, d.h. in der Textbasis, die der Ontologie-Konstruktion als Ausgangsmaterial zugrunde liegt ?

1.2 Wie Sorten zustande kommen

Unter einem linguistischen Blickwinkel hat die vorliegende Ontologie im Laufe ihrer Geschichte bezüglich der in (F) genannten Kriterien ziemlich **verschiedene Arten von Sorten** in ihren Bestand inkorporiert:

(1) **Konzeptuell fundierte Sorten**. Zunächst einmal gibt es Sorten, die klar gemäß (F)(a) in den Verband aufgenommen wurden, etwa `Entitaet`, `Zustand`, `Ereignis`, `Situation`, sodann den gesamten Bereich der X-`Konzepte` < `TOP` und einige weitere Sorten in der sog. "Upper Structure". Dazu mehr in Abschnitt 3.2 unten.

(2) **Lexikalisch fundierte Sorten**. Sodann gibt es Sorten, die offenbar nach (F)(b) in den Verband aufgenommen (oder zur Aufnahme erwogen) wurden, und zwar in den Unterarten (2 a) und (2 b):

(2 a) **Textbasis-spezifische Sorten**. Es finden sich da in der unteren "Lower Structure" Sorten, die schlichtweg aus den Düsseldorf Reiseführer-Texten übernommen wurden wie `Altbierkneipe`, `Tritone`, `Flanierstrasse` etc., d.h. Sorten, deren Aufnahme in die Ontologie zwar der Textbasis geschuldet ist, die aber als Elemente der Wissensbasis zu spezifisch sind, um deren Gesamtstruktur entscheidend zu beeinflussen.

Unter dem Aspekt systematischer Entwurfsprinzipien sind dies Beispiele für eine notgedrungen direkte (und legitime) *word-world-interrelation* zwischen Textbasis und Wissensbasis. Solcherart fach- oder texttypspezifische Vokabeln der Textbasis funktionieren ähnlich wie Eigennamen, indem sie die unmittelbare Adresse für entsprechend etikettierte Einheiten der Wissensbasis bilden. Hier ist die als Desiderat betrachtete "Wortnähe" der Wissensbasis (vgl. Klose & Pirlein (in diesem Band)) geradezu zwangsläufig, d.h. Umfang und Körnigkeit der Wissensbasis sind in diesem Bereich unmittelbar determiniert durch Inventar und lexikalische Differenziertheit der Textbasis.

Diese Art von Korrespondenz dürfte zu den konstitutiven Kriterien der "Lower Structure" zählen. Gerade deshalb aber ist festzuhalten: der Unterschied zwischen linguistischer und konzeptueller Kategorisierung ist hier zwar kaschiert, aber er bleibt bestehen und seine Beachtung wird dadurch nicht hinfällig.

(2 b) **Grammatisch projizierte Sorten**. Als Belegfall für lexikalisch fundierte Sorten, die mit ähnlicher Motivierung, aber gegenteiligem Effekt in die Ontologie eingeführt wurden, findet sich (vgl. Klose & Pirlein und Anhänge A, B (in diesem Band)) in der "Upper Structure" z. B. eine Sorte `Praeposition` als Untersorte zu `Raumkonzept`. Ein zugegeben extremes Beispiel für die Vermischung von linguistischen und konzeptuellen Kategorien !

Immerhin macht das Beispiel deutlich, daß (begünstigt durch die Leitlinie "Wortnähe") die Sortenhierarchie der Wissensbasis von LEU/2 insgesamt doch in wesentlichen Aspekten nach dem Raster der lexikalische Hauptkategorien (Substantive, Verben, Adjektive, Präpositionen) strukturiert worden ist, d.h. daß sprachliche, genauer: grammatische Kategorien mehr oder minder direkt auf die Struktur des Sortenverbandes projiziert worden sind.

Die Projektion von grammatischen Kategorisierungen in die Sortenhierarchie verläuft jedoch unterschiedlich glatt, was die Ontologie-Protokolle auch ausweisen. Für den Bereich der `Entitaeten` bilden Nomina ein zunächst ganz plausibles Strukturierungsraster (in der Diskussion hat das jemand den "nominalen Trichtereffekt" genannt), für den Bereich der `Ereignisse` die einschlägigen Verbgruppen (vgl. Pirlein (1990)). Schon schwieriger ist das bei den Adjektiven, wo eine Korrepondenz weniger leicht herstellbar ist. Entsprechend hat man sich zu provisorischen Kompromißvarianten entschlossen (z.B. referentielle Adjektive wie *gotisch, blau* in der Wissensbasis als Standardsorten entsprechender Trägerobjekte zu modellieren, also `GotischesObjekt < ObjektAusEpoche; BlauesObjekt < FarbigesObjekt` etc., zur Behandlung der Dimensionsadjektive vgl. Simmons (in diesem Band)). Bei den Präpositionen schließlich wird am Beispiel des zitierten Vorschlags vollends klar, daß eine zur grammatischen Kategorisierung parallele Sortifizierung nicht das geeignete Verfahren zum Aufbau der Ontologie sein kann.

Kurz: der Hinweis auf die eigentümliche Sorte `Praeposition < RaumKonzept` sollte die für die Strukturierung der Ontologie (bewußt oder unbewußt) weithin angewandte Optik noch einmal verdeutlichen.

(3) **Sorten mit gemischter Fundierung.** Die Sortenstruktur der "Middle Structure", d.h. des Bereichs zwischen den Subsorten von `Entitaet` bis zu den unter (2a) genannten Sorten, zeichnet sich u.a. dadurch aus, daß die in der Frage (F) genannten Kriterien anteilig und gemischt zum Zuge kommen. Was heißt hier Mischung? Ich will nur einen Aspekt davon, wie ihn die Sortenstruktur reflektiert, herausgreifen:

Einerseits waltet hier die in (2b) beschriebene Verfahrensweise, Sorten nach Maßgabe ihrer nominalen Etiketten zu hierarchisieren (vgl. die Sortenstrukturen unter `EntitaetMitNamen` oder unter `RaumEntitaet`) bzw. nach den Möglichkeiten ihrer primären verbalen Etikettierung zu gruppieren (vgl. etwa die Sortenstrukturen unter `BewegungsZustand`, unter `LokalisZustand` oder die unter `LokalisEreignis`) - d.h. die Subsumptionsbeziehung ist hier de facto angelegt nach lexikalischen Hyponymie-Gesichtspunkten (vgl. Lyons (1977)) und damit gemäß (F)(b) nach sprachlichen Kriterien. So entspricht z.B. in `Terrassencafé < Café < GastronomBetrieb < Geschaeftsbetrieb < Institution` die Sorten-Relation "<" genau der transitiven Hyponymie-Beziehung *ein Terrassencafé ist ein(e Art von) Café, ein Café ist ein(e Art von) Gastronomie-Betrieb* etc.

Andererseits sind die meisten Distinktionen innerhalb der Subsorten einer Obersorte in diesem Bereich nach Kriterien vorgenommen, die mehr oder minder dem Repertoire unserer Alltagskenntnis von Objekten und von raum-zeitlich spezifizierten Situationen entstammen und damit gemäß (F)(a) nach außersprachlichen Kriterien. Was wir in diesem Bereich als vorherrschende Tendenz finden ist: sprachliche Kriterien für die vertikale und außersprachliche Kriterien für die horizontale Sortenstruktur. Ich gehe in 2.2 gleich näher darauf ein.

Man sieht an (1) - (3), daß im vorliegenden Sortenverband die *interrelation of word and world knowledge* in sehr unterschiedlicher Weise hergestellt wurde. Das muß an sich noch kein Manko sein - mir ging es nur darum, bewußt zu machen, daß bei der Etablierung der Sortenstruktur von LEU/2 (z.T. vielleicht unbemerkt) ganz verschiedene Kriterien involviert waren.

Nun höre ich einen (selbstverständlich fiktiven, aber durchaus repräsentativen) Knowledge Engineer sagen: "Unter Implementierungsgesichtspunkten gilt erst mal: Hauptsache das System läuft. Außerdem ist die Unterscheidung von Sprachwissen vs. Alltagswissen ohnehin so diffizil (und in der Literatur höchst umstritten), daß wir da immer irgendwelche Kompromisse machen müssen." - "Richtig", sage ich darauf, "Notlösungen und Provisorien sind auf lange Sicht noch unvermeidbar. Das aber entbindet uns nicht davon, (1) uns klar zu machen, was wir bei der Modellierung von Wissensbasen tun, nämlich: zu repräsentieren, was wir wissen **und** zu wissen, was wir repräsentieren; und (2) daraus schrittweise praktikable Entwurfsprinzipien zu entwickeln, damit mehr Systematik in die Wissensbasis reinkommt."
Fehlende Systematik ist ganz offensichtlich der Hauptmangel der vorliegenden Ontologie (K. Schlechta hat sie daher bisweilen "Onkologie" genannt), entsprechend ist **Systematisierung** eine der vordringlich anstehenden Aufgaben. Mein grundsätzlicher Vorschlag dazu lautet so:

(V) Wissensbasis und Wissensverarbeitung eines textverstehenden Systems sind so zu konzipieren, daß die Unterscheidung von sprachlichem vs. nicht-sprachlichem Wissen inbezug auf Grundeinheiten, Strukturbildung und Repräsentation im Aufbau der Wissensbasis die geeignete Voraussetzung liefert für die über Schnittstellen realisierte Interaktion von sprachlichem und nicht-sprachlichem Wissen in der Wissensverarbeitung.

Das ist freilich ein ganzes Forschungsgramm. Die folgenden Abschnitte sollen Hintergrund und Konsequenzen dieses Vorschlags aber wenigstens in einigen Punkten illustrieren.

2. Welche Kategorisierungen sind einschlägig für welche Sortenhierarchie ?

2.1 Sprachliche Kategorien ≠ konzeptuelle Kategorien

Um das in 1.2 unter (3) angesprochene Problem der Sorten mit gemischter Fundierung in der "Middle Structure" der Ontologie richtig beurteilen und gegebenenfalls beheben zu können, muß man sich dreierlei klarmachen:

(1) eine Taxonomie von Entitäten der Wissensbasis kann nach sprachlichen und nicht-sprachlichen (d.h. konzeptuellen) Kategorisierungen angelegt werden (die Mischung zeigt's ja);

(2) diese Kategorisierungen fallen aber nicht zusammen (wie ich in 2.2 gleich zeigen werde);

(3) eine prinzipiengeleitete Sortenstrukturierung müßte demzufolge dem einen oder dem anderen Raster folgen, was in der Konsequenz zu zwei verschiedenen, aber systematisch aufeinander beziehbaren Taxonomien führt.

Um es vorweg zu schicken: das als Wissensbasis modellierte Alltagswissen, die "eigentliche" Ontologie, sollte konsequent alle und nur die konzeptuellen Kategorisierungen reflektieren. Für den via Lexikon gesteuerten sprachlichen Zugriff auf diese Wissensbasis (bzw. den sprachlichen Output aus dieser Wissensbasis) ist aber füglich ein Raster vorzusehen und zwischenzuschieben, das sprachliche Kategorisierungen reflektiert. Entsprechend sind für die Wissensrepräsentation linguistisch motivierte von konzeptuell fundierten Sorten und Sortendistinktionen zu unterscheiden.

Die Kriterien dafür liegen wegen der im Einführungsabschnitt beschriebenen gnoseologisch komplexen Situation nicht gerade auf der Hand, aber sie lassen sich doch einigermaßen klar formulieren und anwenden. Etwa so:

(I) **Sprachliche Kategorisierungen** von Entitäten in K-Entitäten vs. Non-K-Entitäten (mit K als Variable für ein Sortenkriterium) sind durch ihren Reflex im System der Sprache zu rechtfertigen. Dabei sind drei Dimensionen von Reflex im Sprachsystem zu unterscheiden:

(a) **Grammatikalisierung** von K vs. Non-K, d.h. die Distinktion von K vs. Non-K ist in der morpho-syntaktischen und/oder der lexikalischen Organisation der Sprache explizit und systematisch codiert (Stichworte dazu: Individuierbarkeit der bezeichneten Referenten, Negierbarkeit ihrer Attribute, explizite Markierung kategorialer Merkmale, Subkategorisierungsforderungen, Spender oder Empfänger von Kongruenzmerkmalen etc.)

(b) **Semantische Selektionsbedingungen** für K vs. Non-K, d.h. die Distinktion von K vs. Non-K ist mit der Erfüllung bzw. Verletzung von Selektionsbeschränkungen verbunden, die sich aus der semantischen (nicht konzeptuellen!) Struktur der beteiligten Ausdrücke ergeben. Um nur einen klaren Fall zu nennen: konzeptuell sind die Entitäten "die ganze Familie" und "Gesamtheit der Familienmitglieder" oder auch "das Ehepaar" und "die Eheleute" gewiß paarweise äquivalent und salva veritate substituierbar; aber die Wörter *Familie* und *Familienmitglieder* oder *Ehepaar* und *Eheleute* werden wegen ihrer unterschied-

lichen internen semantischen Struktur, aus der sich auch - wegen deren Schnittstellenfunktion zwischen Syntax und konzeptueller Interpretation (cf. die Literatur am Ende der Einführung) - ihr morphosyntaktisches Verhalten bestimmt, als Kollektivum (K) vs. Individuenmengenausdruck (Non-K) kategorisiert. Man erkennt das z.B. an **Die Familie /* das Ehepaar haßt einander* vs. *Die Familienmitglieder / die Eheleute hassen einander* , wobei im ersten, aber nicht im zweiten Fall Kongruenz- und Bindungsbedingungen für das Reziprok-Pronomen *einander* verletzt werden. (Zu Problemen solcherart pluralischer Ausdrücke cf. Link & Schütze (1991), Dölling (1991), Eschenbach (in press) sowie andere Arbeiten des Hamburger Projekts "Gruppierungs- und Abgrenzungsprozesse" (GAP)).
Merke: semantische Selektionsbedingungen sind stets gekoppelt mit morphosyntaktischen Effekten !

(c) **Sortenrestriktionen** für K vs. Non-K, d.h. die Distinktion von K vs. Non-K ist mit der Begehung bzw. Vermeidung von "category mistakes" auf der konzeptuellen Ebene verbunden. Beispiele:"Die Relativitätstheorie ist blau", "Der Ball sieht den Unfall" - vgl. Maienborn (in diesem Band)). Sortenrestriktionen sind Wohlgeformtheitsbedingungen für die begriffliche Komplexbildung, sie sind nicht sichtbar in der grammatischen Struktur der Sprache verankert wie (I)(a) und (b). Da wir uns solche Sortenrestriktionen aber in erster Linie anhand der Interpretationsbedingungen sprachlicher Ausdrücke bewußt machen, sind sie hier angeführt, obwohl sie eigentlich unter (II) gehören.

(II) **Nicht-Sprachliche Kategorisierungen** von Entitäten in K-Entitäten vs. Non-K-Entitäten sind inbezug auf ihren Stellenwert innerhalb einer bestimmten Domäne des Alltagswissens zu rechtfertigen. Dabei sind u.a. die folgenden Dimensionen von Belang:

(a) **Saliente Eigenschaften** in physikalischer (Gestalt, Größe, Material), funktionaler (Instrument, Artefakt) und/oder sozial konventionalisierter Hinsicht (Zugehörigkeit zu einer bestimmten Domäne, biologischer vs. juristischer Status, temporärer vs. dauerhafter Zustand);

(b) **Aufgabenbezogene Spezifikation** und Kombination von Details innerhalb des in (II)(a) angedeuteten Rasters. Die bei Klose & Pirlein (in diesem Band) erwähnte 'Cluster'-Bildung zielt in diese Richtung, ist aber m.E. noch nicht konsequent genug ausgeführt.
Die nach (II) determinierten Entitäten sind komplexe Konzepte, die idealiter als gedächtnisfixierte Einheiten des begrifflichen Wissens angenommen werden können, das seinerseits zu unterteilen ist in diverse Abteilungen von Common Sense-Wissen, enzyklopädisches Alltagswissen, domänensspezifisches und situationsbezogenes Wissen. Die nach (I) determinierten Entitäten sind hingegen elementare Bausteine sprachlichen Wissens, die zu komplexen Ausdrücken kombiniert auf Entitäten des Typ (II) referieren können. Die Zuordnung zwischen beiden Inventaren ist mehr-mehr-deutig - was m. E. schon mal klar für die Unterscheidung spricht. - Ich werde nun nach den hier eingeführten Gesichtspunkten einige Sortendistinktionen in der "Middle Structure" der Ontologie diskutieren.

2.2 Inspektion einiger Sortendistinktionen in LEU/2

Die in LEU/2 angenommene Distinktion innerhalb der Obersorte `Objekt`

(1) `Lebewesen` vs. `UnbelebtesObjekt`

läßt sich, wörtlich genommen, nicht als linguistisch fundierte nachweisen. Die Unterscheidung "Lebewesen" vs. "Nicht-Lebewesen" ist eine konzeptuelle, die sprachlich nur anhand von Sortenrestriktionen sichtbar wird, die mit Ausdrücken wie *heranwachsen, verfaulen, eingehen* etc. verbunden sind. Eine auf sprachlicher Kategorisierung beruhende Distinktion wäre hingegen die Unterteilung der Obersorte Objekt in

(2) BeseeltesObjekt(person-like) vs. Nicht-beseeltesObjekt

Gemäß der anthropozentrischen Organisation des Sprachsystems ist diese Unterscheidung im Sinne von (I) grammatikalisiert, z.B. im Pronominalparadigma (mit *wer* fragt man nach Personen: *Wer/*Was lacht denn da* ?, mit *was* nach belebten oder unbelebten Nicht-Personen *Was/*Wer nistet /blüht / fließt denn da* ?); in der Verteilung von *it* vs. *she* im Englischen, oder in der systematischen Alternation von Genitiv vs. Akkusativ für den Objektskasus transitiver Verben in den slawischen Sprachen, aus deren Grammatiktradition auch der Terminus "beseelt" stammt. Die in LEU/2 vorgenommene Subsorten-Distinktion unter Lebewesen

(3) Mensch, Tier, Pflanze < Lebewesen

reflektiert ebenso wie (1) Alltagswissen, d.h. ihr entspricht keine linguistische Kategorisierung im Sinne der Definition (I). Bart Geurts hat in der Diskussion angemerkt: Aber was ist, wenn in einer Sprache L die Verteilung von Classifiern (verstanden als semantische Selektion) nach (3) erfolgt ? Ja, wenn eine Sprache L so funktioniert, müßten wir (3) als linguistisch fundierte Kategorisierung annehmen. Aber soweit meine empirischen Kenntnisse über Sprachen mit Classifiern reichen, findet sich keine solche Sprache L darunter. Grund: die Classifier sind älter als Linnés System der Biologie. Tatsächlich funktioniert die Distribution der Classifier bei Nomina nach Gestalt, sozialem Status und/oder Funktion der bezeichnten Objekte. Unbeschadet dessen verweist das Stichwort *Classifiersysteme* auf eine weitere untersuchenswerte Rasterung für Entitätentaxonomien.
Betrachten wir ein weiteres Beispiel. Auch für die in LEU/2 vorgenommene Sortierung

(4) ErschaffenesObjekt vs. EntstandenesObjekt

die wohl der häufig als semantisch postulierten Einteilung in "artefact" vs. "natural kind" entspricht, gibt es keine innerlinguistischen Indizien im Sinne von (I). Folglich ist (4) im Alltagswissen verankert, wobei aber dann doch zu fragen bleibt, warum z.B. die Sorten Nahrungsmittel und Messing Subsorten zu EntstandenesObjekt sind, nicht zu ErschaffenesObjekt ? Wenn, wie ich vermute, das hier unterstellte Kriterium etwas von der Art ist wie "naturwüchsig" vs. "hergestellt" (eventuell auch "organisch" vs. "synthetisch"), dann ist Messing eben gerade kein Naturelement (wie Wasser oder Gold), sondern ein Artefakt. Ebenso aber sind Nahrungsmittel, selbst wenn es sich um naturbelassene Öko-Früchte handelt, durch ihre funktionale Zwecksetzung und Behandlung in der Warenzirkulation eher als hergestellte denn als natürliche Objekte zu kategorisieren.

Damit sollte nur gezeigt werden, daß mit der geklärten Lokalisierung einer Sortendistinktion im Alltagswissen zwar schon ein Klärungsschritt bezüglich (I) oder (II) getan ist, daß aber die Rechtfertigungsbedürftigkeit der Sortenkriterien bestehen bleibt. Um dem Rechnung zu tragen, bedarf es der Aufstellung und Verbindung diverser partieller Theorien über das Alltagswissen, erst dann läßt sich eine relativ weit oben in der Sortenhierarchie angelegte Distinktion wie (4) wirklich legitimieren. Zur Ausbuchstabierung von (4), das ja eben nicht auf eine der oben vermuteten Einteilungen zu reduzieren ist, gehört eine passende Theorie über die Rolle von Zwecken, Bedürfnissen und Bedürfnisbefriedigung in der Warengesellschaft, aus der dann die Extension eines Begriffs wie "artefact" bzw. die Sortendefinition für `ErschaffenesObjekt` abzuleiten ist. Die hierfür als zuständig reklamierten "naive theories" über die Struktur des Alltagswissens sind bezüglich der organisierenden Rolle von Zweck- und Funktionsbegriffen noch kaum entwickelt worden.

Daß sie ein dringliches Desiderat bilden, zeigt auch die in LEU/2 angenommene Sortendistinktion in

(5) `Nutzgegenstand` vs. `Nicht-Nutzgegenstand`

Was im Alltagswissen unter den Begriff (aktueller oder potentieller, intendierter vs. umfunktionierter) "Nutzgegenstand" fällt, muß aus demselben theoretischen Hintergund wie (4) erklärt werden. Eine linguistische Fundierung im Sinne von (I) liegt für diese Distinktion nicht vor. Allerdings ist hier auf eine (vielleicht ergiebige) Beobachtung hinzuweisen:

Es gibt für Nomina, die Objekte (Artefakte) mit einer konstitutiven Funktion bezeichnen, in Kombination mit den entsprechenden Verben eine interessante **semantische Selektionsbeschränkung** z.B. bezüglich der Modalverben. Sätze wie *dieser Ofen heizt, dieses Fahrzeug fährt, dieses Boot schwimmt* sind ohne Makel; hingegen sind *?dieser Ofen kann heizen, ?das Fahrzeug kann fahren, ?dieses Boot kann schwimmen* etc. irgendwie defekt, der Satz *dieses Fahrzeug kann schwimmen* wiederum nicht. Warum?

Offenbar ist in der lexikalisch-semantischen Repräsentation von Nomina wie *Ofen, Fahrzeug, Boot* eine obligate Komponente "Zweck" (spezifiziert mit den Features "heizen", "fahren", "schwimmen") enthalten, die in Kombination mit einem entsprechenden Verb (a) eine explizite Modalisierung ausschließt, dabei (b) die Interpretation von z.B. *der Ofen heizt* festlegt auf die (habituelle) Lesart "der Ofen ist funktionstüchtig, erfüllt seinen Zweck", aber (c) als wohlgeformte und informative Sätze zuläßt *das Fahrzeug kann schwimmen* oder *das Boot kann fliegen* (weil "schwimmen" bzw. "fliegen" nicht die konstitutiven Zweck-Features der betreffenden hergestellten Objekte sind).

Anders gesagt: es gibt für Ausdrücke wie *Ofen, Fahrzeug, Heizung* im Lexikon eine semantische (und damit zum sprachlichen Wissen gehörige) Zweck-Komponente, mithilfe derer der Zugriff auf eine Sorte wie `Nutzgegenstand` in der Wissensbasis präzisiert werden kann. Ich gebe dies nur als einen heuristischen Hinweis für das weitere Ausklamüsern von Sortendefinitionen im Bereich der durch Zwecke und Funktionen definierten Entitäten.

Soweit Beispiele dafür, wie Sorten und Sortendistinktionen aus dem mittleren Bereich der Ontologie nach den Kriterien (I) und (II) bezüglich ihrer Fundierung zu rechtfertigen sind. Die in 1.2 oben unter (3) monierte **Mischfundierung** der horizontalen und vertikalen Sortenstruktur ergibt sich dadurch, daß (1) und (3) - (5) Sortendistinktionen sind, die auf der Basis von nicht-sprachlichen Kategorisierungen etabliert wurden, aber dies innerhalb von Obersorten, deren Taxonomie wiederum eher nach sprachlichen Kategorisierungen (nämlich nach den Hyponymie-Beziehungen der entsprechenden Nomina) angelegt ist.

Unter dem Gesichtspunkt der Systematisierung ist in dem Zusammenhang dann aber zu fragen, welche linguistisch fundierten Distinktionen in der horizontalen Gliederung am Platze wären. In LEU/2 ausgelassen, aber für die mittleren Etagen des Sortenverbandes linguistisch signifikant wären Unterscheidungen wie etwa die von

(6) 'Begrenztes Objekt' vs. 'Nicht-Begrenztes Objekt'

(7) 'Konkretes Objekt' vs. 'Abstraktes Objekt'

Die Unterscheidung in (6), egal ob als `Sorten` oder `Features` codiert, ist jedenfalls die **lexikalische Basis** für die Kategorisierung von Entitäten als individuierbare Einheiten (durch Individuativa oder 'count nouns') bzw. als Massen oder Substanzen (durch Massewörter und Stoffnamen) und ergibt kreuzklassifiziert mit (7) die ebenfalls lexikalische Basis der entsprechenden Pluralbildungen.
'Begrenztes Objekt ' korreliert mit regulärer Pluralbildung über Concreta und Abstracta, vgl. *Haus-Häuser, Gedanke-Gedanken* ; während 'Nicht-Begrenztes Objekt' Pluralbildung bei Concreta nur als sog. Sortenplurale zuläßt (*Wasser - Wässer* (=Wassersorten), *Stoff - Stoffe* (=Stoffsorten)) und bei Abstracta ganz ausschließt (*Mitleid - *Mitleide, Elend - *Elende*).
Die in (6) und (7) angegebenen Kategorisierungen sind im Lexikon verankert, somit grammatikalisiert im Sinne von (I) und bieten sich daher als linguistische Zugriffsinformation auf bestimmte Sorten in der Wissensbasis an. Auf diesem Hintergrund kann man sich fragen, wie Unterscheidung und Subsumption bei `Stoff < AbstrakteEntitaet` und `Material < Stoff` in LEU/2 eigentlich gemeint sind.

2.3 Merologische Relationen

Die in diesem mittleren Abschnitt der Ontologie waltende Mischung (bzw. fehlende Unterscheidung) von sprachlicher und nicht-sprachlicher Kategorisierung führt zu unbefriedigenden Kompromißlösungen auch bei an sich zentralen Strukturierungsaspekten. Ein solcher Fall ist:

(8) `TeilObjekt < Objekt`

Dies ist als Sortenbeziehung einfach zu unspezifisch - angesichts der ohnehin etwas unterbestimmten Sorte `Objekt` auf der einen Seite und der zentralen Rolle merologischer Relationen (Teil-Ganzes-Beziehungen) für die Strukturierung der Wissensbasis und die darauf operierenden Inferenzen auf der anderen Seite.

Was ich meine ist, daß die in (8) angesprochene Beziehung nicht als Detail des Sortenverbandes "verbraten" werden sollte, sondern daß Teil-Ganzes-Beziehungen (und ihre Logiken) als determinierende Faktoren für die Strukturierung der Wissensbasis überhaupt erkannt und eingesetzt werden sollten Einen Überblick über das Spektrum der hier einschlägigen Relationstypen bietet z.B. Simons (1987).

Die Teil-Ganzes-Beziehungen sind in ihren unterschiedlichen Einkleidungen neben der Subsumptionsbeziehung die wichtigste Ressource unseres Inferenzpotentials beim Textverstehen und somit von entsprechender Relevanz für die Modellierung der Wissensbasis. Ich will im Folgenden nur zwei Aspekte kurz ansprechen:

2.3.1 Zerlegung komplexer Objekte. Zusätzlich und sozusagen quer zu der auf "x ist-ein(e Art-von) y"-Relationen beruhenden Subsumptionshierachie bilden die Bedingungen, gemäß derer komplexe Objekte oder Situationen z.B. nach transitiven oder nicht-transitiven "z ist-Teil-von x" -Relationen in Teilobjekte bzw. Teilsituationen zerlegt werden, ein logisches Gerüst, nach dem sog. 'Cluster' oder Bereiche des Alltagswissens domänenspezifisch strukturiert sind. Die Relation "z **ist-Teil-von** x" ist je nach der Domäne, der "z" und "x" zugeordnet werden, **unterschiedlich spezifiziert** mit entsprechend unterschiedlichen Inferenzeigenschaften. Ein Beispiel:

Angenommen, wir haben in der Textbasis je ein Referenzobjekt (RefO) der Sorte `Kühlschrank`, `Küche`, `Wohnung`, `Haus` und möchten deren merologisch fundierte inferentielle Zusammenhänge ermitteln. Dafür gibt es offenbar mehrere Möglichkeiten: man kann die RefOs als komplexe Objekte einer funktional bestimmten Domäne etwa "Ausstattung der Wohnumgebung" zuordnen oder man kann sie einfach der Domäne der dreidimensionalen räumlichen Objekte zurechnen. Die jeweils gültigen Inferenzen variieren entsprechend.

Im ersten Falle ist die "z ist-Teil-von x"-Relation zu spezifizieren als "z **ist-Bestandteil-von** x" mit dem Effekt, daß diese Relation zwar paarweise gilt (z.B. durch Axiome wie (9)(a - c)), daß aber die Transitivität spätestens beim dritten Glied der Kette abbricht (vgl. (10)):

(9)	(a)	`Kühlschrank`	`ist-Bestandteil-von`	`Küche`
	(b)	`Küche`	`ist-Bestandteil-von`	`Wohnung`
	(c)	`Wohnung`	`ist-Bestandteil-von`	`Haus`

(10)	Der Kühlschrank	ist-Bestandteil-von	der Küche.
	Die Küche	ist-Bestandteil-von	der Wohnung.
	Die Wohnung	ist-Bestandteil-von	dem Haus.
$\not\rightarrow$	Der Kühlschrank	ist-Bestandteil-von	dem Haus

Im zweiten Falle, wenn wir die RefOs in der Domäne der räumlichen Objekte ansiedeln und die "z ist-Teil-von x"-Relation spezifizieren als **räumliche Inklusion** zwischen entsprechenden Referenzobjekten, etwa "z `ist-in` x", erhalten wir eine transitive Kette wie in (11):

(11) Der Kühlschrank ist in der Küche.
Die Küche ist in der Wohnung.
Die Wohnung ist in dem Haus.
$\rightarrow$ Der Kühlschrank ist in dem Haus.

Offensichtlich erfolgt die Zerlegung komplexer Objekte in Teilobjekte domänenabhängig. In dem provisorisch "Ausstattung der Wohnumgebung" genannten, aber gewiß zentralen Kenntnisbereich unseres Alltagswissens ist die Teil-Ganzes-Beziehung "z `ist-Bestandteil-von` x" zwischen den genannten Objekten spezifisch funktionalen Restriktionen unterworfen (daher die bedingte Transitivität), in der Domäne der dreidimensionalen räumlichen Objekte hingegen ist die Teil-Ganzes-Beziehung "z `ist-in` x" als räumliche Inklusion prinzipiell transitiv. Zu speziellen Aspekten der Transitivität der "z `ist-in` x"-Relation vgl. Pribbenow (1989, 1990), Lang (1990).

2.3.2 Teil-Ganzes-Erblichkeit. Die Sortierung der Entitäten der Wissensbasis ist auch zu bedenken unter dem Gesichtspunkt der Teil-Ganzes-Erblichkeit und/oder Ganzes-Teil-Erblichkeit ihrer Eigenschaften, die mit der Zerlegbarkeit komplexer Objekte in Teilobjekte interagiert. Betrachten wir dazu die folgende Auswahl von validen bzw. invaliden Inferenzen:

(12)	(a)	Alle Teile des Objekts x sind	ölig/rostig/heiß/rot/radioaktiv.
		⟶ Das Objekt x ist	ölig/rostig/heiß/rot/radioaktiv.
	(b)	Alle Teile des Objekts x sind	rund/flexibel/drehbar/funktionstüchtig.
		↛ Das Objekt x ist	rund/flexibel/drehbar/funktionstüchtig.
	(c)	Das Objekt x ist	unterirdisch/über Tage/tropenfest/frostbeständig.
		⟶ Alle Teile von x sind	unterirdisch/über Tage/tropenfest/frostbeständig.
	(d)	Das Objekt x ist	schwer/teuer/neuartig.
		↛ Alle Teile von x sind	schwer/teuer/neuartig.

Schon an dieser Auswahl erkennt man, *was* domänentypische Erblichkeitseigenschaften komplexer Objekte sind: Substanzeigenschaften wie in (a) sind Teil-Ganzes-erblich, Gestalt- und Funktionseigenschaften wie in (b) sind es nicht; Eigenschaften der geographischen Lokalisierung bzw. der klimatischen Disposition wie in (c) sind Ganzes-Teil-erblich, Norm-bezogene Gradeigenschaften wie in (d) sind es nicht. Wenn wir z.B. für 'das Objekt x' in (12)(a - d) jeweils *die Maschine* einsetzen, wird deutlich, daß die Wissensbasis nicht nur durch taxonomische Strukturen wie etwa `Maschine < HergestelltesObjekt < Nutzgegenstand < UnbelebtesObjekt` etc. determiniert ist, sondern ganz wesentlich auch durch die angeführten merologischen Relationen.

Gezeigt werden sollte damit nur, daß die verschiedenen Domänen des Alltagswissens durch spezifische Teil-Ganzes-Logiken strukturiert sind und daß deshalb eine detaillierte merologische Analyse unerläßlich ist, um zu klären, was die Begriffe "Domäne" und "Domänenspezifik" für den Aufbau einer Wissensbasis beinhalten können und sollen.

Die in (I) und (II) oben getroffene Unterscheidung von sprachlich vs. nicht-sprachlich fundierten Kategorisierungen ist natürlich auch für die merologische Analyse anwendbar. Zunächst einmal ist bezüglich der Wissensstrukturierung nach (II) festzuhalten:

(13) (a) In einem natürlichen konzeptuellen System ist für jedes Prädikat *p* festgelegt, ob *p* Teil-Ganzes-erblich und/oder Ganzes-Teil-erblich ist oder nicht.

(b) Die merologische Beziehung "z ist-Teil-von x" umfaßt eine Familie spezifischer konzeptueller Relationen mit jeweiligen Inferenzeigenschaften.

Ein nach (I) gebahnter linguistischer Zugang zu den merologischen Relationen ist durch Arbeiten zur Meronymie (d.h. zu lexikalisierten Teil-Ganzes-Verhältnissen) eröffnet worden, z.B. durch Cruse (1986) in der Tradition der "sense relations" nach Lyons (1977) oder durch Winston & Chaffin & Herrmann

(1987), die zeigen, daß die sprachlich als "*z is a part of x* " etikettierte Relation im Englischen in 6 verschiedene Typen zu spezifizieren ist. Die Typen-Einteilung (1. Component - Integral Object; 2. Member - Collection; 3. Portion - Mass; ... 6. Place - Area) ist mit entsprechenden Inferenzeigenschaften korreliert.

Um die Variationsbreite meronymischer Relationen zu illustrieren, führe ich hier zwei weitere an, die nach den Kriterien in (II) grammatikalisierte Sortendistinktionen auf der Basis von Teil-Ganzes-Beziehungen sind.

(14) "z ist-pertinent-zu x" vs. "z ist-nicht-pertinent-zu x"

(15) (a) Annas Gesicht/Arm/Brille/Mantel/Flur/Auto ist schmutzig.
Peter streichelt/säubert Annas Gesicht/Arm/Brille/Mantel/Flur/Auto
(b) Anna ist schmutzig im Gesicht/am Arm/an der Brille.
Anna ist schmutzig *am Mantel/*am Flur/*am Auto
(c) Peter streichelt/säubert Anna im Gesicht/am Arm/an der Brille
Peter streichelt/säubert Anna *am Mantel/*am Flur/*am Auto

Während die Genitivkonstruktion in (15)(a) die Art der Zugehörigkeit von z zu x völlig unspezifisch beläßt, machen die Konstruktionen in (15)(b-c) deutlich, daß es eine grammatikalisierte **Pertinenz**-Relation gibt, die etwa beim menschlichen Körper nicht nur dessen anatomische Teile, sondern z.B. auch künstliche Organverstärker (Brille) einschließt, aber abgetrennte persönliche Besitzgegenstände (Kleidung, Wohnung, Fahrzeug) ausschließt.

(16) "z ist-veräußerlich-zugehörig zu x" vs. "z ist-unveräußerlich-zugehörig zu x"

(17) (a) Annas Sohn/Vater/Schwiegersohn/Schwiegervater/Freund/Hund ist krank
(b) Der Freund/Hund/*Sohn/*Vater/*Schwiegersohn/*Schwiegervater,
den Anna besitzt, ist krank
(c) Rudi wird/bleibt Annas Freund/Hund/Schwiegersohn/Schwiegervater
Rudi wird/bleibt Annas *Sohn/*Vater

Diese in der englischen Literatur "(non-)alienability" genannte Relation ist sprachlich manifest in den semantischen Selektionsbeschränkungen für *besitzen* (vgl. (17)(b)) und für veränderungsbezogene Kopulaverben *werden / bleiben* (vgl. (17)(c)). Letzteres zeigt außerdem, daß innerhalb der Verwandtschaftsrelationen eine Distinktion "blutsverwandt" (unveränderlich, transitiv) vs. "heiratsverwandt" (veränderlich, nicht-transitiv) sprachlich vorgezeichnet ist.

Diese Hinweise auf die Fundiertheit von Sortendistinktionen und die Relevanz von merologischen Relationen verdeutlichen die eingangs postulierte Unterscheidung von sprachlichem und nicht-sprachlichem Wissen und das Spektrum der Strukturierungsaspekte, denen die Wissensbasis eines textverstehenden Systems Rechnung zu tragen hat. Mit den bisher diskutierten Differenzierungen im Hinterkopf möchte ich mich nun den diversen Möglichkeiten der Partition der Wissensbasis von LEU/2 zuwenden.

3. Domänenspezifik und Upper vs. Lower Structure

3.1 Domänenspezifik - ein rigoroser Vorschlag

Wenn man die bisher angeführten Kriterien konsequent beibehält, läßt sich der allenthalben benutzte, aber bislang nicht gerade transparente Leitbegriff der "domänenspezifischen" Struktur und Repräsentation von Wissen schrittweise präzisieren. Ich muß mich wiederum auf einige Aspekte beschränken.

Klar ist zunächst, daß der Begriff "Domäne" (ebenso wie "Aspekt", "Phänomen", "Bereich","Ebene" oder "frame of reference") ein reiner Hilfsbegriff ist, der für den Aufbau eines Modells oder einer Theorie zweckmäßig instrumentalisiert wird, d.h. formal und substantiell festgelegt wird nach Maßgabe des Zwecks, den er erfüllen soll. Eine Binsenweisheit, gewiß. Aber es lohnt, sich ihrer zu erinnern, wenn man die Gesamtstruktur der Ontologie von LEU/2 nach konsistenten und signifikanten Domänenbildungen absucht (dazu mehr in 3.2.).

Legen wir zunächst eine Arbeitsdefinition fest, die den Begriff "Domäne" für den Aufbau einer Wissensbasis, also für ein System zur Repräsentation konzeptuellen Wissens, passend auf den eines ontologischen Grundbereichs beschränkt. Ausgehend von der u.a. in Bierwisch (1988), Bierwisch & Lang (1989) diskutierten Annahme, daß unser konzeptuelles Wissen durch eine prinzipiell offene, aber historisch stets aktual begrenzte Anzahl **D** von Domänen D_1, D_2, ..., D_n strukturiert ist und daß Domänen durch sortierte Entitäten konstituiert sind, gilt in erster Näherung der folgende Zusammenhang:

(1) Unser begrifflich organisiertes Wissen ist determiniert durch ein System konzeptueller Bedingungen **C** = C_1, C_2, C_3, ..., die als Restriktionen über zulässige Entitäten und deren Kombination zu komplexen Entitäten wirken.

(2) Eine Domäne D_i ist eine potentiell infinite, intern strukturierte Menge von Entitäten E, deren spezi fische Eigenschaften in D_i durch eine Menge konzeptueller Bedingungen C_i (= **intrinsische Restriktionen**) und deren Beziehungen zu den Entitäten anderer Domänen durch eine Menge konzeptueller Bedingungen C_j (= **extrinsische Restriktionen**) definiert sind.

Der springende Punkt an diesem Vorgehen ist der Versuch, eine ontologische Domäne rigoros durch ihre spezifischen intrinsischen Bedingungen zu definieren und mit Entitäten zu bevölkern. Nennen wir dies kurz: die "rigorose Domänenauffassung". Die bisherigen Vorschläge (LEU/2 eingeschlossen) verfahren meist umgekehrt: da wird unter einer Obersorte (etwa `AbstrEntität`, `AbstrRaumkonzept`, `EntitaetMitNamen` etc.) eine Kollektion von Entitäten postuliert, um die sich dann jeweilige Domänen ausbreiten - mit ausfransenden Rändern und fließenden Übergängen - ich komme in 3.2 darauf zurück. Die unter den Prämissen (1) und (2) vorgenommene Forschung legt hingegen nahe, daß für **D** möglichst wenige, aber doch zumindest folgende eigenständige Domänen anzunehmen sind:

(3)	D_1:	Objekte;	D_2:	Substanzen;	D_3:	Plätze ('locations');
	D_4:	Zeitintervalle;	D_5:	Ereignisse;	D_6:	Einstellungen ('attitudes')

Weitere, aber bislang kaum ernsthaft untersuchte, ontologische Grundbereiche wären zu etablieren auf der Basis der diversen Funktions- und Zielkonzepte, die als Umsetzung biologischer Zwecke in soziokulturelle Normen unser Alltagswissen durchziehen und sich manifestieren etwa in einer Domäne der sozialen Institutionen (Regierung, Museum, Ehe, Schule, Militär etc.), einer Domäne der sozialen Konventionen (Etiquette, Gruppendynamik, interpersonelle Kommunikation), einer Domäne der zivilisatorischen Standards (Wohnumgebung, Mediengebrauch, Warenkorb etc.) - zugegeben, ein sehr weites, bislang wenig erforschtes Feld!

Aber auch anhand der relativ unstrittigen Domänenauswahl in (3) lassen sich die in (2) genannten intrinsischen und extrinsischen Restriktionen, denen die Entitäten dieser Domänen unterliegen, kurz illustrieren:

Die Domäne D_1 der Objekte konstituiert sich aus Entitäten o_1, o_2, o_3, ... nach intrinsischen Bedingungen wie Begrenztheit (= Individuierbarkeit), Diszernibilität, Dimensionalität und spezifischen Teil-Ganzes-Relationen (z.B. Übersummativität - vgl. (9, 10) in 2.3.1).

Die Domäne D_2 der Substanzen rekrutiert sich aus Entitäten s_1, s_2, s_3, ..., die intrinsischen Bedingungen genügen wie Nicht-Begrenztheit, Nicht-Diszernibilität und Teil-Ganzes-Homogenität (alle Teile einer extrinsisch begrenzten Menge Wasser sind wieder Wasser etc.).

Die Domäne D_3 der Lokationen definiert sich durch Elemente des Vor- und Nachbereichs einer topologischen Lokalisierungsfunktion 'loc', die Entitäten nach den zwei intrinsischen Bedingungen (i) loc(x) = l_i ("l_i ist der Platz von x in D_3") und (ii) loc(l_i) = l_i ("l_i ist definiert durch den Platz, den es in D_3 einnimmt") einen Platz zuweist.

Die Domäne D_4 der Zeitintervalle ist durch eine unidirektional gerichtete Ordnungsrelation über intrinsisch eindimensionalen Entitäten t_1, t_2, t_3, ...definiert.

Die Domäne D_5 der Ereignisse bestimmt sich durch Entitäten, die wir gemeinhin als Sachverhalte (extensional) oder Propositionen (intensional) bezeichnen und deren Spezifik gerade darin besteht, daß sie intrinsisch determinierte übersummative Konfigurationen aus Elementen anderer Domänen darstellen und als solche auf D_3 und D_4 und D_6 abbildbar (kurz: lokalisierbar, temporalisierbar und einstellungsbewertbar) sind.

Die Domäne D_6 der Einstellungen umfaßt die verschiedenen kognitiven (epistemischen und emotiven) Modi, in denen wir, wie Frege sagte, "einen Gedanken fassen in der Art seines Gegebenseins" oder, moderner gesagt, die Modi, nach denen wir eine Proposition als faktisch, wahrscheinlich, möglich, irreal etc. bewerten.

Im Vergleich zu anderen Konzeptionen über Grundbereiche dieser Art sind D_1, D_2, D_3 in der hier vorgestellten "rigorosen Domänenauffassung" wesentlich abstrakter gefaßt, so daß z. B. D_1 als Subdomänen - relativ zur Dimensionalität - konkrete (physikalisch manifeste) und abstrakte (gedankliche, d.h. propositional repräsentierte) Objekte einschließt und D_3 keineswegs auf den physikalisch-geographischen Raum, sondern allgemein auf "Raum = Domäne der Lokalisierung" festgelegt ist. Die Begründung für diese ungewohnte, nach den obigen Vorgaben aber ganz konsequente Abstraktheit des Domänenbegriffs ergibt sich aus den Vorteilen, den das für die Modellierung konzeptueller Zusammenhänge bietet. Welche **Vorteile** bietet nun die "rigorose" Domänenauffassung ?

- **Abbildung zwischen Domänen.** Die Unterscheidung und Interaktion von intrinsischen und extrinsischen Bedingungen im Sinne von (2) ermöglicht uns eine angemessene Abbildung von Entitäten zwischen den Domänen. Es gehört zu den **extrinsischen** Bedingungen, daß Entitäten von D_1, D_2, D_3, D_5, aber nicht von D_4 oder D_6, abbildbar sind auf D_3 (sprich: daß Objekte, Substanzen, Ereignisse, Plätze lokalisiert werden können, Zeitintervalle und Einstellungen hingegen nicht); daß Entitäten von D_4 oder D_5, aber nicht von D_1, D_2, D_3, abbildbar sind auf D_4 (sprich: daß Zeitintervalle und Ereignisse temporalisiert werden können, Objekte, Substanzen und Plätze aber nicht); daß abstrakte Entitäten aus Subdomänen von D_1, D_2, D_3, D_5 abbildbar sind auf D_6, aber nicht umgekehrt (d.h. daß Propositionen, die Objekte, Substanzen, Plätze oder Ereignisse identifizieren, Gegenstand von Einstellungen sein können, aber nicht umgekehrt).

- **Eigenschaftskonstanz**. Bei der Abbildung aus einer Domäne D_i in eine Domäne D_j bringen die betreffenden Entitäten ihre **intrinsischen** Eigenschaften in die domänenspezifische Strukturbildung ein. Dies erklärt, warum, wie in 2.3.1 (11) oben gezeigt, die Abbildung von Objekten wie `Kühlschrank`, `Küche`, `Haus` aus D_1 via "`z ist-in x`" auf D_3 als räumliche Lokalisierung herauskommt (die Objekte bringen ihre räumlichen Dimensionen mit), während sich die Abbildung von Objekten wie `Silbe`, `Wort`, `Text` aus D_1 via "`z ist-in x`" auf D_3 als Teil-Ganzes-Anordnung nach dem Typ 'Component - Integral Object' erweist (die Objekte bringen ihre nicht-räumlichen kompositionellen Dimensionen mit). Ebenso erhellt, warum Ereignisse aus D_5 via "`z ist-in x`" auf D_3 und auf D_4 abbildbar sind (*der Workshop ist in Berlin; der Workshop ist im Herbst*) und dabei dennoch stets Ereignisse bleiben, d.h. Sachverhalte, die eine intrinsische lokale und temporale Verankerung haben. Daß diese Verankerung ihrerseits typenbildend spezifiziert ist, macht Maienborn (in diesem Band) anhand ihrer Diskussion zur Sorte `Situation` deutlich.

- **Sorten und Axiome im Konnex**. Eine nach den angedeuteten Leitlinien konsequent ausgearbeitete Domänen-Partition führt zu einer Modellierung des Wissensbasis, in der die Entitäten und ihre inferentiellen Eigenschaften - technischer: Sorten und Axiome - **korrelativ etabliert** werden müssen. In LEU/2 ist dieser Zusammenhang - wie die Protokolle ausweisen - eher additiv oder suppletiv in der Sache und - wie Klose & Pirlein (in diesem Band) berichten - sequentiell in der Abfolge 'Ontologieentwicklung' - 'Regelentwicklung'. Die hier geforderte korrelative Ausarbeitung von Sortenstruktur und Axiomatik ist ihrerseits eine Konsequenz aus dem folgenden wesentlichen Punkt.

- **Sprachliche vs. konzeptuelle Struktur**. Wiewohl aus einer linguistischen Perspektive formuliert, sind die in (1) und (2) skizzierten Annahmen zur Domänen-Konstitution ausdrücklich auf konzeptuelles Wissen zugeschnitten, nicht auf dessen sprachlich strukturierte Zugriffsebene. Die oben skizzierte "rigorose" Domänenauffassung ist logisch und historisch das Ergebnis einer linguistischen Semantikkonzeption, die wesentlich auf der Distinktion von sprachlicher und konzeptueller Strukturierungsebene beruht. Entsprechend beinhaltet sie auch für das Entitäten-Inventar die rigorose Differenzierung von sprachlichen und nicht-sprachlichen Kategorisierungen (wie in den Abschnitten 2.1 bis 2.3 illustriert) und für die Domänen-Konstitution die klare Trennung von sprachlich vorgezeichneten Inferenzen (grammatisch codiert als Äquivalenz, Konversion, Präsupposition, Implikatur etc.) und nicht sprachlich vorgezeichneten Inferenzen (konzeptuell verankert in (Un-)Verträglichkeits-, Containment- oder Kausalzusammenhängen des Sachwissens - siehe dazu u.a. Lang & Carstens & Simmons (1991) und Simmons (in diesem Band)).

Zusammengefaßt heißt das: die "rigorose" Domänenauffassung impliziert als Voraussetzung und Folge genau jene Systematik, die für den Aufbau der Wissensbasis eines textverstehenden Systems notwendig ist. Um zu erkunden, was von solchen Idealforderungen in absehbarer Zeit umsetzbar ist, betrachten wir nun noch einmal die Ontologie von LEU/2 unter dem Aspekt ihrer verschiedenen Partitionen.

3.2 Stand der Dinge in LEU/2

Bislang wurden unter dem Stichwort "Systematik" nur Vorteile aufgezählt. Nun ist freilich zuzugeben, daß die "rigorose" Domänenauffassung relativ zum Stand der Dinge in der Modellierung von Wissensbasen auch ihre erheblichen **Nachteile** hat. Sie gruppieren sich alle um den einen nicht zu bestreitenden Punkt, nämlich: wir sind da erst ganz am Anfang.

Gewiß, eine konsequent nach (1) und (2) auszuarbeitende Modellierung von Domänen des konzeptuellen Wissens kann sich bisher nur auf einige (wenngleich exemplarische) Ansätze und Vorarbeiten stützen. In jedem Falle sind noch größere theoretische Investitionen nötig, um die angeführten Leitlinien der "rigorosen" Domänenauffassung in den einschlägigen Details auszuformulieren. Ich denke aber, daß dies ein herangereiftes und aussichtsreiches Thema für einen Bereich der Grundlagenforschung bildet, in dem Computerlinguistik und Knowledge Engineering integrativ und unter interdisziplinärer Einbeziehung von Ergebnissen anderen kognitiver Forschungsrichtungen die Modellierung der Struktur und Verarbeitung von Wissen vorantreiben. Die in diesem Band vorgelegten Erfahrungsberichte über die Arbeit an und mit der Ontologie von LEU/2 lassen sich so auswerten, daß sie in der Konsequenz genau in diese Richtung weisen. Wieso?

Wenn man die Struktur der Ontologie von LEU/2 auf dem Hintergrund der oben skizzierten "rigorosen" Domänenauffassung betrachtet, zeigt sich nämlich zweierlei:
Erstens, die Tatsache, daß bei der Entwicklung der Wissensbasis die Diskussion um Domänenspezifik ständig geführt wurde, ist als Beweis dafür zu werten, daß die in den Abschnitten von Kap. 2 illustrierten Probleme der Sortenfundierung als solche sehr wohl virulent waren - und natürlich weiterhin bleiben, denn die gewählten Lösungsvarianten sind noch unbefriedigend. Aber wir haben jetzt eine schärfere Sicht dafür, was Domänenspezifik ausmacht.
Zweitens, die im Werdegang der Wissensbasis verschieden akzentuierten, aber stets als irgendwie notwendig erachteten Partitionen der Ontologie (in 'Cluster', 'Upper Structure' und 'Lower Structure' etc.) sind als Versuche zu werten, diesen Problemen beizukommen. In der Rückschau läßt sich das ganz plausibel so rekonstruieren und auch kritisieren:

'Cluster'. Die von Klose & Pirlein (in diesem Band) als "relativ eigenständige Konzeptbereiche" angesprochenen 'Cluster' (**Raum; Objekte; Qualitäten, Quantitäten und Meßbarkeit** etc.) sind angelegt als grobe Rekonstruktion eines szenario-bezogenen Sachgebiets, auf das bevorzugt über bestimmte sprachliche Etiketten (vgl. Abschnitt 1.2 oben) zugegriffen wird und dem nach Möglichkeit entsprechende Inferenz-Clusterungen zuzuordnen sind. So gesehen sind 'Cluster' ein erklärlicher Arbeitskompromiß zwischen sprachinduzierter Sortendeklaration und Regelentwicklung, aber die 'Cluster' sind nicht, wie das die "rigorose" Auffassung von Domänen verlangt, durch intrinsische und extrinsische Restriktionen über ihrer Struktur und ihrem Entitäteninventar definiert.

'Upper' vs. 'Lower Structure'. Bezogen auf den Bereich der Entitaeten < TOP reflektiert die nie definitiv oder definitorisch, sondern mehr tendenziell vorgenommene Gliederung in 'Upper Structure' und 'Lower Structure' eine hierarchische Einteilung, deren Spitze durch ziemlich allgemeine sprachliche Etiketten (Hyperonyme) für Entitäten gebildet wird, während ihre unteren Etagen durch sachliche Details (Sorten mit gehäuften Attributen) determiniert sind. Auf dem Hintergrund der vorangegangenen "rigorosen" Erwägungen ist die so gehandhabte Partition ein Arbeitskompromiß zwischen allgemein textbasierter Entitätensortierung und szenario-spezifischer Entitätenauflistung. Wieso das ?

Die Sortierung unter TOP, nämlich Entitaet < TOP direkt, und vermittelt dann Objektentitaet < Entitaet sowie Ereignis < Entitaet (cf. Anhang) ist offensichtlich fundiert durch die Bedingung, daß für ein textverstehendes System eine Entität durch einen Diskursreferenten und damit durch ein "echtes" RefO konstituiert wird. Die in die 'Lower Structure' verwiesenen Sorten sind, wie in 1.2 (2a) diskutiert, zu werten als Entitäten, die durch szenario-bedingte Fachvokabeln in die Wissensbasis induziert werden. Freilich suggeriert die Unterteilung 'Upper' vs. 'Lower' in diesem Bereich eine Graduierung von 'allgemein' bis zu 'sehr spezifisch', aber die beiden Extremwerte liegen nicht auf derselben kriterialen Dimension für Sortendistinktionen. Zwischen Objektentitaet ('Upper Structure') und Altbierkneipe ('Lower Structure') erstreckt sich, wie in 1.2 (3) diskutiert, der weite Bereich der Sorten mit gemischter Fundierung.

Entitaeten **vs.** Konzepte **unter TOP.** Hier verrät die Lösung das Problem! Die quer zu 'Upper Structure' vs. 'Lower Structure' etablierte Einteilung der Sortenhierarchie in Entitaeten und Konzepte ist das deutlichste Indiz dafür, daß den Konstrukteuren der Ontologie von LEU/2 die Nicht-Übereinstimmung von sprachlichen und nicht-sprachlichen Kategorisierungen als Problem ständig präsent war, wenngleich wohl nicht in der nötigen Trennschärfe. Die Ontologie des textverstehenden Systems zerfällt in einen Bereich der **eigentlichen Entitäten** (sprich: der potentiellen Diskursreferenten), die nach Klose & Pirlein (in diesem Band) "als Abbilder des Gegenstandsbereichs in Raum und Zeit variieren können", und einen Bereich der **Konzepte**, die als 'Hilfskonstruktionen ' fungieren, um die eigentlichen Entitäten mit eben diesen lokalen, temporalen und anderen Spezifikationen zu versehen. So jedenfalls war das gemeint. Zu bemängeln, daß diese Partition ein arges Provisorium ist, hieße offene Türen einrennen. Wichtiger ist, die darin zu Tage tretenden Kompromisse und Pseudo-Lösungen als Hinweise auf vorhandene, aber noch nicht zu Ende gedachte Probleme auszuwerten. Ich werde dies in einer kurzen Konklusion versuchen.

4. Konklusion und Ausblick

Durchaus absichtsvoll habe ich das Plädoyer für die methodische Unterscheidung und die sachgerechte Integration von sprachlichem und nicht-sprachlichem Wissen beim Aufbau einer Wissensbasis unter die unabweisliche Forderung "Systematik tut not" gestellt und in mehreren Differenzierungsschritten Klärungsbedarf angemeldet hinsichtlich der Entwirrung von Begriffen, der Entmischung von Sortierungskriterien und der Distinktion von Strukturierungsebenen. Die entsprechenden Klarstellungen sind ihrerseits unabdingbare Voraussetzung für die Formulierung von Entwurfsprinzipien.

Aus dieser Sicht stellt sich, eingepaßt in die übrigen hier zusammengetragenen Erfahrungen mit der Modellierungsgeschichte der LILOG-Ontologie, als nächstes die Aufgabe, die einzelnen von mir in den vorangegangen Abschnitten angemahnten Unterscheidungen weiter zu präzisieren und in ihrer Interdependenz bezüglich der Architektur der Wissensbasis zu integrieren. Die Relevanz der vorgeschlagenen Unterscheidung für die Generierungskomponente eines textverstehenden Systems wird durch die Beiträge von Dobes und Novak (in diesem Band) verdeutlicht. In Anbetracht des hier noch einmal zu betonenden günstigen Umstands, daß die Komplexität des Unternehmens insgesamt hinreichend bewußt geworden ist - die Elaboriertheit der vorliegende LEU/2 - Ontologie ist Indiz für erkannte, aber noch nicht schlüssig gelöste Probleme - sehe ich gute Aussichten für darauf aufbauendes, also fortgeschrittenes "ontological engineering" im Sinne des Vorschlags (V) u.a. in folgenden Richtungen:

4.1. Natur und Struktur der Wissensbasis. Als Grundelemente der Wissensbasis sind `Entitaeten` und `Konzepte` nicht als durch TOP im Sortenverband zwar formal zusammengehaltene, aber substantiell unterschiedlich fundierte Bereiche gegenüberzustellen, vielmehr ist das, was in LEU/2 mit dieser Bereichseinteilung beabsichtigt war, umzuformen in eine geordnete Abbildung zwischen Repräsentationseinheiten verschiedener, aber aufeinander bezogener Ebenen in der Wissensbasis. Dafür gibt es verschiedene technische Lösungen, aber primär scheint mir zunächst die inhaltliche Klarstellung der zugrunde liegenden These.

Wissen ist stets und nur begriffliches Wissen. Auch sprachliches Wissen, über das wir reflektorisch und kommunikativ nur in spezifischen Repräsentationsformaten verfügen, ist eine durch ein komplexes Modul (die "Grammatik") organisierte Ausprägung begrifflichen Wissens. Daher sind die ontologischen Einheiten einer jeglichen Wissensbasis ihrer Natur nach als Konzepte zu etablieren. Auch die Ontologie in der Wissensbasis eines textverstehenden Systems ist genuin konzeptueller Natur, aber diese Wissensbasis insgesamt muß in ihrer Struktur so angelegt sein, daß die in ihr modellierten Konzepte für sprachlich codierte Wissensrepräsentationen bezüglich Eingabe, Verarbeitung und Ausgabe zugänglich sind, anders gesagt: die Wissensbasis eines textverstehenden Systems muß eine Repräsentationsebene des geregelten lexikongesteuerten Zugriffs aufweisen, die als Interface zwischen den sprachlichen und den nicht-sprachlichen Kategorien fungiert.

Dies ist nur eine methodische Umsetzung des aus mehrfacher Perspektive illustrierten Befunds, daß es einerseits Konzepte gibt, die direkte sprachliche Etiketten haben, andererseits Konzepte, die erst über sprachliche Komplexbildung in der Wissensbasis adressierbar sind, und schließlich einen weiten Bereich dazwischen, in dem die konzeptuelle Interpretation von morphosyntaktischen Markierungen und wortintern verankerten semantischen Rollen ausbuchstabiert wird. Klar ist, daß "Interface" hier nur als implementierungstechnischer Cover Term für die komplexe mehr-mehr-deutige Zuordnung zwischen sprachlichen und konzeptuellen Kategorien steht.

Die Argumente, die in den vorangegangenen Abschnitten für die Unterscheidung von sprachlichen und konzeptuellen Kategorien vorgebracht wurden, plädieren also nicht - wie das in der Diskussion bisweilen befürchtet wurde - für eine Inflation von Ontologien, sondern für eine schnittstellengerechte Revision der Struktur der Wissensbasis. Das wiederum beinhaltet

(a) eine Umstrukturierung des vorhandenen Sortenverbands nach den in den Abschnitten 2.1 - 2.3 genannten Systematisierungskriterien, und zugleich abgestimmt damit

(b) eine Elaborierung des Lexikons hinsichtlich der in den Lexikoneinträgen gebotenen kategorialen Information gemäß (I) in 2.1 und damit der Lexikonarchitektur überhaupt.

Das angestrebte Ergebnis ist die Ersetzung der pseudo-ontologischen Einteilung `Entitaeten` und `Konzepte` unter TOP durch eine komplexe Abbildung zwischen genuinen Entitäten der Ontologie und linguistisch fundierten Kategorien des sprachlichen Zugriffs auf diese Ontologie. Dabei ist und bleibt die Zuordnung zwischen lexikon-basierten (morphosyntaktischen und semantischen) und konzeptuellen Kategorien die zentrale, noch weithin ungelöste Aufgabe, aber es gibt dazu konkrete Vorschläge (z.B. Croft (1990) und Schwarze (ersch.)), die der Beachtung und Ausschlachtung wert sind. Als sehr aufschlußreich erachte ich außerdem eine verstärkte Berücksichtigung der Abbildungsanforderungen, die durch die Generierungskomponente des Systems gestellt werden - cf. Dobes, Novak (in diesem Band).

4.2 Präzisierung der Domänenspezifik. In Abschnitt 3.2 habe ich zu zeigen versucht, daß die Suche nach Domänenspezifik bestimmten in der Sache begründeten und bei der Modellierungsarbeit allenthalben auftauchenden Problemen entspricht, die in den verschiedenen Partitionen der Ontologie von LEU/2 zumindest vorläufige Antworten gefunden haben. Um diese Sichtweise zu verdeutlichen, habe ich kontrastiv dazu die "rigorose" Domänenauffassung vorgeschlagen und erläutert.

Für deren Ausarbeitung bleibt freilich auch hier das meiste noch zu tun, aber es gibt im exploratorischen Umfeld (innerhalb von LILOG und in der Nachbarschaft) eine Reihe von Ansätzen, die genau auf Domänenkonstitution durch intrinsische und extrinsische Bedingungen im Sinne von 3.1 beruhen. Dazu noch ein paar weiterführende Hinweise.

Erstens. Als Paradefall für einer konzeptuelle Domäne, deren Entitäten durch **intrinsische** Bedingungen definiert sind, gilt mir natürlich die Domäne der Objekte und deren Entitäteninventar in Gestalt der Objektschemata, wie sie von Simmons (in diesem Band) noch einmal erläutert und in der Ontologie placiert wurden. Nun scheint es mir, auch im Hinblick auf die mit der Zeitontologie und/oder der Ereignisontologie befaßten Diskussionsbeiträge (vgl. Lorenz und Maienborn (in diesem Band), sehr suggestiv, die Entitäten der Domäne der Ereignisse (oder Situationen) in analoger Weise durch ein Inventar von Ereignis- oder Situationsschemata zu rekonstruieren. Natürlich auf der Basis anderer Dimensionsparameter und -werte, aber gleich in der Auffassung, daß (mögliche) Konzepte das Restriktions- und Kombinationsresultat intrinsischer (d.h. domänenspezifischer) Bedingungen sind. Welches die einschlägigen Bedingungen sind, dafür gibt es seit Vendler in der Literatur zahlreiche Angebotslisten. Vielleicht ist es nun an der Zeit, die vorhandenen Einsichten über Situationsparameter in Schemata zu überführen und so einer qualitativ neuen Bewährungsprobe zu unterziehen.

Zweitens. Die hier angeregte Ausarbeitung von Situationsschemata hätte außerdem einen Präzisierungseffekt für die mit 'Upper Structure' vs. 'Lower Structure' anvisierte Einteilung. Gemäß der hier vertretenen Auffassung ist die Einteilung nicht zweckmäßig für den Bereich der `Konzepte` unter TOP (die ich ja ohnehin aus dem Sortenverband eliminiert sehen möchte), sondern reserviert für die "eigentliche" Ontologie, d.h. den konzeptuell motivierten Sortenverband der Entitäten, und innerhalb dessen gehören die Situationsschemata wie die Objektschemata zum Inventar der primären Sorten `Situation` und `Objekt` und insofern zur 'Upper Structure', während in der 'Lower Structure' die entsprechend spezielleren (durch Features angereicherten) Objekt- bzw. Situationskonzepte angesiedelt sind, die die Schemata in ausspezifizierter Form umfassen. Diese Auffassung von 'Upper vs. Lower Structure' ist eine spekulative Modifikation von Geoff Simmons Vorschlag (in diesem Band). Sie hat im Erfolgsfalle den Vorteil, daß sie den (pseudo-ontologischen) Bereich der `Konzepte` unter TOP entbehrlich macht. Die solchen Hilfssorten wie `AbstrEntitaet`, `AbstrRaumkonzept`, `BegriffsKonzept` etc. zugewiesenen Aufgaben werden nach der "rigorosen" Domänenauffassung dann nämlich rekonstruierbar als Abbildung zwischen Domänen gemäß den in 3.1 angeführten **extrinsischen** Bedingungen.

Drittens. Schließlich dient, bezogen auf die Struktur und Verarbeitung von Wissen, die in Abschnitt 3.1 vorgeschlagene "rigorose" Domänenauffassung auch zur Klärung der allenthalben verwendeten Begriffe "Modul" und "Modularität". Aus dieser Sicht definiert sich ein Modul als Geltungsbereich spezifischer strukturbildender Prinzipien bei der korrelativen Entwicklung von Sortenverband und Axiomatik - aber das klingt schon wie der Anfang des nächsten Papiers, das zur Fortsetzung dieser Ontologie-Diskussion zu schreiben wäre und das die hier skizzierten Vorschläge mit einer Reihe alternativer Vorstellungen konfrontieren müßte, darunter die AI-orientierte Lexikon-Auffassung von J. Pustejovsky (1990), J. Pustejovsky and P. Anick (1988) sowie die Wissensrepräsentation im Stile der 'naive semantics' - cf. K. Dahlgren and J. McDowell (1986), K. Dahlgren, J. McDowell, E. Stabler (1989).

In einem Punkt waren sich alle Workshop-Teilnehmer einig: es gehört zu den besonderen Verdiensten des LILOG-Projekts, daß wir nun genauer wissen, wiesehr wir mit 'ontological engineering' noch in den Anfängen stecken.

Danksagung

Für nützliche Kommentare danke ich Johannes Dölling, Peter Gerstl, Gudrun Klose, Claudia Maienborn, Geoff Simmons sowie den übrigen Diskutanten auf dem Ontologie-Workshop. Dieser Text ist die erweiterte Fassung einer als Lang (1991) erschienen englischen Version.

Literaturverzeichnis

Bierwisch, M. (1988): On the Grammar of Local Prepositions. In: M. Bierwisch et al. (Hrsg.), Syntax, Semantik und Lexikon. 1-65. AkademieVerlag, Berlin

Bierwisch, M. & Motsch, W. & Zimmermann, I. (Hrsg.)(1988): Syntax, Semantik und Lexikon. Rudolf Růžička zum 65. Geburtstag.(= studia grammatica XXIX) AkademieVerlag, Berlin

Bierwisch, M. & Lang, E. (eds.)(1989): Dimensional Adjectives: Grammatical Structure and Conceptual Interpretation. (= Springer Series in Language and Communication 26) Springer-Verlag, Berlin-Heidelberg-New York

Carstensen, K.-U., Simmons, G. (1991): Why a Hill can't be a Valley: Representing Gestalt and Position Properties of Objects with Object Schemata. In: O. Herzog & C.-R. Rollinger (eds.), Text Understanding in LILOG: Integrating Computational Linguistics and Artificial Intelligence. 632-644. Springer-Verlag, Berlin-Heidelberg-New York

Croft, W. (1991): A Conceptual Framework for Grammatical Categories. *Journal of Semantics* 7, 3.245-280

Cruse, D. (1986): Lexical semantics. Cambridge University Press

Dahlgren, K. & McDowell, J. (1986): Kind Types of Knowledge Representation. In: Proceedings of the 11th International Conference on Computational Linguistics (COLING-86)

Dahlgren, K. & McDowell, J. & Stabler, E. (1989): Knowledge Representation for Common Sense Reasoning with Text. *Computational Linguistics* 15, 3.149-170

Dobes, Z. (1991): Linking Linguistic and Extra-Linguistic Information in Generation. In diesem Band

Dölling, J. (1991): Group expressions and the semantics of pluraals and collective nouns. In: I. Zimmermann (Hrsg.), Syntax und Semantik der Substantivgruppe. 147-183. AkademieVerlag, Berlin

Eschenbach, C. (in press): Semantics of Number. Unpubl. Ms. Universität Hamburg, FB Informatik.

Freksa, C. & Habel, Chr. (Hrsg.)(1991): Repräsentation und Verarbeitung räumlichen Wissens. (= Informatik-Fachberichte 245) Springer-Verlag, Berlin Heidelberg-New York

Gerstl, P. (1991): Praxisgerechte Verwaltung der Ontologie: Erfahrungen und Vorschläge. In diesem Band.

Habel, Chr. (1991): Processing of Spatial Expressions in LILOG. In: O. Herzog & C.-R. Rollinger (eds.), Text Understanding in LILOG: Integrating Computational Linguistics and Artificial Intelligence. 598-608. Springer-Verlag, Berlin Heidelberg-New York

Habel, Chr., Herweg, M., Rehkämper, K. (Hrsg.)(1989): Raumkonzepte in Verstehensprozessen. Interdisziplinäre Beiträge zu Sprache und Raum. (= Linguistische Arbeiten 233) Max Niemeyer Verlag, Tübingen

Hayes, P. J. (1985): Naive Physics I: Ontology for Liquids. In: Hobbs, J. R. et al. (eds.): Formal Theories of the Commonsense World. 71–107. Ablex Publishing Corporation, Norwood, NJ

Herweg, M. (1989): Ansätze zu einer semantischen Beschreibung topologischer Präpositionen. In: Chr. Habel et al. (Hrsg.): Raumkonzepte in Verstehensprozessen. Interdisziplinäre Beiträge zu Sprache und Raum. 99–127. Max Niemeyer Verlag, Tübingen,

Herweg, M. (1990): Zeitaspekte. Die Bedeutung von Tempus, Aspekt und temporalen Konjunktionen. Deutscher Universitäts-Verlag, Wiesbaden

Herzog, O. & Rollinger, C.-R. (eds.)(1991): Text Understanding in LILOG: Integrating Computational Linguistics and Artificial Intelligence. Final Report on the IBM Germany LILOG Project. (= Lecture Notes in Artificial Intelligence 546) Springer-Verlag, Berlin-Heidelberg-New York

Hobbs, J. R., Moore, R. C. (eds.)(1985): Formal Theories of the Commonsense World, Ablex Publishing Corporation, Norwood, NJ

Klose, G. & Pirlein, T. (1991): Die Modellierung der LEU/2 - Wissensbasis im Überblick. In diesem Band

Lang, E. (1989): The Semantics of Dimensional Designation of Spatial Objects. In: M. Bierwisch & E. Lang (eds.)(1989), Dimensional Adjectives: Grammatical Structure and Conceptual Interpretation. 263–417. Springer-Verlag, Berlin-Heidelberg-New York

Lang, E. (1990): Sprachkenntnis, Objektwissen und räumliches Schließen. *Zeitschrift für Linguistik und Literaturwissenschaft* 78, 59-97

Lang, E. (1991): The LILOG Ontology from a Linguistic Point of View. In: O. Herzog, C.-R. Rollinger (eds.): Text Understanding in LILOG: Integrating Computational Linguistics and Artificial Intelligence. 464-481. Springer-Verlag, Berlin-Heidelberg-New York

Lang, E. & Carstensen, K.-U. (1990): OSKAR – A Prolog Program for Modelling Dimensional Designation and Positional Variation of Objects in Space. IWBS Report 109, Stuttgart: IBM Deutschland

Lang, E. & Carstensen, K.-U. & Simmons, G. (1991): Modelling Spatial Knowledge on a Linguistic Basis. Theory — Prototype — Integration. (= Lecture Notes in Artificial Intelligence 481) Springer-Verlag, Berlin-Heidelberg-New York

Link, G. & Schütze, H. (1991): The Treatment of Plurality in L_{LILOG}. In: O. Herzog, C.-R. Rollinger (eds.): Text Understanding in LILOG: Integrating Computational Linguistics and Artificial Intelligence. 342-352. Springer-Verlag, Berlin-Heidelberg-New York

Lorenz, S. (1991): Erfahrungen mit der Zeitontologie und -axiomatik. In diesem Band

Lyons, J. (1977): Semantics. Vols. 1, 2. Cambridge University Press

Maienborn, C. (1990a): Lokale Verben und Präpositionen: Semantische und konzeptuelle Verarbeitung in LEU II. IWBS Report 119, Stuttgart: IBM Deutschland

Maienborn, C. (1990b): Position und Bewegung: Zur Semantik lokaler Verben. IWBS-Report 138, Stuttgart: IBM Deutschland

Maienborn, C. (1991): Motivation einer Ontologie aus linguistischer Perspektive. 3 Fallstudien aus LEU/2. In diesem Band

Maienborn, C. (1991): Verbs of Motion and Position: On the Optionality of the Local Argument. In: O. Herzog, C.-R. Rollinger (eds.): Text Understanding in LILOG: Integrating Computational Linguistics and Artificial Intelligence. 621-631. Springer-Verlag, Berlin-Heidelberg-New York

Novak, H.-J. (1991): Die LILOG-Ontologie aus Generierungssicht. In diesem Band.

Pirlein, T. (1990): Rekonstruktion von Hintergrundwissen für ein wissensbasiertes textverstehendes System. IWBS Report 129, Stuttgart: IBM Deutschland

Pribbenow, S.(1989): Regelbasierte Interpretation lokaler Präpositionen am Beispiel von IN und BEI. In: Chr. Habel et al. (Hrsg.), Raumkonzepte in Verstehensprozessen. 202-227. Max Niemeyer Verlag, Tübingen

Pribbenow, S.(1990): Interaktion von propositionalen und bildhaften Repräsentationen. In: C. Freksa & Chr. Habel (Hrsg.), Repräsentation und Verarbeitung räumlichen Wissens. 156-174. Springer-Verlag, Berlin-Heidelberg-New York

Pustejovsky, J. (1990): Semantic Function and Lexical Decomposition. In: Schmitz et al. (eds.): Linguistic Approaches to AI. Peter Lang Verlag, Bern

Pustejovsky, J. & Anick, P. (1988): The Semantic Interpretation of Nominals. In: Proceedings of the 12th International Conference on Computational Linguistics (COLING-88)

Schwarze, Chr. (ersch.): Concept Types and Parts of Speech. (erscheint in *Journal of Semantics*)

Simons, P. (1987): Parts. A Study in Ontology. Clarendon Press, Oxford

Simmons, G. (1991): Empirical Methods for Ontological Engineering. In diesem Band

Winston, M. E. & Chaffin, R. & Herrmann, D. (1987): A Taxonomy of Part-Whole Relations. *Cognitive Science* 11, 417-444

Zimmermann, I. (Hrsg.)(1991): Syntax und Semantik der Substantivgruppe. (= studia grammatica XXXIII) AkademieVerlag, Berlin

Kommentar zu

Ewald Lang: Linguistische vs. konzeptuelle Aspekte der LILOG-Ontologie

Geoff Simmons

Man wird an meinem Beitrag leicht erkennen können, daß ich Ewald Langs Plädoyer für eine strenge Trennung zwischen sprachlich und außersprachlich motivierten Kategorien und eine "rigorose" Domänenauffassung (s. 3.1), sowie viele der Argumente, die EL zur Begründung seiner Sichtweise anführt, für überzeugend halte. Die LeserIn, die sich auf einen heftigen Streit über die grundlegenden und zweifellos kontroversen Hypothesen gefreut hätte, werde ich also leider enttäuschen müssen. Stattdessen habe ich verstreute Bemerkungen anzubieten, die lediglich nach dem Vorkommen des entsprechenden Themas in EL's Aufsatz gegliedert und verschieden gewichtig sind. Manchmal sollen sie lediglich historischem Interesse dienen, also die Frage "Wie ist man denn auf *so was* eigentlich gekommen?" beantworten. Ich glaube jedoch, daß es über manche Strecken trotzdem spannend wird; denn obwohl ich einige Zeit mit EL zusammengearbeitet und seine Hypothesen über die Interaktion von sprachlichem und konzeptuellem Wissen in meiner eigenen Arbeit weitgehend übernommen habe, war ich manchmal von seinen Vorstellungen über den Charakter und die empirischen Evidenzen von den beiden Wissensarten überrascht. Daran sieht man, daß die von Bierwisch & Lang vertretene vielversprechende Ausprägung der Modularitätsthese sich noch viel tiefer sondieren läßt.

1. Die Sorte `Konzept`

Obwohl ich es schon früher vermutet habe, ist mir erst beim Lesen von EL's Beitrag deutlich geworden, wie irreführend die Bezeichnung der Sorte `Konzept` in der LEU/2-Taxonomie eigentlich ist. Unter Konzepten versteht man in der Psychologie und Philosophie mentale Entitäten bzw. Strukturen, die in der Einordnung von Entitäten in Kategorien eine kausale Rolle spielen und im Verstehensprozeß entscheidend sind. So entsprechen die Konzepte auf der Bierwisch/Lang'schen 'konzeptuellen Ebene' u.a. Kategorien in einer Taxonomie, z.B. bei der Kategorisierung von Objekten durch Objektschemata. Aber bei der Erstellung der LEU/2-Wissensbasis wurde nicht beabsichtigt, die Sorte `Konzept` und ihre Untersorten mit *diesem* Konzeptbegriff in Verbindung zu bringen. Die Rolle von Konzepten im üblichen Sinne sollte vielmehr der Zweig unter `Entität` übernehmen. Die Sorte `Entität` soll, wie EL bemerkt, der weitesten ontologischen Kategorie entsprechen, während die sogenannten 'Konzepte' nur als Hilfsgrößen zu betrachten sind. (Nach dieser Sichtweise sind etwa Zeitpunkte, -intervalle und einige andere Sorten im `Konzept`-Verband keine "echten" ontologischen Kategorien, worüber man natürlich diskutieren kann; ich glaube jedoch, daß ein solcher Streit mehr mit dem Status dieser Sorten zu tun hätte als mit dem Status von `Konzept`.) Der ursprüngliche Name der Sorte war `VirtuellesKonzept`, welches, wenn auch etwas vage, vielleicht weniger irreführend gewesen wäre.

Der `Konzept`-Zweig ist das deutlichste Symptom für den doppelten Status der LEU/2-Taxonomie. Einerseits sollte sie die Repräsentation einer "echten" Ontologie sein, andererseits sollte sie die Rolle einer programmtechnischen Deklaration der Symbole, die in der Inferenzmaschine verarbeitet werden können, erfüllen. Ebenso wie man in einem Pascal-Programm für den Compiler die Namen der zu verwendenden Symbole festlegen muß, mußte z.B. ich die Symbole `Objektschema`, `DAP`, `Liste`, usw. in der Ontologie deklarieren, nicht nur damit sie überhaupt existieren, sondern auch um Objektschemata mit einer internen Struktur zu versehen, die ich für deren Verarbeitung im Inferenzprozeß benötigte. Diese Deklarationen müssen *irgendwo* erfolgen; nach bestehender Technik sind sie nur in der Ontologie möglich. Da Objektschemata, DAPs und dergleichen sicherlich keine Entitäten im oben skizzierten Sinne sind, müssen diese Deklarationen eben unter `Konzept` vorgenommen werden.

Prinzipiell unterstütze ich den von EL vertretenen "ontologischen Purismus", nach dem eine eigentliche Ontologie nur die zuerst genannte Funktion erfüllen soll: Sie soll eine Aussage über die von uns konzipierte Struktur der Welt machen, während Hilfsgrößen lieber in einer getrennten Komponente deklariert werden sollten. Eine solche Trennung hätte eine Reihe von Vorteilen: Damit hätten wir mehr von der Systematik, für die EL plädiert, und wir hätten eine interessante Hypothese über kognitive Strukturen. Eine solche Modularität wäre z.B. entscheidend für die Struktur eines Übersetzungssystems: Durch den Einsatz von verschiedenen einzelsprachlich motivierten Taxonomien in getrennten Modulen mit gemeinsamem Zugriff auf eine einzige konzeptuell motivierte Ontologie wäre man in der Lage, sowohl die sprachliche Verschiedenheit als auch die außersprachliche Gemeinsamkeit zweier Sprachen mit Geschick zu bewältigen. Überhaupt ist der interlinguistische Aspekt von Kategorisierung und semantischer Interpretation eine der wichtigsten Begründungen für die hier vertetene Vorgehensweise (vgl. Abs. 5 unten). Mit der Trennung hätten wir eine interessante Stellungnahme zum Status der Repräsentation, denn manche konzeptuell motivierten Sorten sind echt referierend, während manche sprachlich motivierten Sorten nicht referieren (diese Frage habe ich in meinem Beitrag kurz gestreift).[1] Nur: ein hartnäckiger ontologischer Pragmatiker (etwa der von EL antizipierte fiktive, aber repräsentative Knowledge Engineer) könnte nun sagen, daß die beiden Wissensarten schon jetzt in angemessener Weise voneinander getrennt, weitere Maßnahmen damit überflüssig seien. Der Unterschied zwischen echten Kategorien und Hilfsgrößen ebenso wie die Notwendigkeit, die Hilfsgrößen irgendwo unterzubringen, wird von allen Seiten zugestanden. Eine über die Unterteilung in `Entität` vs. `Konzept` hinausgehende Trennung (z.B. eine physikalische Trennung in verschiedene Dateien) sei, so könnte der ontologische Pragmatiker weiter argumentieren, bloß kosmetisch.

Vom Temperament her bin ich generell der Überzeugung, daß die puren Lösungen auch langfristig die pragmatischsten sind (mein Beitrag ist gerade ein Versuch, diese Überzeugung zu artikulieren). In diesem Fall weiß ich jedoch nicht, welche harten Argumente ich dem sturen Pragmatiker entgegenbringen könnte. Eine scharfe, sichtbare Trennung würde ich als sauberer empfinden, aber für dieses Empfinden habe ich nur ästhetische und keine zwingenden Argumente. Soweit ich es sehe, würde sich ein System nicht anders verhalten, wenn die Unterscheidung so vorgenommen wird, wie EL sie sich vorstellt. Natürlich sollte der Trennung mehr Systematik zugrundeliegen als bisher, dennoch könnte die Realisierung dieselbe sein. Gerade aus diesem Grund habe ich immer den `Konzept`-Zweig mit einer etwas zögernden Toleranz betrachtet.

2. Die Sorte `Präposition`

Die Geschichte der Präpositionbehandlungen in LEU/2 ist exemplarisch für die gerade angesprochene Problematik. Für den Inferenzprozeß erwies es sich als notwendig, mit den Präpositionen zu "rechnen", daher mußten sie irgendwo deklariert werden. Wo also, wenn nicht unter `Konzept`? Anfangs wollte man Lokalisierungen mit zweistelligen Relationen darstellen: `lok_in(x,y)`, `lok_bei(x,y)`, usw. Die Antwortgenerierer fanden es jedoch ineffizient, auf die Frage *Wo befindet sich x?* die Inferenzmaschine nach jeder einzelnen Lokalisierungrelation zu fragen, an der x beteiligt sein könnte. Eine zweite Lösung wäre, direkt nach der Relation zu fragen, aber da wir im Rahmen der Logik erster Stufe bewegen, darf keine Frage mit einer freien Variable an der Stelle der Relation

[1] Damit soll nicht behauptet werden, daß 'Referenz' das ausschlaggebende Unterscheidungskriterium zwischen Typen von Kategorien darstellt. Von einigen Konzepten wie 'Schicksal' oder 'Freiheit' kann man schwer sagen, worauf sie referieren. Dennoch spielt Referenz eine wichtige Rolle für die bescheideneren Ziele der gegenwärtigen maschinellen Sprachverarbeitung (die sich um die Denotate solcher Begriffe kaum kümmert).

gestellt werden. Eine dritte Lösungsvariante bestünde darin, nach der Relation `lok(x, R)` zu fragen, wobei `R` eine Region ist, an deren Sorte die jeweilige Präposition rekonstruierbar ist: Sie hätte die Sorte **`innenregion`** oder **`beiregion`**, usw. Aus mir leider nicht vertrauten Problemen bei der Verbindung zwischen Lexikon und Ontologie schied diese Lösung ebenfalls aus. Die einzig verbleibende Lösung war, Lokalisierungen dreistellig zu repräsentieren: `lok(x,P,y)`, wobei `P` der Name einer Präposition ist. (Diese Maßnahme beschränkt sich auf die Generierung. Bei der Analyse werden lokale Präpositionalphrasen anders behandelt.) Die Namen müssen nun irgendwo als Atome deklariert werden, und der einzige geeignete Ort dafür war in einer Sorte unter **`Konzept`**.

Die Praxis der Reifikation, wonach aus Prädikaten bzw. Relationen Objekte gemacht werden, ist in der KI mittlerweile weit verbreitet. Sie kommt deshalb so häufig vor, weil die Entscheidbarkeitseigenschaften von Logiken höherer Ordnung alle negativ sind. Wenn man mit Prädikaten und Relationen rechnen will, muß man also auf Reifikation zurückgreifen. An und für sich ist das nicht schlimm; vielleicht könnte man eine Theorie um dreistellige Lokalisierungsrelationen aufbauen. (*A priori* würde ich eine solche Theorie für nicht besonders vielversprechend halten, aber ich lasse mich gerne überraschen.) Nur: Man muß dann aus programmtechnischen Gründen die Präpositionen als Dinge deklarieren, und daher könnte es dazu kommen, daß sie in einer Ontologie auftauchen.

3. Sprachlich vs. konzeptuell motivierte Kategorisierungen

An einigen Stellen war ich zunächst von den Kriterien überrascht, nach denen EL bestimmte Kategorisierungen als sprachlich motiviert kennzeichnet, da ich unter 'Motivation' eine Feststellung über die 'Ursache' einer Kategorisierung verstanden habe. Nach Rücksprache mit EL habe ich erfahren, daß wir über die Ursachen der diversen Kategorisierungen einer Meinung sind, daß es ihm aber mit der Formulierung "sprachlich motiviert" darum geht auszudrücken, ob eine Kategorisierung sich *in der Sprache manifestiert* oder nicht. Es kann also sprachlich motivierte Kategorisierungen geben, welche nach EL's Vorschlag in einer sprachlich angelegten Taxonomie stehen sollten, die aber konzeptuell verursachte Sortenstrukturen unmittelbar widerspiegeln. EL hat mit zahlreichen Beispielen klar gemacht, daß sprachlich und konzeptuell fundierte Sorten nicht immer in einer isomorphen Beziehung zueinander stehen (sonst wäre die Unterscheidung ja nichtssagend); dennoch kann dies in speziellen Fällen vorkommen. In solchen Fällen sind zur Verwirklichung von EL's vorgeschlagenen Trennung zwischen einer sprachlich und einer außersprachlich motivierten Taxonomie geschickte Techniken vonnöten, um unelegante Redundanzen zu vermeiden. Diese Überlegungen müssen an einigen Beispielen verdeutlicht werden.

In 1.2 unter (3) schreibt EL über Sorten in LEU/2, die z.T. "nach Maßgabe ihrer nominalen Etiketten" hierarchisiert sind, z.B. in der Kette **`Terrassencafé`** < **`Café`** < **`Gastronom-Betrieb`** < **`Geschaeftsbetrieb`** < **`Institution`**. Also ist die Subsumptionsbeziehung in diesen Fällen "de facto nach lexikalischen Hyponymie-Gesichtspunkten" und damit nach sprachlichen Kriterien angelegt. Hier gilt die Subsumptionshierarchie nach EL's Terminologie als sprachlich motiviert, weil die Hyponymie-Relation sie reflektiert; gleichzeitig stellen gerade Sätze *x ist (eine Art von) y* einen in der Sprache zu beobachtenden empirischen Hinweis auf die Struktur der Konzepthierarchie dar. Dies hängt mit EL's Bemerkung in Abs. 1.2 unter (2a) und (b) zusammen, daß viele Nomina sehr plausible Etiketten für Konzepte bilden (der 'nominale Trichtereffekt'), obwohl dies nicht zum Fehler verführen sollte, ein Nomen mit dem von ihm etikettierten Konzept gleichzusetzen. Auch die Eigenschaften solcher Nomina (z.B. Hyponymie-Beziehungen) geben empirische Evidenzen für Eigenschaften der mit ihnen zusammenhängenden Konzepte. In dieser Passage geht es EL jedoch um die Feststellung, daß die genannten Subsumptionsbeziehungen durch einen sprachlichen Hinweis (Hyponymie) begründet werden, während empirische Hinweise auf Unterscheidungen zwischen den Untersorten der fraglichen Sorten nicht in der Sprache zu finden sind.

In 2.1 steht unter (I)(c), daß "Sortenrestriktionen Wohlgeformtheitsbedingungen für die begriffliche Komplexbildung" sind. EL führt sie (entgegen meiner ursprünglichen Erwartung) unter Kriterien für sprachlich und nicht konzeptuell motivierte Kategorisierungen an, da sie uns heuristisch nur dann zugänglich sind, wenn wir versuchen, Sätze, in denen Sortenrestriktionen verletzt werden, zu interpretieren. Daß Sortenrestriktionen auf konzeptuelle Kategorien zurückzuführen sind, müßte klar sein: Sätze wie ***Die Relativitätstheorie ist blau*** und ***Der Ball sieht den Unfall*** sind merkwürdig, gerade weil die Konzepte so nicht gebildet werden können (das Konzept für eine Theorie läßt nicht zu, daß sie eine Farbe hat; das Konzept für einen Ball schließt aus, daß er etwas beobachten kann; usw.). Ferner ist anzunehmen, daß solche Sortenrestriktionen sprachübergreifend sind, was dafür spricht, daß sie sich aus der konzeptuellen Struktur ergeben. Mit dem Begriff 'Motivation' bezieht sich EL jedoch, wie gesagt, nicht auf die Ursachen, sondern auf die Manifestation des entsprechenden Phänomens.

Nun stellen EL's Vorschläge ohnehin eine Herausforderung an Forscher in der Wissensrepräsentation dar. Auch unabhängig von der methodologischen Motivation eröffnet die Vorstellung eines einzelnen Wissensrepräsentationssystems mit mehreren Taxonomien, die zwar strukturell unabhängig sind, aber dieselben Entitäten in verschiedene (jedoch miteinander zusammenhängende) Kategorien einteilen, ein neues Forschungsprogramm: Denn bisherige Erkenntnisse über die logischen Eigenschaften von und Implementationstechniken für taxonomische Systeme gehen stets von einer einzelnen Taxonomie aus. Wie legt man die gemeinsame Semantik mehrerer Taxonomien fest, und als was soll Subsumption in einem solchen System interpretiert werden? Antworten auf diese Fragen sind meines Wissens zum ersten Mal in einer Arbeit neueren Datums von Pletat (1991), der ein Modulkonzept für Sortenhierarchien entwickelt, formuliert worden.

Die obigen Ausführungen über die Motivation von Sortenstrukturen macht die Wichtigkeit einer logisch und implementationstechnisch sauberen Grundlage von 'multitaxonomischen Systemen' deutlich. Wird die Taxonomie einer Wissensrepräsentation gemäß EL's Vorstellungen aufgeteilt, so könnte es bei ungeschickter Realisierung dazu kommen, daß sprachlich motivierte aber konzeptuell verursachte Sorten und Sortendistinktionen doppelt dargestellt werden: ein für Informatiker bedenklicher Umstand, da diese Realisierung überaus ineffizient und fehleranfällig werden kann. Um dies zu sehen, betrachten wir erneut das Beispiel eines zweisprachigen Übersetzungssystems (vgl. (1) oben). Fehlen die geeigneten Techniken, dann muß z.B. die Kette `Terassencafé` bis `Institution` dreimal aufgespannt werden: Je einmal in den beiden einzelsprachlich motivierten Taxonomien und einmal in der konzeptuellen Taxonomie, auf die die beiden anderen gemeinsamen Zugriff hätten.

Hier muß werden, daß konzeptuelle Kategorisierungen nicht immer in dieser Weise von sprachlichen Kategorisierungen widergespiegelt werden. Um eines von EL's Beispielen aufzugreifen: Führt man die sprachliche Unterscheidung "beseelt" vs. "nicht-beseelt" auf ihre Ursachen im konzeptuellen System zurück, so ergeben sich gewiß viele Überlappungen mit der Unterscheidung "Lebewesen" vs. "Nicht-Lebewesen", aber nicht die identische Struktur. Dennoch wäre es aus ingenieurstechnischen Gesichtspunkten sehr wünschenswert, eine Struktur nicht zweimal aufstellen zu müssen. Zu diesem Zweck könnten die von Pletat (1991) erarbeiteten Modulschnittstellen herangezogen werden, indem ein Teil der konzeptuellen Hierarchie in die sprachlich motivierte Taxonomie 'hineinimportiert' wird. Auf jeden Fall werden diejenigen Knowledge Engineers, die künftig EL's Überlegungen aufgreifen, von Modularisierungstechniken regen Gebrauch machen müssen.

4. Cluster

EL ist unzufrieden mit der in der KI etwas inkonsequenten Verwendung des Begriffs 'cluster'. Der Begriff stammt von Hayes (den ich so gerne zitiere).

> Concepts will not be evenly spread throughout a theory. Some groups of concept-tokens will have many tight axiomatic connections within the group, relatively few outside. Think of a graph with tokens as nodes, linked by an arc if there is an axiom containing both of them: call it the axiom-concept (a-c) graph. Then this graph, while connected, will have some areas more densely connected than others. Call such a collection a cluster. (Hayes 1985: 18)

Man veranschaulicht sich also Konzepte als unterschiedlich dichte Assoziationsnetze bzw. semantische Netze. Die Konzepte sind dieser Sichtweise zufolge in "Klumpen" mit fließenden Grenzen organisiert, und ein Cluster ist der Kern eines solchen Klumpens. Auffallend sind die unterschiedlichen Vorstellungen von Übergängen und Schnittstellen: Bei Hayes sind sie verwickelt und fließend, bei EL fest, mit wohldefinierten Schnittstellen.

Was auch immer man davon hält: Tatsächlich wird das Wort 'cluster' fast gleichbedeutend mit dem Begriff 'Domäne' verwendet, wie EL ihn präzisieren will (wobei Cluster vielleicht etwas feiner aufgeteilt sind; Hayes nimmt den Themenbereich 'Flüssigkeiten', den EL wahrscheinlich unter der Domäne 'Substanzen' auffassen würde, als Cluster in Angriff). In meinem Beitrag habe ich, Hayes folgend, den Begriff 'cluster' benutzt, während eine 'domain' bei mir ein Aufgabenbereich ist (z.B. ein Düsseldorf-Text). Es ist ein ziemliches Wirrwarr.

5. Sätze mit Modalverben im Englischen

EL hat mich gefragt, ob die in 2.2 angeführten Sätze, in denen Modalverben zusammen mit bestimmten Nomina und Funktionsverben vorkommen (*Dieser Ofen heizt. Dieses Fahrzeug fährt. Dieses Boot schwimmt. ?Dieser Ofen kann heizen. ?Das Fahrzeug kann fahren. ?Dieses Boot kann schwimmen.*), sich im Englischen ähnlich verhalten. Im Englischen sind diese Beispiele und auch andere, die ich mir ausgedacht habe, in der Form unproblematisch.

This vehicle drives.	This vehicle can drive.
This boat floats.	This boat can float.
This pen writes.	This pen can write.
The theory predicts the phenomenon.	The theory can predict the phenomenon.
This clock keeps the time.	This clock can keep the time.
This program computes the Fibonacci numbers.	This program can compute the Fibonacci numbers.

Vielleicht sind manche dieser Sätze schlechte Beispiele für das Phänomen, das EL interessiert, aber trotzdem scheint die Situation im Englischen anders zu sein. Das könnte daran liegen, daß die deutschen Tempora (insbes. Präsens und Futur) auch ohne Modalverb etwas über Modalitäten ausdrücken können (vgl. Herweg 1990), während die Tempora im Englischen tendentiell neutraler sind. Allerdings sind mir einige Beispiele eingefallen, in denen das Verb zwar nicht ausdrückt, *was* der Zweck eines Artefakts ist, sondern einfach festlegt, *daß* der Zweck erfüllt wird.

This motor runs.	?This motor can run.
The program works.	?The program can work.
This algorithm terminates.	?This algorithm can terminate.

Vielleicht bestätigen diese Beispiele EL's Vermutung, daß in der lexikalisch-semantischen Repräsentation der entsprechenden Nomina obligatorisch eine Komponente 'Zweck' enthalten ist.

6. Zum Einsatz der Merologie in der KI

Der ganze Abschnitt 2.3 gefällt mir unheimlich gut. Endlich sagt es jemand! Daß KE-ler von den geschichtsreichen Arbeiten in der Merologie mehr Gebrauch machen könnten, hätte EL von mir aus noch nachdrücklicher sagen können. Godehard Link, der einige der aktuellsten Arbeiten in diesem Gebiet verfaßt hat (s. Link 1983, 1984, 1986, 1987, im Ersch.), hat als Gastwissenschaftler in Stuttgart zwar die Behandlung des Plurals im Projekt maßgeblich beeinflußt, aber gegenüber der Tatsache, daß seine Vorschläge sich auf die Behandlung genereller Teil-Ganzes-Beziehungen verallgemeinern lassen, hat man sich beim Entwurf der Ontologie offenbar verschlossen gezeigt.[2] Bart Geurts, der sich doch sehr für Kollektivitäts- und Distributivitätsphänomene interessiert, müßte eigentlich auch mit dieser Situation ziemlich unzufrieden sein.

Aber ich will hier nicht lamentieren, sondern konstruktiv kommentieren. Dabei hilft ein Blick auf den historischen Werdegang der Sorte `Teilobjekt`. Das Problem stellt sich vor allem deshalb, weil die Teilbeziehung eine Relation ist, während Sorten in der Ontologie nur als einstellige Prädikate anzusehen sind. Trotzdem haben einige (z.B. Kai-Uwe Carstensen) den Standpunkt vertreten, daß es auch für Teile eine Sorte (besser: ein Konzept) geben *muß*. Das Argument verläuft wie folgt: Wenn wir z.B. einen Baumstamm zerschneiden und hinterher nur Stückchen haben, dann sind diese Stückchen natürlich keine Bestandteile des Baums in dem von EL in 2.3.1 erläuterten Sinne, sondern eben nur Stücke (Bestandteile von Objekten sind oft durch eine eigenständige Sorte beschreibbar – z.B. könnte ein Bestandteil einer Küche etwa der Sorte `Kühlschrank` angehören; aber die Stücke eines zerschnittenen Baumstamms sind nicht weiter spezifizierbar). Für diese Objekte läßt sich mit Hilfe der Teil-Relation '$\sqsubset$' und Lambda-Abstraktion ein einstelliges Prädikat bilden, nämlich $\lambda x.x \sqsubset Baum$. Solcherlei kann jedoch nicht in der Konzepthierarchie untergebracht werden: Die Sorte 'Teile-des-Baums' kann nicht deklariert werden. Die einzige in der Ontologie befindliche Sorte, die auf die Stücke zutreffen könnte, wäre die Sorte `Objekt`, die aber als zu unspezifisch empfunden wurde. Deshalb wurde die Sorte `Teilobjekt` eingeführt. Diese Überlegung weist darauf hin, daß die in Wissensrepräsentationssprachen übliche Einschränkung von Sorten auf einstellige Prädikate vielleicht zu rigide ist. Wenn Sorten Konzepten entsprechen sollen, stellt sich die Frage, wie relationale Konzepte erfaßt werden können.

Ein anderer historischer Punkt: Es gibt in LEU/2 (zumindest) eine Sortenunterscheidung, die durch Teilbarkeit motiviert war, und zwar die von Claudia Maienborn vertretene und mit großer Mühe durchgesetzte Unterscheidung zwischen `Ereignis` und `Zustand` (vgl. auch ihren Beitrag in diesem Band). Damit schließt sie an die Arbeit von Michael Herweg an, der Ereignisse und Zustände als heterogen bzw. homogen klassifiziert (Herweg 1990 befaßt sich über weite Strecken mit merologischen Fragen).

[2]Eine weitere Arbeit zur Merologie, die KI-ler eigentlich kennen sollen, ist Bunt (1985). Zudem halte ich es für keine Zumutung, wenn KI-ler sich mit der Arbeit von Nelson Goodman vertraut machen (Leonard/ Goodman 1940, Goodman 1951/1977).

7. Die Granularität des Domänenbegriffs

In Abs. 3.1 unter (3) gibt EL 'Objekte', 'Substanzen' und 'Ereignisse' als drei eigenständige Wissensdomänen an (D1, D2 und D5). Wenn Objekte und Substanzen in getrennten Domänen behandelt werden, dann könnte man sich vorstellen, parallel dazu Ereignisse und Zustände je einer Domäne zuzuordnen. In Anlehnung an Herweg (1990) unterscheidet man demnach die beiden Paare Objekt/Substanz und Ereignis/Zustand jeweils nach Heterogenität vs. Homogenität. Alternativ könnte man sie als jeweils zwei Unterdomänen einer gemeinsamen Domäne auffassen (Herweg verwendet 'Situation' als Oberbegriff für Ereignisse und Zustände; wie hieße der Oberbegriff für Objekte und Substanzen?). Das Ganze betrifft Fragen nach der Granularität und den Unterscheidungskriterien für Domänen, die sich gerade bei einer rigorosen Domänenauffassung stellen.

8. 'Upper' vs. 'Lower Structure'

In 3.2 zweifelt EL an der durch die Wörter 'Upper' und 'Lower' suggerierten Graduierung von 'allgemeinen' bis zu 'sehr spezifischen' Sorten, denn "die beiden Extrempunkte liegen nicht auf derselben kriterialen Dimension für Sortendistinktionen". Damit meint er, daß zwischen Upper und Lower Structure (wie z.B. zwischen den Sorten `Objektentitaet` und `Altbierkneipe`) sowohl sprachlich als auch konzeptuell motivierte Sorten liegen. Hier haben wir wieder mit der oben in (3) diskutierten Problematik zu tun. Die Hyponymie-Beziehungen, welche die beiden Extrempunkte überbrücken, bilden einen in der Sprache zu beobachtenden Hinweis auf Sortenunterscheidungen. Führt man jedoch den Hinweis auf die Struktur der Konzepthierarchie zurück (und das ist zulässig, da es sich um 'nominale Konzepte' handelt), so findet man eine durch Allgemeinheit geordnete Hierarchie von Sorten. Wie EL in Abs. 1.2 unter (2a) bemerkt, sind es gerade Textbasis-spezifische Sorten wie `Altbierkneipe`, die eine unmittelbare Abbildung vom Wort zum Konzept fast unumgänglich machen. Sollten Teile der durch Hyponymie induzierten Ordnung in einer sprachlich motivierten Taxonomie lediglich die entsprechende konzeptuelle Hierarchie widerspiegeln, so sind Verbindungstechniken, die Redundanzen möglichst vermeiden, sehr begrüßenswert.

9. Ereignis- bzw. Situationsschemata

Ich teile EL's Meinung, daß man mit Ereignisschemata (besser: Situationsschemata) arbeiten kann und soll; eigentlich sind diverse Forschungsarbeiten schon seit einiger Zeit auf dem Wege dahin. Eine der wichtigsten Motivationen von Arbeiten wie Herweg (1990) und insbesondere Moens & Steedman (1988) ist die Überlegung, daß die unterschiedlichen Inferenzen, die man in bezug auf Tempus, Aspekt und temporale Konjunktionen ziehen kann, nicht auf Polysemie in der Bedeutung der sprachlichen Konstrukte zurückzuführen sind, sondern auf Verschiedenheiten in den für die diversen Ereigniskonzepte charakteristischen zeitlichen Abläufen. Die Parallele zu einer der Hauptmotivationen für Objektschemata, nämlich der Versuch, Polysemie in der Bedeutungsanalyse von Dimensionsadjektiven zu vermeiden, liegen auf der Hand. Die von Moens & Steedman vorgeschlagenen Ereignisrepräsentationen, an die sich Sven Lorenz anzuschließen scheint, gewinnen schon jetzt die Konturen von Schemata.

Dabei ist mir unklar, was die Bausteine von Situationsschemata auf der konzeptuellen Ebene, die den Bausteinen von Objektschemata entsprechen würden, sein sollten. Wie man in meinem Beitrag sehen kann, bin ich sehr von der Tatsache angetan, daß die Primitive der Objektschemata im perzeptiven System unabhängig motiviert sind. Gibt es etwas ähnliches für Ereignisse? Ich kann mir nur Intervalle und eine temporale Ordnungsrelation als Repräsentationseinheiten für Ereignisse auf der konzeptuellen Ebene vorstellen. Reicht das schon aus, oder sollen weitere empirische Phänomene mit Situationsschemata erklärt werden?

10. Der Ort von Objekt- bzw. Situationsschemata in der Ontologie

EL schlägt eine Modifikation meiner Strukturierung der 'Upper vs. Lower Structure' von Objekten vor, die die Sorte `Konzept` entbehrlich machen soll. Dabei "gehören die Situationsschemata wie die Objektschemata zum Inventar der primären Sorten `Situation` und `Objekt` und insofern zur 'Upper Structure', während in der 'Lower Structure' die entsprechend spezielleren (durch Features angereicherten) Objekt- bzw. Situationskonzepte angesiedelt sind". In der Tat ist dieser Vorschlag fast identisch mit meinem, mit dem Unterschied, daß ich die Objektschemata unter `Konzept` wegen der oben in (2) erläuterten Zwänge angeordnet habe - ein Umstand, den ich allerdings in meinem Beitrag zum vorliegenden Band verschweige. Das Problem steckt im Wörtchen "gehören": Objektschemata "gehören" auf jeden Fall zur Sorte `Objekt`, sind aber keine Objekte, sondern Features von Objekten. Deshalb muß das Feature `default_schema` bei Objekt deklariert werden, während der Wertebereich des Features, die Sorte `Objektschema`, an anderer Stelle deklariert werden muß (insbesondere weil die Inferenzegeln zur Dimensionsauszeichnung sich auf Entitäten der Sorte `Objektschema` beziehen). Ich wäre durchaus mit einer Technik einverstanden, bei der solche Hilfsgrößen des Inferenzprozesses außerhalb der echten Ontologie untergebracht sind, aber nach dem Stand der Dinge müssen sie unter `Konzept` stehen. Darüber hinaus decken sich EL's Vorstellungen mit den meinigen: Der Sorte `Objekt` in der Upper Structure kommt das Feature `default_schema` zu, und die Lower Structure der Objekte zeichnet sich durch die Spezifikation dieses Features aus.

Zusammenfassung

Die wichtigsten in diesem Kommentar gestellten Fragen bzw. Feststellungen sind die folgenden:

- Um EL's vorschlagene Trennung zwischen sprachlich und konzeptuell motivierten Taxonomien realisieren zu können, bedarf es Grundlagenforschung über die technischen Eigenschaften von 'multitaxonomischen Systemen' (Pletat (1991) ist wohl der erste in diese Richtung weisende Beitrag). Dies ist insbesondere deshalb relevant, weil zu den sprachlich motivierten Kategorisierungen nach EL auch solche gehören, die konzeptuell fundierte Kategorisierungen unmittelbar reflektieren (dies ist jedoch nicht immer der Fall). In solchen Fällen wäre es angemessen, die Beziehung zwischen sprachlichem und außersprachlichem Wissen durch geeignete Schnittstellen technisch zu realisieren, statt dieselbe Struktur doppelt darzustellen. Hier fordert der Linguist die Talente der Informatiker heraus.

- Wie kann man sowohl dem Ideal, eine wirkliche Ontologie aufzubauen, als auch dem Bedürfnis, nicht-ontologische, aber für den Verarbeitungsprozeß notwendige Symbole zu deklarieren, gerecht werden? Hätte die Eliminierung der Hilfsgrößen von der echten Ontologie nur ästhetische und disziplinierende Vorteile, oder wären damit auch die Performanz und langfristige Robustheit des Systems verbessert?

- Merologie sollte eine weit wichtigere Rolle in KI-Systemen spielen, als sie es in LEU/2 tut. Sie erweist sich als einschlägig u.a. für die Behandlung von komplexen Objekten, Substanzen, Ereignissen und Zuständen.

Ich bedanke mich bei Ewald Lang und Claudia Maienborn für spannende Diskussionen und geduldige Sprachkorrektur. Besonderen Dank an Elke Jäger für die Umsetzung in LATEX.

Literatur

Bunt, H. (1985): The Formal Representation of (Quasi-) Continuous Concepts. In: J. R. Hobbs, R. C. Moore (Hrsg.), 37 - 70

Goodman, N. (1951): The Structure of Appearance. Cambridge, MA: Harvard University Press. Neuauflage (1977), Dordrecht: Reidel

Hayes, P. J. (1985): The Second Naive Physics Manifesto. In: J. R. Hobbs, R. C. Moore (Hrsg.), 1 - 36

Herweg, M. (1990): Zeitaspekte. Die Bedeutung von Tempus, Aspekt und temporalen Konjunktionen. Wiesbaden: Deutscher Universitäts-Verlag

Hobbs, J. R., Moore, R. C. (Hrsg.)(1985): Formal Theories of the Commonsense World. Norwood, NJ: Ablex

Leonard, H.F., Goodman, N. (1940): The Calculus of Individuals and its Uses. Journal of Symbolic Logic 5, 45 - 55

Link, G. (1983): The Logical Analysis of Plurals and Mass Terms. A Lattice-theoretical Approach. In: R. Bäuerle, Ch. Schwarze, A. von Stechow (Hrsg.): Meaning, Use, and Interpretation of Language. Berlin: de Gruyter, 302 - 323.

Link, G. (1984): Hydras. On the Logic of Relative Constructions with Multiple Heads. In: Landman & Veltman (Hrsg.): Varieties of Formal Semantics (GRASS 3). Dordrecht: Foris, 245 - 257

Link, G. (1986): Generalized Quantifiers and Plurals. CSLI Report Nr. CSLI-86-67, Stanford

Link, G. (1987): Algebraic semantics of event structures. In: J. Groenendijk et al. (Hrsg.): Proceedings of the Sixth Amsterdam Colloquium, Institute for Language, Logic and Information, University of Amsterdam, 243 - 262.

Link, G. (im Ersch.): Plural. In: D. Wunderlich & A. von Stechow (Hrsg.): Semantik/ Semantics

Maienborn, C.(1991): Motivation einer Ontologie aus linguistischer Perspektive - 3 Fallstudien aus LEU/2. In diesem Band.

Moens, M., Steedman, M. (1988): Temporal Ontology and Temporal Reference. Computational Linguistics 4:2, 15 - 28

Pletat, U. (1991): Modularizing Knowledge in LILOG. IWBS Report 173. Stuttgart: IBM Deutschland GmbH

Wissensrepräsentation, naive Theorien und sprachverstehende Systeme

—

Reflexionen über die Wissensrepräsentation in LEU/2

Kai v. Luck

Zusammenfassung

In diesem Papier wird – ausgehend von den Modellierungen im Rahmen des LILOG-Projektes für das System LEU/2 – eine Reihe von Überlegungen skizziert, die nicht in den Systementwurf eingegangen sind, sondern, wenn überhaupt, sich nur als implizite Annahmen wiederfinden lassen. So wird in LEU/2 implizit von einer Sammlung von Aufgaben der Wissensbasis ausgegangen, ohne daß diese Aufgaben innerhalb der Wissensbasis explizierbar sind. Dennoch liefert die aufgabenorientierte Sicht auf die Domäne eine der entscheidenden Richtlinien für die Modellierung. Somit wird versucht, im ersten Teil diese Aufgabenorientierung von Modellierung zu explizieren. Eine der 'Aufgaben', die im Rahmen von Systemen wie LEU/2 an eine Wissensbasis herangetragen werden, ist Bereitstellung von Kriterien, die helfen, Ambiguitäten in sprachlichen Ausdrücken, so sie nicht syntaktisch auflösbar sind, zu eliminieren bzw. bestimmte Lesarten eines sprachlichen Ausdrucks zu verbieten. Eine der gängigen Techniken, die auch in LEU/2 Eingang gefunden hat, ist die Formulierung von Selektionsbeschränkungen für Argumentbelegungen von Prädikaten als Teil der Repräsentation der Bedeutung sprachlicher Äußerungen. In diesem Papier wird, in Anlehnung an die in diesem Band geführte Debatte zwischen Maienborn und Geurts, als Alternative die potentielle Rolle von naiven Theorien skizziert, die einen Teil des Interpretationskontextes für sprachliche Ausdrücke spielen können. Es wird argumentiert, daß durch diese hier vorgeschlagene Nutzung naiver Theorien für das Sprachverstehen die Trennung der Aufgaben der Wissensbasis in einem natürlichsprachlichen System in den 'Service' für die Sprachanalysekomponenten und die (restlichen) inferenziellen Aufgaben innerhalb der Domäne – zumindest zum Teil – aufgehoben werden könnte. Durch eine kleine Modellierungsskizze soll diese These etwas plausibel gemacht werden.

Wissensrepräsentation

Der Begriff 'Wissensrepräsentation' hat viele – schillernde – Nutzungen. So wird er u.a. sowohl genutzt, um den Entwurf und ggf. die Implementation von Formalismen zu beschreiben, die Modellierung – bzw. Rekonstruktion (s. [Schefe 85]) – eines Teils der Realität, der Domäne zu bezeichnen, als auch, um Vorüberlegungen zu einer dieser beiden Teildisziplinen zu umschreiben.[1]

Wenn wir uns nun kurz der Rekonstruktion von Weltausschnitten zuwenden, läßt uns der unklare Begriff 'Weltausschnitt' schon wieder stutzen. Häufig wird dieser Begriff benutzt, um sich zu entschuldigen, daß nur ein Teil der Realität betrachtet wird, weil ...

- ... 'es den Rahmen dieses Projektes sprengen würde, mehr als nur ...'

[1] Die Programmierung von Anwendungsprogrammen mit Programmiersprachen wie PROLOG, LISP, KEE, ART etc., die häufig auch unter dem Begriff 'Wissensrepräsentation' subsumiert wird, soll hier nicht weiter betrachtet werden.

- ... 'es für die Aufgaben des Systems ausreicht, nur ... zu betrachten'
- ... 'weil es sich hier nur um eine Durchführungsstudie handelt'
- ... kurzum – weil wir zu faul sind.

Diese Entschuldigungen gehen davon aus, daß, wenn erst mal – pars pro toto – die relevanten Strukturen als Kategorien festgelegt sind, es sich nur noch um eine Fleißarbeit handeln kann, den Weltausschnitt beliebig zu erweitern, bis .... Der unter diesen Prämissen logische Aufruf zu solchen Projekten ist durch Pat Hayes in [Hayes 79] konkretisiert worden und damit schon über zehn Jahre her.[2] Auf der Basis solcher Überlegungen wurde schon etliches Geld in Fleißarbeitsprojekte gesteckt, deren prominentestes Beispiel das Projekt CYC darstellt (s.z.B. [Lenat, Guha 90]).

Die hinter solchen Einschätzungen Stehenden teilen sich des weiteren auf in eine eher reduktionistische Variante und eine eher autistisch orientierte Vorgehensweise. In der reduktionistischen Variante, deren umstrittenster Vertreter R. Schank ist, wird von der Existenz eines – (sehr) endlichen – Satzes von *Primitiven* ausgegangen, die als Bausteine einer mit wenigen Konstrukttypen aufzubauenden semantischen Bedeutung dienen und von daher auch als *semantische Primitive* bezeichnet werden.[3] Die innerhalb der KI von R. Quillian bekanntgemachte autistische Variante geht dagegen eher von einem abgeschlossenen Netz von Beziehungen zwischen Begrifflichkeiten aus, so daß sich die Bedeutung einer Begrifflichkeit (eines Konzeptes, Worts ... je nach Theorieausprägung bei verschiedenen Autoren) *ausschließlich* über seine Beziehungen zu den anderen Begrifflichkeiten ergibt.[4]. Ein direktes Aufeinandertreffen von Vertretern beider Richtungen ist z.B. in [Lehnert, Wilks 79] versus [Bobrow, Winograd 79] nachzulesen.

Der Übergang von exemplarischen Modellierungen von extrem begrenzten μWelten zur Modellierung relevanter Ausschnitte der realen Welt scheint, wie schon u.a. in [Dreyfus 81] argumentiert, nicht ein quantitativer, sondern ein qualitativer Schritt. Dabei ist die Loslösung des kontextuellen Gebrauchs von Bedeutung ein Manko, das z.B. in [Winograd, Flores 86] kritisiert wird. Doch wie bekommt die Semantik wieder einen kontextuellen Sinn ? Schon frühzeitig haben Miller et al. in [Miller et al. 60] auf eine *interessenbezogene* Festlegung von Ebenen der Modellierung hingewiesen, die uns ggf. etwas aus dem beschriebenen Dilemma herausführt. Diese *interessenbezogene Festlegung von Grundprädikaten*, die *molekulare Schicht* von semantischen Primitiven, ist abhängig von den inferenziellen Aufgaben eines Modells und steht somit im Gegensatz zu den Versuchen, eine aufgaben- bzw. interessenungebundene Modellierung im Allgemeinen angeben zu können. Insbesondere aber steht dieser Ansatz in seiner letzen – von den Autoren in [Miller et al. 60] nicht gesehenen – Konsequenz gegen den rein inkrementellen Ansatz der Weltrekonstruktion.

Dieses scheint aber nur auf den ersten Blick ein trauriges Resultat zu sein. Beim zweiten Hinsehen ist die Festlegung von Interessen bei der Modellierung in den Dimensionen *relevanter Ausschnitt*, *Tiefe* und *Komplexität der inferenziellen Kompetenz* ein Prozeß, der strukturelle Ähnlichkeiten bestimmter Interessen und damit strukturell ähnliche Modelle für bestimmte Klassen von Interessen ermöglichen könnte. Ein vergleichsweise sogar noch spannenderes Problemfeld ergibt sich, wenn man die Benutzung unterschiedlicher und sich ggf. einander widersprechender Modelle für eine Problemlösung untersucht. Spätestens hier ist jedoch die explizite Repräsentation der Aufgaben, für die das jeweilige Modell entworfen wurde, eine notwendige Voraussetzung, um über diese Strukturen inferieren zu können. In diesem Zusammenhang ist nicht zwingend von hybriden Formalismen zu sprechen, wie sie z.B. in [Sloman 85] gefordert werden. Vielmehr ist dieses erstmal eine Frage der Modellbildung und damit eine Frage nach 'hybriden Modellen'.

[2]Ein erster Aufruf wurde schon 1959 von John McCarthy in [McCarthy 59] gemacht und in [McCarthy 68] erweitert.

[3]Für eine exemplarische Darstellung einer solchen Theorie s.z.B. [Schank 73].

[4]Für ein Exemplar dieser Variante ist ein Blick z.B in [Quillian 66] hilfreich.

Wissensrepräsentationsformalismen

Die folgende Einschätzung ist orientiert an [Brachman 90] und soll nur eine kurze Einschätzung der augenblicklichen Probleme innerhalb der Forschungsrichtung 'Wissensrepräsentation' geben. Die in [Brachman 90] analysierte Situation des Basars der vielen Formalismen scheint (etwas unfair) wie folgt zusammenfaßbar zu sein:

- Was in den Formalismen ausdrückbar und erschließbar ist, wird nicht für die Modellierung benötigt.
- Was für die Modellierung benötigt wird, ist in den Formalismen weder ausdrückbar noch erschließbar.
- Was an Anforderungen von Modellierungen vorhanden ist, wird nicht durch Forschungen über Formalismen angegangen.
- Was an Forschungen über Formalismen vorhanden ist, berührt nicht die Anforderungen von Modellierungen.

Diese Einschätzung des rein intrinsischen Charakters der Forschung über Wissensrepräsentationsformalismen und die resultierende formalismusfreie Repräsentation[5] der Modellierer scheint im Trend hingegen gebrochen zu sein und sich – zumindest schon mal in Absichtserklärungen – mit einem analytisch erheblich verfeinerten Problemverständnis im Rahmen der Implementation von Formalismen als server/client-Verhältnis zu etablieren.

Diesem sich in der Forschung abzeichnenden Umschwung ist von Seiten der Modellierung sowohl eine ernsthaftere Präzisierung der Anforderungen an Formalismen[6] als auch eine ernsthafte Zurkenntnisnahme der Kategorie nicht realisierbarer Vorschläge und deren Gründe entgegenzusetzen, wie in diesem Band schon von Gerstl in seiner Replik auf Maienborn argumentiert wurde. Die Notwendigkeit, sich mit der Komplexität postulierter Serviceleistungen eines Systems auseinanderzusetzen, resultiert hierbei nicht nur aus einer Informatiksichtweise, sondern scheint darüber hinaus auch aus kognitiven Postulaten herleitbar zu sein, da nicht realisierbare Anforderungen an ein Modell einen nicht sehr hohen Grad an Plausibilität besitzen, d.h., daß sich z.B. keine Verarbeitungsverfahren postulieren lassen, für die z.B. ein Beweis der Unhandhabbarkeit im Durchschnittsfall existiert (wobei solche Beweise wegen mangelnder Festlegung des Durchschnittsfalls[7] nicht üblich sind). Die präzise Analyse von inferenziellen Aufgaben auf der Basis bestimmbarer Modelle, einer Charakterisierung angenommer Durchschnittsfälle sowie die Präzisierung des Verhaltens der Wissensbasis in Situationen, in denen die angenommen Einschränkungen nicht zutreffen, wären erste Schritte auf dem Weg in eine Debatte mit den Entwerfern von Formalismen und deren Verarbeitungsmodellen, bilden aber die Eingangsvoraussetzung für solche Debatten und gehen somit über reine Wunschlisten, wie sie z.B. in dem Beitrag von Maienborn in diesem Band aufgestellt werden, hinaus. Somit kann nur ein echtes Zusammenspiel der Forschungen über Formalismen und deren Eigenschaften und einer Modellierung zu plausiblen Rekonstruktionen von Gegenstandsbereichen führen gemäß

[[Modell] *in* [Formalismus]] = [Wissensrepräsentation]

Durch dieses Zusammenspiel kann dem Artikel [Levesque, Brachman 87] eine nicht rein intrinsische Fortsetzung gegeben werden, wie es z.B. als eines von vielen Versuchen in [Doyle, Patil 89a] und [Doyle, Patil 89b] von Doyle und Patil angefangen wurde, die die Ausdrucksstärke von NIKL kontrastiert haben mit Anforderungen an eine Sprache, wie sie sie für ihre Bedürfnisse eigentlich nötig zu haben glauben.[8] Weitere Beispiele solcher Argumentationen sind in diesem Band u.a. in den Beiträgen von Simmons, Lorenz, Gängler/Wachsmuth und Bollinger enthalten.

---

[5] D.h. LISP- oder PROLOG-Implementation, ggf. die Konstruktion von neuronalen Netzen.

[6] So ist eine Bemerkung über das Fehlen von Teil-Ganzes-Beziehnungen innerhalb eines Formalismus nicht präzise, wenn nicht die grundlegende Arbeit der Modellierung solcher Beziehungen wie z.B. in [Winston et al. 87] vorausgegangen ist.

[7] Eine Aufgabe der Modellierung.

[8] Eine abgeschwächte Form der Argumentation findet sich in [Doyle, Patil 91].

Die Explizierung der intendierten Aufgaben einer Wissensbasis liefern hier wiederum Kriterien nicht nur für die Modellierung, sondern auch für die Auswahl bzw. Elaboration von Formalismen und deren Interpreter, die letztlich ja die Services der jeweiligen Wissensbasis realisieren. Somit ist Zitaten wie

> So when we talk about semantic networks of links and relations, we need to devote more attention, I think, to issues of ... what they contribute to reasoning processes ....
> (W.A. Woods in einer Diskussion, zitiert in [Sowa 91, S. 21]),

hinzuzufügen, daß ein Schlußfolgerungsprozeß immer bezogen ist auf die Aufgaben, die das in einem Formalismus repräsentierten Modell und die damit realisierte Wissensbasis erfüllen soll. Somit ergänzt sich das Bild einer Wissensbasis zu

Modell	*in*	Formalismus	*implementiert durch*	Interpreter	=	Wissensbasis

und kann dann nur insgesamt beurteilt werden nach der Güte der Services, die sie leistet. Eine Aufgabenteilung in die verschiedenen Komponenten ist dabei nicht einfach vorzunehmen. Vielfach können inferenzielle Leistungen einer Wissensbasis entweder durch Axiome, die in ein System gesteckt werden, realisiert werden oder durch eine Erweiterung des Formalismus. In dem letzteren Fall realisiert dann der induzierte Schlußfolgerungsbegriff, implementiert durch den Interpreter für den Formalismus, die gewünschten Inferenzen.[9]

In den folgenden Ausführungen soll hier daher nicht schon eine solche Aufgabenverteilung versucht werden. Vielmehr wird erst einmal versucht, etwas mehr die Aufgaben zu bestimmen, die eine Wissensbasis in einem natürlichsprachlichen System u.a. haben kann. Als Formalismus zur Notation der daraus resultierenden inferenziellen Services wird eine Version von Logik angenommen, die im Rahmen der folgenden Ausführungen noch erläutert wird.

Naive Theorien

In diesem Abschnitt soll nicht versucht werden, den wirklich großen Bereich der Forschungen über naive Theorien darzustellen, insbesondere weil mit [Davis 90] inzwischen eine gute Einführung existiert. Vielmehr soll auf ein paar Eigenschaften naiver Modelle eingegangen werden, die für die Debatte über den Nutzen solcher Modelle für das Verarbeiten natürlicher Sprache wichtig sind.

Der Begriff *naive Theorie* wurde von Pat Hayes in [Hayes 79] geprägt und ist Kern eines Unterfangens, das sich mit der Formalisierung des 'Alltäglichen' im Gegensatz zu wissenschaftlichen Teiltheorien über die Welt wie die Physik oder Biologie beschäftigt. Die forschungsleitende Frage scheint fair formuliert zu sein als Frage nach den Theorien, die Menschen im Alltag benutzen, um sich in der Welt zurechtzufinden und in dieser zu agieren. Dabei wird davon ausgegangen, daß Menschen sich tatsächlich in der Welt verhalten können und daß sie dafür eine geeignete Theorie bzw. eine Sammlung geeigneter Theorien über die Welt benötigen, aber auch besitzen. Des weiteren wird in diesem Ansatz vorausgesetzt, daß eine Rekonstruktion solcher Theorien mit Hilfe logischer Systeme möglich und daher sinnvoll ist, weil nur solche Systeme eine elaborierte Semantik haben.[10]

Somit ist Gegenstand naiver Theorien z.B. die Formalisierung des Verhaltens von Flüssigkeiten im Raum und über die Zeit, wobei man sich nicht in die Details einer wissenschaftlichen Betrachtung z.B. der Physik verliert, sondern gemäß dem Ansatz verfährt

Ich kann mir ein Glas Wasser einschenken, ohne dafür Physik studiert zu haben.

[9] Als eines der bekanntesten Beipiele sei die Zeitlogik von Allen et al. mit der Angabe eines speziellen Formalismus und dessen Schlußfolgerungsbegriffs in z.B. [Allen 83] und deren Reduktion auf die Prädikatenlogik erster Ordnung in [Allen, Hayes 87] durch Angabe einer Axiomenmenge in PL^1, die diese Inferenzen ebenfalls ermöglichen, genannt. Eine in diesem Spannungsfeld angesiedelte Argumentation findet sich u.a. auch in dem Beitrag von Lorenz in diesem Band.

[10] Eine insbesondere diesen Aspekt kritisch beleuchtende Debatte findet sich u.a. in [McDermott 87] und den ebenfalls dort erschienenen Repliken.

Durch den von Pat Hayes verfaßten Aufsatz [Hayes 79] wurden eine Menge von Forschungen induziert, die sich i.A. einer speziellen Klasse von Phänomenen annehmen und diese als mehr oder minder zusammenhängenden Bereich zu formalisieren versuchen.[11] Insbesondere wird in der Elaboration naiver Theorien versucht, bestimmte Phänomene auszufaktorieren und als separaten Bereich (Cluster) zu behandeln.

> Identifying these clusters is both one of the most important and one of the most difficult methodological tasks in developing a naive physics. (...) The symptom of having got it wrong is that it seems hard to say anything very useful about the concepts one has proposed.
> [Hayes 79, S. 246]

Der bisher einzige – halbwegs – gelungene Versuch der Ausfaktorierung innerhalb des Unterfangens der Rekonstruktion naiver Theorien scheint hierbei die separate Behandlung von Zeit und Raum zu sein.[12]

Eine Reintegration dieser Teilformalisierungen in die ursprünglichen Kontexte, aus denen sie ausfaktoriert wurden, ist jedoch noch nicht in dem Maße erfolgt, daß von einer erschöpfenden Behandlung dieser Teile gesprochen werden kann. So wurde z.B. von J. Allen et al. (s.z.B. [Allen 83] und [Allen, Hayes 87]) ein Zeitkalkül entworfen, das auf Intervallbasis axiomatisiert eine mögliche Behandlung der Zeitphänomene verspricht. Bei genauerer Analyse der vorgeschlagenen Axiomatisierungen fällt jedoch auf, daß bei der Ausfaktorierung von wesentlichen Aspekten abstrahiert wurde, wie sie z.B. in Ausdrücken der Art

> *... täglich außer Montags ...*

auftreten.[13]

Ein erster Versuch, einen größeren zusammenhängenden Bereich mit Hilfe einer Logik zu rekonstruieren, wurde von P. Hayes selbst vorgenommen und in [Hayes 85] dokumentiert. In der Zwischenzeit ist eine Menge ganz unterschiedlicher Arbeiten hinzugekommen, die so verschiedene Bereiche behandeln wie die Elaboration von 'Teil-Ganzes'-Beziehungen und deren Eigenschaften (insbesondere der begrenzten Transitivität) wie in [Winston et al. 87] oder die Modellierung kinematischer Systeme solider Körper (s.z.B. [Faltings et al. 89]).[14]

Als Vorgehen bei der Elaboration naiver Theorien wurde von Pat Hayes vorgeschlagen:

> I believe this process of formalisation, confrontation against intuition, and correction, can (...) be used to develop naive physics. Here is a domain in which we are all experts, in the required sense. The performance of a formalisation is, here, the pattern of inferences which it supports. Performance is adequate when the 'experts' agree that all and only the immediate, plausible consequences follow from the axioms of the formalisation. (In fact, this is a weak notion of adequacy ...)
> [Hayes 79, S. 267]

Zur Bewertung der Plausibilität der Konsequenzen einer Menge von Axiomen wiederum sollte auch hier beachtet werden:

> We rarely use a representation in an intentional vacuum, but we always have goals ...
> [Minsky 91, S. 39]

Textverstehende Systeme

> Natural language understanding doesn't mean anything unless the understander can reason about what is understood and is able to contribute back to the interlocutor something that it inferred as a result of that reasoning.
> (S. Shapiro in einer Diskussion, zitiert in [Sowa 91, S. 36])

[11] Für einen Überblick über solche Arbeiten siehe z.B. auch [Hobbs, Moore 85] oder [Hobbs et al. 85].

[12] Spezielle Varianten davon werden in diesem Band in den Beiträgen von Simmons und Lorenz diskutiert.

[13] Für eine Diskussion solcher zeitlicher Aspekte s.z.B. [Kortüm 91].

[14] An dieser Stelle sei nochmals auf [Davis 90] verwiesen, das sich hervorragend als Nachschlagewerk für Hinweise auf Elaborationen naiver Theorien eignet.

Dieses Zitat formuliert cum grano salis wohl das Standardverständnis der sprachorientierten KI-Forschung. Hingegen scheint es einen – etwas verdeckten – Dissens über die Rolle von "Hintergrundwissen" für sprachverstehende Systeme zu geben. Insbesondere wird Hintergrundwissen als eine Quelle der Ambiguitätsauflösung sprachlicher Äußerungen gesehen und damit als semantische Restriktionen über Bedeutungsrepäsentationen.[15] So wird in dieser Sichtweise angenommen, daß die thematische Rolle (oder welcher Name jeweils dafür gewählt wird) "agens" mit einer Belegungsrestriktion versehen wird, die verhindert, daß der Grand Canyon nach New York fliegt. Falls er es dann doch mal tut, wird ein aufwendiger Reparaturmechanismus notwendig, der diesen Fall als "im Normalfall nicht vorkommend" und damit semantisch "im Normalfall" fehlerhaft markiert.[16]

Ein solcher Reparaturmechanismus wird dabei häufig als eine Art Abschwächung einiger (ausgewählter) Restriktionen postuliert, wodurch das Restriktionsmuster quasi passend gemacht wird für die Interpretation[17], was dann der abgeleiteten Bedeutung eines Begriffs entspricht, falls man die Vorstellung von Kernbedeutung und abgeleiteter Bedeutung aufrecht erhalten möchte.

Auf der anderen Seite wird Kontext als Quelle von Inferenzen über Bedeutungsrepräsentationen sprachlicher Äußerungen mit Hintergrundwissen identifiziert, wobei der Kontext aber wiederum durch sprachliche Äußerungen partiell induziert wird.[18] Hier wird von einem weitergefaßten Begriff der Restriktion ausgegangen. Dieser impliziert die Existenz von u.a. Alltagswissen über den Bereich des Diskurses, das Sprecher und Hörer gemeinsam unterstellt wird. Falls dieser Bereich des gemeinsamen Wissen von Sprecher und Hörer auch die Existenz gemeinsamer naiver Theorien bzw. Teiltheorien postuliert, die über das reine Diskurswissen hinausgehen, wie es häufig in Überzeugungssystemen (belief systems) angenommen wird, wird hier die Frage nach bevorzugten Teiltheorien, zu denen sich die Bedeutung einer sprachlicher Äußerung konsistent interpretieren läßt, als Kern einer semantischen Interpretation dieser Äußerungen angenommen.[19]

Somit kann unter dieser Sichtweise ein Verstehen sprachlicher Äußerungen als eine Auswahl und partielle Konstruktion von Hintergrundwissen gesehen werden. Diese Konstruktion markiert einige Interpretationen als bevorzugt gegenüber anderen durch Präferenzstrukturen innerhalb des Hintergrundwissens. Ebenso kann der unterschiedliche Aufwand des Verstehens syntaktisch ähnlich schwieriger Äußerungen durch den Aufwand der Auswahl und/oder Konstruktion solcher Kontexte erklärt werden. Somit stellt sich unter dieser Annahme die Repräsentation von Hintergrundwissen für textverstehende Systeme u.a. als eine Rekonstruktion von naiven Theorien dar, die für den Erfolg eines Verstehens zwischen Sprecher und Hörer geteilt werden müssen und damit in gewissem Rahmen intersubjektiv sind.

Typische Beispiele von (Re-)Interpretationen von Sätzen auf der Basis von Kontext gibt es in der Literatur wie Sand am Meer, so sei hier nur auf zwei meiner – augenblicklichen – Lieblingsbeispiele hingewiesen. Das erste ist ein Beispiel nach G. Hirst:

> "Wegen Erstickungsgefahr von Kindern fernhalten !" (Hinweis auf einem Wäschebeutel.)
> (nach: G. Hirst in einer Diskussion, zitiert in [Sowa 91, S. 22])

Eine Restriktion, die eine Interpretation der Art "Ich ersticke (in Arbeit) wegen der Kinder" unabhängig vom Kontext erst einmal verbietet und erst durch Markierung als Ausnahme (metaphorischer Gebrauch von Ersticken o.ä.) wieder erlaubt, hingegen die hier gemeinte Interpretation nahelegt, scheint mir extrem artifiziell zu sein. Hingegen scheint eine Alltagstheorie, die u.a. beinhaltet, daß Kinder an Gegenständen, mit denen sie spielen, ersticken können, falls diese bestimmte Eigenschaften bzgl. Form, Größe, Gewicht u.a.

---

[15] Siehe z.B. den Beitrag von Maienborn in diesem Band.

[16] Ein in dem Beitrag von Maienborn benutztes Beispiel ist das grüne Auto, das nur dann innerhalb einer bestimmten Zeitspanne auf dem Parkplatz gestanden haben darf, wenn ein nicht näher spezifizierter Uminterpretationsprozeß dieses als ausnahmsweise mal korrekt markiert.

[17] Es existieren sehr viele alternative Vorstellungen über Mechanismen zur Abschwächung von Modellen, so daß hier nur mit [Charniak 88], [Lenat, Guha 90], [Norvig 87] und [Wilensky 84] exemplarisch auf neuere Vertreter innerhalb der KI hingewiesen werden soll. Keines dieser Ansätze scheint jedoch schon eine insgesamt kohärente oder allgemein akzeptierte Theorie über analoges Schließen zu sein.

[18] Siehe z.B. den Beitrag von Geurts in diesem Band.

[19] Als wohl prominentester Vertreter dieser Richtung innerhalb der KI, aber auch als einer der umstrittensten, gilt Roger Schank (s.z.B. [Schank, Abelson 77], [Schank, Childers 84]).

haben, durch eine relativ flache Modellierung eines Funktionsmodells von Atmung, deren Voraussetzungen und den Konsequenzen bei Unterbrechung bzw. Verhinderung möglich zu sein.[20] Durch eine zusätzliche Angabe zum Kontext der Art, daß sich diese Aufforderung auf etwas befindet, was sich (hervorragend) zur Erstickung von Kindern eignet, wird die Interpretation 'Sicherheitshinweis zum Umgang mit dieser Tasche' sehr plausibel, um so mehr, als viele Alltagsgegenstände (besonders in den USA) mit Benutzungs- und Sicherheitshinweisen versehen sind.

Die Interpretation, daß der vorliegende Text eine Lebenshilfe allgemeiner Art in Form einer Warnung vor der mit Kindern verbundenen Arbeit darstellt, wird hingegen in keiner Weise ausgeschlossen, sondern gehört z.B. durch die Häufigkeit des Auftretens der Phrase

...an Arbeit ersticken

zu den ebenfalls plausiblen Modellen, insbesondere, wenn in diesem Modell auch die Implikation

Kinder machen sehr viel Arbeit.

enthalten ist.[21] Somit kann der hier vorliegende Fall plausibel erklärt werden durch die Annahme von naiven Teiltheorien und Funktionsmodellen, die beide naheliegend, weil gebräuchlich, sind und daher nicht erst mit erhöhtem Aufwand erzeugt werden müssen.

Eine ähnliche Analyse über das Heranziehen von Alltagstheorien und die darin enthaltenen Funktionsmodelle wird durch das folgende, von Bill Woods stammende Beispiel induziert:

"Walk up one floor, down two floors."
(W.A. Woods in einer Diskussion, zitiert in [Sowa 91, S. 20])

das als Hinweisschild neben dem Fahrstuhl angebracht war. In diesem Fall ist es auch für Menschen aufwendig, einen Kontext zu konstruieren, der diesem Text eine Bedeutung zuordnet. Aber auch hier ist zu beobachten, daß von der Annahme ausgegangen wird, daß dieser Text eine Bedeutung hat und somit als Aufforderung gedeutet werden kann, einen Kontext auszuwählen bzw. zu konstruieren. Somit ist ein einfacher Text nach diesem Erklärungsschema ein Text, dessen Kontext eine hohe mentale Präsenz und damit Präferenz besitzt, schwierigere Deutungen hingegen erfordern ein aufwendiges (Re-)Konstruieren, wie z.B. auch Textinterpretationen historischer Texte wie der Bibel zeigen.[22]

Um die beiden Positionen – Selektionsrestriktionen und Kontextauswahl/-konstruktion – zu verdeutlichen, sei als einfaches Beispiel der folgende Satz angenommen:

Ich setzte meine Tochter in die Wanne, die daraufhin überlief.

Selektionsbeschränkungen, die – in welcher Form auch immer – verhindern, daß Menschen in einer thema-ähnlichen Beziehung zu "überlaufen" stehen können, würden den Satz

Ich setzte meinen Sohn in die Wanne, der daraufhin überlief.

zu sternerln erlauben. Durch Hinzufügung eines Kontextes wie in

Mein Sohn war an diesem Abend voller Glück. Als ich ihn dann auch noch in die Wanne setzte, lief er über.

[20] In diesem Zusammenhang ist flache Modellierung nicht mit einfacher Modellierung gleichzusetzen, wie auch die Beispiele in [Davis 90] zeigen.

[21] Die dabei notwendige Modellierung von Funktionsmodellen für Konzepte wie 'Ersticken', die nicht durch Restriktionen direkt auf eine Kernbedeutung und nur durch aufwendige Reparatur erreichbare abgeleitete Bedeutungen abzielen, wird weiter unten noch skizziert.

[22] Zur Bedeutungszuschreibung für den obigen Text sei hinzugefügt, daß die Hinweistafel während einer Energiekrise angebracht wurde und sich damit als Empfehlung zur Energieeinsparung deuten läßt: "Falls Du nur einen Stock nach oben oder zwei Stock nach unten gehen mußt, nimm die Treppe und nicht den Fahrstuhl."

würde dieser Text hingegen wahrscheinlich nur mit einem Fragezeichen versehen werden. Demgegenüber kann die alternative Sichtweise – fast – direkt Nutzen ziehen aus der naiven Theorie über Flüssigkeiten von Pat Hayes (s. [Hayes 85]).

Nach dieser – etwas länglichen – Positionierung der Rolle von naiven Theorien als Teil der Quellen für eine Bedeutungszuschreibung natürlichsprachlicher Texte scheint es nun an der Reihe zu sein, sich der Struktur dieser Theorien und der über ihnen definierten Prozesse hinzuwenden.

Eine den eben erfolgten Ausführungen zu Grunde liegende Annahme ist die Existenz einer ersten 'Roh'-Bedeutung eines Textes, der sich aus der Komposition lexikalischer Bedeutungen ergibt. Diese Rohbedeutung muß nun in irgendeiner Form eingepaßt werden in einen auszuwählenden bzw. zu konstruierenden Kontext, so daß sich eine zu diesem Kontext konsistente Bedeutung des Textes ergibt. Hierbei muß nicht von einer strikten Sequentialität dieser Phasen ausgegangen werden, sondern es kann (und sollte) eine Verschränkung angenommen werden, über die jedoch bisher nicht allzuviel bekannt ist. Wie diese Prozesse verwoben sind und damit durch partielle Konstruktion von Kontexten auf der Basis der Analyse nur eines Teils des Textes z.B. kontextbedingte Erwartungen aufgebaut werden, die die weitere Analyse beeinflussen und ggf. leiten, ist nicht Gegenstand dieser Erörterungen. Des weiteren ist die Analyse der Sprecher/Hörer-Situation und der Einfluß des Vortextes bzw. des vorangehenden Diskurses auf die aktuelle Auswahl/Konstruktion des Kontextes nicht Gegenstand dieser Erörterungen. Diese Faktoren sollen aber als partiell determinierend angenommen werden.

Sei nun – zum Zweck der weiteren Exploration – eine Rohbedeutung eines Satzes durch einen durch thematische Rollen aufgespannten Graph angenommen.[23] Somit kann im folgenden von einer Struktur der Art ausgegangen werden:

$$\phi(p) \wedge \theta_1(p, c_1) \wedge \ldots \wedge \theta_n(p, c_n)$$

Eine Repräsentation des Hintergrundwissens als Selektionsbeschränkungen sieht dann von der prinzipiellen Struktur her wie wie folgt aus:

$$\forall x, y : \phi(x) \wedge \theta_i(x, y) \Rightarrow \phi_i(y)$$

D.h., für jede Entität c_i, die in der thematischen Rolle θ_i zu p steht, wird ein Restriktionsprädikat ϕ_i angenommen, das von c_i erfüllt sein muß. Mit diesem Mechanismus kann dann z.B. der "agens" einer Handlung auf "Mensch" restringiert werden und damit können Lesarten eines Satzes, die diese Restriktion nicht erfüllen, als inkonsistent mit dem Hintergrundwissen markiert werden.[24]

Eine alternative Sichtweise, wie sie oben angesprochen wurde, könnte wie folgt skizziert werden:

$$\forall x, y : \phi(x) \wedge \theta_i(x, y) \wedge \phi_{i_1}(y) \wedge \Psi_{i_1} \Rightarrow \Phi_1$$

$$\ldots$$

$$\forall x, y : \phi(x) \wedge \theta_i(x, y) \wedge \phi_{i_k}(y) \wedge \Psi_{i_k} \Rightarrow \Phi_k$$

Hierbei stehen die Ψ_{i_l} für weitere Bedingungen und die Φ_l für Terme, die Kontexte[25] charakterisieren. Mit dieser Skizze könnte nun ausdrückbar werden, daß die Annahme der Restriktion ϕ_{i_l} für die Belegung der Rolle θ_i unter der Bedingung Ψ_{i_l} als Konsequenz den durch Φ_l (partiell) charakterisierten Kontext induziert. Da in diesem Schema auch die Rollen variabel gehalten werden können, können hiermit auch die Konsequenzen einer unterschiedlichen Rollenbelegung (z.B. als "agens" oder "objekt") durch eine Entität modelliert werden.

Als erste Bedingung an eine Ambiguitätsauflösung ist die Konsistenz der einzelnen induzierten Φ als insgesamt zunehmend den Kontext charakterisierende Axiomenmengen gefordert. Als nächster Schritt ist zu erklären, wie sich die Präferenzstruktur verschiedener Kontexte modellieren läßt. Sei hierfür als Diskussionsgrundlage eine einfache Defaultlogik angenommen, die z.B. aus normalen Defaults der von R. Reiter in [Reiter 80] angegebenen Logik bestehen und die Form haben:

[23] Für ähnliche Strukturen muß die folgende Argumentation, soweit nötig, angepaßt werden.

[24] Diese Art der Modellierung findet sich vielfach auch in diesem Band wieder, wo mit Hilfe der Sprache L_{LILOG}, insbesondere mit der Subsprache $Sort_{L_{LILOG}}$ zur Beschreibung von Sortenausdrücken, solche Ausdrücke leicht gebildet werden können.

[25] Ein Kontext soll im Folgenden vereinfacht als Sammlung von charakterisierenden Axiomen einer Sprache angesehen werden

$$\forall x : \frac{\Theta : \phi_{i_1}(x)}{\phi_{i_1}(x)}$$

Durch diese Regeln können nun Annahmen über den Typ der eine Rolle belegenden Entität formuliert werden und diese Annahmen können außerdem durch einen Satz von Axiomen Θ konditioniert werden. Des weiteren sind harte Restriktionen durch das obige Schema, wie folgt erweitert, immer noch ausdrückbar:

$$\forall x, y : \phi(x) \wedge \theta_i(x, y) \Rightarrow [\bigvee_{k=1}^{n} \phi_{i_k}(y)\} \wedge \bigwedge_{l=1}^{m} \neg\phi_{i_l}(y)$$

Mit diesem Repertoire an Ausdrucksmitteln soll jetzt der Beispieltext

Ich setzte meine Tochter in die Wanne, die daraufhin überlief.

etwas genauer analysiert werden. So sei der Einfachheit halber einmal als Rohbedeutung der folgende Graph angenommen:

$$\begin{array}{l} SELF(o_1) \wedge frau(o_2) \wedge tochter(o_2, o_1) \wedge badewanne(o_3) \wedge \\ setzen(e_1) \wedge agens(e_1, o_1) \wedge thema(e_1, o_2) \wedge lok(e_1, o_3) \wedge \\ ueberlaufen(e_2) \wedge thema(e_2, o_4) \wedge (o_4 = o_2 \vee o_4 = o_3) \wedge \\ causal(e_1, e_2) \end{array}$$

Des weiteren seien u.a. die folgenden Defaultregeln gegeben[26]:

- Falls nichts dagegen spricht, kann eine Badewanne als Container aufgefaßt werden:

  $$\forall x : \frac{badewanne(x) : container(x)}{container(x)}$$

- Falls nichts dagegen spricht, kann von einer Historie ausgegangen werden, in der eine Badewanne gefüllt wurde, bevor ein Mensch hineingesetzt wird:

  $$\forall x, y, h : \frac{badewanne(x) \wedge setzen(h) \wedge lok(h,x) \wedge thema(h,y) \wedge mensch(y) : \exists h', o : bevor(h',h) \wedge filling(h') \wedge thema(h',x) \wedge objekt(h',o)}{\exists h', o : bevor(h',h) \wedge filling(h') \wedge thema(h',x) \wedge objekt(h',o)}$$

- Falls nichts dagegen spricht, kann angenommen werden, daß es Wasser ist, womit eine Badewanne gefüllt wird:

  $$\forall x, y, h : \frac{badewanne(x) \wedge filling(h) \wedge thema(h,x) \wedge objekt(h,y) : wasser(y)}{wasser(y)}$$

Für die Explikation der Bedeutung von "Überlaufen" sei nun angeknüpft an die von Pat Hayes in [Hayes 85] elaborierte naive Theorie über Flüssigkeiten und somit die Bedeutung hier nur skizziert durch folgende – noch weiter zu elaborierende – Annahmen:

- Für eine Entität, die in der "thema"-Beziehung zu Überlaufen steht, sollte gelten, daß sich diese Entität als Container konsistent interpretieren läßt.
- Für eine Entität, die in der "objekt"-Beziehung zu Überlaufen steht, sollte gelten, daß sich diese Entität als Fluid konsistent interpretieren läßt.
- Falls ein e_i zu einem e_j in der Beziehung causal(e_i,e_j) steht, dann gilt, daß e_i vor e_j angefangen hat.
- Es gibt ein e_{bevor} mit u.a. der Charakterisierung, daß, falls Fluid in einem Container ist, das Volumen des Fluid kleiner ist als die Kapazität des Containers, und daß e_{bevor} bei der Historie e_i endet.
- Desgleichen gibt es ein e_{danach}, das sich u.a. charakterisieren läßt dadurch, daß das Volumen des Fluid nun insgesamt größer ist als die Kapazität des Containers.

---

[26]Für diese Diskussion wird mit einer intuitiven Skizze der Axiomatik aus [Hayes 85] argumentiert, da die wirkliche Einbettung in diese Axiomatik das Verständnis derselben voraussetzt, was aber für das Verständnis der hier geführten Argumentation nicht wirklich notwendig ist.

Weiterhin impliziert die Bedeutung von Hineinsetzen eines soliden Köpers in einen Container die Verringerung der Kapazität dieses Containers. Unter diesen Annahmen (plus weiteren, hier nicht elaborierten) kann nun einiges geschlossen werden über das Verhältnis der Kapazität der Wanne, der Menge des Wassers in der Wanne direkt vor dem Hineinsetzen und dem Volumen des Teils der Tochter, der sich in der Wanne befindet,[27] und insbesondere kann eine konsistente Einbettung der Rohbedeutung des Textes vorgenommen werden.

Eine etwas aufwendigere Modellierung ist nun möglich, in der auch Menschen als Container klassifiziert werden, die mit dem "Fluid" Glück gefüllt werden können. Als erste Annäherung läßt sich diese wie folgt skizzieren:

- Falls nichts dagegen spricht, kann ein Mensch als Container aufgefaßt werden, falls es eine Historie gibt, die ihn mit Glück füllt:

  $$\forall x, y, h : \frac{mensch(x) \wedge glueck(y) \wedge filling(h) \wedge thema(h,x) \wedge objekt(h,y) : container(x)}{container(x)}$$

- Falls nichts dagegen spricht, kann Glück als Fluid gesehen werden, falls es eine Historie gibt, in der ein Lebewesen damit gefüllt wird:

  $$\forall x, y, h : \frac{lebewesen(x) \wedge glueck(y) \wedge filling(h) \wedge thema(h,x) \wedge objekt(h,y) : fluid(y)}{fluid(y)}$$

- Falls nichts dagegen spricht, kann davon ausgegangen werden, daß es Menschen glücklicher macht, sich in eine Wanne zu setzen:

  $$\forall x, y : \frac{mensch(x) \wedge badewanne(y) \wedge sitzt\_in(x,y) : gluecklich\_werden(x)}{gluecklich\_werden(x)}$$

- Glücklich werden kann als eine Füllen-Historie beschrieben werden mit Lebewesen als Thema und Glück als Objekt:

  $$\forall x \exists h, y : gluecklich\_werden(x) \wedge lebewesen(x) \Rightarrow filling(h) \wedge thema(h,x) \wedge objekt(h,y) \wedge glueck(y)$$

was als Axiomenmenge etwas von dem Glücksgefühl in der Badewanne beschreibt.[28] Über den so erfolgten Anschluß an ein naives Funktionsmodell von Containern und Fluids kann nun z.B. räsoniert werden über die Endlichkeit der Menge Glück, die ein Mensch 'ertragen' kann, bevor er überläuft, d.h., über seine Kapazität, Glück aufzunehmen.

Eine feinere Modellierung nun könnte einen Menschen nicht als u.a. *einen* Container modellieren, sondern als ein Assembly von Containern unterschiedlichen Charakters, unterschiedlicher Kapazität und unterschiedlicher Fähigkeit, etwas aufzunehmen. Somit kann dann mit dem Füllen von Glück parallel zum Füllen mit Alkohol begonnen werden.

Durch diese Modellierungsskizze kann nun die in [Hayes 85] elaborierte naive Theorie an den Verstehensprozeß angebunden werden.[29] Eine über den einfachen Anschluß hinausgehende Modellierung wurde von E. Lang in einer Diskussion einer Vorfassung dieses Papiers vorgeschlagen. So sollte nach Lang's Meinung die Bestimmung der 'objekt'-Beziehung von Überlaufen als Fluid (eine aus [Hayes 85] entnommene

[27]Hier ist noch etwas Modellierung notwendig über Ränder von Containern und Objekten, die sich nur teilweise in Containern befinden (s. dazu z.B. [Hayes 85]).

[28]Hier ist ein deutlicher Unterschied naiver Theoriebildung z.B. zu der medizinischen erkennbar, die ggf. Glück als eine spezifische Mischung körpereigener Hormone modelliert, oder zu psychologischer Theoriebildung, die Glück z.B. als nur subjektiv erfahrbaren mentalen Zustand mit bestimmten Charakteristika modelliert. In der medizinischen Modellierung müßte dann eine bestimmte Veränderung der Hormonmischung mit bestimmten Effekten auf körpereigene Funktionen wie Kreislauf eine Modellierung von "glücklich_werden" ergeben. Analoge Modellierungen wären in psychologischer Theoriebildung nötig. Dieses sind aber nicht notwendigerweise intersubjektiv akzeptierte Theorien und damit nicht notwendigerweise Bestandteil naiver Theorien.

[29]Hierbei handelt es sich hier wirklich um eine Skizze, da für einen echten Anschluß dieser Theorie sehr viel genauer die einzelnen Prädikate abgestimmt werden müssen.

Kategorie) abgeschwächt werden als Masse, wobei Masse wiederum entweder auf Konkret oder Abstrakt spezifiziert werden kann analog den folgenden Beispielen:[30]

1. Das Kind läuft über vor Tränen/Rotz und Wasser.
2. Der Saal läuft über vor Leuten.
3. Das Kind läuft über vor Glück.
4. Der Saal läuft über vor Glück.

mit den Regeln:

- Falls das Objekt als Konkret spezifiziert werden kann, kann auch das Thema als Konkret spezifiziert werden (Beispiele 1 und 2):
$\forall h, x, y : \mathrm{ueberlaufen}(h) \wedge \mathrm{thema}(h, x) \wedge \mathrm{objekt}(h, y) \wedge \mathrm{konkret}(y) \Rightarrow \mathrm{konkret}(x)$
- Falls das Objekt als Abstrakt spezifiziert werden kann, kann auch das Thema als Abstrakt spezifiziert werden (Beispiele 3 und 4):
$\forall h, x, y : \mathrm{ueberlaufen}(h) \wedge \mathrm{thema}(h, x) \wedge \mathrm{objekt}(h, y) \wedge \mathrm{abstrakt}(y) \Rightarrow \mathrm{abstrakt}(x)$
- Objekt und Konkret führt zu Körper:
$\forall x : \mathrm{objekt}(x) \wedge \mathrm{konkret}(x) \Rightarrow \mathrm{koerper}(x)$
- Mensch und Abstrakt führt zu Person:
$\forall x : \mathrm{mensch}(x) \wedge \mathrm{abstrakt}(x) \Rightarrow \mathrm{person}(x)$
- Raum und Abstrakt führt zu Gesamtheit der Personen im Raum
(hier kommt es auf die Repräsentation von Gesamtheiten an (s. dazu z.B. [Link 83] und die Adaption in L_{LILOG} in [Pletat, Luck 90]), auf die jetzt nicht weiter eingegangen werden soll.)

Durch diese abgeschwächte Modellierung wird die Einbettung in naive Theorien etwas weniger direkt möglich, da erst noch die Bedingungen, unter denen Körper bzw. Person auch als Container (ggf. abhängig vom Fluid) spezifiziert werden kann, axiomatisiert werden müssen.

Für Präferenzstrukturen kann eine für Defaultlogiken charakteristische Eigenschaft benutzt werden. In Axiomenmengen mit Defaultregeln gibt es die Möglichkeit der Existenz mehrerer, konkurrierender Interpretationsmodelle, die als unterschiedliche Fixpunkte der Modelle interpretiert werden können.[31] Diese Alternativen können nun durch eine Präferenzstruktur annotiert werden, die eine Voreinstellung darstellt. Über diese Präferenzstruktur kann dann z.B. die Bevorzugung der Klassifikation der Badewanne als Container und damit die Bevorzugung der Lesart, daß es sich um die Badewanne handelt, die überläuft, modelliert werden. Falls nun davon ausgegangen wird, daß nur eine Entität in der "thema"-Beziehung zu einem Überlaufenereignis stehen kann, schließt diese Lesart sogar die alternative Lesart aus.

Neben dem Postulat von Präferenzstrukturen, die a priori gegeben sind, ist sicher die Annahme von dynamischen Präferenzen, die den Startpunkt für die Erklärung kontextabhängiger Interpretationen bilden, eine sehr einleuchtende Annahme.

Als kontextinduzierende Regeln lassen sich folgende Schemata für eine Überlaufenhistorie konstruieren:

- $\forall h, x, y : \mathrm{ueberlaufen}(h) \wedge \mathrm{thema}(h, x) \wedge \mathrm{objekt}(h, y) \wedge \mathrm{badewanne}(x) \wedge \mathrm{wasser}(y) \Rightarrow \mathrm{haushaltsungeschick}(h)$
- $\forall h, x, y : \mathrm{ueberlaufen}(h) \wedge \mathrm{thema}(h, x) \wedge \mathrm{objekt}(h, y) \wedge \mathrm{lebewesen}(x) \wedge \mathrm{glueck}(y) \Rightarrow$
$\mathrm{emotionale\_zustandsveraenderung}(h)$

[30]Der Unterschied zwischen Fluid und Masse ist hierbei solange arbiträr, bis durch eine Axiomatik die Unterschiede und Beziehungen dieser beiden Kategorien weiter präzisiert wurden sind.

[31]Für einen Überblick über die Diskussionen alternativer nichtmonotoner Logiken s.z.B. [Ginsberg 87].

In Kontexten wie Haushaltsungeschicke bekommen Defaultregeln, die Haushaltsgegenstände wie Badewannen berühren, eine hohe Präferenz. Falls ein Satz in Isolation gesehen wird, ist nur von den statischen Präferenzen auszugehen. Aber jede Information über den Kontext verändert diese Präferenzen, so daß Sätze in Kontexten eine anders präferierte Lesart bekommen können. Durch die Annahme von Intentionen des Sprechers und Hörers werden hierbei weitere einen Kontext charakterisierende Axiome generiert, die insgesamt einen Interpretationskontext bilden.

Konklusion

In der hier vorgestellten Skizze wurde versucht, den engen Rahmen, den Selektionsbeschränkungen aufbauen, etwas zu lockern. Insbesondere wurde dabei von der Vorstellung der normalen und der abweichenden, nur durch die Annahme von Spezialverfahren erklärbaren Bedeutungen eines Textes Abschied genommen und als Alternative eine kontextuelle Struktur skizziert, die einen Rahmen für die Interpretation natürlichsprachlicher Äußerungen bildet, der die Modellierung gradueller, kontextabhängiger und letztlich intentionsabhängiger Bedeutungszuschreibungen erlauben könnte. Wie leicht ersichtlich, handelt es sich hierbei um eine erste Skizze, die höchstens etwas plausibel sein kann, aber zur Validierung noch erheblich weiter ausgearbeitet werden müßte.

Als Vorzug dieser Skizze ist hingegen auch zu nennen, daß über Verfahren wie dem hier angedeuteten eine Möglichkeit gegeben sein könnte, naive Theorien heranzuziehen bei der Analyse natürlicher Sprache. Als in keinster Weise geklärt scheint mir hierbei aber die Struktur einer Abbildung lexikalischer Bedeutung auf die hier gezeigte Semantik zu sein. Sicher scheint nur zu sein, daß eine einfache Abbildung, wie sie in LILOG postuliert wurde, den Phänomenen nicht ganz gerecht werden kann. So wurde z.B. in der Analyse der Projektergebnisse diskutiert, daß es wohl einen Unterschied zwischen einer linguistisch orientierten Ontologie mit ggf. auch Selektionsbeschränkungen (wie Container beim Thema von Überlaufen) und einer naiven Theorie als Hintergrundwissen, zu der eine Äußerung interpretiert wird, geben sollte. Einen ersten Hinweis für eine solche komplexe Struktur als Verbindung zwischen naiven Theorien und lexikalischen Bedeutungen könnten z.B. die Arbeiten von Lang und Simmons in diesem Band darstellen, wobei die Ebene der domänenspezifischen Entitäten von Lang sicherlich nicht deckungsgleich mit den hier diskutierten naiven Theorien ist, sondern eine Verbindung dieser beiden Kategorien sicherlich noch notwendig ist, um z.B. den inferenziellen Nutzen aus der Modellierung kinematischer Systeme solider Körper für eine Bedeutungszuschreibung von Texten über bewegte Objekte ziehen zu können.

Danksagung

Für extensive Anmerkungen zu früheren Versionen diesen Papiers bin ich u.a. M. Börkel, G. Klose, E. Lang und T. Pirlein zu Dank verpflichtet, wobei die in diesem Papier verbliebenen Schnitzer ausschließlich in meiner Verantwortung liegen. Ohne die z.T. einmalige Forschungsumgebung des LILOG-Projektes hätte ich desweiteren nicht die Erfahrungen machen können, die mich zu diesen Ideen inspiriert haben, wofür mein Dank auch an O. Herzog, C.-R. Rollinger und P. Bosch geht. Aber erst mein Gastaufenthalt am IBM T.J. Watson Research Center, NY, hat mir die Zeit und Ruhe gegeben, über ein Thema etwas nachzudenken, das nicht zu meinem engeren Forschungsschwerpunkt gehört. Somit gilt mein Dank auch allen denjenigen, die mir diesen Aufenthalt ermöglicht haben.

Literatur

[Allen, Hayes 87] James F. Allen, Patrick J. Hayes. Movements and points in an interval-based temporal logic. Technical Report 180, Univ. of Rochester, December 1987.

[Allen 83] James F. Allen. Maintaining knowledge about temporal intervals. *Communications of the ACM* 26(11):832–843, November 1983.

[Bobrow, Winograd 79] Daniel G. Bobrow, Terry Winograd. KRL—another perspective. *Cognitive Science* 3(1):29–42, 1979.

[Brachman 90] Ronald J. Brachman. The future of knowledge representation. In *Proceedings of the 9th National Conference of the American Association for Artificial Intelligence*, 1082–1092, 1990.

[Charniak 88] Eugene Charniak. Motivation analysis, abductive unification, and nonmonotonic equality. *Artificial Intelligence* 34:275–296, 1988.

[Davis 90] Ernest Davis. *Commonsense Knowledge*. Morgan Kaufmann Los Altos, Cal. 1990.

[Doyle, Patil 89a] Jon Doyle, Ramesh S. Patil. Language restrictions, taxonomic classifications, and the utility of representation services. Technical Memo MIT/LCS/TM-387 Laboratory for Computer Science, Massachusetts Institute of Technology Cambridge, Mass. May 1989.

[Doyle, Patil 89b] Jon Doyle, Ramesh S. Patil. Two dogmas of knowledge representation. Technical Memo MIT/LCS/TM-387b Laboratory for Computer Science, Massachusetts Institute of Technology Cambridge, Mass. September 1989.

[Doyle, Patil 91] Jon Doyle, Ramesh S. Patil. Two theses of knowledge representation: language restrictions, taxonomic classifications, and the utility of representation services. *Artificial Intelligence* 48(3):261–297, 1991.

[Dreyfus 81] Hubert L. Dreyfus. From micro-worlds to knowledge-representation: AI at an impasse. In J. Haugeland, editor, *Mind Design*, 161–204, MIT Press Cambridge, Mass. 1981.

[Faltings et al. 89] Boi Faltings, Emmanuel Baechler, Jeff Primus. Reasoning about kinematic topology. In *Proceedings of the 11th International Joint Conference on Artificial Intelligence*, 1331–1336, Detroit, Mich. 1989.

[Ginsberg 87] Matthew L. Ginsberg, editor. *Readings in Nonmonotonic Reasoning*. Morgan Kaufmann, Los Altos, Cal. 1987.

[Hayes 79] Patrick J. Hayes. The naive physics manifesto. In D. Michie, editor, *Expert Systems in the Microelectronic Age*. Edinburgh Univ. Press 1979.

[Hayes 85] Patrick J. Hayes. Naive physics I: Ontology for liquids. In J. R. Hobbs, R. C. Moore, editors, *Formal Theories of the Commonsense World*, 71–108, Ablex Norwood, N.J. 1985.

[Hobbs et al. 85] Jerry R. Hobbs, Tom Blenko, Bill Croft, Greg Hager, Henry A. Kautz Paul Kube, Yoav Shoham. Commonsense summer: Final report. CSLI-Report CSLI-85-35, Stanford University, CSLI, Stanford, October 1985.

[Hobbs, Moore 85] Jerry R. Hobbs, Robert C. Moore. *Formal Theories of the Commonsense World.* Ablex, Norwood, N.J. 1985.

[Kortüm 91] Gerd Kortüm. Temporales Schließen in einem natürlichsprachlichen System. LILOG Report 162, IBM Deutschland, Stuttgart, West Germany, April 1991.

[Lehnert, Wilks 79] Wendy Lehnert, Yorick Wilks. A critical perspective on KRL. *Cognitive Science*, 3(1):1–28, January 1979.

[Lenat, Guha 90] D. B. Lenat, R. V. Guha. *Building Large Knowledge-Based Systems*. Addison-Wesley, Reading, Mass., 1990.

[Levesque, Brachman 87] Hector J. Levesque, Ronald J. Brachman. Expressiveness and tractability in knowledge representation and reasoning. *Computational Intelligence*, 3:78–93, 1987.

[Link 83] Godehard Link. The logical analysis of plurals and mass terms: a lattice-theoretical approach. In R. Bäuerle, editor, *Meaning, Use, and Interpretation of Language*, 302-323, deGruyter, Berlin, Germany, 1983.

[McCarthy 59] John McCarthy. Programs with common sense. In *Proc. Symposium on Mechanisation of Thought Processes 1*, London, 1959.

[McCarthy 68] John McCarthy. Programs with common sense. In M. Minsky, editor, *Semantic Information Processing*, 403–418, MIT Press, Cambridge, Mass., 1968.

[McDermott 87] Drew V. McDermott. A critique of pure reason. *Computational Intelligence*, 3(3):151–160, August 1987.

[Miller et al. 60] G. A. Miller E. Galanter, K. H. Pribram. *Plans and the Structure of Behavior*. Holt, Rinehard and Winston, 1960.

[Minsky 91] Marvin Minsky. Logical versus analogical or symbolic versus connectionist or neat versus scruffy. *The AI Magazine*, 12(2):34–51, 1991.

[Norvig 87] Peter Norvig. *A Unified Theory of Inference for Text Understanding*. PhD thesis, University of California, Berkeley, Cal., Computer Science Division, Report UCB/CSD 87/339, January 1987.

[Pletat, Luck 90] Udo Pletat, Kai von Luck. Knowledge representation in LILOG. In Bläsius, Hedtstück, Rollinger, editors, *Sorts and Types in Artificial Intelligence*. 140-164, Springer-Verlag, Berlin, Germany, 1990.

[Quillian 66] M. Ross Quillian. *Semantic Memory*. PhD thesis, Carnegie Institute of Technology, Pittsburgh, Pa. 1966, BBN Report AFCRL-66-189, Bolt, Beranek, and Newman Inc., October 1966.

[Reiter 80] Raymond Reiter. A logic for default reasoning. *Artificial Intelligence*, 13(1):81–132, April 1980.

[Schank, Abelson 77] Roger C. Schank, Robert P. Abelson. *Scripts, Plans, Goals, and Understanding*. Lawrence Erlbaum Ass., Hillsdale, N.J., 1977.

[Schank, Childers 84] Roger C. Schank, Peter G. Childers. *The Cognitive Computer: on Language, Learning, And Artificial Intelligence*. Addison-Wesley, Reading, Mass., 1984.

[Schank 73] Roger C. Schank. Identification of conceptualization underlying natural language. In R. C. Schank, K. M. Colby, editors, *Computer Models of Thought and Language*, 187–247, Freeman, San Francisco, Cal., 1973.

[Schefe 85] P. Schefe. Zur Rekonstruktion von Wissen in neueren Repräsentationssprachen der Künstlichen Intelligenz. In H. Stoyan, editor, *GWAI-85. 9th German Workshop on Artificial Intelligence*, 230–244, Springer-Verlag, Berlin, Germany, 1985.

[Sloman 85] Aaron Sloman. Why we need many knowledge representation formalisms. In M. Bramer, editor, *Research and Development in Expert Systems*. Cambridge University Press, Cambridge, England, 1985.

[Sowa 91] John F. Sowa, editor. *Principles of Semantic Networks*. Morgan Kaufmann, Los Altos, Cal., 1991.

[Wilensky 84] Robert Wilensky. KODIAK: A knowledge representation language. In *Proceedings of the 6th Annual Conference of the Cognitive Science Society*, 344–353, Boulder, Col., 1984.

[Winograd, Flores 86] Terry Winograd, Fernando Flores. *Understanding Computers and Cognition.* Addison-Wesley, Reading, Mass., 1986.

[Winston et al. 87] Patrick H. Winston, Roger Chaffin, Douglas Herrmann. A taxonomy of part-whole relations. *Cognitive Science*, 11:417–444, 1987.

II. Wissensmodellierung und sprachliche Oberfläche

Dieser Abschnitt beschäftigt sich mit dem Problem der Kompatibilität von konzeptuellen Strukturen im Hintergrundwissen des Systems mit Phänomenen der sprachlichen Oberfläche, die es zu analysieren bzw. zu generieren gilt. *C. Maienborn* untersucht zunächst anhand von drei Fallstudien aus dem konzeptuellen Bereich der Ereignisse die Plausibilität von Strukturierungsentscheidungen im Hinblick auf ihre Aussagefähigkeit über menschliche Kenntnissysteme und entwickelt daraus Modellierungsvorschläge. Ihre Ausführungen werden kommentiert von *B. Geurts*, *P. Gerstl* und *E. Lang*. Im Anschluß daran diskutieren *H.-J. Novak* und *Z. K. Dobes* typische Auswahlprobleme aus der Sicht der Sprachgenerierung und die Verteilung von relevanten Informationen im LEU/2-System.

Motivation einer Ontologie aus linguistischer Perspektive
– 3 Fallstudien aus LEU/2 –

Claudia Maienborn*

Die Evaluierung der LEU/2-Ontologie erfolgt in diesem Beitrag aus kognitionswissenschaftlicher Perspektive: Die Ontologie wird als Hypothese über die Organisation und Struktur menschlicher Kenntnisse aufgefaßt und die jeweils vorgeschlagenen Strukturierungskriterien hinsichtlich ihrer kognitiven Plausibilität bewertet. Als Vermittlungsinstanz, die den Blick auf die Ontologie lenkt, dient die Sprache. Auf der Basis dieser Annahmen läßt sich ein hinreichend solides und transparentes methodologisches Rüstzeug zur Ontologie-Modellierung entwickeln, das den jeweiligen Ansprüchen sowohl der Theorie- als auch der Systementwicklung gerecht zu werden vermag. Dies wird anhand von drei Fallstudien aus dem LEU/2-Kontext, die jeweils kontrovers diskutierte Modellierungsentscheidungen aus dem Bereich von Sorten, Feature und Rollen aufgreifen, illustriert. Im einzelnen handelt es sich um die Unterscheidung von Zuständen und Ereignissen als Situationssorten, die Annahme der Feature Agens und Thema zur Herstellung fundamentaler thematischer Bezüge sowie die Stellung von Rollenhierarchien im Spannungsfeld zwischen Ausdrucksmächtigkeit und Modellierungsadäquatheit. Ausgehend von den Erfahrungen mit der LEU/2-Ontologie wird für die strikte Trennung sprachlichen und außersprachlichen Wissens sowie für die systematische Rekonstruktion ihrer Interaktion als einer wesentlichen Voraussetzung für eine adäquate Ontologie-Modellierung im Rahmen eines sprachverstehenden Systems argumentiert.

Grundannahmen

Die im hier vorliegenden Sammelband dokumentierte Diskussion um die in LEU/2 (LILOG-Experimentierumgebung; 2. Version) zugrundegelegte Ontologie dient der systematischen Auswertung der im Verlauf des LILOG-Projekts (LInguistische und LOGische Methoden zum maschinellen Verstehen des Deutschen) getroffenen Entwurfsentscheidungen und zielt auf eine Bilanz der bei der Konzeption einer Ontologie für ein sprachverstehendes System gewonnenen Erfahrungen. Zentral ist dabei die Frage nach den Strukturierungskriterien für eine solche Ontologie.

Ich möchte in diesem Beitrag für eine kognitionswissenschaftliche Prägung der Ontologie argumentieren und hoffe zu zeigen, daß damit nicht nur ein Beitrag zur Theoriebildung verbunden ist, sondern auch eine Optimierung des Systemverhaltens erzielt werden kann. Dabei soll die Leistungsfähigkeit eines sprachverstehenden Systems wie LEU/2 anhand des Inferenzverhaltens und der Fragebeantwortung beurteilt werden.

Im Zentrum der Forschungsbemühungen der Kognitionswissenschaften stehen die kognitiven Leistungen des Menschen, ihre strukturelle Basis und funktionalen Eigenschaften. Das wesentliche Charakteristikum der Kognitionswissenschaften liegt in der Annahme einer mentalen Repräsentationsebene, auf der kognitive Entitäten angeordnet sind und entsprechende Verarbeitungsprozesse operieren. Das Programm der Kognitionswissenschaften ist es, die Organisationsprinzipien der mentalen Repräsentationsebene zu ergründen sowie Aussagen über die Basiseinheiten samt den für die Komplexbildung verantwortlichen Abstraktions- und Konstruktionsmechanismen zu treffen. Als besonders fruchtbar hat sich dabei erwiesen, Modularität als das grundlegende Organisationsprinzip der mentalen Repräsentation anzunehmen (vgl. Fodor 1983). Statt von einer

*Ich danke Michael Herweg und Ewald Lang für wertvolle Anregungen und Hinweise.

einzigen Ebene auszugehen, deren Regeln, Prinzipien und Primitive das gesamte Spektrum der menschlichen kognitiven Kapazitäten abdecken müßten, wird ein Komplex von Systemen und Subsystemen angesetzt, die dafür ausgerüstet sind, jeweils spezifische Fähigkeiten zu erfassen und dazu mit einem eigenen, auf die jeweiligen Bedingungen zugeschnittenen Inventar an Regeln, Prinzipien und Primitiven ausgestattet sind. Intelligentes Verhalten ergibt sich aus der Interaktion der verschiedenen Subsysteme. Die Unabhängigkeit, die die Subsysteme dem modularen Aufbau des Gesamtsystems verdanken, wird durch die Bedingungen, denen ihre Interaktion unterliegt, eingeschränkt.

Nimmt man eine kognitionswissenschaftliche Perspektive, wie sie oben in Umrissen skizziert wurde, ein, so stellt sich mit der Modellierung einer Ontologie die Aufgabe, eine Hypothese über die Organisation und Struktur unserer Kenntnisse zu formulieren. An den dem sprachverstehenden System zugrundegelegten Sortenverband richtet sich der Anspruch, den Aufbau des menschlichen Kenntnissystems widerzuspiegeln. Nun bedurfte es nicht erst der Erfahrungen mit LEU/2 um festzustellen, daß sowohl die zur Zeit vorliegenden kognitionswissenschaftlichen Erkenntnisse als auch die aktuell eingesetzten formalen Methoden der Wissensrepräsentation und -verarbeitung weit von der Einlösung dieses Anspruchs entfernt sind. Es wird immer wieder Ausschnitte der Modellierung geben, die dem gesteckten Ziel nicht genügen; seien es Notlösungen, die vollständig zu revidieren, oder mehr oder weniger rudimentäre Lösungsansätze, die zu elaborieren wären. Dieser Umstand kennzeichnet wissenschaftlichen Alltag und diskreditiert keineswegs die kognitionswissenschaftliche Ausrichtung der Ontologie-Modellierung. Hier bewährt sich vielmehr Modularität als Organisationsprinzip des zu modellierenden Kenntnissystems. Sie gestattet es, Ad-hoc-Lösungen auf einzelne Bausteine einzugrenzen. Diese können ausgewechselt werden, ohne daß angemessen modellierte Komponenten dadurch in Mitleidenschaft gezogen würden. Die Erfahrungen mit LEU/2 jedenfalls zeigen, daß eine theoriegeleitete Ontologie-Konzeption eine trag- und ausbaufähige Modellierung bereitstellen kann, die den erforderlichen "längeren Atem" gegenüber kürzerfristigen Entwürfen rechtfertigt (s. auch die Bemerkungen von Simmons in diesem Band zum Prinzip der "extendibility" als einem Evaluierungskriterium der Ontologie).

Soviel zur Motivation einer kognitionswissenschaftlichen Perspektive auf die Ontologie – betrachtet man also die Ontologie als Hypothese über die Organisation und Struktur menschlicher Kenntnisse, so stellt sich das Problem, daß die tatsächlichen Gegebenheiten von mentalen Repräsentationen und ihrer Verarbeitung sich der unmittelbaren Beobachtung entziehen und nur indirekt erschlossen werden können. Einblick in die Struktur unserer Kenntnissysteme ist immer nur über eine vermittelnde Instanz möglich. Die Antwort auf die eingangs gestellte Frage nach den Strukturierungskriterien für die Ontologie verlangt damit zunächst eine Festlegung der Vermittlungsinstanz, die den Blick auf die Ontologie lenkt. Im Rahmen eines sprachverstehenden Systems bietet sich Sprache als eine solche Vermittlungsinstanz an. Sicherlich sind auch andere Sichtweisen auf die Ontologie möglich, die primären Aufgaben von LEU/2, nämlich das Verstehen natürlichsprachlicher Texte, das Explizieren von impliziter Textinformation mittels Inferenzen und die Generierung natürlichsprachlicher Antworten, lassen allerdings die Berücksichtigung sprachlicher Indikatoren als zumindest legitim erscheinen.

Als ein Kriterium für den Aufbau einer Ontologie wäre also zu formulieren, daß die Klassifikationen durch **systematische sprachliche Distinktionen** motiviert sind. Diese sind etwa durch unterschiedliche syntaktische oder semantische Eigenschaften der entsprechenden sprachlichen Ausdrücke oder durch Unterschiede im logischen Status der jeweiligen Denotate zu begründen. Eine solchermaßen linguistisch geprägte Ontologie-Konzeption sollte nicht als eine an der sprachlichen Oberfläche verharrende Eins-zu-eins-Abbildung zwischen Einheiten der Sprache – Lexemen – und Einheiten der Ontologie – Sorten – mißverstanden werden. Linguistisch motivierte Kategorisierungen betreffen vielmehr grundlegende ontologische Distinktionen und schränken damit die Wahl möglicher Strukturierungsoptionen wesentlich ein. So liefern, um nur ein Beispiel zu nennen, die sprachlichen Gegebenheiten Hinweise darauf, wie die Operator-Argument-Strukturen auf der Repräsentationsebene gewählt werden sollten. Während der formale Apparat es prinzipiell zuläßt, eine Entität beliebig als Sorte, Feature, Rolle oder mehrstelliges Prädikat zu modellieren, auch wenn damit zuweilen sehr künstliche Konstellationen verbunden wären, gibt die Sprache eine "natürliche" Strukturierung vor und legt damit den jeweils zu wählenden Repräsentationstyp fest (vgl. die Forderung einer homomorphen Abbildung von Operator-Argument-Strukturen in Löbner 1989). Ich möchte im folgenden anhand von drei Fallstudien aus dem LEU/2-Kontext die in einen kognitionswissenschaftlichen Rahmen eingebettete linguistische Perspektive auf die Ontologie illustrieren und ihre Umsetzung in LEU/2, soweit sie über Implementierungsdetails hinausweist, diskutieren. Die gewählten Beispiele decken das Spektrum relevanter Komponenten der Ontologie (Sorten, Feature und Rollen) ab.

Sorten: Zur Distinktion von Zuständen und Ereignissen

Mit der Diskussion um das ontologische Basisinventar für ein sprachverstehendes System knüpft man an eine lange Tradition der Sprachphilosophie an. Neben **Objekten**, deren Status als ontologische Grundkategorie (nahezu) unkontrovers ist, argumentieren Vendler (1967) und Davidson (1969), um nur zwei prominente Vertreter dieser Auffassung zu nennen, für die Annahme von **Situationen**[1] als ebensolcher Grundkategorie. Objekte werden als räumliche Entitäten betrachtet, deren Relation zur Zeit über ihre Existenz vermittelt ist. Situationen sind primär zeitliche Entitäten, die allerdings auch über eine räumliche Dimension verfügen. Diese ist es, die eine Lokalisierung im Raum ermöglicht. Situationen finden an einem Ort statt bzw. herrschen dort. Damit ergibt sich bereits die Strukturierung eines zentralen Ausschnitts der Ontologie:[2]

Abb.1

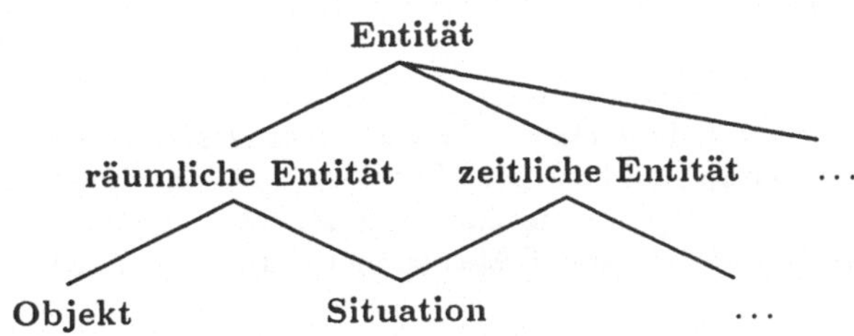

Im Kontext von LEU/2 hat sich für das ontologische Grundgerüst die Bezeichnung "Upper Structure" eingebürgert. Innerhalb der "Upper Structure" erfolgen fundamentale Klassifikationen, die für alle Wissensdomänen übergreifend Gültigkeit beanspruchen. Demgegenüber umfaßt die "Lower

[1] Vendler verwendet in dem Kapitel "Facts and Events" zwar die Bezeichnung "event", seine Beispiele machen allerdings deutlich, daß er einen weiten Ereignisbegriff zugrundelegt, der neben Ereignissen im engeren Sinne auch Zustände und Prozesse umfaßt; ebenso Davidson in seinem Artikel "The Individuation of Events". Die Bezeichnung "Situation" für den Oberbegriff von Zuständen, Prozessen und Ereignissen trägt zur Transparenz der Terminologie bei.

[2] Als sprachliche Indikatoren für die Klassifikation von Situationen als raum-zeitliche Entitäten möchte ich an dieser Stelle lediglich die Kombination von Situationsnominalisierungen mit Lokal- und Temporaladverbialen, sowie ihr Auftreten im Kontext von Wahrnehmungsverben nennen und für eine ausführliche Motivation auf Vendler (1967) oder Ehrich (ersch.) verweisen, da im Zentrum dieses Abschnitts die weitaus kontroverser diskutierte ontologische Unterscheidung von Zuständen und Ereignissen als den beiden Subsorten von Situationen steht.

Structure" den domänenabhängigen Teil der Ontologie-Modellierung, der auf die spezifischen Bedingungen der jeweiligen Aufgabenstellung zugeschnitten ist. Gemäß dieser Terminologie bildet der oben aufgeführte Ontologie-Ausschnitt einen Teil der "Upper Structure" und wurde so auch in den LEU/2-Sortenverband übernommen. Objekte und Situationen sind ontologische Basiskategorien, derer sich der Mensch unabhängig von der jeweils einschlägigen Wissensdomäne bedient. Dem Status als Sorten der "Upper Structure" entspricht die Art der Attribute, mit denen Objekte und Situationen charakterisiert werden, sowie der Geltungsbereich der Inferenzregeln, die auf diese Sorten zugreifen. Diese sind hinreichend abstrakt zu formulieren, um domänenübergreifende Gültigkeit zu gewährleisten. Simmons (in diesem Band) illustriert dieses Prinzip anhand der Gestalt- und Lageeigenschaften von Objekten: Die innerhalb der "Upper Structure" an der Sorte 'Objekt' verankerten abstrakten Bedingungen erfahren innerhalb der "Lower Structure" objektspezifische Konkretisierungen.

Innerhalb der "Upper Structure" lassen sich weitere für Objekte und Situationen einschlägige Generalisierungen formulieren. Diese betreffen die grundlegende ontologische Unterscheidung von homogenen und heterogenen Entitäten. **Homogene Entitäten** liegen in der Extension homogener Prädikate. Diese zeichnen sich durch die Eigenschaften der Distributivität und Kumulativität aus. **Distributivität** ist gegeben, sofern ein Prädikat, das auf eine Entität zutrifft, auch auf alle Teile dieser Entität zutrifft. **Kumulativität** liegt vor, sofern ein Prädikat, das auf die Teile einer Entität zutrifft, auch auf die gesamte Entität zutrifft. **Heterogene Entitäten** liegen in der Extension heterogener Prädikate. Diese verhalten sich antidistributiv und antikumulativ. Heterogene Prädikate stellen ein Individuierungskriterium für die Entitäten in ihrer Extension bereit, welches die Voraussetzung für Zählbarkeit ist. Homogene Prädikate verfügen nicht über ein solches Individuierungskriterium, die Entitäten in ihrer Extension können folglich nicht gezählt werden (s. z.B. Krifka 1989, Herweg 1990). Wesentlich dabei ist, daß es gemäß kognitionswissenschaftlicher Auffassung nicht objektive Gegebenheiten der Welt sind, die eine Entität ein für allemal als homogen bzw. heterogen ausweisen, sondern der entsprechende Status einer Entität immer nur bezüglich einer jeweils eingenommenen, in unserem Fall sprachlich vermittelten Perspektive, die Granularität und Ausschnitt der Betrachtung festlegt, ermittelt werden kann. Auf die damit bereits angelegte Möglichkeit des Perspektivenwchsels werde ich später zurückkommen.

Im Objekt-Bereich spiegelt sich die ontologische Dichotomie heterogener und homogener Entitäten in der Unterscheidung von Individuen und Massen wider. **Individuen** sind heterogene Entitäten und damit zählbar, **Massen** sind homogene Entitäten und folglich nicht zählbar. Zu den sprachlichen Mitteln, die die auf Objekte eingenommene Perspektive reflektieren und damit die ontologische Distinktion von Individuen und Massen motivieren, s. z.B. Krifka (1989).

Die Unterscheidung homogener und heterogener Entitäten ist – dies zeigen insbesondere die Ausführungen Herwegs (1990) – auch für die ontologische Kategorie 'Situation' einschlägig: **Ereignisse** sind heterogene, **Zustände** und **Prozesse** homogene Situationen.

Die Klassifikation von Zuständen als homogene Entitäten ergibt sich aufgrund der Eigenschaften der Distributivität und Kumulativität. Trifft ein Zustandsprädikat wie 'auf_dem_Parkplatz_stehen' auf ein Zeitintervall zu, so gilt es auch während aller Teilintervalle (Distributivität). Liegen zwei unmittelbar aufeinander folgende Zeitintervalle in der Extension desselben Zustandsprädikats, so trifft das Zustandsprädikat auch auf das Gesamtintervall zu (Kumulativität).

Ereignisse als heterogene Entitäten verhalten sich antidistributiv und antikumulativ. Findet innerhalb eines bestimmten Zeitintervalls ein Ereignis beispielsweise vom Typ 'den_Lastwagen_überholen' statt, so gilt für die Teilintervalle nicht, daß sie ebenfalls ein Ereignis dieses Typs beinhalten, ebensowenig wie die Aneinanderreihung von zwei Ereignissen des Typs 'den_Lastwagen_überholen' ein Ereignis des gleichen Typs ergibt; vielmehr liefert sie ein komplexes Ereignis des Typs 'zwei_mal_hintereinander_den_Lastwagen_überholen'.

Prozeßprädikate verhalten sich bzgl. der Eigenschaften der Distributivität und Kumulativität genauso wie Zustandsprädikate. Trifft ein Prozeßprädikat wie z.B. 'dem_Lastwagen_hinterherfahren' auf ein Zeitintervall zu, so gilt es auch für alle Teilintervalle, ebenso wie aus der Aneinanderreihung von zwei 'dem_Lastwagen_hinterherfahren'-Prozessen ein Prozeß des gleichen Typs resultiert.[3] Da Zustände und Prozesse als homogene Entitäten den gleichen logischen Status haben, können sie zu einer Kategorie 'Zustand' zusammengefaßt werden (s. Galton 1984). Der oben aufgeführt Ontologie-Ausschnitt wäre also um die Kategorien 'Zustand' und 'Ereignis' zu erweitern.

Abb.2

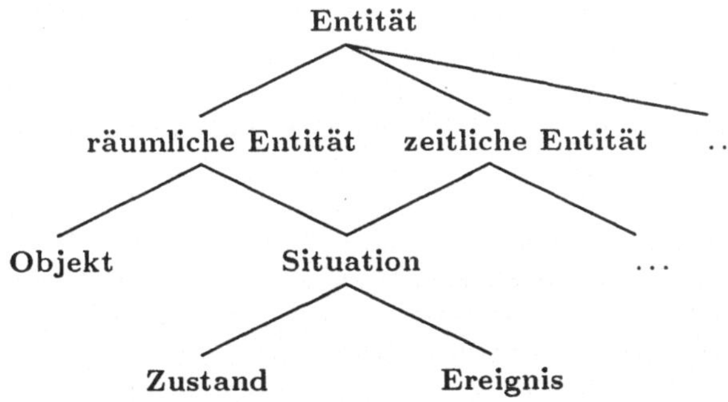

Eine Motivation dieser ontologischen Distinktionen kann – wie angekündigt – die Sprache liefern. Als sprachliche Indikatoren dienen u.a. die Kombination von Zustands- bzw. Ereignisausdrücken mit Zeitdauer- und Zeitrahmenadverbialen, das Verhalten von Zustands- bzw. Ereignisausdrücken bzgl. Negation sowie in Verbindung mit Zahlangaben (s. Herweg 1990). Zustandsausdrücke sind mit Zeitdaueradverbialen wie *stundenlang* kombinierbar (s. (1.a,b)), nicht aber mit Zeitrahmenadverbialen wie *innerhalb einer Stunde* (s. (2.a,b)). Ereignisausdrücke hingegen sind mit Zeitrahmenadverbialen (s. (2.c)), nicht aber mit Zeitdaueradverbialen kombinierbar (s. (1.c)).

(1) Kombination mit Zeitdaueradverbialen:
   a. Das grüne Auto hat stundenlang auf dem Parkplatz gestanden.
   b. Das grüne Auto ist stundenlang dem Lastwagen hinterhergefahren.
   c. *Das grüne Auto hat minutenlang den Lastwagen überholt.

[3]In der Literatur zu Tempus und Aspekt wird häufig die Feststellung, daß Prozesse sich bei genügend feiner Betrachtungsschärfe als mehr oder minder komplex gestaltete Abfolgen von Ereignissen ausweisen, zum Anlaß genommen, diese Auffassung von Prozessen abzulehnen. So können etwa für einen Prozeß des Wanderns unterschiedliche Komponenten wie Laufen, Verschnaufspausen-Einlegen, die Karte-Studieren o.ä. ausgemacht werden, die einer Qualifizierung von 'wandern' als homogene Entität die Grundlage zu entziehen scheinen. Diese "mikroskopische Sicht" auf eine Situation ist jedoch nicht die durch das Prädikat sprachlich vermittelte Perspektive. Bezüglich der durch das jeweilige Prädikat festgelegten Abstraktionsstufe verhalten sich 'wandern' und andere Prozeß-Entitäten durchaus homogen im oben genannten Sinne (s. dazu die ausführliche Argumentation in Herweg 1990).

(2) Kombination mit Zeitrahmenadverbialen:
 a. *Das grüne Auto hat innerhalb einer Stunde auf dem Parkplatz gestanden.
 b. *Das grüne Auto ist innerhalb einer Stunde dem Lastwagen hinterhergefahren.
 c. Das grüne Auto hat innerhalb von 10 Sekunden den Lastwagen überholt.

Der Stern dient als Kennzeichen des Sprachsystems zur Markierung nicht-wohlgeformter Strukturen und filtert die nicht regulär interpretierbaren sprachlichen Ausdrücke aus. Wenn ein bzgl. der syntaktisch-semantischen Komposition als defektiv bewerteter sprachlicher Ausdruck dennoch verstanden wird, unterstützt etwa durch ein Abweichen von den normalen Wortstellungs- und Intonationsverhältnissen, so nur aufgrund einer Uminterpretation. Diese Uminterpretation stützt sich auf **außersprachliches Wissen**:

Weltwissen determiniert die Möglichkeiten, die bei einer Uminterpretation zur Verfügung stehen. In dem hier erörterten Fall ist dies im wesentlichen das begriffliche Wissen um den Aufbau und Zusammenhang von Zuständen und Ereignissen.

Kontextwissen beeinflußt die Auswahl der für eine konkrete Äußerungssituation angemessenen Uminterpretationsstrategie.

So ließe sich beispielsweise der Satz (2.a) dahingehend uminterpretieren, daß eine Verschiebung von dem Zustand 'auf_dem_Parkplatz_stehen' auf das damit verbundene Ereignis des Eintretens dieses Zustandes, das Einparken also, vorgenommen wird, um die Kombination mit dem Zeitrahmenadverbial zu ermöglichen. Diese Uminterpretation wird plausibler, sofern eine mit unserem Weltwissen über normale Einparkzeiten eher vereinbare, kürzere Zeitspanne gewählt wird (*Das grüne Auto hat innerhalb von 10 Sekunden auf dem Parkplatz gestanden.*). Solche auf außersprachlichen Zusatzannahmen beruhenden Uminterpretationen defektiver Sprachstrukturen sind strikt von regulär erzielbaren Interpretationen sprachlich wohlgeformter Ausdrücke zu unterscheiden. Zum einen ist es keinesfalls so, daß die Option einer Uminterpretation grundsätzlich gegeben ist,[4] zum anderen kann eine Uminterpretation unter Zuhilfenahme außersprachlicher Wissensquellen nur dann rekonstruiert werden, wenn die sie auslösende Verletzung sprachlicher Wohlgeformtheitsbedingungen registriert wird.

Im Hinblick auf die Negation läßt sich das unterschiedliche Verhalten von Zustands- und Ereignisausdrücken folgendermaßen charakterisieren: Während die Negation eines Zustandsausdrucks wiederum einen Zustandsausdruck liefert, führt die Negation eines Ereignisausdrucks nicht etwa zu einem Ereignis- sondern zu einem Zustandsausdruck. Negation eines Zustands- oder Ereignisausdrucks liefert also in jedem Fall einen Zustandsausdruck. Als Testkriterium dient dabei die Kombinierbarkeit mit Zeitdauer- und Zeitrahmenadverbialen. Negierte Zustandsausdrücke zeigen die gleichen Kombinationseigenschaften wie nicht negierte Zustandsausdrücke (s. (3.a - d)). Negierte Ereignisausdrücke hingegen sind, anders als einfache Ereignisausdrücke, nicht mit Zeitrahmen-, dafür aber mit Zeitdaueradverbialen kombinierbar (s. (3.e, f)).

[4]So versagt bei einem Satz wie *Justus war innerhalb eines Jahres naiv.* sowohl die bei (2.a) angewandte Strategie des Perspektivenwechsels von einem Zustand auf das Ereignis seines Eintretens als auch die Strategie der Bildung einer maximalen Zustandsphase (s.u.). Zu den Gründen für die Robustheit von "atemporären Zuständen" wie 'naiv_sein' gegenüber Umkonzeptualisierungsversuchen s. Herweg (1991).

(3) Verhalten bzgl. Negation:

a. Das grüne Auto hat stundenlang nicht auf dem Parkplatz gestanden.
b. *Das grüne Auto hat innerhalb einer Stunde nicht auf dem Parkplatz gestanden.

c. Das grüne Auto ist stundenlang dem Lastwagen nicht hinterhergefahren.
d. *Das grüne Auto ist innerhalb einer Stunde dem Lastwagen nicht hinterhergefahren.

e. Das grüne Auto hat den Lastwagen minutenlang nicht überholt.
f. *Das grüne Auto hat den Lastwagen innerhalb einer Minute nicht überholt.

Zählbarkeit setzt Individuierung voraus. Heterogene Prädikate stellen ein Individuierungskriterium für die Entitäten in ihrer Extension zur Verfügung, homogene Prädikate leisten dies nicht (s.o.). Die Zählbarkeit heterogener Entitäten bzw. Nicht-Zählbarkeit homogener Entitäten wird sprachlich durch ein unterschiedliches Verhalten gegenüber Zahlangaben reflektiert. Ereignisausdrücke sind mit Zahlangaben kombinierbar (s. (4.a)), Zustandsausdrücke, zu denen auch negierte Ereignisausdrücke zu rechnen sind, nicht (s. (4.b - d)).

(4) Verhalten bzgl. Zahlangaben:

a. Das grüne Auto hat den Lastwagen 4 mal überholt.
b. *Das grüne Auto hat den Lastwagen 4 mal nicht überholt.

c. *Das grüne Auto ist 4 mal dem Lastwagen (nicht) hinterhergefahren.
d. *Das grüne Auto hat 4 mal (nicht) auf dem Parkplatz gestanden.

Für die als nicht-wohlgeformt markierten, d.h. als nicht regulär interpretierbar qualifizierten Beispiele unter (4) besteht wiederum die Möglichkeit einer auf außersprachlichen Zusatzannahmen beruhenden Uminterpretation. Eine wohlwollende Interpretation von (4.c, d) erfordert die Umkonzeptualisierung von homogenen, zeitlich prinzipiell unbegrenzten Zuständen in abgeschlossene maximale Zustandsphasen[5]. Mit einer solchen Phasenbildung wird eine Individuierung vorgenommen und damit die Voraussetzung für Zählbarkeit erfüllt. Gezählt werden also etwa in (4.d) nicht beliebige Portionen des Zustands '(nicht)_auf_dem_Parkplatz_stehen', sondern die maximalen, durch komplementäre Zustandsphasen eingegrenzten und damit individuierten Zustandsphasen.

Im Falle von (4.b) müssen spezifische Kontextbedingungen vorliegen, um eine sinnvolle Interpretation zu ermöglichen. Innerhalb des jeweiligen Äußerungskontexts müssen vier Überholversuche (Ereignisse!) angelegt sein, die jedoch nicht stattgefunden haben, abgebrochen wurden oder ähnliches. Gezählt werden auch hier Ereignisse, nämlich die aus dem negierten Ereignisausdruck rekonstruierbaren (Abbruch-)Ereignisse, nicht jedoch der sprachlich bereitgestellte Zustand. Zustände sind nicht zählbar. Sollen nicht regulär interpretierbare Kombinationen von Zustandsausdrücken mit Zahlangaben dennoch eine wohlwollende Deutung erhalten, so muß das für Zählbarkeit vorausgesetzte Individuierungskriterium von einer außersprachlichen Quelle beigesteuert werden. Dies kann entweder der Äußerungskontext sein oder begriffliches Wissen, welches eine Phasenbildung über maximale Zustandsphasen als unabhängig begründete Basisoperation (s. Herweg 1990) bereitstellt.

[5]Zum Begriff der maximalen Zustandsphase s. Herweg (1990)

Unter bestimmten zusätzlichen Annahmen, die durch den jeweiligen sprachlichen Ausdruck nicht legitimiert sind, können also einige der hier als nicht wohlgeformt klassifizierten Ausdrücke interpretiert werden, diese Interpretationen lassen sich allerdings nur dann nachvollziehen und formal rekonstruieren, wenn die Bedingungen für regulär erzielbare Interpretationen klar konturiert sind und ihre Verletzung allein unter präzise vorhersagbaren Kontextbedingungen toleriert wird.[6] Damit zeigt sich auch an dieser Stelle die Notwendigkeit einer strikten Trennung von sprachlichem und außersprachlichem Wissen, für die Ewald Lang (u.a. in diesem Band) anhand zahlreicher Studien – erwähnt werden muß natürlich die von Simmons (in diesem Band) aufgegriffene, inzwischen wohl schon als klassisch zu bezeichnende Analyse des Zusammenspiels von Sprach- und Objektwissen bei Dimensionsadjektiven (s. Bierwisch/Lang 1987, 1989) – argumentiert. Nur bei einer modularen Anordnung sprachlichen und außersprachlichen Wissens ist es möglich, den spezifischen Beitrag zu bestimmen, den die verschiedenen Wissensquellen nach Maßgabe der jeweils innerhalb eines Moduls herrschenden Strukturbedingungen sowie der Gesetzmäßigkeiten ihrer Interaktion zum Aufbau der Äußerungsbedeutung leisten. Im Rahmen eines solchen Modells lassen sich auch die Grenzen dessen, was interpretierbar ist, abstecken. Dies ist insbesondere für das hier diskutierte Problemfeld wesentlich, da Uminterpretationen zunächst einmal ein sehr mächtiges Analyseinstrumentarium darstellen, das jedoch durch die innerhalb der Module gültigen und zwischen ihnen vermittelnden Prinzipien eingeschränkt ist.[7] Die hier wirksamen Beschränkungen konnten im Rahmen dieser Arbeit anhand der obigen Beispiele lediglich angedeutet werden.

Die hier bezogene theoretische Position erweist sich auch als praxisgerecht, denn ein natürlichsprachliches System sollte bei der Generierung von Antworten auf Benutzeranfragen regulär interpretierbaren sprachlichen Ausdrücken den Vorzug geben und nicht etwa dem Benutzer zumuten, Hypothesen über die vom System getroffenen Zusatzannahmen aufstellen zu müssen. Anzustreben ist (damit formuliert man allerdings ferne Zukunftsvisionen), daß sowohl die jeweils aktuellen, dem System und dem Benutzer bekannten Kontextbedingungen als auch das verfügbare Weltwissen auf die Interpretation der Antworten Einfluß nehmen und etwaige Uminterpretationen steuern können. Dies setzt eine systematische Rekonstruktion des Ineinandergreifens sprachlichen und außersprachlichen Wissens bei der Bedeutungskonstitution und damit zunächst einmal die klare Unterscheidung dieser beiden Wissensarten voraus. Ein gegenüber der hier vertretenen Konzeption "liberaleres" System, das gemäß dem etwas salopp formulierten Motto "(fast) jeder sprachliche Ausdruck ist irgendwie interpretierbar, setzt man nur den geeigneten Kontext" verfährt und eine Unterscheidung rein sprachlich begründeter, regulärer Interpretationen von außersprachlich motivierten, da auf Zusatzannahmen angewiesene, Uminterpretationen ablehnt, bietet keinen geeigneten Ansatzpunkt für eine systematische Bewältigung dieser Aufgabe.

Betrachtet man nun die linguistisch motivierte Annahme von Zuständen und Ereignissen als ontologische Basiskategorien unter dem Aspekt der Systemperformanz, so ist hinsichtlich des Inferenzverhaltens festzustellen, daß die Strukturierung dieses Ontologie-Ausschnitts die Formulierung grundlegender, domänenübergreifend gültiger Inferenzregeln unterstützt. Die für Zustände und Ereignisse einschlägigen Kumulativitäts- und Distributivitätsregeln sind es, die etwa bei der unter (5.a) aufgeführten Faktenlage auf die Frage (5.b) eine Bejahung, bei der Konstellation unter (6) hingegen eine Verneinung vorsehen. Dies muß nicht etwa durch spezielle Regeln über Öffnungs- und Erbauungszeiten von Museen modelliert werden, sondern ergibt sich aufgrund der Homogenität bzw. Heterogenität von Zuständen und Ereignissen.

---

[6]Eine ausführliche Argumentation für diese rigide Haltung nimmt Herweg (1990) am Beispiel der Argumentanforderungen temporaler Konjunktionen vor.

[7]Angemerkt sei, daß sich Ansätzen, die auf das theoretische Mittel der Uminterpretation verzichten und keine Trennung von Sprach-, Welt-, und Kontextwissen vornehmen, das hier angerissene Problem des Ausuferns der Interpretationsmöglichkeiten sprachlicher Ausdrücke – der Beliebigkeit des Verstehens – in einem weit dramatischeren Ausmaß stellt.

(5) a. Das Museum ist von 10 bis 17 Uhr geöffnet.
b. Ist das Museum um 14 Uhr geöffnet?
c. Ja

(6) a. Das Museum ist von 1965 bis 1968 erbaut worden.
b. Ist das Museum 1967 erbaut worden?
c. Nein

Die Generierungskomponente kann sich bei der hier vorgeschlagenen Ontologie-Strukturierung die sprachlichen Eigenschaften, die die jeweilige ontologische Kategorie motivieren, zunutze machen, um ihrerseits systematisch zu entscheiden, ob z.B. bei der Verbalisierung einer Zeitangabe in Kombination mit einer Situation ein Zeitdauer- oder ein Zeitrahmenadverbial zu wählen ist (s. (7) - (8)).

(7) Zustand: 'geöffnet_sein'; Zeitangabe: 5 Stunden
a. Das Museum ist 5 Stunden lang geöffnet.
b. *Das Museum ist innerhalb von 5 Stunden geöffnet.

(8) Ereignis: 'erbauen'; Zeitangabe: 3 Jahre
a. Das Museum ist innerhalb von 3 Jahren erbaut worden.
b. *Das Museum ist 3 Jahre lang erbaut worden.

Die auf linguistische Überlegungen zurückgehende Annahme von Zuständen und Ereignissen als Subsorten von Situationen sowie ihre Qualifikation als homogene bzw. heterogene Entitäten erweist sich damit nicht nur als theoretisch angemessen, sondern kann auch zur Leistungsfähigkeit eines sprachverstehenden Systems beitragen.

Feature: Zur Distinktion von Agens und Thema

Im vorhergehenden Abschnitt wurde die ontologische Distinktion von Sorten und ihre Anordnung innerhalb eines Sortenverbandes aus linguistischer Perspektive beleuchtet. In diesem und dem folgenden Abschnitt sollen nun thematische Rollen als ein Mittel, Sorten innerhalb der Ontologie zueinander in Beziehung zu setzen, thematisiert werden. Bei der Festlegung eines verbindlichen Inventars thematischer Rollen kann die Berücksichtigung sprachlicher Eigenschaften eine wichtige Entscheidungshilfe liefern, um sich einen Weg durch den Dschungel der aus der einschlägigen Literatur bekannten Vorschläge zu bahnen.

In LEU/2 werden thematische Rollen entweder als Feature (einstellige Funktionen) oder Rollen (zweistellige Relationen) modelliert. In diesem Abschnitt soll die linguistische Motivation zweier als Feature zu realisierender thematischer Rollen erfolgen. Der nächste Abschnitt greift ein Problem aus dem Rollen-Bereich auf.

Ich möchte hier für die Annahme der Feature Agens und Thema zum Herstellen fundamentaler thematischer Bezüge argumentieren und dabei wiederum linguistische Kriterien heranziehen. Die in Abschnitt 1 als Strukturierungskriterium für die Ontologie geforderten systematischen sprachlichen Distinktionen liefert diesmal die Syntax. Ausgangspunkt ist die Annahme, daß die im θ-Raster kondensierten syntaktischen Konfigurationen durch die in der internen Argumentstruktur einer lexikalischen Einheit auftretenden thematischen Bezüge determiniert sind. Eine solche "Linking"-Theorie setzt sich eine reguläre, Idiosynkrasien vermeidende Rekonstruktion der Syntax-Semantik-Schnittstelle im Lexikon zum Ziel (s. z.B. Büring 1991). Ein in diesem Zusammenhang oft herangezogener und – dies soll nicht verschwiegen werden – noch nicht entschiedener Testfall ist die Wahl des Auxiliars bei intransitiven Verben, die ihrerseits mit einer Reihe weiterer syntaktischer Distinktionen wie Passivbildung, attributiver Verwendung des Partizip II, *er*-Nominalisierung, um nur einige zu nennen, einhergeht. In einer frühen Arbeit führt Wunderlich (1985) diese syntaktischen Distinktionen darauf zurück, ob ein Verb aufgrund der internen Argumentverhältnisse und thematischen Bezüge seinem externen Argument die thematische Rolle Agens oder Thema zuordnet.

Verben wie *tanzen*, *arbeiten*, *schlafen*, die ihr externes Argument als Agens ausweisen, wählen das Auxiliar *haben*, lassen Passivbildung zu, können nicht als attributives Partizip II verwendet werden und verfügen über *er*-Nominalisierungen (s. (9)). Verben wie *fallen*, *sterben*, *einschlafen*, die ihr externes Argument als Thema ausweisen, zeigen ein komplementäres Verhalten. Sie wählen das Auxiliar *sein*, gestatten keine Passivbildung, verfügen über ein attributives Partizip II und haben keine *er*-Nominalisierung (s. (10)).

		Bsp:
(9)	Agens:	
	a. Auxiliar: *haben*	Er hat getanzt / gearbeitet
	b. Passivbildung	Es wurde getanzt / gearbeitet
	c. kein attributives Partizip II	*das getanzte / gearbeitete Kind
	d. *er*-Nominalisierung	Tänzer / Arbeiter
(10)	Thema:	Bsp:
	a. Auxiliar: *sein*	Er ist eingeschlafen / gefallen
	b. keine Passivbildung	*Es wurde eingeschlafen / gefallen
	c. attributives Partizip II	das eingeschlafene / gefallene Kind
	d. keine *er*-Nominalisierung	*Einschläfer / *Faller

Neuere Arbeiten etwa von Pesetsky (1987, 1990) bieten weiter elaborierte und präzisierte Linking-Varianten, die – und allein darauf kommt es mir an dieser Stelle an – Agens und Thema (in Pesetskys Terminologie: "Cause" und "Experiencer") als zwei der zentralen, den gesamten Verbbereich strukturierenden thematischen Rollen etablieren.

Knüpft man die Annahme von thematischen Rollen an sprachliche Unterscheidungen, wie oben am Beispiel von Agens und Thema illustriert, so läßt sich das Inventar sprachlich relevanter thematischer Rollen sehr klein halten. Der semantische Gehalt thematischer Rollen orientiert sich in diesem Fall ausschließlich an den Erfordernissen des Sprachsystems und kann hinreichend abstrakt fixiert werden. Beispielsweise wäre aufgrund der sprachlichen Gegebenheiten ein Agens als diejenige Entität zu charakterisieren, die an einer Situation steuernd beteiligt ist, Thema als Entität, die einer Situation unterworfen ist.

Die solchermaßen konturierten thematischen Rollen bilden ein abstraktes Gerüst, das durch inhaltliche Präzisierungen und Spezifizierungen angereichert werden kann, um dem gesamten Spektrum der zur Modellierung begrifflichen Wissens erforderlichen thematischen Bezüge gerecht zu werden. Das heißt, die begriffliche Einbettung einer thematischen Rolle erfolgt durch die Auffächerung in ihre konzeptuellen Varianten. Die Funktion des Echolots bei der Bestimmung der konzeptuellen Varianz können dabei Sortenrestriktionen übernehmen, in denen sich, wie Lang (in diesem Band) ausführt, Verträglichkeiten bzw. Unverträglichkeiten begrifflicher Strukturen an der sprachlichen Oberfläche manifestieren. So kann die thematische Rolle Agens beispielsweise in bezug auf Belebtheit, Intentionalität usw. differenziert werden. Da mit diesen Ausprägungen keine weiteren syntaktischen Distinktionen einhergehen, werden sie zu einer einzigen thematischen Rolle mit höherem Abstraktionsgrad gebündelt.

Der hier vorgeschlagene Ansatz sieht also die Anordnung thematischer Rollen auf verschiedenen Abstraktionsebenen vor. Dies gestattet Flexibilität beim Zugriff auf thematische Rollen. Für unterschiedliche Verbklassen können unterschiedliche Abstraktionsebenen sichtbar sein. So ist beispielsweise im Bereich der lokalen Verben die abstrakte Agens-Charakterisierung völlig ausreichend. Belebtheit und Intentionalität finden keinen sprachlichen Niederschlag. Ob in (11) der Agens belebt ist oder nicht, ob er gegebenenfalls intentional handelt, wird durch den sprachlichen Ausdruck in keiner Weise festgelegt. Folglich besteht auch kein Anlaß, für Sätze dieses Typs mehrere Lesarten anzusetzen, wie dies in der einschlägigen Literatur zuweilen gefordert wird (s. z.B. Jackendoff 1989).

(11) a. Peter rollt den Hügel hinunter.
b. Der Ball rollt den Hügel hinunter.

Für das externe Argument von Wahrnehmungsverben hingegen ist eine Beschränkung hinsichtlich Belebtheit[8] wirksam (s. (12)). Wahrnehmungsverben haben also offenbar auf eine begrifflich angereicherte, auf einer tieferen Abstraktionsebene angesiedelten Agens-Ausprägung Zugriff.

(12) a. Peter sieht den Unfall.
b. *Der Ball sieht den Unfall.

Umgekehrt sind die für Positions- und Bewegungsverben einschlägigen Differenzierungen lokaler und direktionaler thematischer Rollen (s. Maienborn 1990) außerhalb des lokalen Bereichs nicht sichtbar. Jenseits des lokalen Bereichs genügt die Annahme einer abstrakten Lokal- bzw. Weg-Rolle.

Die hier skizzierte Vorgehensweise, die auf **hierarchisch organisierte Komplexe von thematischen Rollen** abzielt, sieht zum einen die Unterscheidung zwischen thematischen Rollen, die durch grammatikalische Distinktionen lizensiert sind, und thematischen Rollen, die konzeptuelle, sprachlich allein in Form von Sortenrestriktionen manifeste Distinktionen reflektieren, vor, bietet aber zugleich eine Möglichkeit der Verzahnung von Sprach-, Begriffs- und speziellem Domänenwissen durch die Bündelung und Zuordnung von thematischen Rollen. In dieser Form sind thematische Rollen dafür ausgerüstet, eine Brückenfunktion zwischen den unterschiedlichen Komponenten des hier umrissenen Sprachverstehensmodells einzunehmen: Grammatikalisch fixierte, auf dem

[8]Wenn ich hier Belebtheit als relevante Eigenschaft aufführe, so ist das ein Tribut an eine gängige, aber nicht hinreichend präzise Redeweise. Die eigentliche hier einschlägige Distinktion ist die von Beseeltheit vs. Unbeseeltheit (s. Lang in diesem Band).

höchsten Abstraktionsniveau befindliche thematische Rollen werden einerseits θ-Rollen innerhalb der syntaktischen Struktur zugeordnet und sind andererseits über eine Kette sukzessive inhaltlich konkretisierter thematischer Rollen innerhalb der außersprachlichen Wissensstrukturen verankert.

Auch im Fall der thematischen Rollen kann die theoretische Konzeption den Erfordernissen eines sprachverstehenden Systems gerecht werden, denn sie erlaubt zum einen eine Systematisierung der für die jeweiligen thematischen Rollen einschlägigen Inferenzregeln. Diese können unterschiedlichen Abstraktionsebenen, die durch die hierarchisch organisierten Bündelungen thematischer Rollen aufgespannt sind, zugeordnet werden. Daraus resultiert die Festlegung des jeweiligen Generalisierungspotentials sowie des Gültigkeitsbereichs der Inferenzregeln. Zum anderen besteht für die Generierungskomponente die Möglichkeit, wie schon im Fall der Sortendistinktion die bei der Festlegung der thematischen Rollen herangezogenen sprachlichen Eigenschaften bei der Verbalisierung zu berücksichtigen.

Rollen: Entscheidbarkeit des Algorithmus vs. Adäquatheit der Modellierung

In diesem Abschnitt werde ich die bisherige, eng an sprachlichen Daten und Fakten ausgerichtete Argumentationslinie verlassen, um auf einen Aspekt interdisziplinären Zusammenarbeitens im Rahmen der Ontologie-Modellierung einzugehen, der ein meines Erachtens über projektgeschichtliche Details und Anekdoten hinausweisendes Problem berührt. Gemeint ist das Spannungsfeld zwischen der Realität des derzeit technisch Machbaren und der Utopie einer kognitionswissenschaftlich angemessenen Repräsentation und Verarbeitung von Wissen. (Wobei ich ein bescheidenes Plädoyer für die Notwendigkeit der Utopie zur Veränderung der Realität halten möchte.)

Die Ausgangslage ist die folgende: Im vorhergehenden Abschnitt wurde angesprochen, daß thematische Rollen auf verschiedenen Abstraktionsebenen hierarchisch anzuordnen sind. Dies trifft etwa auf die als Feature zu modellierende thematische Rolle Agens zu, die belebte und unbelebte Agens-Ausprägungen subsumiert, wobei die belebte Agens-Variante wiederum den bzgl. Intentionalität sensitiven Agens-Varianten übergeordnet ist. Ich habe in Maienborn (1990) dafür argumentiert, auch für die thematische Rolle Weg und ihre Varianten, die die Denotate von Bewegungsverben und direktionalen Präpositionalphrasen zueinander in Beziehung setzen, eine hierarchische Strukturierung vorzusehen. Diese ergibt sich aufgrund der sprachlich ausgedrückten Perspektive, mit der ein Bezug auf das von der begrifflichen Ebene bereitgestellte Wegkonzept erfolgt.

Zunächst lassen sich die Weg-Varianten danach unterteilen, ob sie die Wegbegrenzungen ausblenden (thematische Rolle: 'unlimitWeg') oder nicht (thematische Rolle: 'limitWeg'). Auf einer tiefer liegenden Ebene kann die eine Gruppe der Weg-Varianten danach unterschieden werden, auf welche Wegbegrenzung sie sich beziehen: Source kennzeichnet den Weganfang, Goal markiert das Wegende, Path erfaßt beide Wegbegrenzungen; die andere Gruppe nach den Mitteln, mit denen eine Ausblendung der Wegbegrenzungen erfolgt: Route bezieht sich auf die mittlere, weder durch einen definiten Anfangs- noch durch einen definiten Endpunkt begrenzte Strecke des Weges, Direction rekurriert auf die Richtung des Weges. Für die thematische Rolle Weg und ihre Varianten ergibt sich damit die folgende hierarchische Strukturierung:

Abb.3

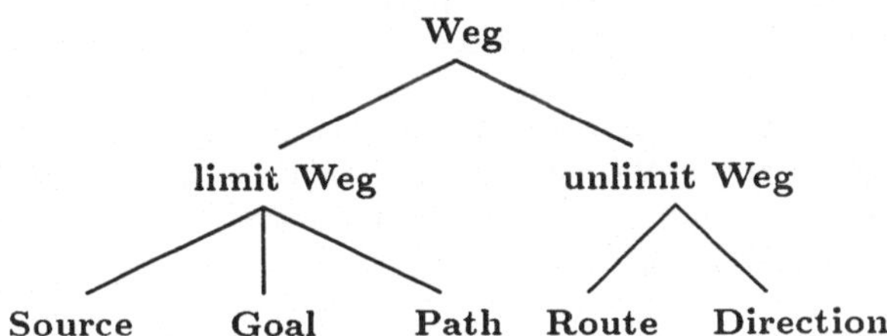

Die Perspektive, unter der ein Weg sprachlich eingeführt wird, determiniert die Perspektive, unter der eine Situation, die diesen Weg beinhaltet, betrachtet wird. Die Ausblendung der räumlichen Grenzen des Weges korreliert mit der Ausblendung der zeitlichen Grenzen der Situation, die damit als homogen, d.h. als Zustand, konzeptualisiert wird. Die Berücksichtigung der räumlichen Grenzen des Weges führt zu einer zeitlichen Begrenzung, sprich Individuierung, der Situation. Diese wird als heterogen, d.h. als Ereignis, konzeptualisiert (s. Maienborn 1990). Die hierarchische Anordnung der thematischen Rolle Weg und ihrer Varianten nimmt damit eine zentrale Stellung innerhalb der semantischen Analyse von direktionalen Präpositionen und Bewegungsverben ein und erfordert eine angemessene Modellierung. Da es sich bei der thematischen Rolle Weg um ein relationales Konstrukt handelt, ist sie im Rahmen von LEU/2 als Rolle zu modellieren.

Damit kommen wir von den linguistischen Luftschlössern (sehr schlichte und schmucklose, wie mir scheint) zu den KI-Realitäten. Während die in LEU/2 zugrundegelegte Wissensrepräsentationssprache L_{LILOG} die Modellierung hierarchisch strukturierter thematischer Rollen in der Ontologie zuläßt, sofern es sich um Feature handelt, schließt sie Rollenhierarchien aus. In LEU/2 ist also beispielsweise die Modellierung der oben erwähnten Agens-Hierarchie über Feature-Pfadgleichungen (s. von Luck/Pletat 1989) möglich, nicht aber diejenige der Weg-Hierarchie. Dies mag verwundern, da es sich bei L_{LILOG} um ein KL-ONE-Derivat handelt und KL-ONE durchaus einen Mechanismus zum Umgang mit Rollenhierarchien bereitstellt (s. Brachman/Schmolze 1985), erklärt sich aber zunächst aus der inzwischen vorliegenden Erkenntnis, daß der Subsumptionsalgorithmus in KL-ONE eben aufgrund dieser Eigenschaft unentscheidbar ist (s. Schmidt-Schauß 1989).

Dieses Unentscheidbarkeitsverdikt also führte bei der Konzeption von L_{LILOG} zum Verzicht auf Rollenhierarchien. Eine für einen um kognitionswissenschaftlich tragbare Modellierungen bemühten Linguisten sehr harte Entscheidung, die nicht so ohne weiteres zu verschmerzen ist[9] (s. auch die Argumentation von Geurts (1989) für die aus linguistischer Sicht gegebene Notwendigkeit von Rollenhierarchien). Die Frage mag also gestattet sein, wie zwingend die Kapitulation vor mathematischen Ergebnissen dieser Art ist.

Im Parsing-Bereich werden oft Komplexitätseigenschaften ins Feld geführt, um beispielsweise gegen kontextsensitive Grammatiken zu argumentieren (s. z.B. Gazdar 1981). Berwick/Weinberg (1986) nun stellen die unmittelbare Anwendbarkeit mathematischer Resultate der Komplexitätsberechnung auf eine kognitive Domäne wie die des Sprachverstehens in Frage und weisen darauf hin, daß die von Menschen eingesetzten Strategien zur Gewährleistung effizienten Parsens nicht

[9]In der Tat zeigte sich, daß die Ersatz-Modellierung für Wege (Übertragung der Rollenhierarchie auf eine Sortenhierarchie und Auslagerung relevanter Komponenten aus der Ontologie auf die Inferenzregel-Ebene) nicht nur theoretisch unbefriedigend war, sondern darüber hinaus auch neue, die Steuerung der Inferenzregeln betreffende Implementierungsprobleme aufwarf.

notwendigerweise allein durch mathematisch definierte Effizienzmessungen bestimmt sein müssen. Ihr Fazit lautet: Eine mathematisch relevante Klasse muß nicht mit einer kognitiv relevanten Klasse übereinstimmen. Zum einen abstrahieren mathematische Theorien von Implementierungsdetails, um die Übertragbarkeit ihrer Ergebnisse zu garantieren; dies allerdings ist in der kognitiven Domäne nicht angemessen, da der biologische Apparat des Menschen nicht austauschbar ist. Zum anderen gehen in die Resultate mathematischer Theorien die "worst cases" ein, deren Berücksichtigung allerdings zu Verzerrungen führt, da "worst cases" empirisch irrelevant sind ("worst case"-Sprachen sind keine natürlichen Sprachen).

Ich halte die Ausführungen von Berwick/Weinberg deshalb für bemerkenswert, weil sie meines Erachtens darauf hinweisen, daß innerhalb der Kognitionswissenschaften und der KI eine gewisse Emanzipation von mathematischen Ergebnissen eingesetzt hat, nicht etwa in dem Sinne, daß man sie ignoriert, sondern daß man sie sehr genau auf ihre Anwendbarkeit in der jeweiligen Domäne hin untersucht und so zu einem souveräneren Umgang findet. Nun lassen sich Komplexitätsberechnungen natürlich nicht in einem Atemzug mit Entscheidbarkeitsbeweisen nennen. Bei der Systementwicklung im KI- und Computerlinguistik-Bereich ist es selbstverständlich nicht damit getan, einen Unentscheidbarkeitsbeweis achselzuckend zur Kenntnis zu nehmen. Aber auch im Falle eines unentscheidbaren Subsumptionsalgorithmus bieten sich unterschiedliche Möglichkeiten des Umgangs mit der Unentscheidbarkeit. Eine von Logikern verständlicherweise nicht sonderlich geschätzte Möglichkeit besteht in der Tolerierung der Unentscheidbarkeit, d.h. man arbeitet mit einem unvollständigen Algorithmus und sieht zusätzliche Kontrollstrategien für den Fall des Eintretens einer unentscheidbaren Konstellation vor. (Es wäre zu überprüfen, ob diese Vorgehensweise nicht als durchaus kognitiv adäquat zu bewerten ist.) Eine andere Möglichkeit besteht darin, den Subsumptionsalgorithmus entsprechend einzuschränken.

Im Falle der Rollenhierarchien hat man sich im Rahmen von LEU/2 für die radikale Lösung, den Ausschluß, entschieden. Schmidt-Schauß (1989) weist allerdings explizit darauf hin, daß der Subsumptionsalgorithmus in KL-ONE nur deshalb unentscheidbar ist, weil die Verwendung von Rollenhierarchien dort keinerlei Restriktionen unterworfen ist. Schränkt man den in seiner ursprünglichen Konzeption zu mächtigen Algorithmus ein, indem man beispielsweise Zyklen ausschließt oder statt beliebiger Rollenlisten lediglich einelementige Rollenlisten zueinander in Beziehung setzt, stellt sich das Problem der Unentscheidbarkeit nicht mehr. Diese von Schmidt-Schauß vorgeschlagenen Einschränkungen scheinen nun aber auch aus linguistischer Perspektive sinnvoll. Zyklen und Gleichungen zwischen beliebigen Rollenlisten sind sicherlich Kandidaten für empirisch irrelevante "worst cases"; die hier für Wege vorgeschlagene Rollenhierarchie jedenfalls ließe sich ohne Rekurs auf solche Konstrukte modellieren.

Auch wenn auf linguistische Bedürfnisse zugeschnittene Rollenhierarchien damit keine Unentscheidbarkeitsprobleme mehr aufwerfen, mag man sich nach Abwägung des bereits angebotenen Leistungsumfangs des Subsumptionsalgorithmus gegen die Bereitstellung dieses Repräsentationsmittels entscheiden, eine Diskussion über das Für und Wider fände dann allerdings unter ganz anderen Prämissen statt. Das Beispiel der Rollenhierarchien zeigt meines Erachtens, daß die von Linguisten vorgetragenen Anforderungen an eine Wissensrepräsentationssprache Impulse für die Weiterentwicklung der zur Wissens- und Sprachverarbeitung eingesetzten formalen Methoden liefern können. Manche Wünsche mögen blauäugig sein, andere erweisen sich bei näherer Betrachtung als gar nicht so realitätsfern.

Fazit

Die in diesem Beitrag auf der Basis der bei der LEU/2-Systementwicklung gesammelten Erfahrungen entwickelten Vorschläge zur Modellierung einer Ontologie sind von einer kognitionswissenschaftlichen Auffassung von der Ontologie als Raster elementarer Bausteine menschlichen Wissens geprägt. Ich habe für eine linguistisch motivierte Ontologie-Modellierung argumentiert, die ein domänenunabhängiges ontologisches Gerüst bereitstellt, das als Basis und Anschlußstelle für weitere, außersprachlich motivierte, ontologische Strukturen dienen kann. Systematische sprachliche Distinktionen als Strukturierungskriterien für diesen Ontologie-Kern führen zu einer gestaffelten Anordnung aller ontologischer Komponenten – Sorten, Feature und Rollen – auf verschiedenen Abstraktionsebenen. Diese Konzeption einer Ontologie für ein sprachverstehendes System kann der Flexibilität der natürlichen Sprache angemessen Rechnung tragen, indem das der Flexibilität zugrundeliegende, menschliche Kognition kennzeichnende Abstraktionsvermögen innerhalb des Ontologie-Kerns – um es in der LEU/2-Terminologie zu formulieren: der "Upper Structure" – beibehalten wird. Zugleich bietet diese Vorgehensweise die Möglichkeit einer systematischen Integration und Verzahnung von Sprach-, Begriffs- und speziellem Domänenwissen.

Eine linguistisch motivierte Ontologie ist keineswegs eine sprachspezifische Ontologie. Zum einen läßt sich die Fixierung auf eine einzelne Sprache vermeiden, indem bei den linguistischen Analysen Sprachuniversalien berücksichtigt werden. Die Dichotomie Zustand vs. Ereignis beispielsweise ist universal (s. Comrie 1976). Sie korreliert zudem mit zwei fundamentalen kognitiven Strategien: der Ausblendung von Komplexität und der Fokussierung auf die Komplexität von Wissensstrukturen.(Diesen Hinweis verdanke ich Michael Herweg.) Natürliche Sprachen mögen sich darin unterscheiden, welche sprachlichen Mittel sie zur Distinktion von Zuständen und Ereignissen einsetzen, aber der Rekurs auf diese beiden ontologischen Grundkategorien ist allen gemein. Innerhalb der "Upper Structure" – wobei gemäß der hier vertretenen Auffassung die "Upper Structure" weit größere Bereiche der Ontologie abdecken sollte, als dies in LEU/2 gegenwärtig der Fall ist – treten keine einzelsprachspezifischen Kategorisierungen auf. Diese sind auf die domänenabhängigen Teile der "Lower Structure" beschränkt.

Zum anderen ist eine linguistisch motivierte Ontologie auch nicht etwa in dem Sinne sprachspezifisch, als es sich bei den ontologischen Entitäten um Einheiten des Sprachsystems handeln würde. Ontologische Kategorien werden lediglich sprachlich **motiviert**, sind aber ihrer Natur gemäß begriffliche Einheiten. Die Ontologie eines sprachverstehenden Systems ist mithin sprachunabhängig. Ihr Bezug zur Sprache wird über die Verarbeitungsprozesse vermittelt, an denen sie beteiligt ist: die Abbildung sprachlicher Strukturen auf sprachunabhängige Strukturen (Analyse) sowie umgekehrt die Abbildung sprachunabhängiger Strukturen auf sprachliche Strukturen (Generierung).[10] Diese Konstellation setzt voraus, daß die sprachunabhängige Struktur der Ontologie so gestaltet ist, daß entsprechende Abbildungsprozesse prinzipiell möglich und angemessen modellierbar sind. Daraus kann als eine zentrale Forderung an die Organisation und Struktur der Ontologie eines sprachverstehenden Systems die Forderung nach **Sensitivität für sprachliche Kategorisierungen** abgeleitet werden.

[10] Als erhebliches Manko für die LEU/2-Systementwicklung – darüber herrscht inzwischen Konsens – hat sich in diesem Zusammenhang die Entscheidung für eine direkte Abbildung von Einträgen des Lexikons auf Einträge der Ontologie ohne eine vermittelnde Ebene genuin (lexikalisch-)semantischer Strukturbildung erwiesen. Viele der von Lang (in diesem Band) zu Recht kritisierten Sortenungetüme der LEU/2-Ontologie sind meines Erachtens auf dieses Vakuum zwischen Lexikon und Ontologie zurückzuführen.

Die Aufgabenstellung in LILOG mag zuweilen dazu verleitet haben, innerhalb des LEU/2-Sortenverbandes begriffliche Kategorisierungen sehr eng an die sie motivierenden sprachlichen Kategorisierungen anzuschließen. Dieser Umstand ist allerdings nicht auf die linguistische Prägung der Ontologie-Modellierung, sondern auf die zur Zeit nur bruchstückhaft vorliegenden Kenntnisse des menschlichen Begriffssystems zurückzuführen. Einzelne gut erforschte Teilgebiete wie das begriffliche Zeit-Modell (s. den Beitrag von Lorenz in diesem Band zu dessen Umsetzung in LEU/2) oder die Konzeptualisierung räumlicher Objekteigenschaften (s. Lang 1989, Lang/Carstensen/Simmons 1991, Simmons in diesem Band) zeigen, daß die Annahme eigenständig organisierter, aber auf Integration angelegter Module sprachlichen und außersprachlichen Wissens sowohl einen Beitrag zur kognitionswissenschaftlichen Theoriebildung leisten als auch eine vollständige Formalisierung erfahren kann.

Eine unter den hier geschilderten Prämissen gewonnene Modellierung kann, und damit wende ich mich dem Ausblick auf mögliche zukünftige Schwerpunktsetzungen und Erweiterungen zu, den geeigneten Möglichkeiten zum Umgang mit **Kontextabhängigkeit** bieten. Voraussetzung dafür ist, daß ebenso wie domänenunabhängige von domänenabhängigen Ontologie-Teilen getrennt werden, eine klare Markierung kontextabhängiger und kontextunabhängiger Bedeutungskomponenten erfolgt. Der innerhalb der KI oft vertretene diffuse Kontextbegriff, demgemäß alles "irgendwie" kontext- und aufgabenabhängig ist und der nicht selten als Begründung dafür herangezogen wird, daß eine nicht auf spezifische Aufgabenstellungen eingeschränkte Modellierung prinzipiell zum Scheitern verurteilt sei, bietet meines Erachtens weder im Hinblick auf Theoriebildung noch für die Entwicklung sprachverstehender Systeme eine längerfristige Perspektive. Statt den Kontext entweder auszublenden oder ungesteuert in die gesamte Ontologie diffundieren zu lassen und damit den Anspruch auf Domänenunabhängigkeit aufzugeben, scheint langsam die Zeit gekommen, präziser zu analysieren, wo und wie Kontextfaktoren auf die Interpretation sprachlicher Ausdrücke Einfluß nehmen. Die von Lang im Zusammenhang mit der semantischen Analyse von Dimensionsadjektiven entwickelte Theorie der räumlichen Eigenschaften von Objekten sieht eine systematische Integration von Kontextfaktoren bei der Interpretation von sprachlichen Ausdrücken, die auf räumliche Objekteigenschaften bezug nehmen, bereits vor (s. z.B. Lang 1989, Lang/Carstensen/Simmons 1991). Ebenso werden in den Untersuchungen von Herweg (1990, 1991) präzise Angaben über die Einflußnahme des Kontexts auf Uminterpretationen im Bereich temporaler und aspektueller Ausdrücke gemacht. In Maienborn (1991) wird ein eng umrissenes Phänomen, die Fakultativität des lokalen Arguments von Bewegungs- und Positionsverben, auf die Frage der Kontextabhängigkeit hin untersucht. Die Interpretation entsprechender Konstellationen rekurriert in hohem Maße auf Kontext- und Weltwissen. Es zeigt sich allerdings, daß der Interpretation ein kontextunabhängiges Schema zugrundeliegt, welches die kontrollierte Integration von Kontextinformation steuert. Fraglos handelt es sich hier nur um einige Varianten des Zusammenspiels von Kontext und Sprachwissen unter vielen. Weitere Einzelstudien werden folgen müssen, um aussagekräftigere und präzisere Charakterisierungen vornehmen zu können. Die Annahme eigenständig organisierter Module sprachlichen und außersprachlichen Wissens dient dabei als forschungsleitendes Paradigma.

Literaturverzeichnis

Berwick, R.C./Weinberg, A.S. (1986): *The Grammatical Basis of Linguistic Performance: Language Use and Acquisition.* Cambridge/Mass: MIT Press

Bierwisch, M./Lang, E. (Hrsg., 1987): *Grammatische und konzeptuelle Aspekte von Dimensionsadjektiven.* Berlin: Akademie Verlag (studia grammatica 26/27)

Bierwisch, M./Lang, E. (eds., 1989): *Dimensional Adjectives: Grammatical Structure and Conceptual Interpretation.* Berlin etc.: Springer

Brachman, R.J./Schmolze, J.G. (1985): An Overview of the KL-ONE Knowledge Representation System. *Cognitive Science* 9/2, 171 - 216

Büring, D. (1991): Semantische Transparenz und Linking. *Linguistische Berichte* 135, 346 - 374

Comrie, B. (1976): *Aspect.* Cambridge: Cambridge University Press

Davidson, D. (1969). The Individuation of Events. In: N. Rescher et al. (eds.), *Essays in Honor of Carl G. Hempel.* Dordrecht: Reidel

Ehrich, V. (ersch.): Nominalisierungen. In: A. v. Stechow/D. Wunderlich (Hrsg.), *Handbuch der Semantik*

Fodor, J.A. (1983): *The Modularity of Mind. An Essay on Faculty Psychology.* Cambridge/Mass: MIT Press

Galton, A. (1984): *The Logic of Aspect. An Axiomatic Approach.* Oxford: Clarendon Press

Gazdar, G. (1981). Unbounded dependencies and coordinate structure. *Linguistic Inquiry* 12, 155 - 184

Geurts, B. (1989): Rules for Roles. LILOG-Arbeitspapier

Herweg, M. (1990): *Zeitaspekte. Die Bedeutung von Tempus, Aspekt und temporalen Konjunktionen.* Wiesbaden: Deutscher Universitäts-Verlag

Herweg, M. (1991): Temporale Konjunktionen und Aspekt. Der sprachliche Ausdruck von Zeitrelationen zwischen Situationen. Erscheint in: *Kognitionswissenschaft* 2/2

Jackendoff, R. (1987): The Status of Thematic Relations in Linguistic Theory. *Linguistic Inquiry,* Vol. 18 Nr. 3, 369 - 411

Krifka, M. (1989): *Nominalreferenz und Zeitkonstitution. Zur Semantik von Massentermen, Pluraltermen und Aspektklassen.* München: Wilhelm Fink Verlag

Lang, E. (1989): The Semantics of Dimensional Designation of Spatial Objects. In: M. Bierwisch/E. Lang (eds.), 263 - 417

Lang, E. (1991): Linguistische vs. konzeptuelle Aspekte der LILOG-Ontologie – Anfragen von außen – In diesem Band

Lang, E./Carstensen, K.-U./Simmons, G. (1991): *Modelling Spatial Knowledge on a Linguistic Basis. Theory Prototype Integration.* Lecture Notes in Artificial Intelligence, Vol. 481, Berlin etc.: Springer

Löbner, S. (1989): *Wahr neben falsch.* Habilitationsschrift, Heinrich-Heine-Universität Düsseldorf

Lorenz, S. (1991): Erfahrungen mit der Zeitontologie und -axiomatik. In diesem Band

von Luck, K./Pletat, U. (1989): *Knowledge Representation in LILOG.* IWBS-Report Nr. 90, IBM Deutschland, Stuttgart

Maienborn, C. (1990): *Position und Bewegung: Zur Semantik lokaler Verben.* IWBS-Report Nr. 138, IBM Deutschland, Stuttgart

Maienborn, C. (1991): Verbs of Motion and Position: On the Optionality of the Local Argument. In: O. Herzog/C.-R. Rollinger (eds.), *Text Understanding in LILOG: Integrating Computational Linguistics and Artificial Intelligence.* Berlin etc.: Springer, 621 - 631

Pesetsky, D. (1987): Binding Problems with Experiencer Verbs. *Linguistic Inquiry* 18, 126 - 140

Pesetsky, D. (1990): Experiencer Predicates and Universal Alignment Principles. Manuscript MIT

Schmidt-Schauß, M. (1989): Subsumption in KL-ONE is Undecidable. In: R.J. Brachman/H. J. Levesque/R. Reiter (eds.), *Proc. of the 1. Int. Conference on Principles of Knowledge Representation and Reasoning.* San Mateo, California: Morgan Kaufmann, 421 - 431

Simmons, G. (1991): Empirical Methods for Ontological Engineering. In diesem Band

Vendler, Z. (1967): *Linguistics in Philosopy.* Ithaca, New York: Cornell University Press

Wunderlich, D. (1985): Über die Argumente des Verbs. *Linguistische Berichte* 97, 183 - 227

Comments on Claudia Maienborn's Paper: Linguistic Knowledge and Knowledge of the World

Bart Geurts

Introduction

To a large extent, Claudia Maienborn's paper is concerned with the interface between world knowledge and linguistic knowledge. Notice that, in framing the issue in this manner, one already takes it for granted that *there is* an interface between linguistic knowledge and world knowledge, and, consequently, that these are domains that can and should be distinguished. However, I am not at all convinced that this is so. On the contrary, there is a lot of prima facie evidence in favour of the position that there is no such clear-cut distinction. However, in my comments on CM's paper I shall not try to *defend* this position, which is contrary to hers. Instead, what I intend to do is make explicit some of the ways in which her arguments commit her to some quite fundamental assumptions about how language—and, more in particular, language processors—work. I regard this is as a possibly useful excercise because it may not be evident how these assumptions enter the picture. Nor is it evident that they are true. In fact, I believe that they may well be wrong, but again that is an issue that cannot be settled within the confines of this note.

Modules and Stars

The first problem that I want to address concerns CM's use of acceptability judgments. Take the following sentence, for example:

(1) *Das grüne Auto hat innerhalb einer Stunde auf dem Parkplatz gestanden.

CM points out that, when presented out of the blue, this sentence sounds bad, whence the star. I agree on this point. She concedes that there are certain contexts where this sentence would be a perfectly natural thing to utter, and again I agree. She goes on to claim—and at this point I start worrying—that the class of 'normal' situations, in which the sentence sounds bad, should be strictly distinguished from the smaller class of situations in which it doesn't. In particular, she suggests that this distinction tells us something about the way language is processed. The idea is that we have (and computers should have) a regular processor, which is unable to deal with sentences like (1). Consequently, the fact that this sentence sounds funny in isolation gives us some clues as to how this regular processor works. In addition, however, there are processes that take into consideration very specific contextual knowledge, and which *are* able to interpret this sentence in a plausible manner. That (1) gets a star reflects the fact that, in order to receive an interpretation at all, these non-regular processes must take over.

CM's judgment on (1) is connected to the modularity issue, in the following way. If things work as CM claim they do, then we have here an argument for a cognitive architecture that consists of two modules at least: one regular, one non-regular. The issue of whether the modularity thesis (which CM supports) is correct and the issue of how the star in (1) is to be understood are therefore interconnected.

Now for all I know the way in which CM reads stars may be correct. And in fact I would agree that the modular view of cognitive processing, if correct, presents a very clean and attractive picture of how the mind works. For, on this view, the mind would have a structure that is familiar (to at least some of us) from computer science, and is relatively straightforward to deal with both in practical and in theoretical terms. But although modular structure is a nice thing to have, for various reasons, this does not prove that the mind *is* in fact modular. Alternative stories about the mind can be told which are equally plausible, and which, to me at least, are as attractive as CM's. Here is how one of them goes.

The basic idea is that *every* sentence that we pick up 'in isolation' *creates* its own context. An example will make it clear what I mean. Take the following sentence, as uttered in the 'null context'—which I claim does not exist (this sentence may sound familiar to some of you):

(2) The king of France is not bald.

This sentence presupposes that there is a king of France, or put alternatively: it conjures up, in some rather abstract way, a class of contexts in which there is a king of France. This explains why many people who are confronted with this sentence for the first time tend to inquire after the intended reference time (they know that France is a republic at present, but was a monarchy some time ago, so they try to move the reference time some 200 years back).

Another way of saying that a sentence selects or creates a more or less specific context is that, in uttering a sentence, the speaker *changes* the context. This view is by no means a new one (see e.g. Lewis 1979), but in recent times it has received a lot of attention in so-called *dynamic* theories of discourse (see e.g. Kamp 1981, Groenendijk and Stokhof 1991). In Dynamic Predicate Logic (Groenendijk and Stokhof 1991), for instance, a sentence is viewed as a program that changes the mental state of the hearer. The following discourse for instance,

(3) Theo owns a rabbit. He beats it.

would change the mental state of the hearer so as to make provision for a rabbit x such that Theo owns x and beats x.

So a sentence uttered 'in isolation' (remember, I am claiming that there is no such thing) selects a class of contexts. The problem only is that some contexts are selected more easily than others, that some contexts are more plausible than others, etc. So the star in (1) means that it is *more difficult* to imagine a situation in which you would say such a thing. It does *not* mean that there is a principled distinction between 'acceptable' sentences and sentences like (1). Consequently, according to this story, these observations do not speak in favour of the kind of modular structure that we all know and love. On the contrary, they are compatible with the assumption that there is one big module (hence, no modularity at all) that is responsible for language processing, and perhaps for other things as well.

Now, incidentally, I *believe* that this story is right, and, by consequence, I *believe* that CM's is wrong. Unfortunately, however, I have no arguments to prove that I am right. But, on the other hand, there aren't (again, as far as I know) any hard and fast arguments for CM's position either. Speaking at a slightly more general level, we have two radically different outlooks on the interaction between linguistic knowledge and world knowledge, and with these differences in general outlook go radically different views on what it means to say that a sentence like (1) sounds awkward when presented in isolation.

This situation is bad. For it entails that we can conceive of radically different theories of language processing without being able to decide which one is correct. For instance, CM's basic stance suggests that we postulate various levels of semantic representation, some levels containing more contextual information than others. My story would rather suggest that we need only one big semantic bucket that contains, in a structured way of course, all the relevant information at the same time.

What I have tried to show is that seemingly innocuous judgments on empirical data may depend on ones philosophy of language and the mind. It is of course well known, at least in certain philosophical circles, that such dependencies exist, but in my opinion this near-truism assumes practical import when we are dealing with the kind of issues that CM's paper addresses.

Thematic Roles

Let me begin by saying that I like very much the global picture about thematic roles that CM outlines. In fact, I would support many of the observations she presents. For instance, I agree that you need something like a hierarchy of (thematic) roles. The problem that I have simply is that, once you know what you want, you must argue that this is actually the right thing to have. And there are several respects in which CM's argumentation is, in my opinion, deficient. One case in point is the distinction between agent and theme roles. I agree with CM that we would like to have something like this, but the question is: Why?

Following Wunderlich, CM claims that verbs selecting for agents and themes, respectively, differ along several criteria. For instance, verbs that take agents as external arguments allow for passivization and construct perfect past forms with *haben*, whereas verbs that take themes as external arguments do not allow for passivization and construct the perfect past with *sein*. E.g.

(4) a. Es wurde geschlafen.

b. Theo hat geschlafen.

c. *Es wurde eingeschlafen.

d. Theo ist eingeschlafen.

The first thing to note about this idea is that it is rather controversial whether the phenomena pattern so nicely as CM claims they do, but since I am not a syntactician I will not go into that here. Instead, I will simply assume that CM's observations are correct. What we have, then, is a *syntactic* pattern, which, according to Wunderlich and CM, allows for a *semantic* explanation. The explanation is, as we saw before, that the external arguments of some verbs are themes whereas others select for agents. CM observes that, if we individuate roles as she proposes, we can make do with a very restricted set of highly abstract roles. However, each of these roles must have some semantic content to distinguish it from the others—and this is where the really serious problems arise. For instance, CM proposes to characterize agents as entities that somehow control a given situation. Now this is rather vague, but regardless of how we can make this characterization more precise, it is unlikely that can specify it in such a way that we can get a plausible semantic distinction between *schlafen* and *einschlafen*, for I don't see that such a difference exists (as far as control is concerned). If pressed, we should perhaps be prepared to admit that someone who falls asleep (*einschlafen*) has *more* control over the situation he is in than someone who is sleeping (*schlafen*), but CM's classification would have it the other way round.

So the problem is that as soon as we try to cash out the Wunderlich / Maienborn theory in terms of semantic content, we get into trouble. And as long as we don't have a plausible semantic characterization of agents and themes we don't have an explanation at all—all we have then is a set of syntactic observations.

That there are problems with specifying the semantics of thematic roles is well known. There is another example that CM cites which illustrates this observation. She claims, as have others before her, that the external arguments of perception verbs must be animated. E.g.

(5) a. Peter saw the accident.

b. *The ball saw the accident.

However, if we had a very advanced computerized system, call it KAVON, for observing roads and issuing messages about the traffic situation, we could well say,

(6) KAVON saw the accident.

Now, supposedly, KAVON does rather poorly on the animacy scale. So it seems that CM's observation about the external arguments of perception verbs is simply wrong. A standard reply to this argument is to say we can sometimes *conceive* of 'dead' objects as being animated. I admit that I am not unsympathetic to this move. But until somebody comes and tells us what it means to conceive of something as being something else (and why it is, apparently, difficult to think of balls as being animated), this answer renders the initial theory completely vacuous.

More generally speaking, the semantics of thematic roles is in a rather sorry state, and everybody knows that. The main point that I want to make here is simply that as long as the situation remains like that, theories that resort to thematic roles in order to explain natural-language phenomena are, properly speaking, no theories at all. Rather, they are recipes for cooking up theories; and so long as some of the crucial ingredients are missing, we have recipes, but nothing to eat.

Conclusion

I have addressed three issues in this commentary:

- What is the status of acceptabilty judgments?
- Is the (human) language processor modular or not?
- What semantic content do thematic roles have?

As a matter of fact, however, there is just one single issue here, and it is called world knowledge. The first two questions are about how world knowledge interacts with linguistic knowledge. The third question is about how a certain semantic domain is in fact structured. The problematic nature of the latter issue confirms Fodor's (1983) pessimistic stance on content. Everything that has to do with world knowledge and semantic content is intractable, or so Fodor claims. One of the main attractions of Fodor's modularity theory is that it allows us to separate semantic matters from other, more tractable, issues; this attraction is therefore of a methodological nature. Adopting Fodor's modular stance makes the scientist's life easier than it would be when he adopted a different perspective. But, needless to say, this doesn't make Fodor's theory *true*. And, as I have tried to show, the question of whether it *is* true has very real implications, even for the daily practice of what Kuhn calls "normal science."

References

Fodor, J. 1983: *The Modularity of the Mind.* MIT Press, Cambridge, Mass.

Groenendijk, J.A.G., and M.B.J. Stokhof 1991: Dynamic predicate logic. *Linguistics and Philosophy* 14: 39–101.

Kamp, H. 1981: A theory of truth and semantic representation. In: J.A.G. Groenendijk, T.M.V. Janssen, and M.B.J. Stokhof (eds.) 1981: *Formal Methods in the Study of Language.* Mathematical Centre Tracts 135, Amsterdam. Pp. 277–322. Reprinted in: J.A.G. Groenendijk, T.M.V. Janssen, and M.B.J. Stokhof (eds.) 1984: *Truth, Interpretation, and Information; Selected Papers from the Third Amsterdam Colloquium.* Foris, Dordrecht. Pp. 1–41.

Lewis, D. 1979: Scorekeeping in a language game. *Journal of Philosophical Logic* 8: 339–59.

Kommentar zu C. Maienborn:

—

Motivation einer Ontologie aus linguistischer Perspektive

Peter Gerstl

In wesentlichen Punkten ist der Beitrag von Claudia Maienborn ein Plädoyer für eine Ontologie-Entwurfstechnik, die sich an einem Kriterienkatalog aus dem Bereich der Kognitiven Linguistik orientiert[1]. In Anbetracht des einleitend geäußerten Anspruches, "für eine kognitionswissenschaftliche Prägung der Ontologie" zu argumentieren, die auch zu einer "Optimierung des Systemverhaltens" führen kann, scheint zunächst der Hinweis auf einige Kuriositäten linguistisch-informatischer[2] Zusammenarbeit angemessen, wenn auch die Thematik hier nur angerissen werden kann und auf eine grobe Skizze (im Rahmen dieses Kommentares) beschränkt werden soll. Der Grund für solche Überlegungen ist einerseits die im gesamten LILOG-Projekt immer wieder aktuellen "Schnittstellenproblematik" zwischen verschiedenen Ausrichtungen des Forschungszweiges *Sprachverarbeitung* (logisch-mathematisch, deskriptiv, ingenieurmäßig, ...). Zum anderen sind einige Argumentationspunkte im Beitrag von Claudia Maienborn symptomatisch für mehr oder weniger fruchtlose Diskussionen zwischen verschiedenen "Lagern" innerhalb der Computerlinguistik[3]. Allerdings enthält der Beitrag viele Ideen und Kompromißvorschläge, die durchaus im Hinblick auf eine weitere Annäherung von Positionen in eine erfolgversprechende Richtung weisen.

Kooperation und Konkurrenz

Zur Verdeutlichung der Grundproblematik sei auf die Passage am Ende des Beitrags verwiesen, in der vom "innerhalb der KI oft vertretenen diffusen Kontextbegriff" die Rede ist. Das ist nur ein Beispiel von vielen, die sich zum Thema *Verwendung sprachwissenschaftlicher Terminologie in der* KI anführen ließen. Möglicherweise handelt es sich bei diesem Phänomen um ein Relikt aus jener frühen euphorischen KI-Epoche, in der, angespornt unter anderem von Erfolgen im Bereich formaler Sprachen, Sprachverarbeitung als ein Teilgebiet der KI betrachtet wurde, in dem durch Anwendung von KI-Methoden[4] mit bereits geringen Mitteln beachtliche Erfolge erzielt werden können. In einer Phase der Ernüchterung wurde dann nach und nach deutlich, daß die Aufgabenstellung doch nicht so trivial zu bewältigen ist, und daß die Linguistik auf dem Gebiet der Sprachverarbeitung vielleicht doch ein Wörtchen mitzureden habe, vorausgesetzt, sie ordne sich den Vorgaben der Implementierungspraxis

[1] Den im folgenden angestellten Überlegungen sollte ich vorwegschicken, daß es sich dabei mehr um die naive Stellungnahme eines, wenn schon nicht außen-, so doch zumindest danebenstehenden Beobachters handelt. Es sollte weder ein wissenschaftshistorischer Diskurs eingeflochten werden, noch eine Standortbestimmung oder ein Diskussionsbeitrag zum Thema "Linguistik und KI". Dieser Anspruch wäre sicherlich zu hoch gesteckt und kann im gegebenen Rahmen nicht einmal annäherungsweise erfüllt werden.

[2] Die etwas unglückliche Wortbildung "informatisch" sollte absichtlich auf eine technik-orientierte Haltung verweisen, welche die KI (aufgrund ihrer Herkunft) an vielen Stellen nachhaltig beeinflußt, obwohl sich in neuerer Zeit — vor allem in den Vereinigten Staaten — auch eine "gesellschaftswissenschaftliche" Strömung in der KI breit macht.

[3] Die Annahme verschiedener "Lager" geht auf extreme Sichtweisen zurück, die immer auf Einzelfällen beruhen, aber gewisse Grundhaltungen prägen können, je nachdem, wie überzeugend sie dargeboten werden und nach außen sichtbar sind.

[4] Diese bestanden zu jener Zeit wohl im wesentlichen aus einer Anhäufung auf eine spezielle Problemstellung zurechtgeschnittener LISP-Programme.

unter. Daraufhin wurden spezielle KI-Formalismen entwickelt, die mehr und mehr Funktionalität in Richtung auf sprachspezifische Eigenschaften bereitstellen. Dabei wurde teilweise sogar die traditionell für die Informatik charakteristische Sichtweise auf Komplexität, theoretische Fundiertheit und Handhabbarkeit von Algorithmen verzichtet, zugunsten einer möglichst flexiblen Parsingstrategie im Hinblick auf linguistische Belange. Hier zeigt sich, daß in der Anfangsphase des "Blicks über den Zaun" so etwas wie ein *Wildwuchseffekt* eingetreten ist, bei dem von Grundsätzen der Informatik abgerückt wurde, um wenigstens in einigen Punkten nach außen hin den Anforderungen der Linguistik gerecht zu werden.

Etwa zur selben Zeit hat sich die Linguistik mehr und mehr von den Arbeiten der KI entfernt, jedoch ohne die bei der Loslösung von der Philologie eben erst so mühsam erkämpfte Nähe zur Mathematik und zur formalen Logik zu verlieren[5]. Dabei wurde zunehmend Wert darauf gelegt, sprachliche Phänomene möglichst übergreifend und einzelsprachunabhängig zu beschreiben, ohne sich von Kriterien wie Implementierbarkeit oder von algorithmischen Aspekten in der Theoriebildung zu sehr einengen, geschweige denn leiten zu lassen. Die heutige Ausprägung der generativen Grammatik zeigt diese Tendenz besonders deutlich[6]. Das Nebeneinander von Prinzipien und Komponenten, das aus systemeigenen Gründen keine unmittelbare Serialisierung oder Hierarchisierung zuläßt, steht einer direkten Umsetzung in ein algorithmisches Modell im traditionellen Sinne entgegen[7].

Schon seit Etablierung der Teildisziplinen in ihrem eigenen wissenschaftlichen Umfeld lassen sich Anstrengungen nachweisen, auf die Erkenntnisse des jeweils anderen "Lagers" zurückzugreifen, um dadurch zumindest dem Anschein nach das Feld der interdisziplinären Forschung zu betreten. Dabei wurde bedauerlicherweise unterschiedlich taktvoll mit Ergebnissen der jeweils anderen Forschungsrichtung verfahren. So kam es in KI-Arbeiten gelegentlich vor, daß sprachwissenschaftliche Erkenntnisse schlicht in Programmcode umgesetzt wurden, ohne zugrundeliegende Gesetzmäßigkeiten zu berücksichtigen. Im Bereich der Linguistik ist ein Beispiel dafür die aus heutiger Sicht etwas absurd anmutende Diskussion darüber, ob natürliche Sprachen als kontextfrei, kontextsensitiv oder gar als nichtrekursiv zu gelten haben. Die von Claudia Maienborn erwähnten Arbeiten von Berwick und Weinberg markieren in diesem Zusammenhang sicher einen wichtigen Schritt hin zur Emanzipation linguistisch orientierter Komplexitätsüberlegungen. Sicherlich haben alle diese grenzüberschreitenden Überlegungen etwas Gutes, schon allein deshalb, weil Arbeiten der anderen Richtung wahr- und ernstgenommen wurden. Dennoch bleibt das eigentliche Ziel einer solchen interdisziplinären Arbeit dabei nicht selten auf der Strecke, beispielsweise die Klärung grundsätzlicher Probleme der Sprachverarbeitung im Hinblick auf den Entwurf textverstehender Systeme.

Systemarchitektur und Interdisziplinarität

Die für das LILOG-Projekt gewählte Systemarchitektur, die sich auch in der Gliederung des Projektes in Untergruppen widerspiegelt, lehnt sich an das von Claudia Maienborn erwähnte theoretische Gerüst von Bierwisch/Lang an, dessen Besonderheit vor allem in der Unterscheidung von sprachlichem und konzeptuellem System besteht. Diese Trennung wird motiviert durch das Postulat bereichsspezifischer Gesetzmäßigkeiten und Organisationsprinzipien. Durch eine dementsprechende Zweiteilung des LILOG-Ansatzes waren die Weichen für eine erfolgversprechende Integration von Arbeiten gestellt, welche einerseits der Sprachwissenschaft und andererseits der KI verpflichtet sind. Die Gliederung in einen linguistischen Bereich, der sich im wesentlichen mit den traditionellen Unterdisziplinen *Grammatik* und *Semantik* und mit den damit in Verbindung stehenden Komplexen *Strukturbildung* und *Lexikon* befaßt, und den Bereich der Wissensrepräsentation stellt den erforderlichen Freiraum zur Verfügung, in dem sich die Angehörigen unterschiedlicher Disziplinen im

[5] Manchmal hat es den Anschein, als wären manche der neueren Bestrebungen in der Linguistik verzweifelte Versuche, sich mit allen Mitteln gegen die besitzergreifenden Einflüsse der Informatik/KI zu behaupten, um die gerade erst errungene Eigenständigkeit nicht wieder einzubüßen.

[6] Dabei fällt besonders auf, daß es nicht allen Arbeiten vornehmlich auf dem Gebiet der Government and Binding Theorie gelingt, auf dem Grad zwischen Anwendungsbezug und esoterischer Disziplin einen sicheren Stand zu finden.

[7] Allerdings werden vielerorts Anstrengungen in dieser Richtung unternommen.

Rahmen ihres jeweiligen Gebietes weitgehend frei bewegen können. So wünschenswert eine derartige innovative Systemstruktur für die Bewältigung der Gesamtaufgabe "Textverstehen" ist, das Schnittstellenproblem[8] ist damit vorprogrammiert. Solange die Arbeit auf die zugehörigen Teilbereiche beschränkt blieb, trat das Problem nicht zutage und niemand mußte sich an den Grundmaximen seiner Disziplin vergreifen, oder schlimmer noch, womöglich aufgrund von Unverträglichkeiten mit Ergebnissen aus dem anderen "Lager" gegen fundamentale Prinzipien verstoßen. Je weiter die Arbeit jedoch voranschritt, umso problematischer zeigte sich bei manchen Detailfragen die Annäherung der Arbeiten.

Claudia Maienborn weist auf einen besonders typischen Beispielfall hin, der mit der "Abbildung sprachunabhängiger Strukturen auf sprachliche Strukturen" zusammenhängt. An dieser Stelle müßte der Ontologie-Entwurf auf Anforderungen der Analyse und der Generierung gleichermaßen abgestimmt sein. Beispielsweise sollte die Abbildung des sprachlichen Ausdrucks "verdrehter Turm" auf ein Konzept "K_{332}" die Information für die Generierung bereithalten, daß "K_{332}" durch einen komplexen Ausdruck (Adjektiv+Nomen) zu versprachlichen ist, und auf diese Weise die Rückverbindung zu den betreffenden Lexikoneinträgen ermöglichen. Das ist nur ein Beispiel für Abstimmungsarbeiten, welche nur dann zu einem tragfähigen Resultat führen können, wenn sie sich nicht ausschließlich auf Kriterien nur eines der beiden Bereiche beschränken.

Vor diesem Hintergrund sollten die Vorschläge von Claudia Maienborn näher betrachtet werden, versprechen sie doch, wenn nicht direkt eine Integration linguistischer Vorstellungen und von Ergebnissen aus dem Bereich der Wissensverarbeitung[9], so doch zumindest eine klare Stellungnahme zugunsten einer linguistisch geleiteten Entwurfsmethodik für die Wissensrepräsentation.

Sprachliches Wissen und Common-Sense-Wissen

Manchmal wird man beim Betrachten speziell des Sortenverbandes den Verdacht nicht los, daß eine durchgängige und einheitliche Modellierungsmethodik immer nur in Teilbereichen durchgeführt wurde, daß jedoch eine ganze Reihe von Eintragungen aufgrund des zugrundeliegenden Szenarios mehr oder weniger *ad hoc* in die Ontologie eingebracht wurden. Diese Tatsache allein ist noch nicht problematisch. Allerdings sollte die Art der Motivation für solche Eintragungen hinreichend abgesichert sein, sowohl in domänenbezogener Hinsicht, als auch bezüglich der Anforderungen von Sprachanalyse und -generierung. Je mehr linguistische Erkenntnisse auf diese Weise in die Ontologie einfließen, umso eher erfüllt die Wissensrepräsentation ihre Aufgabe als Vermittlerin zwischen Sprache und modellierter Domäne. Dabei sollte allerdings nicht außer Betracht gelassen werden – und dazu neigt der Leser von Claudia Maienborns Artikel möglicherweise –, daß die Ontologie eben nicht nur eine sprachorientierte Modellierung der Domäne darstellt, sondern zugleich auch *common-sense*-Wissen in der Form enthält, in der es üblicherweise für den Umgang mit Besonderheiten der Domäne zur Verfügung steht. Es geht also nicht in erster Linie um die Strukturierung des Weltwissens nach *sprachlichen* Kriterien, sondern ebenso um eine Art naiver Systematisierung von Wissensbeständen, welche die relevanten Gesetzmäßigkeiten und Entitäten der Domäne geeignet zueinander in Beziehung setzt.

Dabei stellt sich die Frage, in welchem Maße sich die Vorschläge von Claudia Maienborn verallgemeinern lassen und wie sie in durch andere Vorgaben motivierte Modellierungen integriert werden sollten, ohne zu unerwünschten "Wechselwirkungen" zu führen und, ohne einer durchgängigen Systematik der Entwurfsmethodik im Wege zu stehen. Nicht, daß diese Perspektive von Claudia Maienborn außer Acht gelassen wurde, es fehlt allerdings ein Hinweis darauf, wie die Grenze zwischen sprachlich motivierten Gliederungen und solchen, die auf *common-sense*-Annahmen basieren, zu ziehen ist.

---

[8] Eigentlich ist "Schnittstelle" ein Terminus, der sich auf zahlreiche Berührungspunkte zwischen Teilaspekten der Projektarbeit anwenden läßt und davon wird auch reger Gebrauch gemacht. Im hier verwendeten Sinne ist *das Schnittstellenproblem* jedoch als Oberbegriff zu verstehen für eine Vielzahl von Anpassungs- und Verständnisschwierigkeiten beim Brückenschlag zwischen Linguistik und KI.

[9] Es besteht durchaus Grund zum Zweifel, ob eine echte Integration in dem Sinne wünschenswert ist, daß alle Teilresultate mit sämtlichen Annahmen der jeweils anderen Disziplinen verträglich sein müssen.

Es geht nämlich nicht allein darum, Phänomene auf dem Wege der Ontologie zu beschreiben, die sich auch an der sprachlichen Oberfläche nachweisen lassen bzw. die Entsprechungen in der Sprachstruktur haben, sondern ein beträchtlicher Teil des modellierten Wissens macht Aussagen über die zugrundeliegende Domäne, die mit sprachlichen Charakteristika bestenfalls mittelbar korrespondieren. Bedauerlicherweise steckt die Theoriebildung auf diesem Gebiet noch in den Kinderschuhen, so daß ein annähernd so umfangreicher Apparat auch empirisch abgesicherter Erkenntnisse wie in der Linguistik im Bereich der Modellierung von common-sense-Wissen weder verfügbar noch in greifbarer Nähe scheint. Die bisher in dieser Richtung unternommenen Arbeiten lassen zwar in ihren Ergebnissen auf weitere Einsichten über die Struktur des "Weltwissens" hoffen, sollten jedoch nicht an allzu hohen Ansprüchen gemessen werden, denen sie zur Zeit noch nicht gerecht werden können.

Der Ansatz der Kognitiven Lingustik verspricht hier einen Ausweg, indem er zwischen der traditionell sprachwissenschaftlichen Domäne und der Modellierung des Weltwissens vermittelt. Es ist bezeichnend, daß dieser Vermittlungsversuch nicht primär aus den Reihen der KI kommt, für die bisweilen noch die frühe Einschätzung gültig zu sein scheint, daß Sprachverarbeitung in erster Linie durch eine softwaretechnische Lösung zu bewältigen ist[10]. Speziell für eine Fundierung der *upper structure* sind die von Claudia Maienborn vorgeschlagenen Kriterien *Lokalisierung* und *Homogenität* ein guter Ausgangspunkt, weil sich common-sense-Gesetzmäßigkeiten für die Gliederung des "oberen" Abschnittes des Sortenverbandes nur mit Bezug auf sehr abstrakte Eigenschaften formulieren ließen. Wenn es nun aber schon erforderlich ist, abstrakte Unterscheidungskriterien zu definieren, so bietet es sich an, eine Aufteilung zu wählen, die der Gesamtaufgabe des Projektes entgegenkommt. In diesem Sinne ist es zu begrüßen, wenn Informationen aus der Wissensbasis bereits in einer frühen Phase der Sprachverarbeitung für die Eingrenzung von Lesarten und die Überprüfung der Wohlgeformtheit sprachlicher Ausdrücke herangezogen werden kann. Bei einer so gearteten Verzahnung wäre es allerdings erforderlich, eine weitaus engere Interaktion von Parser und Inferenzmaschine zu etablieren, als es bisher der Fall ist. Mit dem Ziel einer Verringerung der Distanz zwischen Wissensrepräsentation und Sprachverarbeitung kann eine solche stärkere Interaktion nur von Vorteil sein. Es wäre somit nicht damit getan, die *upper structure* nach linguistischen Kriterien zu entwerfen, sondern die darin zum Ausdruck gebrachte linguistisch motivierte Information müßte auch bei Analyse und Generierungsprozessen systematisch zugänglich sein[11]. Dadurch entfiele zugleich auch ein beträchtlicher Teil redundanter Information, wie z.B. die Subsumtionshierarchie der Semantik, deren alleinige Aufgabe bisher darin besteht, eine sprachlich motivierte Gliederung der ontologischen Konzepte zugänglich zu machen.

Claudia Maienborn schlägt für die Modellierung der ontologischen Attribute ebenfalls eine Anlehnung an sprachliche Charakteristika vor. Dabei geht ihr Vorschlag über die bisherige Realisierung ontologischer Attribute als einer Obermenge entsprechender thematischer Relationen beträchtlich hinaus, indem sie eine flexiblere Strukturierung solcher Attribute fordert (Stichwort: Rollenhierarchien). Sollte es sich dabei um ausschließlich sprachlich motivierte Strukturen handeln, so stellt sich die Frage, ob die darin zum Ausdruck gebrachte Systematik nicht primär semantischer Natur ist und daher einen Platz im Lexikon zugewiesen bekommen sollte. Frühe Anstrengungen, systematische Beziehungen im Bereich des common-sense-Wissens in der Wissensrepräsentationssprache nachzuvollziehen, weisen jedoch auf eine ähnliche Problematik hin, wie sie für Claudia Maienborn beim Versuch einer adäquaten Modellierung thematischer Rollen gegeben ist. Die "Anordnung ...[der] Rollen auf verschiedenen Abstraktionsebenen" könnte beispielsweise auch dabei helfen, die Modellierung abstrakter Beziehungen wie der *Teil-Ganzes-Relation* zu systematisieren, die sich durch ihre Eigenschaft von anderen ontologischen Rollen abhebt, für unterschiedliche Konzepte unterschiedliche Ausprägungen zu haben (z.B. Turm als Teil der Kirche, Kunstwerk als Teil der Ausstellung, ...).

[10]Das primäre Untersuchungsobjekt der Linguistik zeichnet sich eben dadurch aus, daß es in seinen Erscheinungsformen allgegenwärtig und daher unsystematischer "Theoriebildung" zugänglicher ist als das Betätigungsfeld der Informatik.

[11]Es soll dabei darauf hingewiesen werden, daß mit einer solchen Modellierungsentscheidung durchaus weitreichende Konsequenzen für die gesamte Projektstruktur, speziell im Formalismusbereich, einhergehen.

Auch in diesem Falle sollte es möglich sein, unterschiedliche "konzeptuelle Varianten" der Relationen auf verschiedenen Granularitätsstufen und unter verschiedenen Aspekten zugänglich zu machen.

Kreativität und Formalismus

Bei den Überlegungen zur Entscheidbarkeit des Subsumtionstest-Verfahrens spielt das anfangs erläuterte Dilemma des Zusammenspiels linguistischer und implementierungsorientierter Belange erneut eine Rolle. Die Frage ist dabei, inwieweit sich die Modellbildung technischen Gegebenheiten oder logischen Komplexitätsgrenzen unterwerfen und damit algorithmische "Machbarkeitskriterien" als Grenzen ihrer Kreativität akzeptieren soll. In diesem Punkt ist es nicht so einfach Stellung zu beziehen, weil der Knowledge Engineer, auch im Hinblick auf den Entwurf von Algorithmen, einerseits bestrebt ist, die Ausdrucksstärke des Formalismus in handhabbaren Grenzen zu halten, andererseits aber nicht durch Kriterien an bestimmten Entwurfsentscheidungen gehindert werden möchte, von denen nicht sicher bekannt ist, inwieweit sie als Verarbeitungsmodelle für kognitive Prozesse geeignet sind. Auch die Einführung von Kontrollstrategien für den "worst-case" ist hier keine generelle Lösung, weil bei prinzipiell unentscheidbaren Formalismen in der Regel nicht systematisch erkennbar ist, ob der "wort-case" überhaupt vorliegt. Möglicherweise helfen hier Heuristiken wie die Beschränkung der Suchtiefe oder eine Vorgabe zeitlicher Schranken. Ob es das ist, worauf Claudia Maienborn hinweist, wenn sie von "zusätzlichen Kontrollstrategien" spricht, bleibt leider unklar.

Einige der von Claudia Maienborn unterbreiteten Vorschläge erfordern erhebliche zusätzliche Anstrengungen in verschiedenen Bereichen des Projektes. Das gilt insbesondere für ihre Anregungen am Ende des Beitrags zur systematischen Einbeziehung von "Kontextfaktoren" in den Interpretationsprozeß, ein Vorhaben, auf dessen im Moment noch utopischen Charakter sie selbst hinweist. Inwieweit sich einige der von ihr angeregten Modifikationen problemlos in die Praxis umsetzen lassen und inwiefern diesem Vorhaben bestimmte starre Vorgaben der Systemarchitektur entgegenstehen, sollte auf jeden Fall diskutiert werden.

Viele Überlegungen haben bereits im Laufe der Projektarbeit Einfluß auf die Entwicklung der Ontologie gehabt und andere lassen sich möglicherweise ohne allzugroßen Mehraufwand einarbeiten. Allerdings müssen solche Veränderungen stets im Zusammenhang mit den jeweils erforderlichen Erweiterungen der Interaktion zwischen Sprachverarbeitung und Wissensrepräsentation gesehen werden, weil die linguistisch motivierte Information ihren Einfluß auf Analyse oder Generierung ohne ein entsprechendes Verarbeitungsmodell nicht angemessen geltend machen kann. In einem solchen Rahmen liegt es dann primär am Geschick der Kognitiven Linguistik, sich in ihrer Schlüsselfunktion zu bewähren und auf diesem Wege der von ihr selbst gewählten Vermittlerrolle zwischen Linguistik und KI gerecht zu werden.

Kommentar zu den Beiträgen von C. Maienborn und B. Geurts

Ewald Lang

1. Einführung

Mehrere Autoren dieses Bandes haben sich durch die Ontologie-Debatte erfreulicherweise dazu inspirieren lassen, ihre weiterweisenden Vorstöße durch mehr oder minder ausgearbeitete Fallstudien und Skizzen zu illustrieren. Dieses Verfahren ist fraglos belebend für die Diskussion, aber auch anstrengend für die Kommunikation zwischen den beteiligten Gruppen. Es macht einerseits gewisse vorhandene Differenzen unübersehbar (mit deren stillschweigender Tolerierung oder Ignorierung man bisher ganz gut leben konnte) und verweist andererseits auf künftig nötige Differenzierungen (wo man sie bislang nicht erwartet hat). Die Diskussion von Claudia Maienborns Aufsatz durch Bart Geurts und Kai von Luck (in diesem Band) ist, so scheint mir, dafür ein Belegfall. Im Sinne einer Zwischenmoderation möchte ich versuchen, daraus zwei Punkte abzuklären und so die nächste Runde einzuläuten.

2. Heuristik der Sternchen: Akzeptabilität und Kontextualität

Zur Rechtfertigung ihres Vorschlags, Zustände und Ereignisse als distinkte ontologische Basiskategorien anzunehmen, führt C. Maienborn (CM) einfache deutsche Sätze (es könnten auch englische oder türkische sein) an, die aufgrund ihrer Morphosyntax und der Bedeutung ihres Hauptverbs (*stehen* bzw. *überholen*) als sprachliche Identifizierungsvorschrift für einen Zustand (kurz: Zustandsausdrücke) bzw. für ein Ereignis (kurz: Ereignisausdrücke) zu interpretieren sind. Um den kategorialen Unterschied in der Referenz dieser Ausdrücke zu verdeutlichen, führt sie u.a. vor, was bezüglich dieser Interpretationen passiert, wenn solche Sätze durch (a) Zeitdaueradverbiale (*stundenlang*) oder (b) Zeitrahmenadverbiale (*innerhalb einer Stunde*) ergänzt werden. Die sich so ergebenden Ausdrücke wie

(1) (a) Das Auto hat stundenlang auf dem Parkplatz gestanden
    (b) *Das Auto hat innerhalb einer Stunde auf dem Parkplatz gestanden
(2) (a) *Das Auto hat stundenlang den Lastwagen überholt
    (b) Das Auto hat innerhalb einer Stunde den Lastwagen überholt

werden von CM, wie das in der Linguistik bewährte (nicht unumstrittene, aber heuristisch eben unersetzliche) Praxis ist, folgendermaßen bewertet: "Der Stern dient als Kennzeichen des Sprachsystems zur Markierung nicht-wohlgeformter Strukturen und filtert die nicht regulär interpretierbaren sprachlichen Ausdrücke aus."

Wenn man die stark verkürzte Formulierung präzisierend auftröselt, besagt sie Folgendes. Der Stern ist zunächst einmal ein heuristisches Hilfsmittel, eine vom Analytiker gesetzte Marke, daß z.B. Ausdrücke wie (1)(b) oder (2)(a) nicht regulär interpretierbar sind (was das heißt, dazu gleich mehr in den nächsten Abschnitten).

Er ist sodann methodisch eine Vormerk-Notiz, daß in einem System, das Verstehen und Generierung deutscher Sätze modelliert, Ausdrücke, von denen (1)(b) und (2)(a) nur Instanzen sind, als **strukturelle**

Klasse von Ausdrücken einer speziellen Behandlung zu unterwerfen, also von der regulären Verarbeitung durch Ausfiltern auszuschließen und ggf. einer 'Uminterpretation' genannten zusätzlichen Prozedur zuzuführen sind. (Das phantasievoll bemühte Beispiel des fliegenden Grand Canyon, mit dem Kai v. Luck diesen Aspekt zu illustrieren sucht, hat zwar den Unterhaltungswert, aber auch nur den Informationsgehalt, einer Karikatur.)
Und schließlich ist die Sternverteilung in (1) der Hinweis auf eine substantielle Hypothese, daß nämlich Ereignisse und Zustände als ontologische Entitäten (auch) durch die Bedingungen ihrer regulären sprachlichen Zugänglichkeit/Ausdrückbarkeit (englisch: accessibility/expressibility) unterscheidbar sind.

Worin besteht nun die durch Sternchen markierte Irregularität der Ausdrücke in (1)?

Zweifellos sind sie - von der Topik-Focus-Struktur sehen wir erstmal ab - syntaktisch alle in Ordnung: sie entsprechen den Regeln der deutschen Grammatik bezüglich Konstituenz, Reihenfolge und Morphologie; die als 'diagnostics' benutzten Adverbiale sind fakultative Adjunkte und an zulässiger Stelle. Genau dies ist wiederum die Voraussetzung für den Trouble, den sie für die semantische Komposition bei (1)(b) und (2)(a) bereiten.
Ganz kurz: syntaktisch als (ihrerseits kategorisierte) Adjunkte innerhalb der Verbalphrase (VP) angesiedelt, bilden sie für die semantische Komposition einen Operatorausdruck, der die semantische Struktur der übrigen VP als Operanden nimmt und sie also mit satzinternem, d.h. 'engem', Skopus modifiziert. Eine solche, durch die Syntax regulär vorgezeichnete Modifikation ist semantisch nur ausführbar nach Maßgabe der Typen-Verträglichkeit von Modifikator (Durativoperator- bzw. Zeitrahmenoperator) und Modificandum (komplexes Zustands- bzw. Ereignisprädikat) - für Details und Unterbau konsultiere man z.B. [Herweg 1990].
Die Sternchenzuweisung in (1), pauschal als Unakzeptabilitätsmarkierung deklariert, ist nun so auszubuchstabieren, daß es bei den unbesternten Beispielen (1)(a) und (2)(b) eine Korrelation zwischen Typen-Verträglichkeit und kompositioneller (d.h. regulärer) Interpretation gibt, nicht aber bei den als unakzeptabel besternten Beispielen (1)(b) und (2)(a), wo nicht vorhandene Typen-Verträglichkeit von Modifikator und Modificand den Vollzug einer kompositionellen (d.h. regulären) Interpretation verhindert.

Erst die Rekonstruktion der intuitiven Akzeptabilitätsbefunde in Termen von Kompositionalität, Regularität und Typen-Verträglichkeit macht aus den Beispielen in (1) Belege für die eigentlich angezielte Unterscheidung von Zuständen vs. Ereignissen.

Halten wir fest: Sternchen werden nicht mit dem Salzstreuer subjektiven Stilempfindens verteilt und um die Modellierung zu verkomplizieren (wie offenbar einige Nicht-Linguisten wähnen), sondern sie ergehen (im hier skizzierten Sinne) als Bewertungsurteile mit Erklärungsverpflichtung und mit dem Zweck, die Modellierung zu präzisieren und zu systematisieren.

Nun sind aber auch die besternten Ausdrücke in (1), da sie ja morpho-syntaktisch in Ordnung sind, keineswegs unverständlicher Wortsalat, sondern sie können, wie CM sagt, "aufgrund zusätzlichen Kontextwissens und unter Heranziehung von Weltwissen <...> uminterpretiert und letztendlich doch noch

sinnvoll gedeutet werden", sie sind aber dennoch "von den regulär erzielbaren Interpretationen strikt zu unterscheiden."
Anders gesagt: Das Fehlen eines Sterns bei (1)(a) und (2)(b) und die Zuweisung eines solchen bei (1)(b) und (2)(a) müssen nun noch in Termen von Kontextualität ausbuchstabiert werden. Leitspruch: die grammatische Akzeptabilität (oder Regularität) eines Ausdrucks ist umgekehrt proportional zur Kontextualität (Kontextbedingtheit) seiner semantischen Interpretation.
CMs etwas pauschaler Verweis auf (sprachliche und außersprachliche) Kontexte und/oder Weltwissen, mithilfe derer Ausdrücken wie (1)(b) oder (2)(a) doch eine sinnvolle Interpretation zugeordnet werden könnte, scheint zunächst geeignet, vorhandenes Mißtrauen gegen das ganze heuristische Verfahren noch zu bestärken. So etwa bei Bart Geurts (BG), der mit einem - allerdings ziemlich anders gelagerten ! - Beispielsatz frontal gegen die Korrelierbarkeit von grammatischer Akzeptabilität (= reguläre Strukturbildung) und graduierbarer Kontextualität (= Determination der zur Interpretation erforderlichen Kontextklassen) sprachlicher Ausdrücke wie (1)(b) oder (2)(a) anrennen und damit zugleich die von CM erwogene modulare Quellenunterscheidung für Kontextinformation zurückweisen möchte.
Bei genauerem Hinsehen aber ist der jeweilige Kontext-Bedarf für die Interpretation bzw. Uminterpretation der Ausdrücke in (1) gar nicht so schwer zu ermitteln.

(1) (a) Das Auto hat stundenlang auf dem Parkplatz gestanden
(b) *Das Auto hat innerhalb einer Stunde auf dem Parkplatz gestanden

Wenn wir davon ausgehen, daß reguläre Interpretation im Null-Kontext den generischen Ausdrücken vorbehalten ist (*2 mal 2 ist 4; eine Tanne ist ein Nadelbaum*), dann erfordert (1)(a) als partikulärer Satz für seine kompositionelle reguläre Interpretation genau nur die Klasse K von Kontexten, die die Referenz der beiden definiten NPs garantieren - keinen Deut mehr. Für die Interpretation von (1)(b) hingegen benötigen wir die Klasse K und außerdem noch einen Kontext C, der es uns erlaubt, (1)(b) syntaktisch so zu restrukturieren, daß *innerhalb einer Stunde* nicht mehr als innerhalb der VP adjungiertes Adverbial mit entsprechend semantisch 'engem' Skopus über dem Zustandsprädikat, sondern als Adjunkt zum ganzen Satz (CP) mit entsprechend 'weitem' Skopus zu deuten ist. Man kann sich das zunächst an syntaktisch diesbezüglich expliziten Ausdrücken verdeutlichen:

(3) (a) Innerhalb einer Stunde ereignete es sich/ geschah es/ war es soweit,
daß das Auto auf dem Parkplatz gestanden hat
(b) Es verging eine Stunde, und das Auto hat auf dem Parkplatz gestanden

Denselben Effekt, nämlich die syntaktische Freisetzung des Adverbials aus der VP und damit seine Befähigung, semantisch 'weiten' Skopus zu nehmen, hat für einen Ausdruck wie (1)(a) z.B. auch ein verbaler Kontext wie (4)(a):

(4) (a) Hast du das Auto <u>rechtzeitig</u> auf den Parkplatz gestellt?
(b) Das Auto hat <u>innerhalb einer Stunde</u> auf dem Parkplatz gestanden (= (1)(b))

Daß ein Kontext wie (4)(a) nun das Adverbial in (4)(b) für eine 'wide scope'- Interpretation lizensiert, ist an der Topik-<u>Focus</u>-Gliederung erkennbar, die von der Frage auf die Antwort übertragen wird. (Fokale Konstituenten sind unterstrichen).

In (4)(a) ist *rechtzeitig* focussiert und als Zeitrahmenadverbial mit dem komplexen Ereignisprädikat "das-auto-auf-den-parkplatz-stellen" semantisch typengerecht und mit 'wide scope' komponierbar. In (4)(b) ist - entsprechend genereller Bedingungen der Frage-Antwort-Korrespondenz - das Adverbial *innerhalb einer Stunde* durch parallele Focussierung als außerhalb der VP adjungiert und semantisch als Operator mit weitem Skopus interpretierbar, mit dem Effekt, daß - grob gesprochen - das komplexe Zustandsprädikat "das-auto-steht-auf-dem-parkplatz" (seinerseits topikal, da aus dem Ereignisprädikat in (4)(a) als Resultat ableitbar) als Träger für das Ereignis seines Eintretens (Ingressiv-Interpretation) umgedeutet wird.

Mit dieser Rekonstruktion der Kontextualität von (4)(b) (=(1)(b)) bewegen wir uns noch ganz im Rahmen kontrollierter Strukturbildung, und damit im Rahmen definierbarer Klassen von Kontexten und dadurch lizensierten Uminterpretationen. Genau daraus erklärt sich auch, weshalb man beim Hören/Lesen von (4)(b) "out of the blue" mit hoher Wahrscheinlichkeit einen (auch nicht-verbalen) Kontext konstruiert, der - wie auch immer im Detail - jedenfalls die syntaktische Freisetzung des Adverbials aus der VP und damit seine Befähigung, semantisch 'weiten' Skopus zu nehmen, triggert. Ähnlich wie man bei (2)(a) als Nächstliegendes versucht, das "überholen"-Prädikat auf iterierte Ereignisse zu erstrecken - ich führe das nicht weiter aus. Also: Die Kenntnis der Grammatik gibt uns angesichts der nicht-regulären Interpretierbarkeit von (1)(b) oder (2)(a) eine Strukturbedingung für erlösende Kontexte vor.

Damit ist auch die Verankerung der hier illustrierten Uminterpretation im sprachlichen Wissen impliziert; nicht-sprachliches Weltwissen kommt als Kontextlieferant eher unter dem Aspekt der Präferenz unter Alternativen ins Spiel. CM nennt als Beispiel, daß, ersetzt man das Adverbial in (1)(b) durch *innerhalb von 10 Sekunden*, die kürzere Zeitspanne unserem Weltwissen gemäß dann als Hinweis auf Einparkzeiten und somit als stützendes Indiz für die ingressive Uminterpretation von (1)(b) wirksam wird. Ähnlich zu werten ist die flankierende Rolle der naiven Theorie über Flüssigkeiten, wie sie Kai v. Luck in seiner Fallstudie ausdrücklich postuliert.

Aber zu sagen, daß der diskutierte Fall von Uminterpretation strukturell in der Sprachkenntnis verankert ist, besagt nichts gegen die von CM und anderen vertretene Modularitätsvorstellung, derzufolge sprachliches Wissen (Grammatik) von nicht-sprachlichem Wissen (Weltwissen) repräsentationell unterschieden wird. Die Verarbeitung von Ausdrücken wie in (1) im Sinne der Zuweisung einer semantischen Interpretation relativ zum Kontext erfolgt in jedem Falle (für reguläre wie nicht-reguläre Strukturen, wenngleich verschieden in Aufwand und Effizienz) auf der konzeptuellen Ebene, die allein für die Interaktion und Integration von Sprachwissen, Situationskenntnis und Weltwissen zuständig ist. Entsprechend ist auch die Architektur eines textverstehenden Systems, das Ausdrücke wie (1) verarbeiten (interpretieren und/oder generieren) soll, modular anzulegen, was wiederum eine Vielzahl technischer Ausführungsvarianten zuläßt.

Zurück zum Ausgangspunkt: die linguistisch motivierte Postulierung und Distinktion von Zuständen und Ereignissen als ontologische Basiskategorien, wie sie CM hier vorschlägt, ist natürlich nicht auf den Adverbialtest mit Sternchenverteilung angewiesen, sondern sie kann sich (neben Verhalten unter Negation, Kookkurrenz mit Faktorphrasen, Möglichkeit der Pro-Ersetzung) auf eine Reihe weiterer unabhängiger, aber im Resultat konvergierender Indizien aus der Literatur stützen. Mir kam es aber hier darauf an, den

Erkenntniswert des Sternchenverfahrens ins rechte Licht zu rücken. Wenn Bart Geurts sagt, "little stars are not as innocent as they might seem" hat er recht, aber vielleicht anders, als er meint.

3. Wie aufschlußreich sind welche Beschränkungen?

CM plädiert für die Etablierung der thematischen Rollen `Agens` und `Thema` als Features, die Elemente eines begrenzten Inventars darstellen, das seinerseits bezüglich der in Verben encodierten Auswahlkombinationen hierarchisch geordnet ist. Die thematischen Rollen sollen möglichst abstrakt gefaßt sein, aber über einen jeweiligen Spielraum kontextuell determinierter, konzeptuell spezifizierter Varianten verfügen, was die so angelegten Rollen wiederum als Mittel der Modellierung inferenziell relevanter Beziehungen zwischen bestimmten Sorten empfiehlt. So weit, so gut. Auf der Suche nach Beispielen, die zeigen sollen, daß unterschiedliche Gruppen von Verben ihre Agens-Rolle auf unterschiedlichem Abstraktionsniveau (bzw. mit unterschiedlicher Spezifikationtiefe) selegieren, führt CM die Perzeptionsverben als Beispiel für Verben an, die ein auf Belebtheit (genauer: Beseeltheit - cf. Lang in diesem Band, Abschnitt 2.2) spezifiziertes Agens verlangten:

(5) (a) Peter sieht den Unfall
(b) *Der Ball sieht den Unfall (= CMs (12))

BG ist anderer Meinung und kontert, daß wir z.B. im Hinblick auf ein computerisiertes Verkehrsüberwachungssystem namens KAVON wir sehr wohl sagen könnten

(6) KAVON saw the accident (= BGs (5))

obwohl doch "KAVON does rather poorly on the animacy scale". BG ist nicht grundsätzlich dagegen "to say that we can sometimes *conceive* of 'dead' objects as being animated." Aber solange keiner so recht erklären könne, was es heißt "to conceive of something as being something else and why it is, apparently, difficult to think of balls as being animated", seien solche Überlegungen ziemlich fruchtlos.

Ich denke, wir kommen ein Stück weiter, wenn wir die reguläre Interpretation für Wahrnehmungsverben wie *sehen, hören, fühlen* nicht an eine semantische Selektionsforderung » `Agens: belebt` « binden, sondern an eine Sortenrestriktion (zur Unterscheidung cf. Lang, in diesem Band, Abschnitt 2.1). Wahrnehmungsverben wie die angeführten - sie werden in der Literatur übrigens nicht mit einer 'Agens'-Rolle, sondern eher mit der 'Experiencer'-Rolle assoziiert - cf. [Viberg 1983] - beziehen sich auf Informationsumwandlung und dafür braucht der als externes Argument figurierende Träger eine passende Vorrichtung. Etwa so, daß für alle `E:P-Wahrnehmungsereignis` (P = {visuell, auditiv, taktil ..}) die Rolle `Agens(E)` oder `Experiencer(E)` mit dem Feature 'hat_P-Vorrichtung' spezifiziert ist.

Das paßt sowohl mit dem Befund zusammen, daß wir Ausdrücke wie *die Camera sieht, das Mikrofon hört, der Scanner liest* offensichtlich ohne Einschaltung eines metaphorischen Transfers verstehen können, wie auch mit der Beobachtung, daß dies für (5)(b) nicht gilt: Bälle haben keine P-Vorrichtung. Eine semantisch fundierte Bedingung nach belebtem Agens oder Experiencer läßt sich aus (5)(a) und (b) also nicht eindeutig gewinnen.

Ein Beispiel für das, was CM illustrieren möchte, finden wir aber gleich nebenan. Es gibt zu diesen Wahrnehmungsverben Varianten, die eine "consciously controlled activity" [Viberg 1983] ausdrücken und daher ein auf "intentional" (und somit auf "beseelt") spezifiziertes Agens verlangen. KAVON mag den Unfall sehen, aber er kann ihn nicht *betrachten*, ein Mikrofon mag Grillengezirp hören, aber es kann ihm nicht *lauschen* oder *zuhören* etc.

Zugegeben, die von mir (a.a.O) vorgeschlagene Aufteilung in semantische, d.h. durch die Sprachstruktur induzierte, **Selektionsbedingungen** und konzeptuelle Verträglichkeit garantierende **Sortenrestriktionen** ist subtil und keineswegs unstrittig. Ich halte eine solche Differenzierung dennoch für methodisch nützlich, gerade auch für die weitere Exploration der thematischen Rollen. Wenn BG zutreffend beklagt: "the semantics of thematic roles is in a rather sorry state", dann liegt das u.a. daran, daß thematische Rollen, anders als Phoneme, Morpheme oder syntaktische Kategorien, nicht Elementareinheiten der Sprachstruktur sind, die nach homogenen ebenenspezifischen Kriterien definiert und klassifiziert werden können, vielmehr sind thematische Rollen zwangsläufig als Mischgebilde zu betrachten, mit Hilfe derer die Syntax/Semantik-Schnittstelle theorie- und zweckgebunden modelliert wird.

Ich würde gemäß dieser Auffassung für eine Dekomposition der thematischen Rollen in Tupel aus Komponenten unterschiedlicher Provenienz plädieren und CMs Ansatz kommt dem sehr entgegen. Die genannte Unterscheidung von semantischer Selektion und Sortenrestriktion könnte dabei insofern nützlich sein, als sie uns nötigt, Annahmen über semantische Beschränkungen bezüglich der 'agenthood' eines Verbs mit korrelierenden grammatischen Effekten (Passivierbarkeit, Konversion, Imperativbildung etc.) zu motivieren - in eben dem Sinne unterscheiden sich z.B. *sehen, hören* von ihren intentionalen Varianten *betrachten, lauschen*, was also für die semantische Fundiertheit der oben skizzierten Beschränkung auf intentionale und somit beseelte Agens-Belegungen spräche. Flankierend kommt hinzu, daß solcherart Intentionalität in manchen Sprachen auch morphologisch und aspektuell indiziert wird.

Das Beispiel lehrt über den Einzelfall hinaus, daß beobachtbare Beschränkungen im Bereich der semantischen Selektion nicht einfach in irgendwelche Filtermechanismen umzusetzen sind, sondern daß sie zunächst der Lokalisierung in ihrer zuständigen Strukturbildungsdomäne bedürfen.

Literatur

[Herweg 1990] M. Herweg. Zeitaspekte. Die Bedeutung von Tempus, Aspekt und temporalen Konjunktionen. Wiesbaden: Deutscher Universitäts-Verlag 1990

[Viberg 1983] Å. Viberg. The verbs of perception: a typological study. *Linguistics* 21: 121-161, 1983

Die LILOG-Ontologie aus Generierungssicht

Hans-Joachim Novak

Zusammenfassung

Der Beitrag verweist auf Probleme mit der Ontologie des LEU/2 Systems aus Generierungssicht. Nach einer Einführung in die Generierungsproblematik wird an einigen Beispielen die Problematik der Aufgabenabhängigkeit einer Modellierung gezeigt. Danach wird gezeigt, daß Kategorien der Ontologie nicht immer generierungsrelevant sind. Die daraufhin erfolgte generierungsinterne Klassifikation von Sorten im Kontext ihres Auftretens zu *semantischen Typen*, weist auf eine Möglichkeit der strikten Trennung von Weltwissen und sprachlichem Wissen hin. Probleme der Wortwahl, die mit dieser Trennung verbunden sind, werden am Schluß diskutiert.

1 Einleitung

Die als Sortenverband codierte Ontologie stellt innerhalb des textverstehenden Systems LEU/2 das repräsentationelle Grundgerüst – die Kategorien – zur Verfügung, vor deren Hintergrund die Beispieltexte vom System "verstanden" werden. "Verstehen" bedeutet somit im Kontext von LEU/2: Instantiierung von Sorten der Ontologie (im folgenden benutze ich "Konzept" und "Sorte" als Synonym, wenn eine Verwechslung ausgeschlossen erscheint), die, wie C. Maienborn (in diesem Band) es formuliert hat, "als Hypothese über die Struktur und Organisation menschlicher Kenntnisse angesehen werden kann". Betrachtet man die Ontologie, wie sie in dem Beitrag von Klose und Pirlein (in diesem Band) dargestellt ist, dann wird deutlich, was das System in Bezug auf Testverstehen maximal leisten kann: eine Darstellung des propositionalen Gehalts einer Äußerung. Intentionen, Einstellungen oder Glaubens- und Wissenszustände eines Sprechers oder Textproduzenten können gegenwärtig innerhalb des formalen Rahmens von L_{LILOG} und der dazugehörigen Inferenzkomponente nicht dargestellt werden. Bezüge von Sätzen untereinander (rhetorische Bezüge beispielsweise) werden ebensowenig dargestellt. Dies sollte nicht als Kritik verstanden werden, da eine Formalisierung von z.B. Intentionen in der Prädikatenlogik erster Stufe erst in den Anfängen ist (vergl. (Cohen, Morgan, Pollack 1990)), sondern vielmehr als Hinweis darauf, daß Instanzen von Elementen des Sortenverbandes die Grundlage der Generierung bilden; sie sind die Textrepräsentation.

Bei der Generierung von Äußerungen unterscheidet man zwischen einem inhaltsfestlegenden und einem formfestlegenden Teil, oft auch bezeichnet als Unterschied zwischen *was* und *wie* etwas gesagt werden soll. Die Entscheidung *was* gesagt werden soll, kann im Fall von Ja/Nein und Konstituentenfragen von der Inferenzmaschine gefällt werden. Bei Ja/Nein Fragen, die negativ beantwortet werden müssen, kann eine kooperative Antwort nur unter Zugriff auf ein Hörermodell und eine geeignete Diskursrepräsentation erzeugt werden. Diese Generierungsaufgabe kann von der Inferenzmaschine unterstützt, aber nicht geleistet werden. Ein Beispiel hierzu ist die Frage:

(1) Befindet sich das Hetjensmuseum in der Eiskellerstraße?

Mögliche kooperative Antworten sind:

(2) Nein, es befindet sich an der Ecke Schulstraße und Hafenstraße.
(3) Nein, das Schiffahrtsmuseum befindet sich in der Eiskellerstraße.

Welche der obigen Antworten adäquat ist, kann nur mithilfe des Fokus der Frage und eines Hörermodells bestimmt werden. Solche Prozesse werden von der Inferenzmaschine unterstützt, sind aber gegenwärtig nicht implementiert.

Im Fall von allgemeinen Fragen der Art *Was kannst Du mir über das Objekt X sagen?*, kann die Inhaltsbestimmung nur von einer separaten Textplanungskomponente, unter Zuhilfenahme der Inferenzmaschine geleistet werden. Für die Inhaltsbestimmung ist die Ontologie unerläßlich, da Instanzen der dort definierten Sorten den momentanen Zustand der Welt reflektieren. Für die Entscheidung, *wie* etwas gesagt werden soll, kann die Ontologie hilfreich sein. Wie hilfreich sie für diese zweite Aufgabe ist, hängt davon ab, ob sie konzeptuelle Unterschiede repräsentiert, die, entweder direkt oder über eine definierte Abbildung in sprachliche Unterscheidungen, grammatisch relevant sind.

Lang zeigt in seinem Beitrag (in diesem Band), daß die Modellierung unserer Kenntnis der Welt, wie sie in der Ontologie dargestellt ist, von einer Vermischung sprachlicher und konzeptueller Kriterien geprägt ist. In der "upper structure", dem domänenunabhängigen Teil der Ontologie, sind unterschiedliche Sorten eher nach konzeptuellen Gesichtspunkten gewählt, wohingegen in der "lower structure", dem domänenabhängigen Teil, sprachliche Kriterien stärker zur Sortenunterscheidung herangezogen wurden, so daß letztlich in diesem Teil der Ontologie alle vorkommenden Lexeme ihre sortale Entsprechung haben.

Diese Vermischung entspricht den unterschiedlichen Anforderungen an die Ontologie von Seiten der Sprachverarbeitung und der Wissensverarbeitung. Die unterschiedlichen Ansprüche selbst stammen von den unterschiedlichen Sichtweisen auf eine Ontologie von Wissensverarbeitung und Sprachverarbeitung, auf die ich im folgenden kurz eingehen will.

Wenn Sprachverarbeiter von einer Ontologie reden, meinen sie eine linguistisch motivierte Klassifikation sprachlicher Einheiten, die zu Konzepten führt, die grammatisch relevant sind (siehe die Beispiele in Langs Beitrag (in diesem Band)).

Für Wissensverarbeiter stellt eine Ontologie eine Repräsentation unseres Alltagswissens (common sense theory, naive theory) über einen Weltausschnitt dar, mit deren Hilfe allgemeine Inferenzregeln für Klassen von Objekten geschrieben werden können. Aus diesem Grunde ist eine solche Ontologie auch typischerweise als Subsumptionshierarchie angelegt.

Bedingt durch die weitgehende parallele Entwicklung der einzelnen Komponenten von LEU/2 wurden Anforderungen an die Ontologie erst recht spät im Projektverlauf gestellt, was zu der von Lang dargestellten Vermischung sprachlicher und konzeptueller Kriterien bei der Modellierung führte. Es soll hier auch nicht verschwiegen werden, daß Sprach- und Wissensverarbeiter lange Zeit trefflich aneinander vorbeiredeten und sich erst gegen Ende der Entwicklung von LEU/2 ein gemeinsames Verständnis entwickelte darüber, was die Ontologie darstellt, und welche zusätzlichen Strukturen notwendig sind, um zu einer klaren Trennung von sprachlichem Wissen und Weltwissen zu kommen.

2 Zur Modellierungsproblematik

In der Ontologie von LEU/2 wurde eine Aufteilung in domänenunabhängige Konzepte, die "upper structure", und domänenabhängige Konzepte, die "lower structure", vorgenommen. Diese Aufteilung ist sinnvoll, zumal sie dem Gedanken Rechnung trägt, allgemeingültige Konzepte für verschiedene Domänen zur Verfügung zu haben. Daß Knowledge Engineering eine gegenwärtig noch unzureichend verstandene Kunst ist, wird erst deutlich, wenn man sich vor Augen führt, daß man zwar domänenunabhängig, aber nicht aufgabenunabhängig modellieren kann. Die Aufgabenabhängigkeit von Modellierungen ist meines Wissens noch kaum thematisiert worden und spielt bei der Modellierung eine entscheidende Rolle. Unter "Aufgabenabhängigkeit" soll hier der Zweck der Repräsentation, was genau soll damit getan werden, verstanden werden.

Am Beispiel der Modellierung von Bewegungskonzepten soll diese Problematik im folgenden expliziert werden, da diese Arbeiten in der Literatur gut dokumentiert sind. Das erste Beispiel ist die Hierarchie von Bewegungskonzepten, wie sie von John Tsotsos (Tsotsos et al. 1980; Tsotsos 1981) vorgestellt wurde. Die Aufgabe besteht darin, Bewegungen der linken Herzkammer automatisch auf Anomalien zu untersuchen. Tsotsos' Bewegungshierarchie besteht ebenfalls aus einem domänenunabhängigen Teil und einem domänenabhängigen Teil. Im unabhängigen Teil orientiert sich die Hierarchie an physikalischen Gegebenheiten, so findet man in der oberen Ebene Konzepte wie, *Rotation*, *Translation*, *Flächenänderung* und *Volumenänderung*. In den unteren Ebenen der Hierarchie finden sich zunehmend domänenspezifischere Konzepte, z.B. *posterior-rapid-fill*, ein spezielles Konzept zur Beschreibung von Herzkammerbewegungen. Tsotsos' Kategorisierung, zusammen mit einer geeigneten Kontrollstruktur, dient zur Ereigniserkennung, d.h. zur automatischen Bestimmung des speziellsten Bewegungskonzeptes, mit dem die Herzkammerbewegung beschrieben werden kann.

Eine leichte Verschiebung der Aufgabenstellung, nämlich nicht nur Erkennen, sondern Erkennen und Verbalisieren, in diesem Fall von Bewegungen von Objekten in einer Straßenverkehrsszene, führt zu einer ganz anderen Modellierung. Bemerkenswert hierbei ist, daß diese neue Modellierung nicht aus Unkenntnis über Tsotsos' Modellierung entstand, sondern aus einer Analyse seiner Kontrollstruktur und Modellierung für den Zweck der sprachlichen Beschreibung von Bewegungen (siehe (Neumann, Novak 1983)).

Die Erkennung und sprachliche Beschreibung von Bewegungen stand im Vordergrund beim Aufbau der Verbhierarchie, wie sie in (Novak 1987) vorgestellt wird. Hier werden direkt Verbbedeutungen zueinander in Beziehung gesetzt, wobei der Wortschatz und nicht Bewegungskonzepte im Vordergrund stehen. Die obersten Knoten dieser Hierarchie bestehen aus den Verben *bewegen* und *stehen*. *Bewegen* spezialisiert zu *gehen*, *fahren* und *stehenbleiben*, *stehen* spezialisiert zu *stehenbleiben*, *warten* und *halten*. Wir gehen hier nicht auf alle Einzelheiten dieser Hierarchie ein (siehe dazu (Novak 1987), S. 66ff), sondern halten an dieser Stelle fest, daß auch diese Hierarchie zur Ereigniserkennung ausgenutzt wird und insbesondere die Eigenschaft hat, das jedes allgemeinere Verb ebenfalls zur Beschreibung eines Ereignisses benutzt werden kann, das mit einem speziellen Verb beschrieben wird. Allerdings müssen dann bei einer Äußerung mit dem allgemeineren Verb zusätzliche Modifikationen verbalisiert werden.

Eine weitere Modellierung von Bewegungsverben, die nicht für eine Verbalisierung angelegt ist, stellen (Heinze, Krüger, Nagel 1991) vor. Hier besteht die Aufgabe in der Berechnung von Bewegungsverben zur Beschreibung von aus Bildfolgen gewonnenen Fahrzeugtrajektorien. Die Erzeugung von Sätzen oder gar Texten wird nicht betrachtet. Auffallend an diesem Ansatz ist, daß auf eine Hierarchisierung der Verben verzichtet wurde. Diese ist offensichtlich speziell für Verbalisierungsaufgaben wichtig.

Die obigen Beispiele verdeutlichen die Aufgabenabhängigkeit der Modellierung. Bezogen auf die Ontologie von LEU/2, die eine ausgearbeitete Ereignismodellierung enthält, das sind die meisten Konzepte unter SITUATION, soll hier insbesondere festgehalten werden, daß eine Ereignishierarchie *keine* Verbhierarchie ist. Wenn ein Ereignis ein anderes subsumiert, heißt das nicht automatisch, daß auch das entsprechende Verb allgemeiner ist und ebenfalls benutzt werden kann. Diese Ereignishierarchie innerhalb der Ontologie ist auch nicht primär für den Zweck der Verbalisierung angelegt worden, sondern zur Unterstützung der Verarbeitung temporaler Information, wofür sie bestens geeignet ist.

Außer den bereits weiter oben konstatierten unterschiedlichen Anforderungen an die Ontologie von Seiten der Wissens- und der Sprachverarbeitung war auch die Aufgabenorientierung eine andere: inferieren und verbalisieren. Solcherart Zwiespalt wird insbesondere durch die Einführung von Konzepten verdeutlicht, die eigentlich "nur" der Verarbeitung dienen und ansonsten nicht gerechtfertigt sind.

3 Generierung

Im folgenden wird kurz dargestellt, wie bei der Generierung von Antworten auf Fragen[1] vorgegangen wird, um danach Probleme der Generierung mit der gegenwärtigen Ontologie zu diskutieren.

Beim Parsen einer Äußerung, wie sie im Hetjensmuseum-Kurztext vorkommt,

Der Eintritt beträgt 2 DM.

wird zuerst eine erweiterte Diskursrepräsentationsstruktur (EDRS) aufgebaut, die anschließend in L_{LILOG} Ausdrücke übersetzt wird. Im konkreten Fall in folgende Strukturen:

```
refo drfnt1: BETRAGEN
refo drfnt2: PREIS
refo drfnt3: PREIS

axiom ax_1
thema(drfnt1) = drfnt2 and
object(drfnt1) = drfnt3

axiom ax_3
einheit(drfnt3) = DM and
zahlenwert(drfnt3) = 2
```

Bei der Analyse wird "Eintritt" auf "Eintrittspreis" abgebildet, was von der Sorte PREIS ist und an sich ungleich der Sorte PREIS mit den Attributen "einheit" und "zahlenwert".

Wird nun später eine Frage nach dem Eintrittspreis des Hetjensmuseums gestellt, z.B. *Wieviel kostet der Eintritt?* so wird wiederum zuerst eine EDRS aufgebaut, d.h. insbesondere, daß neue Diskursreferenten eingeführt werden, von denen einer als derjenige ausgezeichnet wird, nach dem gefragt worden ist. Diese Frage-EDRS wird in eine L_{LILOG} Formel übersetzt und an die Inferenzmaschine weitergegeben. Das Ergebnis der Inferenzmaschine enthält unter anderem auch, durch welchen tatsächlichen, in der Textrepräsentation vorkommenden Diskursreferenten derjenige aus der EDRS der Frage substituiert worden ist. Dieser muß dann von der Generierung in natürlichsprachlicher Form ausgegeben werden.

Im allgemeinen besteht die Aufgabe der Generierung in der natürlichsprachlichen Beschreibung von Diskursreferenten. Dazu wird nun überprüft, zu welcher Sorte er gehört, ob er als Wert eines Attributes eines anderen Diskursreferenten aufgetreten ist und welche Attribute er selbst besitzt. Neben den eben genannten Operationen ist die Überprüfung von Subsumptionsbeziehungen die wichtigste. Hierdurch wird festgestellt, ob es sich bei dem Diskursreferenten z.B. um eine räumliche Angabe, eine zeitliche oder eine Maßangabe handelt und danach die Verbalisierung gesteuert.

4 Ontologie und Generierung

Immer dann, wenn die Sorte eines Diskursreferenten oder seine Obersorte keine Information für seine Verbalisierung enthält, ist die sortale Einteilung des Referenten für die Generierung irrelevant.

Obiges Beispiel der beiden Diskursreferenten der Sorte PREIS, wobei einmal nur die Attribute zu verbalisieren sind (siehe Beispiel) und für eine Frage wie *Was kostet 2 DM?*, nur die Sorte zu verbalisieren wäre, ist ein solcher Fall. Die sortale und die Subsumptionsinformation sind nicht generierungsrelevant. Der Diskursreferent kann nur verbalisiert werden, wenn der Kontext, in dem er aufgetreten ist, genauestens analysiert wird.

[1] Dabei wird nicht auf die Problematik der Beantwortung von allgemeinen Fragen der Art *Was kannst Du mir über X sagen?* eingegangen.

Die Tatsache, daß dieser Fall nicht singulär ist, führte innerhalb der Generierungskomponente zu dem Ansatz, so etwas wie *semantische Typen* zu definieren; Klassen von Objekten, die sich grammatisch gleich verhalten. In obigem Fall wird das Refo, dessen Attribute zu verbalisieren sind, generierungsintern als VALUE kategorisiert. Da VALUE noch zu allgemein ist, bilden wir Tupel, bestehend aus Typ und speziellem Typ, in diesem Fall [value,PREIS]. Ein anderer Typ ist z.B. der für temporale Angaben [value, ZEIT]. Momentan sind diese Typen in Prolog kodiert, was sicherlich inadäquat ist (für eine bessere Lösung siehe weiter unten unter "upper model"). Innerhalb der Generierung erlauben diese Typen die Umsetzung in geeignete Oberflächenstrukturen.

Ein anderes Beispiel, wo die generierungsrelevante Information sicher nicht durch eine entsprechende Sorte dargestellt werden sollte, stammt aus dem Bereich der Zeitangaben. Als Antwort auf WANN-Fragen können alle möglichen Entitäten in Frage kommen. Wenn ein Refo verbalisiert werden soll, das als Wert der Rolle "temporal" aufgetreten ist, und von der Sorte ZEIT ist, so muß explizit zwischen den Ausprägungen von ZEIT-Refos unterschieden werden, um die Präposition zu bestimmen. Zum Beispiel muß bei NACHT *in der Nacht*, bei TAG *am Tag*, bei JAHRHUNDERT *im Jahrhundert* verbalisiert werden. Welche Präposition für ein Nomen benutzt wird, wenn dieses als temporale Angabe fungieren soll, ist so idiosynkratisch, daß sie im Lexikoneintrag des jeweiligen Nomens verzeichnet sein muß.

Aufgrund der schon mehrfach erwähnten Vermischung konzeptueller und sprachlicher Kriterien bei der Modellierung kann manche Information aus der Ontologie entnommen werden und andere muß generierungsintern beigesteuert werden. Der Versuch, *semantische Typen* zu definieren, geht in dieselbe Richtung wie die Entwicklung eines *upper model* (Bateman 1990), einer Repräsentationsebene, die nur linguistisch motivierte Kategorien enthält, die auch Aussagen über die Form einer Äußerung zulassen. Batemans *upper model* enthält z.B. solche Kategorien wie *material process* und *mental process*, sowie Kategorien, die angeben, wieviel Beteiligte eine Rolle in dem Prozeß spielen und damit gleichzeitig aussagen, welche Stelligkeit ein *Verb* haben muß, das diesen Prozeß beschreibt. Diese Angaben bilden "nur" Beschränkungen für die Realisierung, d.h. die konkrete syntaktische Struktur einer Äußerung bleibt weiterhin der Realisierungskomponente überlassen. Ob eine Verbalphrase oder eine Nominalisierung gewählt wird, hängt von der Intention des Systems und vom Benutzermodell ab.

Damit sehen die Anforderungen der Generierung an eine Ontologie zum Teil so aus, wie sie bereits von Lang gefordert werden: Eine Darstellung des Weltwissens plus eine Darstellung sprachlichen Wissens und eine definierte Abbildung dazwischen. Weiterhin wird von der Generierung eine Abbildung zwischen dem Lexikon, den sprachlichen Kategorien und dem Weltwissen benötigt, die auch Wortwahlprozesse erlaubt. Im folgenden sollen einige Probleme, die mit diesem Ansatz zusammenhängen, expliziert werden.

Betrachten wir nochmals das Problem, daß eine gewisse sortale Information allein noch keinerlei Hinweise auf eine mögliche sprachliche Realisierung des Konzeptes gibt. Der Ausweg hier ist die getrennte Darstellung von sprachlichem und Weltwissen. Ein Ansatz hierzu ist der *upper model* Ansatz von Bateman, der im PENMAN System realisiert wurde. Die Verbindung des upper models mit der Ontologie erfolgt über den Klassifikationsmechanismus terminologischer Repräsentationssprachen. Das bedeutet, daß die sprachliche Kategorisierung genauso dargestellt wird wie das Weltwissen. Somit werden Instanzen aus der Domäne Konzepte aus dem Weltwissen und gleichzeitig Konzepte aus dem sprachlichen Wissen zugeordnet. Ein solches upper model ist einzelsprachabhängig! Es repräsentiert die sprachlichen Konzepte und Ausdrucksmöglichkeiten einer Sprache.

Was mit diesem Ansatz ungelöst bleibt, ist das Problem der Wortwahl. Dieses Problem wird von kaum einem System behandelt und ist notorisch schwer in den Griff zu bekommen. Meistens geht man von 1:1 eins Abbildung von Wörtern und Konzepten aus. Das Problem tritt auch eigentlich erst bei Generierungssystemen voll zu Tage. Beim Parsen einer Äußerung kann man verschiedene Wörter auf dasselbe Konzept abbilden und von leichten Bedeutungsunterschieden abstrahieren. Es ist geradezu ein Desiderat der Analyse, Paraphrasen eine kanonische Bedeutungsrepräsentation zuzuordnen. Vom Standpunkt der Generierung gibt es so gut wie keine Paraphrasen, da schon derselbe Satz mit unterschiedlicher Wortstellung nicht in allen Kontexten angemessen ist. Beim Generieren muß zwischen unterschiedlichen Realisierungen eines Konzeptes gewählt werden, wobei die leichten Bedeutungsunterschiede, von denen bei der Analyse abstrahiert wurde, relevant werden.

Der lexikonbasierte Zugriff auf die Ontologie, den Lang fordert, ist vergleichsweise einfach zu realisieren, abstrahiert man mal von Ambiguitätsproblemen. Der umgekehrte Weg bereitet große Probleme. Um das an einem ganz einfachen Beispiel zu verdeutlichen:

Das schwarze Pferd steht vor dem Haus.

Die Nominalphrase *das schwarze Pferd* könnte zu folgender L_{LILOG} Repräsentation führen:

```
refo drfnt1: PFERD

axiom a1
Farbe(drfnt1) = schwarz
```

Mit geeigneten Regeln kann daraus einfach die obige NP generiert werden. Nun kann man statt *schwarzes Pferd* aber auch *Rappe* sagen. Welche Repräsentationen und welche Prozesse sind nötig, um diese Unterscheidung treffen zu können? Man kann im Lexikon das Wort *Rappe* definieren als etwas von der Sorte PFERD mit dem Feature FARBE dessen Wert "schwarz" ist. Diese Entscheidung führt zu dem "structure mapping" Ansatz zur Wortwahl. Soll nun die obige L_{LILOG} Repräsentation verbalisiert werden, muß diejenige Struktur im Lexikon gesucht werden, die das Objekt am besten beschreibt. Daß dieser Ansatz ein kombinatorisches Problem darstellt, ist offensichtlich, wenn man sich in obigem Beispiel weitere Features hinzudenkt, so daß für die gesamte Beschreibung keine Lexikalisierung vorhanden ist und somit entschieden werden muß, welches die maximal zusammenhängende Beschreibung ist, die durch ein Wort realisiert werden kann und was noch zusätzlich realisiert werden muß.

Eine andere Möglichkeit ist, das Wort *Rappe* in der Ontologie als Sorte PFERD mit dem Feature FARBE, dessen Wert *schwarz* ist, zu repräsentieren. Dies führt zu dem "classification based approach", der in terminologischen Repräsentationssystemen üblich ist. Hierbei ist es wichtig zu sehen, daß plötzlich die Ontologie wieder einen anderen Stellenwert hat. Sie repräsentiert wieder lexikalische Semantik und weniger Weltwissen im Sinne naiver Theorien. Außerdem wird bei beiden Ansätzen noch nichts über die Bedingungen ausgesagt, unter denen man sich für die eine oder andere Verbalisierung entscheidet. Diese müssen zusätzlich dargestellt werden.

Einen Ansatz hierzu bietet (Reiter 1990), der auch weitere Probleme im Zusammenhang mit der Wortwahl darstellt. Der Ansatz läuft auf ein "constraint basiertes" Verfahren hinaus. Die Grundidee liegt darin, das Wissen des Benutzers in demselben Repräsentationsformalismus darzustellen und durch "Überlagerung" von Benutzerwissen und Weltwissen Beschränkungen für die Verbalisierung abzuleiten. Wiederum ist hierbei die Stellung der Ontologie als naive Theorie oder lexikalische Semantik unklar.

Die geforderte strikte Trennung von Weltwissen und sprachlichem Wissen läßt sich voraussichtlich nur mithilfe einer zusätzlichen Struktur, wie der des "upper model" einlösen. Genau betrachtet bildet dann das upper model zusammen mit dem Lexikon die Ebene der lexikalischen Semantik und die Aufteilung der Information zwischen upper model und Lexikon muß genauestens diskutiert werden.

5 Ausblick

Die gegenwärtige Ontologie von LEU/2 entstand auf Grund verschiedenster Anforderungen, die zu Beginn des Entwurfs nicht alle spezifziert waren. Die Erfahrungen mit dieser Ontologie weisen den

Weg zu ihrer "Bereinigung" und zur strikten Trennung von Weltwissen und sprachlichem Wissen. Die dadurch wiederum aufgeworfenen Probleme einer geeigneten Verbindung des sprachlichen und des Weltwissens und der Lexikonstrukturen bedürfen dringend weiterer Klärung, für die die im Projektverlauf gemachte Erfahrung unerläßlich ist.

Literatur

Bateman, J. A. (1990): Upper Modeling: organizing knowledge for natural language processing. In: Proceedings of the 5th International Workshop on Language Generation, Dawson, PA., pp. 54–61

Cohen, P. R., Morgan, J. L., Pollack, M. E. (eds.) (1990): Intentions in Communication. System Development Foundation Benchmark Series. A Bradford Book, MIT Press, Cambridge, MA.

Heinze, N., Krüger, W., Nagel, H.-H. (1991): Berechnung von Bewegungsverben zur Beschreibung von aus Bildfolgen gewonnenen Fahrzeugtrajektorien in Straßenverkehrsszenen. Informatik Forschung und Entwicklung 6, 51–61

Neumann, B., Novak, H.-J. (1983): Natural Language Oriented Event Models for Image Sequence Interpretation: The Issues. Csrg technical note no. 34, University of Toronto

Novak, H.-J. (1987): Textgenerierung aus visuellen Daten: Beschreibungen von Straßenszenen. Springer, Berlin-Heidelberg-New York

Reiter, E. B. (1990): A New Model for Lexical Choice for Open-Class Words. In: Proceedings of the Fifth International Natural Language Generation Workshop, Dawson, Pa., pp. 23–30

Tsotsos, J. K., Mylopoulos, J., Covvey, H. D., Zucker, S. W. (1980): A Framework for Visual Motion Understanding. IEEE Trans. Pattern Analysis and Machine Intelligence, PAMI-2 pp. 563–573

Tsotsos, J. K. (1981): Temporal Event Recognition: An Application to Left Ventricular Performance. In: IJCAI-81, pp. 900–907

Linking Linguistic and Extra-Lingusitic Information in Generation

Zuzana Krifka Dobes

Abstract

Problems arise when one attempts to 'attach' a natural language generation system to an existing natural language understanding system instead of 'integrating' it as an equal partner from the beginning. Much valuable information about the complex relationships between concepts and words is not available to generation though it is utilized by various processes and is to some degree represented in the knowledge base and within knowledge base rules. This short paper claims that in order to make progress in generation much more of this kind of knowledge would have to be stored in a declarative fashion. This short paper is meant as a supplement reading to the work presented by Lang and Novak in this volume.

Introduction

The aim of this short paper is to acquaint the reader with some of the problems that we have encountered in trying to implement the generation component of the LILOG Natural Language Understanding System. The primary task of the generation component is concerned with verification, its job is to verify to the user what has been understood during the dialog. The verification test can be interpreted in a number of ways. In the simplest sense we can require that the generator be able to report back everything it was 'told', and nothing that we would disagree with. In a more complex sense we would demand of it to demonstrate the use of common sense knowledge, knowledge about the world, about language, and conversations, to report to us not just what it has been told, but perhaps also something new.

At this time the generator is capable of generating responses that satisfy the simple criteria. In order to satisfy the more demanding verification test certain criteria would have to be satisfied which currently are not. Most importantly, in my opinion, there would have to be shared access to concepts about things in the world, and aspects of language by both the analysis and generation components. This is not exactly the case within LILOG at this time, but progress in this direction has been taken. There is, for instance, work being done by R. Seiffert at IBM on developing a reversible grammar formalism which is usable for both analysis and generation. Another criteria is that generation must be capable of attaining information about the connection between concepts and the words we use to talk about these concepts. Since the front end of the system must have this kind of information in order to understand the text it is given to analyze, the information is known and should be made available to the generator as well. However, getting at this information has not been straightforward. Special purpose realization facilities had to be written in order to make the system capable of its realization tasks.

Lang's article (this volume) is a well constructed critisism of the practical and theoretical issues concerned with the design of the ontology underlying the LILOG knowledge representation. The article calls for a clearer distinction between linguistic and extra-linguistic kinds of knowledge, and the formulation of an appropriate theoretical device which would allow for mapping between these two kinds of knowledge. Naturally, this would shift the design decisions onto the problem of coming up with methods by which such mappings could be constructed. This is not an easy problem, but nevertheless certainly a step in the right direction if we are to build a generator capable of performing more sophisticated generation tasks as outlined above.

Since the current version of the generator was written after all the other major components had been written, its general architecture clearly reflects design decisions made within all levels of the LILOG system. The article by H.J. Novak of this volume introduces some of the major problems that we have encountered in trying to intergrate a generation component into the larger system. The emphasis of this particular paper will be on how the rest of the components have influenced what the actual tasks of generation are, and how the way knowledge is processed has effected the architecture of the generator as a whole.

The Generation Tasks

We can view the primary tasks of generation as consisting of:

- Deciding what to say
- Deciding how to say it

The answers to a question posed to the system are determined by queries handed over to the inference engine after semantic processing has taken place. This means that for simple queries corresponding to **wh** or **yes/no** questions, the inference engine is in charge of deciding *what to say*. The knowledge base rules which are used to answer such questions utilize common sense reasoning about relations between concepts in the domain. Such rules are used for the purpose of making the conceptual domain richer and expose implicit relations between concepts which are not required of speakers, in an explicit form, when talking about domain specific concepts.

Questions requiring complex answers are processed by another component of the generator, mainly the **planner**. In planning tasks the *what to say* task dominates, and the second task of deciding *how to say it* takes place within a separate generation process. Since the plans concerned with producing paragraph sized descriptions of entities in the domain are not written as LILOG rules, *what to say* is governed by an external theory, which in our case is Rhetorical Structure Theory [Mann and Thomson 88], using the results of the inference engine to support the instantiation of a given plan.

I will now present some examples from the knowledge base rules and examine closer the kind of knowledge they encode, which is, (or could be) utilized by the generator. The examples show how the relationships between events and attributes are eleborated, as well as for individual events and attributes. Clearly such meaning elaborations are important for the generator.

Elaborating the connection between attributes and events

The planner is used for descriptions of objects. As we describe objects we must have access to the events which these objects participate in. However, the relationship between objects and events is a complicated one. We must have a clear semantics of events in order to know about all the possible roles of an event, and what it means for an object to be a participant or role of the given event.

To solve this problem most events are mapped into corresponding attributes in the knowledge base. This way the planner can ask for attributes of an object to get access to the information which was originally encoded as events. The events of interest to us are those which correspond to the events which were used to describe the objects in the original text, as well as those which were derived through rules from the original facts. Within LILOG attributes are restricted to two place relations/one place functions and hence representations of complex events, such as those specifying a temporal aspect are not possible. The following rule specifies information about the relationship between the events *Zeigen* and *Ausstellen*,and *Ausstellen* and the attribute *stellt_aus*. (For further reading on these types of rules please see the section by Gängler, this volume.)

```
forall S:KunstInstitution,U:or (Umfassen,ZeigenZus,Ausstellen),O:DepicObjekt*;
EP objekt(U)=O and thema(U)=S -> stellt_aus(S,O).
```

or similarly:

```
forall Z:or(Zeigen,Ausstellen),O:DepicObjekt*,I:Institution;
EP patiens(Z)=O and agens(Z)=I -> stellt_aus(I,O).
```

The first rule tells us that all **Umfassen,ZeigenZus**,and **Ausstellen** events which have the 'objekt' and 'thema' roles will result in the building of attribute (role) **stellt_aus** between these roles. The other is similiar but for the roles 'agens' and 'patiens'. Going backwards we ask whether it is possible to get at the information that if an attribute **stellt_aus** holds between two entities in the kb, then there may have been either a **Umfassen,ZeigenZus**, or **Ausstellen** event which holds. These events tell us more specific information about the relationship between the roles, which is important for realization, while the attribute **stellt_aus** is abstract enough to give the generator the ability to choose among realization possibilities. What does the realization component require then? Perhaps what it needs is to have both representations, as well as knowledge stored in a declarative form about the possible connections between object and event based representations.

The **realization library** which is extensively utilized by the generator, is the module that connects attributes and events with their possible realizations. Since the information which connects the attribute and event representation is not accessible to the generator, it is encoded in the realization library within an entry such as this. This is an entry for the attribute 'stellt_aus' with the arguments which are associated with the relation in the knowledge base.

```
%%% ATTRIBUTE : 'stellt_aus' 'Das Museum zeigt eine Gemaeldesammlung.'
%%% stellt_aus(ENTITY : Museum) = VALUE : Gemaeldesammlung
%%%
gen_lookup(attribute,[property],'stellt_aus',
          ['$ENTITY$' : ENTITY,'$VALUE$': VALUE],
          RESULT) :-
    int_lookup(verb,[ '$PRED$'               : zeigen,
                      '$ROLE$':'$ENTITY$'    : ENTITY,
                      '$ROLE$':'$VALUE$'     : VALUE],
               RESULT).
```

The entry indicates the presence of similar knowledge being encoded by different parts of the system. The information here is similar to that which is encoded in the rules described above. But, there is no method by which the generator has access to the fact that the **zeigen** event and the **stellt_aus** attribute have anything in common except by explicitly accessing the rule, which is possible in LILOG, though not very natural.

The following rules map events expressing part-whole relationships to the attribute **element**. Because this attribute is used to express a majority of the relations typically used to express part-whole relations, its meaning is specialized only through rules of this type. This rule, however, appears more as a rule for realizing the basic part-whole concept than for specifying its semantics.

```
forall K:Bauwerk, S:or(Gegenstand,TeilVonBauwerk,Kueche,Brauerei);
exists H:Haben;element(K,S) -> EP thema(H)=K and EP objekt(H)=S.
```

or similarly:

```
exists B:Besitzen;element(K,S) -> EP thema(B)=K and EP objekt(B)=S.
```

But working in generation as we do, we need to have access to this information in such a way that there is a connection made between the **Haben** (or Besitzen) event and the **element** relation, otherwise such rules cannot be made use of by generation.

Elaborating attributes

The following rules seems to define part of what Lang calls the intrinsic condition (of a particular domain), it helps us identify the domain of attributes. The rule states that events of the type *Umfassen* (to contain) which apply to a set of individuals (in this case paintings) also apply to any well defined subset of these objects. This means that if a museum contains a set of painting, then it can be said to contain some subset of them, say a subset of paintings by Paul Klee. This rule would allow a reference to this specific collection to be made. So this rule enables a common sense rule to be applied (If a collection contains a set of modern paintings, then it must also contain the subset of those paintings, say all those by Paul Klee). Saying something like **The exhibition has a collection of 180 paintings, half of them by Paul Klee**, (Die Sammlung umfasst 180 Bilder, die Hälfte stammt von Paul Klee,..) should tell the system that the collection by Paul Klee is also a part of the bigger collection of 180 paintings being shown at the museum. None of this knowledge comes for free from the text itself. Initially what would be build is an **Umfassen** event for the entire collection, and a set-subset relation **in** between the entire collection and a sub-collection of paintings which have an attribute corresponding to their painter Paul Klee.

```
forall U:Umfassen,
       B1,B2:Bild*;
EP objekt(U)=B1 and
   B2 in B1
   ->
   objekt(U)=B2.
```

This reasoning does not hold for other kinds of relations between concepts. If we were to say, **The exhibition has a collection of 180 paintings, the frames of which were all restored last year**, (Die Sammlung umfasst 180 Bilder, deren Rahmen im ltzen Jahr restauriert wurden) then we could not write a rule which could allow us to conclude that the exhibition contains a set of 180 frames. So the relation of parts to wholes in this situation would not validate the use of *umfassen*.

If this is the general case for some class of containment relations we would like this to be defined in an explicit way, by defining a sort which would encompass this set of containment relations. Generation cannot use rules of this form to produce utterances with the verb *umfassen*. The semantics of the sort is encoded in such a way that it is not accessible by the generator.

One problem for generation is that attributes themselves are not represented as sorts in the ontology because of the restrictions in the logic. This means that any knowledge we want to represent about attributes must be coded in terms of rules such as these. Otherwise, we would have to have rules which map attributes onto other attributes as well as other events. Yet it is not clear whether this would necessarily help the generator in deciding how to express the underlying meaning of an attribute.

Elaborating events

In some cases we need to have information about the way that events are related to one another. For the most part this is done via the ontology. However when we are ready to realize events, we must somehow map event sorts into verbs. Often there is more than one way to realize the same underlying meaning of an event. But there are only limited ways that I know to get from the knowledge base information which could be used to make a conceptual mapping from one event to another. Since there is lingusitic information encoded into event sorts, in order to go from one event form to another one would have to embed grammatical information into the rules that make the relevant transformations. This clearly should be kept as a task of the generation grammar.

The lexicon is able to mysteriously map verbs from one form to another by way of the notion of synonym. Here the verb *Kosten* in the sentence **Der Eintritt kostet 5 DM** is mapped internally to the **Betragen** event, showing that the meaning of the sentence **Der Eintritt beträgt 5 DM** is similar.

Here we see the entry for **kostenin** the lexicon where the notion of synonym is implicitly encoded through the introduction of the template BETRAGEN_TEMP, which contains as its link to the knowledge base a semantic connection to the sort *Betragen*. This is where we make the transition from the verb to the sort.

```
kostet :=
     'BETRAGEN_TEMP',
     'FIN_MOR'(third, sg, fin, present).
```

Though perhaps this is not the best way to go about it, it is still very difficult for the generator to go in the other direction from the sort **Betragen** to the lexical entry **kostet**. This information is lost for good, since the mechanism is not a reversible one.

Distribution of the generation task:

Looking closer at the first task allocated for generation, we see that it includes subtasks such as *Determining what the question is about.* This is done at the point when results of the semantic component are used to come up with an appropriate query to the inference engine. At this stage we make equivalences (or mappings) between the entities which result from the combined semantic/syntactic interpretation, and entities which are found in the knowledge base. *Deciding how the question should be answered* is concerned with the rules which are triggered in order to see whether solutions to the question exist. At this level too, equivalences between entities, sorts and attributes in the domain are derived by the use of rules.

Neither of these aspects of the generation task, if one sees them as being so, is a part of the core generator. The generation task is therefore distributed across several components of the knowledge base, including rules which are a part of the stored background knowledge. The consequence of this is that the input actually received by the 'core' generator has in many cases already been processed by various knowledge processes. Spatial expressions have been resolved by rules which are dedicated to this task. Temporal expressions are resolved by a temporal semantics component, and so on. Because these processes utilize both conceptual and linguistic information to derive results, we have a high degree of mixed linguistic and extra-linguistic concepts to work with. Any types introduced by inference rules which combine linguistic and extra-linguistic kinds of information require the introduction of sorts into the ontology. So in fact the ontology picks up a variety of types which belong to the working set of concepts rather than a permanent collection of types. This is the case, for instance, with the bewildering introduction of a sort of type *Präposition* into the ontology. This sort was introduced into into the ontology because of the requirements of the rules used for analyzing spatial expressions. As these rules were designed to give language specific results, they seem to be the most appropriate and meaningful.

The Core Generator

In a nutshell, the main tasks of the core generator are summarized as follows. Initially the generator attempts to gather as much information as it can about the input. The information is either more on the conceptual level (eg. an input's sort, an input's attributes, etc.) or more linguistic in nature (eg. the literal by which the sort is stored or the grammatical category by which the literal is stored in the lexicon) This collective information is then used as the basis for the creation of generation structures associated with a particular realization type and argument structure. This structure is then processed and in the final stage passed onto the formulator which returns the result in the form of a string corresponding to the utterance.

As the input (which either comes in from an internal call, or from an external module) is analyzed and then classified into appropriate categories defined by the generator, one or more actions may result. Either more semantic properties may be acquired (when available) or more linguistic features are determined (when possible), and as a result of these decisions the generation structure is built using both kinds of information. During the rest of the proces, realization types are further refined and arguments of the generation structures are further analyzed.

To summarize, we can view the problem as follows:

SORT(Input)	+ [?](1)	⟹ Semantic_Type.
Semantic_Type(Input)	+ [?](2)	⟹ linguistic_feature.
Semantic_Type(Input)	+ [?](3)	⟹ semantic_feature.
Semantic_Type(Input)	+	
{linguistic_feature(Input)}	+	⟹ realization_structure(Input) =
{semantic_feature(Input)}		Realization_Type + Arguments.

In essence the information within the [?]'s concerns those parts of the generator that contribute to the mapping mechanisms between linguistic and conceptual knowledge. But as the question mark indicates, this search for the complete list of realization types and mechanisms by which such types are defined is still an unresolved problem and that is why we will refer to these boxes as mystery boxes. Let us see more closely how the input is analyzed and then associated with a realization structure.

Each input initially has four pieces of information associated with it, the **form**,**source**,**type**, and finally **content**. The **form** field tells us the kind of knowledge entity we have. This can be one of the following: **reference objects**,**atoms**, **sort expressions**,**terms**, **attributes**, and **lexical items**. Each of these is associated with a different set of access procedures. In order to know more about a reference object we go to the knowledge base via the inference engine user interface. In order to get information about literals we must go to the lexicon (either the generation lexicon or the system wide lexicon).

The **source** of a knowledge entity is either **edrs** (an 'extended' discourse representation structure), the **knowledge base**, or the **lexicon**. The discourse structures which are built during semantic analysis store information about what was said in previous utterances. This information may be used by the generator to determine, for instance, whether or not to use a pronoun. Unfortunately, the entities contained in the discourse structures are not ordinary knowledge base entities, and therefore the generator cannot access information about them in the same way as for kn entities. Instead there are special purpose procedures which are able to extract appropriate information about them.

The **content** specifies the actual knowledge base object that is to be realized. It may be a reference object, a term, a sort expression, etc. The **generation type** is defined by a semantic type label along with a set of feature pairs, which define partially or fully the realization type of an entity. Coming up with appropiate set of types useful for generation is certainly a diificult problem. Some examples of systems which explicitly set of up a system of realization based types are [Meteer 90] and [Bateman 90].

The set of features which are chosen to represent a particular realization type dependents on the particular information made available in the knowledge base. The four basic generation types are **Entities**,**Values**, **Events**, **Properties**. A partially specified type simply means that entities may be assigned a type which is too general to create generation structures from, but this type may be further refined to a fully specied type at a later stage. Similarly we allow for a type to be complete but yet open so when the object in question is eleborated on, its corresponding type is made more specific. It may go from [entity] **+instance_of_kind**, *A Museum*, to [entity] **+instance_of_kind +property**, *A Museum on Schlosstr.*, to [entity] **+unique_object +property**, *The Museum on Schlosstr.*. I will discuss each of the types briefly bellow.

Entities

The **entity** type is classified along criteria having to do with decisions regarding how they are to be referred to. Some important criteria here are:

- Is the object an instance or a type? A sample set of a type?
- Is the object unique with respect to some set (the world or some set of discourse entities)?
- Does the object correspond to a set of entities? A set with a well defined cardinality?
- Does the object have a name?

Events

The **event** type reflects closely the event ontology. The event ontology is motivated to a great extent by linguistic concepts. There is at least one event in the event ontology for every verb in the lexicon, one event for every derived form of a verb. We have, for instance, the following three sorts associated with the concept of **'to open'** : **Öffnen,Öffnung**, and **GeöffnetSein**. Each of these reflects the difference in usage of the verb it öffnen. There is no common sort which connects these sorts showing the aspects of meaning they share.

The consequence for generation is that it makes the realization job much easier on the one hand, as events can in principle map directly into clauses as some of the aspectual information about the event is already encoded implicitly within the sort definition. It makes the job only harder when we want to construct new meaningful statements from old ones. In that case we must undo the linguistic information attached to the sort, and make appropriate mapping out to an event sort which is either free of linguistic import, or is of the specific target type. Many additional rules would have to be written to account for the appropriate mapping between events.

Values

Values is a type which may be realized through several syntactic forms. Locations (or regions) or temporal expressions such as **In the Palace** or **from 5' till 9' oclock** are expressed as prepositional phrases, times and measurements as noun phrases as in **the year 1909**, or as complex modifiers as in **2 meters high**. The reason to set up **values** as a seperate realization type was that the decison procedures for realizing concepts of this type were similar. Also within the planner, the decision process for realizing such concepts with respect to a criteria such as granularity is similar.

Subtypes of **value** include among other things Locations, Masses, and Times and correspond closely to sorts in the ontology. Each **value** type is associated with a procedure which knows how to realize concepts belonging to that sort. When trying to realize **value** concepts the most specific information about the entity's sort and its attributes must be retrieved. At the planning level the only important thing for the planner to know is that the concept is a value, while it is not so important to have detailed information about the kind of value it is. The planner is not primarily concerned with realization; this is done, in principle, by a separate process embedded within the planner.

Properties

The **property** type refers to the class of modifiers which modify both events and entities.. The current state of the knowledge base does not provide us with a well defined set of modifiers. It would be important to have such modifiers in the long run. This class is introduced by the generator when a realization for various attributes is determined.

Mystery Box 1

Now going back we can examine more closely how each of the source types may contribute to what is encoded within the question mark boxes. With respect to determining **semantic types**, the first [?] above certainly relies heavily on the ontology since the sorts of the upper part of the ontology are used to come up with the types. The set of generator types simply differ in that they make use of only a small portion of the sorts. Semantic types are, however, derived from the sorts themselves.

Subsumption information is used as well, to refine the types. Since knowledge about linguistic categories such as noun, verb, etc. can also be used to refine the type, the lexicon too is a source of knowledge.

Mystery Box 2

On the other hand, the discourse stack may be used on the other hand to attain information required by the second mystery box. For instance if we want to know whether or not to use a pronoun we have to check the stack of references to see what has been said previously, to see if there are distracting referents on the stack, etc. We have to go to the knowledge base to see if the entity we are trying to realize is unique, with respect to some set of objects, in order to help us determine the linguistic feature **determiner**. It is considered a part of the realization strategy to determine the feature with respect to which the object is unique or not. Similarly if the object is not found unique, a realization strategy is used to determine which features can in fact be used to make the entity unique. Realization strategies is the catch-all source for knowledge which goes into our mysterious boxes.

Mystery Box 3

For the third mystery box, default semantic features are added to event entities corresponding to the **event** types, such as achievement, accomplishment, activity or state. Semantic features derived from the knowledge base are used to denote the properties of individuals or sets (known members, or unknown members etc). Such features can be used to make decisions regarding linguistic features.

Impact on the Architecture

The impact all this has had on the architecture can be seen as follows. The system was written in a message-based manner. Initially a partially specified message is composed at the top level of the core generator. This message is successively refined through a recursive evaluation process. At each stage of processing we attempt to transform the message from one specifying 'conceptual' knowledge to one containing instructions to realize the initial message. So different components of the system contribute different kinds of information required for the realization, and all the rest comes under the heading of realization strategy.

At any point new information may be added into the existing message (or realization structure) and processed in a similar manner. If we are trying to realize a knowledge base concept corresponding to a set, for instance, we may choose to realize the set's elements. In this case new knowledge base concepts are introduced within the existing realization structure.

As the generator decides on realization alternatives for different concepts the generator makes use of more grammatically oriented information. At various points it may need to elaborate information either grammatically or semantically. Suppose we are processing a **value** corresponding to a location, say, **In the Palace**. This is decomposed into a spatial keyword, corresponding to a preposition **In**, and the located object **Palace**. As the process determining the structure of this spatial representation takes place early in the generation process, what we have at an early phase of the core generation is very close to linguistic form. However deciding how to describe the located object also requires some extra decision making. We may have to have to describe which particular Palace we mean if it is not clear in the context.

A realization library has been designed to ease the task of building realization structures. Structures are returned being assigned the appropriate realization types and allocated appropriate arguments. These arguments are usually only partially specified, and still require further evaluation by the generator. There are two types of entries, those for attributes and those for events. There are several types of entries for attributes possible, depending on if a clause form is required (verb-based) or one consisting of a description about a certain object or value (np-based,etc). As an example we have:

- The Hetjensmuseum, which was built in the 19th century,..
  Das Hetjensmuseum, das im 19. Jahrhundert gebaut wurde,..

- The Hetjensmuseum was built in the 19th century.
  Das Hetjensmuseum wurde im 19. Jahrhundert gebaut.

1 Mapping Processes and Definitions

It must be clear that not all the world knowledge and word knowledge lies strictly in the knowledge base and the lexicon. Many of the modules have to interact with knowledge from these sources and contain specialized mechanisms by which something resembling Lang's *Mapping Functions* will take place. An important step in the evolution of LILOG would be to examine just how the all the knowledge about both kinds of concepts is distributed and used throughout the system.

The meaning of sorts, attributes, and events in the knowledge base is only partially encoded in the knowledge base. The rest of the meaning is derived through the modules and processes which make use of the knowledge base, such as the rules employed by the semantics and generation components. The actual meaning of these attributes and event types is the sum of all the specialized meaning predicates and definitions. If one looks carefully enough one can see all the modules contributing to some degree to the overall meaning of both knowledge-concepts and word-concepts to be spelled out by the generation component.

The fact that there is not a strict distinction between language-specific structures and knowledge-specific structures in LILOG has played a strong role in the message-based design of the generator. The generation task, as we have seen, is partly a task of arranging and interepreting the facts in the knowledge base and then again arranging them so as to convert them to natural language messages. Since these tasks are intertwined in our system, a single grammar based process could not be designed to serve the primary control structure of the LILOG generator.

For the generation task knowledge-specific structures serve as **one** resource of knowledge **among many**. When it is knowledge of this type then the generator can reason about the underlying structures in an appropriate way, eg. common sense reasoning. In order to make it possible to talk about the same knowledge base concepts in different ways, (depending on different discourse contexts, for instance), several criteria will have to be satisfied. Firstly, the conceptual knowledge and linguisitic knowledge must be rich enough, and secondly, they must be appropriately delineated.

Conclusion

The generation problem is a difficult one. The generator relies heavily on the rest of the machinery of an understanding system. It is important for the generator to be able to have maximal access to the information available by all the other components, such as the lexicon, discourse semantics, and syntax, on the one hand , and knowledge representation and reasoning, on the other hand. This means that information at these levels must be designed so that it is explicitly represented, but accessible.

Work in the future should go in the direction suggested by Lang, delineating the two levels of knowledge within the ontology and creating an appropriate mapping mechanism between the two levels. Since the major task of generation is to establish mappings from conceptual to linguistically based structures, this mapping is of vital interest. By keeping the two levels distinct, the nature of the mapping rules become clearer. Because the two levels were not distinct in the current system the mapping functions vary greatly from one semantic type to another. The mappings for entities involve very different kinds of information from those of the events for instance. The system, even in its current state, is a rich source of knowledge for extracting information about how to begin constructing these mapping functions, and it should be used as a starting point for doing so.

References

[Bateman 90] Bateman, J.A. Upper Modeling: Organizing knowledge for natural language processing. *In: Proceedings of the Fifth International Workshop on Language Generation*, Dowson, P.A., pages 54-61,1990

[Mann and Thomson 88] Mann, W.C. and Thompson, S.A. Rhetorical Structure Theory: Toward a functional theory of text organization, *Text*, 8(3), pages 243-281, 1988

[Meteer 90] Meteer, M.W. . The 'generation gap' the problem of expressibility in text planning. Phd thesis, published as bbn report no. 7347, Bolt, Beranek and Newman Inc., 1990

III. Wissensmodellierung und Inferenzen

In den folgenden Ausführungen steht jeweils der inferentielle Teil des LEU/2-Systems im Vordergrund, der den verwendeten Formalismus L_{LILOG} deutlich von den meisten anderen KL-ONE Sprachen unterscheidet. *G. Simmons* plädiert in seinem Kapitel für die Orientierung von Modellierungsenteidungen an Ergebnissen aus der linguistischen Semantik. Er diskutiert zwei Repräsentationsvarianten für räumliche Objekte, die im Laufe der Modellierung wieder verworfen wurden, und entwickelt daraus eine dritte Alternative, die auch für andere Bereiche des *ontological engineering* anwendbar sein kann. Die so herausgearbeitete Rolle der Schlußfolgerungen in einem natürlichsprachlichen System wird vertieft in dem Beitrag von *T. Bollinger* über die Entwicklung der Sprache L_{LILOG} und der dazugehörigen Inferenzmaschine und in dem Kommentar von *R. Röhrig* und *E. Neugebauer.* Im Anschluß daran werden von *S. Lorenz* und *B. Gängler und I. Wachsmuth* die Konsequenzen in LEU/2 für die Bereiche temporaler Schlußfolgerungen und sprachnaher Inferenzen herausgearbeitet.

Empirical Methods for "Ontological Engineering"*
— Case Study: Objects —

Geoff Simmons

Das Leben ist eher breit als lang
und wir steh'n alle mittenmang†

One of the main topics discussed at the LILOG workshop on ontology was methodology: how can we justify the claim that a certain realization of an AI ontology is a "good" way of representing some field of knowledge (or 'knowledge cluster')? A number of criteria are proposed for evaluating the ontology and inference rules that pertain to some cluster, in terms of the inferences about that cluster which they support: (partial) correctness and completeness, extendibility, domain independence, and context neutrality; two criteria from software engineering, modularity and transparency, are also taken into consideration. It is argued that since we cannot presuppose formal definitions for these properties that are similar to the definitions of soundness and completeness for logic, we must apply the empirical methods of the humanities (e.g. linguistic semantics) to determine whether they are satisfied. This claim is then tested in a case study of possible ontologies of objects, in which I criticize two simple ways of representing the meanings of the German dimensional adjectives. It turns out that a knowledge representation pertaining to objects based on a theory from linguistic semantics (Lang 1987, 1989) about knowledge of spatial objects and the use of that knowledge in language stands up well under critical evaluation. This theory depends on making explicit distinctions between linguistic and extra-linguistic knowledge. The overall message is to support the popular view (promulgated especially by Hayes 1979, 1985a) that knowledge engineers are well-advised to seek out independent theories as a foundation of their work, since much of the empirical research relevant to the justification of their representation has been done for them in the formation of the theory.

Introduction

Of the diverse and sometimes eccentric qualities of research in artificial intelligence, the one that is often regarded as its most virtuous is its *interdisciplinary* nature. Practitioners of computer science, linguistics, philosophy, psychology and other fields have begun to co-operate in an emergent discipline called *cognitive science*. Their common ground is the assumption that the mind is some manner of a formal system; various perspectives on the subject are expected to complement each other well enough that the resulting models predict intelligent behavior correctly, and more – they should be taken seriously as hypotheses about the reality of human cognition. The excitement of the participants in this ambitious "meeting of the minds" is unabashed.

But of course, the enthusiasm is not shared in all quarters. An engineer designing a knowledge representation (KR) system may regard the whole business of cognitive science as useless or even suspicious. After all, why is a system that satisfies the criterion of "cognitive adequacy" (whatever that is) better than another one that produces the same behavior? If the program works (in the necessary sense), isn't that good enough?

In this paper, we want to give some substance to the claim that the cognitive science approach is indeed a promising method for improving the design of practical AI systems. Specifically, we will

*Kai von Luck informs me that the term "ontological engineering" originates from Douglas Lenat.

†Walter Moers. Herzlichen Glückwunsch. Frankfurt am Main: Eichborn. 1988

discuss the ontology of spatial objects implemented in the LILOG project, which is a realization of Ewald Lang's theory (based in linguistic semantics) about the structure and processing of object knowledge, and about the use of that knowledge in language (Lang 1987, 1989). The major features of the theory that are relevant to the structure of the LILOG ontology will be outlined below, but more complete presentations are to be found elsewhere (cf. Lang 1987b, 1989b, 1990; Lang/Carstensen 1989; Lang et al. 1991). The purpose here is to argue that the commitment to a specific theoretical explanation of a certain field of knowledge is crucial to the *justification* of the categorization scheme and inference rules in a KR system that pertain to that field.

Theories of Knowledge in AI

The appeal to an independent theory as a guide for knowledge representation is not new; in fact, it reflects a general trend in AI research. One of the prominent ambitions of contemporary AI is the formalization of "commonsense" knowledge, and in a sense, we can view the theory under discussion as a theory about commonsense knowledge of the gestalt and position properties of spatial objects. The pursuit of theories of commonsense knowledge is old as AI itself (McCarthy 1959, 1968), and has recently been invigorated by Patrick Hayes, who makes an eloquent plea for a "naive physics" of many so-called "clusters" of human knowledge (Hayes 1979, 1985a)[1]. Today, there are well-known naive theories of time (Allen 1984; Allen/Hayes 1985), liquids (Hayes 1985b), and a variety of other clusters, in addition to textbooks on the subject (Davis 1990, Hobbs/Moore 1985). In this paper we will review the arguments in favor of such an approach, especially those put forth by Hayes, and investigate their soundness in light of the object ontology implemented in the LILOG project.

In some important respects, however, Lang's theory differs from the theories of naive physics, first of all because its hypotheses about object knowledge were derived from linguistic research. Language is regarded as a window through which otherwise inaccessible structures of knowledge can be observed. Specifically, evidence for the theory was originally drawn on phenomena involving the German *dimensional adjectives* (DAdjs):

(1)	(a)	lang - kurz long - short	breit - schmal {wide / broad} - narrow	dick - dünn thick - thin
	(b)	hoch - niedrig high - low	tief deep	flach {shallow / flat}
	(c)	weit - eng {wide / broad} - narrow	d. groß - klein {big - small / large - small / tall - short}	

Since then, elements of the theory have been applied in partial explanation of various other related linguistic phenomena (verbs of position and rotation, spatial prepositions; see section 3). The theory was developed within the framework of very specific assumptions about the modular

[1]We will adopt Hayes' terminology in this paper and refer to fields of everyday human knowledge, such as knowledge about space and time, as "clusters". The term "domain" will refer to the "subject matter" of an AI application. More precisely, we could say that a domain consists of the set of entities that an application can be "about", as well as the set of relations that hold over those entities. In the case of text comprehension, the subject matter of a text constitutes a domain. Hence, a knowledge cluster is something that should be domain-independent.

relationship between linguistic and extra-linguistic knowledge (cf. Fodor 1983). Modular structure is explicitly accounted for in a "two-level" model, according to which the composition of linguistic meaning consists of interaction between the grammar G (the language system) and the conceptual system C (cf. Bierwisch/Lang 1987a, 1989a). C is to be viewed as an integrative and intermodal knowledge system that mediates knowledge from various other systems, such as language and perception; representations within this level are called Conceptual Structures (CS). Lang postulates CS-level representations, called *object schemata*, of the gestalt and position properties of objects. The meanings of DAdjs themselves (and other lexical items) are represented on an independent level called Semantic Form (SF), whose primitives are mapped onto primitives on the CS level. Hence, this theory of object knowledge is intended to be seen as a theory about the "reality" of human spatial cognition and its interaction with language and perception.

In the first section, we will suggest a number of principles that may be used to evaluate the ontology and inference rules of a KR system, namely: (partial) correctness and completeness, extendibility, domain independence and context neutrality. The first major thesis of the paper will be:

(I) Since no formal definitions can be presupposed for any of these principles, we cannot formally demonstrate whether or not they are satisfied. We must apply the techniques of the humanities in order to work out the necessary definitions and carry out the evaluation.

In particular, it will be argued that the heuristic methods of linguistic semantics can be adapted for the evaluation of KR in a natural language comprehension system. In section 2, these techniques will be applied to criticize some possible representational schemes for objects. This analysis will lead us to the second claim:

(II) A knowledge representation for objects that stands up well under evaluation cannot be a "transliteration" of natural language; i.e. it is insufficient to assume representational primitives that simply "mirror" natural language expressions.

Then in section 3, we will go into the details of the proposed theory, and show how it satisfies the evaluation criteria suggested in the section 1. The "two-level" model is crucial here, because if a complex knowledge representation that departs significantly from natural language is to be applied in a text comprehension system, it is essential that the relationship between the representation and language be clarified. Moreover, the explicit distinction between linguistic and extra-linguistic knowledge provides further justification for the choice of primitives on various levels of representation.

Before we go on, it should be noted that the history of the transition from Lang's proposal to its realization in the LILOG project (recounted in Lang et al. 1991) differs from the evolution from theory to practice normally envisioned for naive physics. The theory was tested and refined in a Prolog program called OSKAR, thus supplementing the "content theory" with a "process model"[2], before its implementation in LILOG knowledge representation was begun. In contrast, the naive physicists are usually only interested in declarative knowledge. Thus we can comment on some of the reservations stated in (McDermott 1987) about the naive physics approach.

[2]These terms are adapted from (McDermott 1987), who attributes them to Lawrence Birnbaum. – In fact, the implementation of OSKAR contributed more than just a process model, since it was at this stage of development that a number of details were ironed out and that the treatment of dimensional adjectives was supplemented by treatments of additional phenomena, such as verbs of position and rotation. Similarly, integration into the LEU/2 prototype entailed further extensions of the theory. Lang et al. (1991) recount the evolution from theory to practice.

1 Justifying Knowledge Representation

One of the main issues discussed at the LILOG workshop on ontology was methodology: we would like to be able to judge the "goodness" of the ontology realized in a KR language with more objective criteria than simply its intuitive and aesthetic appeal. The claim here is that the empiric methods of the "sister" disciplines of cognitive science for developing and evaluating theoretical hypotheses can be adopted in AI to serve this purpose.

The need for solid methods of evaluation was recognized as soon as the first KR languages were invented in the seventies; these languages were systems of pure, uninterpreted syntax, and a researcher trying to compare their purported capabilities had to rely heavily on impressions and private convictions. The past decade has seen remarkable growth of sophistication in the effort to remedy such defects. One of the most prominent trends can be credited to Hayes (1977) and McDermott (1978), who argued that KR languages as purely syntactic devices are insufficient until they are provided with a foundation in denotational semantics. Although the trouble of establishing a set-theoretic denotation for each syntactic construction might seem superfluous if the intent of the syntax is clear, what is "clear" to the designer of a language may be completely obscure to its users; a precise semantics eliminates (or at least diminshes) the potential confusion. As McDermott put it:

> ...this may seem very fluffy stuff. What have we gained by (apparently) just repeating in the semantic domain what is fairly obvious in the first place? Mainly we have gained a certain *commitment*. (McDermott 1978, p. 277)

Today, it is standard practice to include semantic specifications in the design of KR languages (in fact, the semantics is all that really matters), and this has vastly improved our understanding of them. Given an appropriate model-theoretic semantics, it is possible to guarantee the consistency of a representation and the soundness of its inferences; we can determine what kinds of things a KR language can and cannot represent, and we can determine the formal complexity of important services (such as inferencing or subsumption checking) in various languages. The moral of the story is:

→ The semantic foundation of a representation language justifies its use.

As we learn more about the formal properties of representation (how a language can be said to represent something), the logical next step is to pay more attention to formal properties of the represented world (what sorts of things shall we represent?). Again, we find ourselves in a situation where the "intention" of expressions in our KR language – their supposed relationship to entities and states of affairs in the world – seem clear, and yet any two researchers may have completely different ideas about them when the details become important (some examples below). We know this is happening when the ontology and its corresponding inference rules seem more and more "ad hoc", when their behavior in complicated circumstances seems less and less predictable, and the engineers working on the project find that a solution to one problem only exacerbates another. The way to get around this is to require rigor in our treatment of world knowledge, to make a commitment that things are one way and not another.

Anticipating some of the examples coming up in the next section, suppose we want to represent spatial objects in a KR system; in particular, we will represent properties such as an object's 'length', 'width', and 'height', assertions that an object is 'standing' or 'lying', 'tilted' or 'turned', and relations that hold when an object is 'in front of', 'behind', 'to the left of', or 'to the right of' another object. At first glance, it seems utterly obvious what is meant by all of this, so much so that we are tempted to keep the ontology quite simple by using representational symbols that are identical to the natural language expressions. Perhaps we need a sort called **long_object**, which in every model denotes the set of all long objects, or maybe we should stipulate that certain categories of objects have an attribute **length**, to be interpreted in every model as a function mapping those objects to their lengths. But can the representation really be so simple? How can we know what the "right" way to go about it is? The answer lies in investigating the *inferences* that relate the concepts to each other.

If we specify a certain denotation in every model for certain symbols, we have merely made a claim that can only be justified if those symbols play a causal role in engendering behavior that an observer would expect, given the proposed denotation.

> To emphasize this, consider enriching the formal language by introducing a new kind of symbol, say a quantifier M which I claim means 'most' so that $MxP(x)$ means P is true of *most* things. I can easily give a model theory: $MxP(x)$ is true in a model just when P is true of more than half the universe...I can *claim* this, but the claim is premature until I can describe some mechanism of inference which captures that interpretation, generating all the inferences which it justifies and none which it refutes. And this might be difficult...(Hayes 1985a; p. 12)

McDermott (1981) is even sharper in his criticism of what he calls "wishful mnemonics", pointing out that we are begging the question by using such labels unless we can provide independent justification for them. To test their legitimacy, he suggests that we replace them with gensyms like G00234 and determine whether the resulting inferences are nevertheless acceptable. In general:

→ The only objective performance criterion that we have for a KR system is the extent to which it can draw the inferences we would expect from an intelligent agent.

This principle is especially important in the context of a comprehensive natural language system like LEU/2, which encompasses a parser, morphological analysis, lexicon manager, and a host of other services. To evaluate the KR component on its own, we have to abstract over all other modules, and the only way to do so is to observe the inferences that the system produces (which, in the case of text comprehension, we perceive as answers to questions).

General Evaluation Criteria

A concept hierarchy whose primitive symbols resemble natural language expressions is surely simple enough to understand, and in fact the approach is probably fine as long as the concepts it represents are completely independent of each other. But the inferences that we (humans) are capable of drawing about the properties of objects mentioned above show that they are related, sometimes in very subtle ways (as we will see in section 2). These relations are to be captured in inference rules, and the quality of those rules depends crucially on the decisions that are made about the ontology.

What qualities do we expect of a set of inference rules for a knowledge cluster? First and foremost, we expect them to "work", or more precisely, we would like them to be *correct* and *complete*; we don't want the system to automatically generate information that is plainly wrong, and we would like it to infer everything that a human would, given the same information about that cluster. Note, however, that these properties differ from soundness and completeness for logic in that they cannot be shown formally. The correctness and completeness of inferences that pertain to world knowledge can only be verified or falsified by the intuition and consensus of human observers. Also, these requirements are very strong, and we may not be able to fulfill them. If the relationships between concepts in a cluster are especially subtle and poorly understood, we might not be certain whether all of the unforeseen consequences of our inference rules are correct (cf. the problem of determining context-dependent "norm" sizes of objects, discussed in the next section). Furthermore, the ratio of correct inferences that any KR system cannot draw to those that it can will be extremely high, given the current state of the art. We should take account of these facts at very early stages of design. Although accepting anything less than perfection may seem blasphemous to a dedicated engineer, it is more important in terms of truth in advertising to be able to describe precisely what a system can and cannot do.

If we know that our inference rules are incomplete, we can at least strive for a weaker property that might be called *extendibility* (for lack of a better name). Having deliberately given up on certain capabilities, we can nevertheless try to account for them implicitly by anticipating a yet-to-be-integrated extension of the existing ontology and inference rules. This may amount to nothing more than a proposal on paper, or it might entail the inclusion of "interfaces" that can support the addition of new modules. By doing this, we go beyond the requirement that the system "works" by stipulating that it also be the foundation for more powerful systems in the future.

Goals of Knowledge Representation in LILOG

One of the objectives set out for KR in the LILOG project was to obtain a maximum of *domain independence* – the (partial) correctness and completeness of its inferences should not be fully dependent on the subject matter of a single application. In other words, the ontology and inference rules designed for LILOG's LEU/2 prototype, which were oriented on texts about sightseeing in central Düsseldorf, are intended to be general enough to cope with texts about, say, tourist attractions in the suburbs of Paris (or, theoretically, any other text). Obviously, the representation must account for a vast number of details that are limited to a single domain, but the claim of domain independence can nevertheless be maintained for the upper levels of the sort hierarchy. The LILOG solution is to organize highly general sorts that may turn up in any domain, such as the categories `object` or `event`, in the *upper structure* of the ontology. In the upper structure, we declare symbols for the properties of entities that may take on a value in all domains (such as attributes for the dimensionable properties of objects); and the rules written for sorts in the upper structure should be correct in any domain. Domain-specific sorts of entities with their characteristic properties (such as the various kinds of objects) are described in the *lower structure* of the hierarchy. The idea, then, is that the transition from one domain to the next can be achieved by maintaining the upper structure and its inference rules, with minimal modification, and changing the lower structure (cf. Klose/von Luck 1990, 1991). Section 2 will include a specific suggestion as to how this can be achieved in the ontology of objects.

Closely related to domain independence, and especially important in a text comprehension system, is the property of *context neutrality*: inference rules should not be correct only with respect to certain contexts within individual domains. We would like them to take account of the influence of context by automatically inferring the effects of context transitions.

At the LILOG workshop on ontology, some evaluation criteria derived from software engineering were considered for their applicability to KR systems. A time-honored golden rule of software engineering is to organize systems into *modules* with specified *interfaces*; in the case of KR, we are interested in splitting up the ontology and sets of inference rules into modules, at least in a logical sense (if not physically). This is particularly important for practical reasons in a project of LILOGs size, with various groups as far apart as Hamburg and Stuttgart working on their own knowledge clusters.

Another software engineering principle discussed at the workshop that is important in project communication is ***transparency***, the extent to which a representation is readily understandable for an "outsider". One way to achieve this in KR might be to require the symbols of the ontology to be identical or very similar to natural language expressions, with the assumption that the model-theoretic denotations of those symbols are the same as the denotations of their natural-language counterparts. Let's call this property ***lexical faithfulness***. Lexical faithfulness has the additional advantage of making decisions about verbalisation in language production quite simple: just use the name of the sort or attribute to be verbalised. As indicated above, this property may be the hardest to maintain without having to give up others, and I will attempt to demonstrate why in the next section. The claim that a symbol has a certain denotation must be justified by the inferences in which it is involved. The more we attempt to increase inference capabilities while retaining domain independence, the more we may have to rely on a theory of world knowledge whose tokens are significantly distinct from natural language. The implementation of such a theory is likely to be computationally more complex than the lexically faithful approach, and the uninitiated will need to take some time to understand it. Let it not be said, then, that lexical faithfulness in KR is necessarily a bad thing; we may just have to sacrifice a lot for it. A knowledge engineer must weigh the merits of greater inference capabilities against the disadvantages of increased complexity and decreased transparency.

Empirical Methods for Evaluating Inference Systems

When we view a KR application as software, some of its properties (such as its modularity) can be rigorously defined and formally verified. But as mentioned earlier, we have no formal definitions for properties that pertain to its status as a representation of knowledge about the world – (partial) correctness and completeness, extendibility, domain independence and context neutrality – such as we have for soundness, completeness, and other properties of logic. We cannot hope to "prove" that they are satisfied with the sort of rigor that model theory makes possible. Since we cannot presuppose a comprehensive formal theory defining the notions of knowledge, natural language, meaning, and context, we must rely on the intuitions and consensus of human observers to verify or falsify our hypotheses about them. We have an apparent dilemma; if there is nothing but intuition to go on, how can we ever be "scientific" about evaluating KR systems?

This is where the empirical techniques of the humanities come in. Linguists, philosophers, and psychologists have always had to study subject matter for which formal definitions cannot be assumed ***a priori***. Under these conditions, they have developed methods of isolating phenomena of intelligent behavior, describing the way various phenomena "interface" with each other, eliciting intuitions about them, and testing hypotheses by argumentation or experimentation. The results are partial theories of knowledge and language that are subject to further evaluation and possible refinement, as is customary in any discipline. Cognitive science is in the business of exposing properties of intelligent behavior that cannot be detected otherwise.

In his 'Naive Physics Manifesto', Hayes noted the similarity between the linguist's methods of discovery and the knowledge engineer's technique of eliciting expert knowledge from a specialist in some field:

> ...there is an obvious methodology for getting it done, and this methodology has, in recent years, proved very successful in a number of areas. Within AI, it has come to be called 'knowledge engineering', but essentially the same technique is used by linguists. It works as follows. In consultation with an 'expert' (i.e. a human being whose head contains knowledge: one knows it does because he is able to do the task one is interested in), one builds a preliminary formalization, based upon his introspective account of what the knowledge in his head is. This formalization then performs in a particular way, and its performance is compared with that of the expert. Typically it performs rather badly. The expert, observing this performance of

> the formalization in detail, is often able to pinpoint more exactly the inadequacies in his first introspective account and can offer a more detailed and corrected version. This is formalized, criticized, and corrected: and so on...
>
> In "knowledge engineering", the expert is a specialist of some kind, and the formalization is typically a collection of condition-action rules which can be run on a suitable interpreter: a very modular program, in a sense. In linguistics, the formalization is a grammar of some sort which assigns syntactic structures to sentences, and the expert is a native speaker. In both areas, the technique has proven extremely successful.
>
> I believe this process of formalization, confrontation against intuition, and correction, can also be used to develop naive physics. Here is a domain in which we are all experts, in the required sense. The performance of a formalization is, here, the pattern of inferences which it supports. Performance is adequate when the "experts" agree that all and only the immediate, plausible consequences follow from the axioms of the formalization. (Hayes 1985a, p. 31f.)

Hayes sees an analogy to the discovery procedures of syntax theory, but the similarity to the methods of linguistic semantics is even greater. In the formation of semantic theory, just as in the formalization of knowledge, the investigation of correct inferences is one of the most important heuristics for exposing intuitions. A proposed formal representation of the meaning of sentence α can be supported or falsified by the fact that the truth of α in a given set of circumstances intuitively implies the truth of another sentence β but not of γ; just see if these relations hold formally as well.

The measure of success for a semantic theory is, among other things, whether or not all of the inferences it predicts are intuitively acceptable (its correctness), and how many of those inferences it does indeed predict (its completeness). In practice, any semantic theory is partial, in that it is necessarily intended to cover an isolated subset of phenomena of meaning; so part of the job is to see that the theory can be reasonably extended to account for interactions with other linguistic phenomena. Furthermore, linguists are interested in capturing the context-independent component of meaning, which makes it essential to isolate the influence of context and world knowledge[3]. Hence many of the properties that constitute a successful semantic theory turn out to be identical to those of a "good" knowledge representation, especially for a KR system that is to be used to support natural language comprehension.

Another important parallel lies in the fact that linguistic semantics employs some of the very same formal devices used to specify the semantics of KR languages. The study of denotational semantics for natural language has its origins in Frege, and even today, most of the work in semantics is based on formal accounts of truth conditions. So it stands to reason that many of the representations proposed by linguists that are based on such a formalism can be easily adopted in KR languages[4].

Hayes sees the relationship between language, representations, and the external world as further justification for the view that the formal models of a representation can be equated with "reality":

[3]Under a narrow definition of "linguistic semantics", one is interested in context- and domain-independent accounts of meaning, and nothing more. The explication of context and world knowledge, and of their influence on the interpretation of linguistic expressions, would then be the burden of "pragmatics" (which in many cases means that it is ignored). The theory under consideration in this paper, however, focuses squarely on the way knowledge of objects in context affects the interpretation of linguistic expressions.

[4]– assuming that the linguistic theory is expressible in a first-order language suitable for knowledge representation. Much of the "classic" work in truth-conditional semantics in the early seventies (e.g. from Montague and Cresswell) was done in languages that are much too powerful to be useful for computation. Fortunately, much effort is taken nowadays to formulate semantic theories in first-order languages.

> ...tokens [formal symbols of a representation] could be attached to the world through language. Again, let the theory be built into a physical computer, one without senses, but with a natural-language comprehension and production system. The tokens of the internal theory are now related to English words in the way we expect, so that the deep semantic meaning of a sentence is a collection of axiomatic statements in the formalism. Such a system could talk about things to other language users and could come to learn facts about an external world by communicating with them. (Hayes 1985a; p. 13)

To this we could raise the objection that tokens of an internal theory with which the "deep semantic meaning of a sentence" is represented might, of necessity, be quite different from natural language expressions, and hence could not be related to words "in the way we expect". In the next section it will be argued that this is indeed the case for representations of assertions about objects. Hayes takes note of this himself later in the same paper:

> ...as much AI work on language understanding even in restricted domains has shown, words must map into internal concepts in very complex and idiosyncratic ways, and the concepts themselves must be embedded in a network of internal theory... (Hayes 1985a; p. 35)

When that is the case, it is the burden of the theory to explain the relationship of its internal tokens to language. Given the "two-level" model mentioned above, we must first relate natural language expressions to conceptual structures, which in turn can be seen as representations of the external world; this contrasts to a denotational semantics that posits a direct relationship between language and the world. If such a position on the relation between language and representations is accepted, then Hayes' point is just as valid.

As for modularity in KR, it ought to come about naturally if theoretical foundations are assumed that reasonably separate phenomena of knowledge and explain their interactions. The modular structure of the mind is in fact an important theoretical standpoint in cognitive science, usually associated with Jerry Fodor, who argues that the cognitive "input systems" (language and perception) are "informationally encapsulated" and hence modular (Fodor 1983). The modular relationship of language and perception is made explicit in the two-level model that we will consider in section 3. It seems that we can benefit from a fortunate coincidence: a modular organization of KR systems, which serves to make the software project more manageable, appears to be supported by a finding of cognitive psychology.

Things might not be quite so favorable, however. Fodor claims that the input systems are modular and thus well-suited for simulation in AI; but he conjectures that "central" systems are continuous and impenetrable, which, given the techniques of contemporary KR, is bad news if true. The results in the case of representations of objects studied in this paper are mixed. Below, we will see that the determination of context-dependent "norm" sizes for objects is a very complex problem that may be impossible to isolate from any other field of knowledge. On the other hand, it turns out that the integration of object knowledge with temporal knowledge, two clusters that are very definitely "central", can be carried out rather smoothly.

Theories of Knowledge and the "Fundamental Tradeoff"

Before we depart from all this philosophical discussion and go on to specific examples, one more important reason for adopting theoretical foundations in KR should be mentioned. One of the landmark papers in KR in the past decade is (Brachman/ Levesque 1985), where it is shown that KR languages are subject to a "fundamental tradeoff" between their expressibility and the tractability of services that can be performed with them, such as inferencing and checking subsumption. For example, the authors show a polynomial-time algorithm for subsumption checking in a simple language that can express a very limited number of constraints. If just one syntactic construction expressing a new kind of constraint is added to this language, then the subsumption problem becomes NP-complete. This means that reasoning can be very difficult in general, up to the extreme case of undecidability, for a language that can describe knowledge very precisely. Since 1985, quite a few results have been obtained on the computational properties of languages with various combinations of constraint-expressing devices.

Many of the researchers investigating the tradeoff have taken the position that a language is inacceptable unless it allows for computations which can always be performed in polynomial time. But recently, it has been speculated that this restriction may be relaxed. Complexity results obtained for KR languages are valid for the worst case; but it is possible that an incomplete algorithm, or an algorithm that requires exponential time in the worst case, can perform acceptably in genuine applications. Perhaps we can safely assume that the worst case simply won't turn up, or that the reasoner will only start thrashing in rare situations when presented with a problem that humans find difficult to solve as well (Brachman and Levesque pointed this out in their 1985 paper). This is the position taken in the LILOG project. The subsumption problem for the language L_{LILOG} is intractable, and since it encompasses all of first-order predicate logic, its theorem prover is incomplete. But we cannot be sure whether the assumptions underlying such a position on the tradeoff hold water until we have some "average case" complexity results.

How can the "average case" for KR applications be formulated? Clearly, stochastic models of the type used to evaluate sorting and searching algorithms are of no use here; nor is it of much general interest to assess a representation strategy for a single, specialized application if it is never to be used again. What we need are theories about knowledge that can be expected to turn up in a broad range of applications; if we can plausibly claim the domain independence of a theory, then results on its formal complexity are relevant for more than just one project. Such theories are likely to be fairly complex, so they ought to give us a good idea of how much expressive and computational power we need in KR in general. To quote Hayes once again:

> I believe that the study of inferential control (which subsumes many questions of system architecture generally) is one of the most important facing AI at present. *But until we have some dense theories to experiment on, we won't know what the real problems are.* (Hayes 1985a, p. 33)

2 Two Proposals for Representing Properties of Objects

In this section, we will apply the criteria from the previous section to criticize some possible strategies for representing objects; in particular, we will investigate the consequences of preserving lexical faithfulness by representing the DAdjs of (1) above directly as sorts or as attributes. Many of the examples below are derived from the linguistic material used by Lang as evidence for his theory, but they will be re-interpreted here as inferences to be drawn by a KR system. It turns out that lexical faithfulness leads to a sacrifice of context neutrality when DAdjs are construed as sorts, and of domain independence when they are construed as attributes.

To begin with, we clearly need a sort that denotes the set of all spatial objects in all models, to which we will give the obvious name `object`. This sort is domain independent, since texts in which no objects are mentioned at all will be very rare indeed. Thus `object` will occupy a high position in the upper structure of the hierarchy (in LEU/2, it is a direct subsort of `entity`, which always denotes the set of all potential referents in discourse, and is distinguished from sorts of non- spatial entities like `event`).

At the other extreme, the inventory of objects mentioned in individual texts constitutes the set of domain dependent object sorts, to be organized in the lower structure as subsorts of `object`. In order to process the Düsseldorf texts used for the LEU/2 prototype, we require the sorts `Straße, Fenster, Turm, Gebäude` and so on (`street, window, tower, building`), each with the obvious interpretation. Processing a text about a football match might entail inclusion of the sorts `Ball, Tor, Feld,` and `Karte` (`ball, goal, field, card` – yellow and red), while a text about Berlin in 1989 will necessitate the sorts `Mauer, Tor, Straße, Platz,` and `Gebäude` (`wall, gate, street, square, building.`) In the wide gap between the upper and lower structures of the object ontology, we can imagine a rich "middle" structure full of interesting sorts like `2D_object, 3D_object, movable_object,` and so on; but first let us consider the extreme cases.

The DAdjs given above express information about one of the most relevant properties of objects: their spatial extents. We want to be able to cope with information of the type expressed in the following sentences:

(2) Die Königsallee ist 1 km lang. [Königsallee is 1 km long.]
(3) Das Feld ist breit/schmal. [The field is wide/narrow.]
(4) Dieses Fenster ist breiter als das Fensterbrett lang ist.
[This window is wider than the windowsill is long.]

We will call an expression of the type *1 km lang* a *measurement* (and a phrase like *1 km* a *measure phrase*). The use of an adjective in its simplest morphosyntactic form (without a measure phrase, as in sentence (3)) is usually taken to assert that the object dimension in question is greater than or less than some "norm" value, and hence is called the *norm-related positive* (or simply "the positive"). Finally, the use shown in (4), which posits an unequal relationship between dimensions of the same object or two different objects, is called the *comparative*[5].

For some purposes, we may be satisfied with an admittedly superficial representation of the meanings of sentences like (2) - (4), for example if we know that the comprehension of a text does not depend crucially on the inferences that follow from them. On the other hand, if a text's subject matter is architecture, construction, civic planning, path description, or a host of other topics, it may be essential to capture accurate information about object dimensions and their relationships, and it must be possible to do so for objects of any sort in the lower structure. For the remainder of this paper, we will be interested in a representation of object dimensions that is domain independent and context neutral to the extent necessary. Generally speaking, we will try to do this by declaring the representational primitives necessary for the analysis of DAdjs in the upper structure of the object ontology; categories in the lower structure are to be described in part as admissible instantiations of those declarations. The inference rules written for the DAdjs will apply to the sort `object`, and should be correct for all sorts in the lower structure; furthermore, they should, to the extent possible, be correct and complete in relation to other linguistic phenomena and contextual influences.

With these ambitions in mind, let us now consider two lexically faithful treatments of DAdjs in knowledge representation.

[5]We are leaving out another important use of adjectives called the *equative*, which expresses that two object dimensions are equal: *This window is as wide as the windowsill is long.*

DAdjs as sorts

Suppose that we assume a sort for each of the DAdjs; for example, we would claim that the sort `lang`, a subsort of `object`, denotes the set of "long objects" in every model. In such a scheme, sentence (3) would be treated simply by assigning the referent of *das Feld* to the intersection of the sort `Feld` and one of the sorts `breit` or `schmal`. This immediately suggests a treatment of the antonymy relation indicated by the groupings in (1) above: we simply stipulate that the two sorts corresponding to each antonym pair, such as `breit` and `schmal`, are disjoint. Then for any x in any domain, the subsumption checker will guarantee correct inferences according to the pattern (5) and prevent contradictory assertions like (6):

(5) x ist breit. $\rightarrow$ x ist nicht schmal.
(6) x ist breit und schmal.

Analogously, the comparative forms of the antonym pairs could be represented as dual binary relations. Given the binary relation symbols `länger` and `kürzer`, it is easy to write rules that guarantee the following correct inferences for any x and y in any domain:

(7) x ist länger als y. $\leftrightarrow$ y ist kürzer als x.
(8) x ist lang. y ist länger als x. $\rightarrow$ y ist lang.
x ist kurz. y ist kürzer als x. $\rightarrow$ y ist kurz.

Thus the "DAdjs-as-sorts" approach seems to be the basis for a number of correct inferences. Despite that, many share a strong intuition that something is wrong with this solution; how can we solidify that impression? We have claimed that the sorts `lang`, `kurz` and so on denote the sets of long and short objects, respectively, in any model. Hidden in this claim is the assumption that these sets are the same in any context, since the denotation of a sort is context independent. But we can see that this is insufficient by considering descriptions of one and the same board in three different contexts: (I), a "neutral" context, (II), where it is used as a sign and (III), where it is used as a windowsill. We may also consider a pole in two possible contexts: (IV), in which it is standing upright and (V), in which it is lying on the ground.

(9)

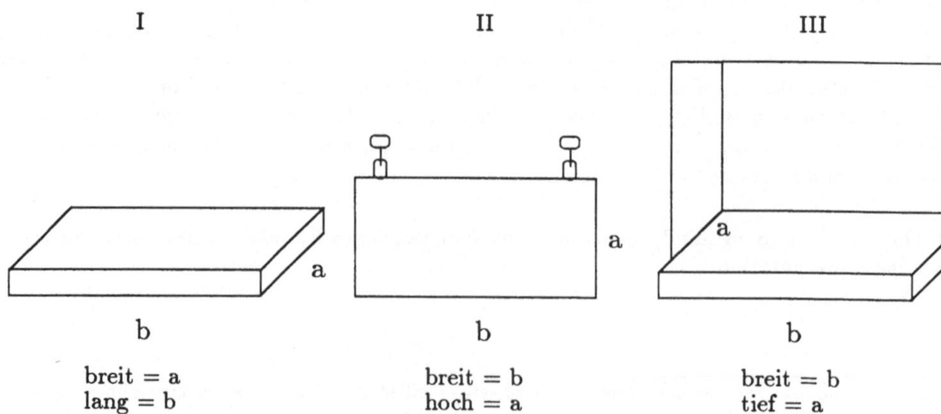

(a) *Das Brett ist breit* und lang genug, aber zu dünn (*breit* = a as in I)
(b) *Das Brett ist breit* und hoch genug, aber zu dünn(*breit* = b as in II)
(c) *Das Brett ist breit* und tief genug, aber zu dünn (*breit* = b as in III)
[The board is wide and long/high/deep enough, but too thin.]

(10) (IV) (V)

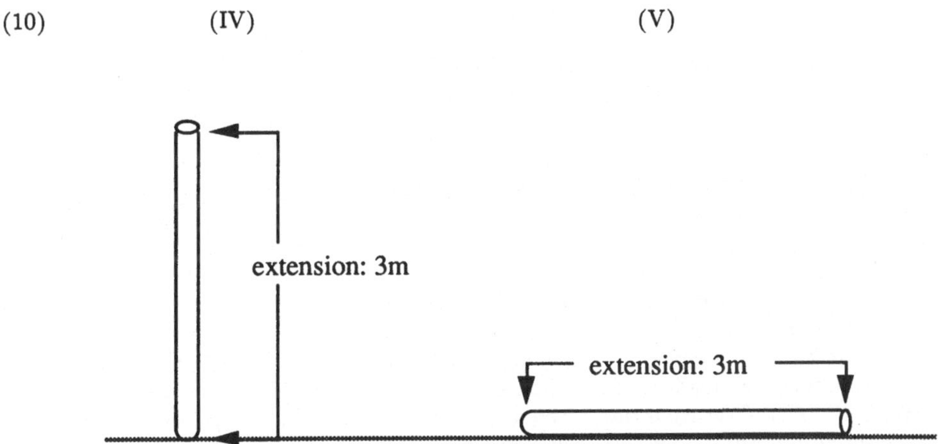

The first example shows that an expression like *breit*, just like the English *wide*, can refer to two different object axes, depending on context; and another axis (a) can be referred to by three different expressions (*breit, hoch, tief*). In the second example, we can use the adjective *lang* in both contexts, but *hoch* can only be used in (IV). It is bad enough that we cannot distinguish these contexts; even worse, it is entirely possible for an object to be described as "too narrow" in a context like (I) and "too wide" in a context like (III), which would be taken as a contradiction. We might try to avoid that by dividing the sort `breit` into two sorts $\mathtt{breit}_1$ and $\mathtt{breit}_2$ according to the two contextual uses, but then we have sacrificed the lexical faithfulness that we were trying to maintain in the first place. If *breit* is used to describe a board, which of the two sorts $\mathtt{breit}_1$ and $\mathtt{breit}_2$ should it belong to? And if a board belongs to the sorts $\mathtt{breit}_1$, $\mathtt{schmal}_2$, `kurz`, `hoch`, and `tief`, which DAdj should be used in a verbalisation? These examples (and a host of others studied by Lang) confirm the intuition that there is no one-to-one relation between DAdjs and object axes; the meaning of DAdjs encompasses a component of context-dependent *dimensional designation* that must be accounted for.

The "DAdjs-as-sorts" approach is centered on the positive, and it is not at all clear how to generalize it to a treatment of measurements. Only an uncountable set of sort symbols would be large enough to satisfy the pattern `1_km_lang`, `1.1_km_lang`, `1.01_km_lang`. Apparently, the only way to reconcile this approach with measurements is to assume additional attributes `length`, `width`, and so on for all of the objects. This solution will be considered in detail below, but note for now that if we have both a sort `lang`, taken to denote the set of long objects, and an attribute `length`, taken to denote a function mapping objects to their lengths, then we are faced with the question of how these two tokens are related. If we claim that the membership of fixed sets of long and short objects is based on the relation between object lengths and some "norm" length, then can we say how many centimeters long that norm is? And how much must an object differ from the norm in order to be a member of one of those sets?

This is a very difficult question, and linguists working on the problem have only been able to suggest answers to it (cf. Bierwisch 1987, 1989). It seems plausible that there are "norm" sizes for some of the object categories, and this intuition is supported by experimental work on prototype theory, which indicates that there are fairly solid impressions of object sizes for the so-called "basic level" categories (Rosch et al. 1976). So it might be reasonable to define a norm measurement value for at least some of the object sorts in the lower structure; at least we can consider setting upper and lower bounds on "norm intervals" in order to capture extreme cases such as:

(11) Ein 10m langer Bleistift ist ein langer Bleistift.
(12) Eine 10m lange Autobahn ist eine kurze Autobahn.

But if we stipulate that having a measured length (or width, depth, etc.) above or below certain values is a necessary and sufficient condition for membership in context-independent sets of long or short objects, we have gone too far. The use of the positive is not determined exclusively by fixed sortal norm values; it is highly context dependent and influenced by speakers' intentions and expectations. For example, someone may refer to the longest pencil in her field of view as "the long pencil" in order to identify it uniquely, even if it does not happen to be "long for a pencil". Whether or not we think a highway is long may depend on how much time we have to travel: for an afternoon outing, the highway from Hamburg to Berlin is prohibitively long, but not for someone with four weeks of vacation time. The notion of "norm" could be retained for these uses, but then it would be a norm that varies with context and the purposes of discourse participants, taking on the sortal norm value by default in "neutral" contexts (cf. Bierwisch 1987,1989).

The conditions for use of the norm-related positive are exceedingly complex, and a knowledge engineer might feel quite justified in not attempting to implement any solution at all (or an admittedly unsophisticated one). However, the treatment of the positive is not extendible if it is committed to representations of fixed sets of objects that are long, short, wide, narrow, etc. Any further progress on the positive would have to begin with a investigation of its context dependence. The "DAdjs-as-sorts" approach could not be the starting point on which such progress could be founded; it would have to be abandoned altogether.

DAdjs as attributes

By an "attribute", we mean a symbol defined for a sort `S` that is intended to represent some variable property of the members of `S`'s denotation. The attributes found in most KL-ONE languages are called "roles", which denote binary relations; L_{LILOG} includes both roles and "features", which denote unary functions, and it is possible to place complex constraints on the codomains of both roles and features. In this section, we will be noncommital about the logical status of DAdjs as attributes, and simply write them as functions yielding a tuple that contains measurement information: *x ist 1 km lang* will be rendered as `length(x) = < 1 km >`. The claim is that the denotations of `length`, `width`, `depth`, `thickness` and `height` are, in every model, functions mapping objects to measurement scales, where measurements are defined and axiomatized according to an appropriate choice of measurement theory (cf. Ch. 4 of Davis 1990 or Krantz et al. 1971).

The main advantage of this approach over the previous one is that the positive can now be treated more flexibly: instead of sorts, we use predicates that are independent of the ontology to represent propositions like *Die Straße ist lang.* These predicates may or may not be context dependent; perhaps they have additional arguments for the contextual parameters that influence their truth. For example, if we want to pursue the notion of context-dependent norm values (as suggested by

Bierwisch), we might assume a symbol `norm(C)` for the norm value valid for objects in context C (`norm` denotes a function from contexts to scales). Then we could include axioms stating that for every object O in every context C, having a length significantly above or below the norm length in C is necessary and sufficient for O to be *lang* or *kurz*, respectively, in C. Note that inferences as in (5) result automatically from such axioms, and (6) would be inconsistent with them[6].

The problem, however, is that the matter of dimensional designation is still unsolved. Let us reconsider some inferences pertaining to examples (9) and (10) above, this time in connection with measurements:

(13) The board is 2 m long and 1 m wide.
$\longrightarrow$ The board is 2 m wide and 1 m deep.

(14) The pole is 3 m high.
$\longrightarrow$ The pole is 3 m long.

Note that these patterns are not satisfied by all object categories:

(15) The street is 2 km long and 5 m wide.
$\not\longrightarrow$ The street is 2 km wide and *5 m deep.

(16) The wall is 3 m high.
$\not\longrightarrow$ The wall is 3 m long.

We can also consider a example that involves a context transition: a brick that is tilted to the right (the meaning of the terms 'across-axis' and 'vert-axis' will become clear when we review the theory in the next section).

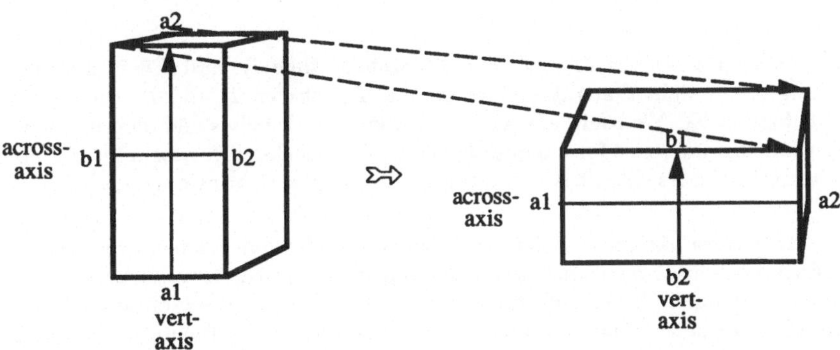

[6]The treatment of the positive would then be a matter of determining the norm value in each context. We could have a default rule stating that the norm is determined by the sort of the object in question unless there is evidence to the contrary. In fact, we could leave it that; or we could add other rules to the effect that in every context C, the norm length of the objects in C is the average length of the objects in the field of view of the speaker in C. Not everyone will be especially enchanted by a treatment of context dependence that presupposes suspicious-looking context variables, but at least it's a start, and its prospects are better than those of the previous approach.

(17) The brick is 10 cm high. It is tilted to the right.
$\longrightarrow$ The brick is (then) 10 cm wide.

This is another example of the influence of context on the truth of assertions involving DAdjs: events like "tilting" and "turning" have the effect that the same measurement may be verbalised differently over different periods of time (this is also true of the states "standing" and "lying", and hence of the events "set upright" and "lay down", as demonstrated in example (10)).

Now it is not hard to imagine simple inference rules that would capture these relationships; but such rules would have to be restricted to the proper sorts in order to prevent incorrect inferences as in (15) and (16). For example, the following axiom captures the inference about poles in (14):

(18)
```
forall P:Pole, M:Measurement;
    height(P) = M →  length(P) = M.
```

A similar axiom would hold for tree trunks and sailboat masts, but not for walls, fences and football goals. As for (17), we might try to cope with its context dependence by adding a temporal argument to the DAdj attribute, so that measurement assertions are dependent on time. Then we would have an axiom that is something like this:

(19)
```
forall B:Brick, M1,M2:Measurement,
                T1,T2,T3:Time, E:tilt_to_the_right_event;
    height(B,T1) = M1 and width(B,T1) = M2
    and
    occurs(E,T2) and theme(E,B)
    and
    before(T1,T2) and before(T2,T3)
    →
    width(B,T3) = M1 and height(B,T3) = M2.
```

The rule says that if a brick is M_1 high and M_2 wide at time T_1, and if it is the theme of some event of tilting to the right that takes place at time T_2 between T_1 and T_3, then the brick is M_1 wide and M_2 high at T_3. We could also use a rule like this for cubes and blocks, but we wouldn't necessarily want this inference for cupboards and cuckoo clocks (if I measure a cuckoo clock as x high and then set it on its side, it is still x high, at least in an intrinsic sense).

The point is that rules like these violate the principle of domain independence in the treatment of DAdjs. Each of them is restricted to a single object sort in the lower structure, meaning that any transition to another lower structure entails not only a new set of sorts, but also a new set of rules that regulate knowledge about their measurements. Having to re-think all of the possible inferences that might be made about every object in a new domain might turn out to be a remarkably tedious task, especially if the number of object sorts in the lower structure of some domain is on the order of hundreds. Now it is legitimate to react to this by simply giving up on the ability to draw these inferences, at least in more than one domain, as long as the user is made aware of this source of potential incompleteness. If we are not ambitious about completeness and domain independence, then there is nothing wrong with that. But if the demands on the system are more stringent, we need to look for another solution.

Information about object dimensions can turn up in any domain; thus the fact that rules like (18) and (19) can only be used for a single domain supports our intuition that they are ad hoc and unprincipled. It seems as if we are missing some important, underlying regularities that would enable us to represent information about object dimensions in a more systematic way. Perhaps domain independence can be achieved if we can capture the physical and geometric properties of objects, and the properties of their situation in the coordinate system of surrounding space, that underlie inferences valid for more general categories – but then this is just the first step toward the formation of a theory.

3 An Outline of the Theory

In this section, we will briefly sketch Lang's solutions to the puzzles presented in the previous section (more complete accounts may be found in the references). The detailed discussion of properties of space and objects may seem to be a digression from the main argument of the paper; but we will see that some of the principles underlying a theory of cognition are valuable for KR applications, even for systems that are not necessarily intended to model cognitive structure.

Essential to the theory are two important distinctions: first, the meaning of an utterance that includes a DAdj is assumed to encompass two distinct components: one of dimensional designation, the selection of an axis of the mentioned object in a given context; and one of gradation, an assertion about the extent of that axis with respect to its measurement, its relationship to other object axes, or its relationship to contextually determined norms. Knowledge obtained from the gradation component (such as measurement information) remains constant in all contexts, whereas dimensional designations may vary with context transitions, such as positional variations as in (10) and (17) above. Secondly, some of the inferences shown above, such as (13) - (17), follow from extra-linguistic knowledge about objects, whereas others, such as those that pertain to the antonymy relation, are consequences of purely linguistic knowledge, and these two systems of knowledge are explicitly distinguished.

The antonymy relation holds for two DAdjs when they designate the same axis of any object in each context, but express information of opposite polarity about the extent of that axis. Thus for the six pairs of German DAdjs, Lang proposes six constants called *Dimensional Assignment Parameters* (DAPs) that appear on the level of Semantic Form, which constitutes the interface between the linguistic and conceptual levels of their meaning representations. The DAPs are: MAX (*lang/kurz*), SUB (*dick/dünn*), DIST (*weit/eng*), VERT (*hoch/niedrig*), OBS (*tief*), and ACROSS (*breit/schmal*) – the motivation for these names will become clear in a moment. The Semantic Form for each of the DAdjs meets the following simplified schema, where DIM is a metavariable for the DAPs and x denotes a spatial object:

(20) $[[QUANT\ DIMx] = d]$

Thus the operation $[DIMx]$ is the formal counterpart of the dimensional designation operation; it can be seen as a function yielding an axis of the object x (depending on which DAP replaces DIM). The quantity function QUANT assigns a scale value d (a *degree*) to each object axis, which in turn may be applied in some appropriate theory of gradation and measurement to express the relations characteristic of the positive, the comparative, the equative, and of measurements. We will not go further into details of gradation here, but refer to Bierwisch (1987,1989)[7]. For the remainder of this paper, we will concentrate on dimensional designation and object knowledge.

[7]Bierwisch describes the integration of the Semantic Form of the DAdjs with their various uses, accounting for,

According to Lang, dimensional designation is based on a categorization of objects that derives from principles of spatial perception, namely the perception of gestalt and position properties of objects. Lang describes these two sets of properties within two autonomous systems of categorization: the *Inherent Proportion Schema (IPS)*, which defines gestalt properties of objects, and *Primary Perception Space (PPS)*, a model of human perception of the three dimensions of space on and around the surface of the Earth, within which an object takes on position properties.

IPS is a collection of physical and geometric properties of objects relevant to language and perception: the ***delimination*** of objects against the background; the perception of symmetry axes (which DAdjs designate); the ***disintegration*** of axes (i.e. the distinction between "disintegrated" axes that encompass only one spatial dimension, like the maximal axis of a pole, and "integrated" axes that encompass more than one dimension, like the "thickness" of a pole or the diameter of a ball); the ***prominence*** of axes (i.e. the perception of their distinct sizes, in particular the perception of the maximal axis of an object, should it exist); and the ***penetrability*** of objects (i.e. the distinction between objects perceived to have an internal substance – a "thickness" – and objects perceived to be hollow).

PPS describes the axes of three-dimensional space not according to the traditional Cartesian model, but rather according to their relevance in our conceptual system, as determined by our ability to perceive them. The most dominant axis of *PPS* is the ***Vertical***, which, induced by gravity and perceived by the organ of equilibrium (the semicircular canals), is ubiquitous and constant. The alignment of an object's axes to the Vertical determines its ***orientation***, as well as which of the object's sides are called the "top" and the "bottom". The ***Observer*** axis corresponds to the direction of vision of a real or imagined observer; the relation of an object's axes to this axis determines its perspectivization and which of its sides are called the "front" and "back". Finally, we have no perceptual cues for detecting the ***Horizontal*** axis; it is defined by mutual orthogonality to the other two axes. This is indicated by the fact that the two designations of object sides based on the Horizontal, "left" and "right", have to be learned, and even for adults they can be a source of great confusion.

Incidentally, Hayes has also noticed the important role of the vertical axis and its effect on dimensional designation.

> For naive physics, vertical gravity is a constant fact of life, so vertical dimensions should be treated differently from horizontal dimensions: "tall" and "long" are different concepts. An object's shape is also often described differently (width and length; or depth ... and width or length ...). I suspect –the details have not been worked out –that these differing collections of concepts arise from the reconciliation of various coordinate systems. (Hayes 1985a; p. 21)
>
> ...if the cup is moved across a room, its inside moves with it. If the cup is rotated about a horizontal axis, however, the circumstances inside it are liable to change. Indeed this is generally true, for the global gravity vertical runs through all places. (This vertical direction is obviously of great evolutionary importance, since our bodies have an apparatus of great delicacy whose sole purpose is to detect it: the semicircular canals in the inner ear). (Hayes 1985b, p. 78)

The principles of *IPS* and *PPS* now provide us with the means to describe dimensional designation in terms of the process by which DAPs select object axes: MAX identifies the maximal disintegrated axis of an object (presupposing that it has exactly one maximal axis); SUB identifies either

among other things, the inferences (5), (6), (7), (8), (11) and (12) above. According to Bierwisch, the degree value d in (20) is in fact a structured term of the form $[v \pm c]$, where v is a norm or comparison value, c is a difference value, and $\pm$ is a metavariable for the operations $+$ or $-$, on which the account of polarity distinctions is based.

a non-maximal disintegrated third axis (*thick board*) or an integrated axis forming the diameter of a circular section (*thick pole*); DIST identifies an axis perceived as the inside diameter of a hollow body; VERT selects the disintegrated axis of an object that coincides with the Vertical of *PPS*; OBS selects the disintegrated axis of an object that coincides with the Observer axis of *PPS*; and ACROSS selects a disintegrated axis that is left unspecified by any of the other DAPs with respect to maximality, substance, verticality, or alignment to the Observer axis.

To complete the description of the way DAPs are mapped onto object axes, Lang proposes *object schemata* (OS) as a representational unit for the gestalt and position properties of individual objects on the conceptual (extra-linguistic) level of knowledge. An object schema is a matrix whose content and structure is derived from principles of *IPS* and *PPS*. Its head row contains one to three variables **a**, **a b**, or **a b c**, representing the objects *dimensionality*; the order of the alphabetic sequence reflects the order of prominence of the object's disintegrated axes. Thus if an object has a unique maximal axis, that axis is always represented by **a** in the object's OS. The *boundedness* of the respective dimensions is represented by the scope of the angle brackets < ... >[8]; the *integration* of axes is represented by the scope of the round brackets (...). Each integrated and disintegrated object axis is taken to be represented by a single column of an OS, called an *OS-section*. For example, the head row of the OS for a ball, < (a b c) >, contains variables for three dimensions but only one column, or OS-section, which corresponds to the ball's diameter.

The second and third rows of an OS contain symbols called *Dimensional Assignment Values* (DAVs), whose assignment to an OS-section indicates that a certain gestalt or position property holds for the axis represented by that section. The names of most of the DAVs are similar to those of the DAPs, but they are typographically distinguished - **max, sub, dist, vert, obs, across, ivert, iobs, d_dist, ∅**. DAVs in the second row of an OS are determined by properties that hold for an object by virtue of its category; for example, the OS of any pole contains the DAVs **max** and **sub** in its second row, since all poles have a unique maximal disintegrated axis and an integrated axis that is perceived as not hollow (see (22)). The third row of an OS for object *O* contains DAVs that are determined by properties of *O's* position in a certain context, or by gestalt properties that hold for *O* in particular but not necessarily for *O's* category in general. The OS of an upright pole, for example, will contain the DAV **vert** in its third row, assigned to the same OS-section to which **max** is assigned (cf. (22)) since a pole is upright if and only if its maximal axis is aligned to the Vertical. The OS for the category 'board' are, in general, unspecified as to which axis is maximal; but if we know that a certain board has a unique maximal axis, then **max** is assigned to the corresponding section of that board's OS (cf. (21)).

Formally, dimensional designation is reconstructed as a mapping of DAPs onto OS, as constrained by the distribution of DAVs in the OS. In other words, rules can be formulated that determine which configurations of DAVs admit the mapping of which DAPs onto OS-sections, corresponding to the gestalt and position properties that must hold for an object for a certain DAdj to designate some axis of that object. The OS-sections themselves are subject to compatibility conditions formulated by Lang that determine which configurations of DAVs are admissible; these conditions are determined in turn by the assumptions laid out in *IPS* and *PPS* (see Bierwisch/Lang 1987a, 1989a).

[8]We will only consider examples of objects that are regularly bounded in all dimensions, so the < ... > brackets will have widest possible scope in all of the OS presented here. Lang's claim is that an object dimension which is not regularly bounded is not an axis that can be designated by a DAdj.

Let's now take a look at how the technical apparatus just described can be applied to the examples of section 2. The three different contexts shown for a board in (9) correspond to three different object schemata in (21). In general, boards are highly unspecified as to their gestalt and position properties: we only know that they have three disintegrated axes, one of which is least prominent and not hollow (hence the assignment of **sub**)[9]. In context (I) of (9), the board is described as *lang* and *breit*, meaning that one of the axes is specified as maximal; thus **max** is assigned in the third row to the first OS-section, and **across** is assigned to the remaining (unspecified) section. In context (II), one of the axes is specified as aligned to the vertical by the use of *hoch*, which is reflected by the assignment of **vert** to the corresponding OS-section. In context (III), the axis designated by *tief* is aligned to the Observer axis, which is represented by the assignment of obs. A street, however, has a very different OS (shown here in its conceptualization as a 2-dimensional object) that admits only one combination of DAPs (namely MAX and ACROSS), thus explaining the invalid inference (15).

```
(21)        "board" (in general)            "board" (context (I))
        <   a       b       c   >       <   a       b       c   >
            ∅       ∅       sub             ∅       ∅       sub
                                            max     across

            "board" (context (II))          "board" (context (III))
        <   a       b       c   >       <   a       b       c   >
            ∅       ∅       sub             ∅       ∅       sub
            across  vert                    across  obs

            "street" (any context)
        <   a       b       >
            max     ∅
                    across
```

The treatment of contextually determined positional properties can be seen in the difference between the OS of the pole in contexts (IV) and (V) of example (10). As mentioned above, a pole is upright if and only if its maximal axis is aligned to the Vertical, which explains why the axis designated by *lang* is the same one that is designated by *hoch* in (V). In the case of a wall, however, the OS- sections to which MAX and VERT are mapped are necessarily different, explaining the incorrectness of the inference in (16).

```
(22)        "pole" (context (IV))           "upright pole" (context (V))
        <   a       (b      c)  >       <   a       (b      c)  >
            max         sub                 max         sub
                                            vert

            "wall" (any context)
        <   a       b       c   >
            max     vert    sub
```

Obviously, the contextual transitions denoted by events of "setting upright" or "laying down" have the effect of changing an object's position properties, and thus can be represented as transformations on the distribution of DAVs in an OS. Likewise, the applicability of such predicates

[9] The DAV ∅ is assigned to OS-sections that are unspecified as to their gestalt and position properties.

as "upright", "standing", and "lying" is dependent on conditions of an object's position that can be described in terms of OS. To illustrate this, let us return to the example of "tilting a brick to the right" (17). To tilt an object to the right is to rotate it about the Observer axis, which in an OS means that the assignments of **vert** and **across** are exchanged (while the assignment of **obs** remains unchanged). Thus the brick's OS before and after the tilting are:

(23)

	"brick" (upright)					"brick" (after tilting to the right)			
<	a	b	c	>	<	a	b	c	>
	max	∅	∅			max	∅	∅	
	vert	across	obs			across	vert	obs	

This does not happen in the case of a cuckoo clock, however, because it is *inherently oriented* due to the fact that a clock face is always conceived as vertical, independent of the clock's actual position (similarly, books and posters have inherent vertical axes, independent of their position, that are induced by the orientation of their inscriptions). To account for this, the OS for a cuckoo clock is nearly identical to that shown here for the upright brick, except that in place of **vert** it contains a DAV **ivert** (for "inherent vertical") which is also selected by VERT but is not subject to the transformations performed on OS to model rotations. The result is that *hoch* can be applied to the same axis of an object with inherent orientation in any context (see Lang for discussion of various types of orientation and perspectivization).

Adapting the Theory to Knowledge Representation

Although the preceding pages are dense with new concepts and hypotheses, it is clear that this summary is just the tip of the iceberg as far as the theoretical material is concerned. Again, the reader is referred to the literature for a fuller account. The purpose of this paper is not to recapitulate the theory, nor is it intended to argue that this the "right" theory about knowledge of objects and the use of that knowledge in language – that would have to be decided in a critical analysis on a theoretical level. The purpose is to show, in form of a case study, that theories of language and knowledge can and should be adopted in KR, and that given the empirical work invested in the formation of such a theory, much of a knowledge engineer's efforts have already been take care of. The quality of the ontology and inference rules that are based on a theory is at least as great as the successfulness of the theory itself. Furthermore, it turns out that a KR system stands to gain from adapting some ontological commitments of a theory of cognition, even if that system is not intended to satisfy any criterion of "cognitive adequacy".

Recall that our goal was to declare the representational structures needed for the treatment of DAdjs in the upper structure of the ontology, so that object sorts in the lower structure can be described in part as admissible instantiations of those structures. In light of the theory, this proposal can now be made more precise: we declare a feature for the sort **object** called **default_schema**, which is interpreted in every model as a function mapping objects to object schemata. Thus in the LILOG realization, OS are reified, and their content is represented by means of complex feature structures (the technical details are presented in Ch. 4 of Lang et al. 1991). For the sorts in the lower structure of the object ontology, the feature **default_schema** is instantiated in such a way as to pin down the gestalt and position properties that hold in general for objects belonging to the denotation of that sort. The OS defined by the feature **default_schema** for each object sort is assigned by a default rule to members of the sort, but that assignment may be changed due to context transitions. The context-dependent assignment of an OS to an individual object is represented by means of a temporally-indexed L_{LILOG} function (details below).

With an object categorization based on object schemata, we have the tools not only for distinguishing the upper and lower structures, but also for structuring the middle structure of the ontology. Sorts such as `1D_object`, `2D_object`, `3D_object` and so on are now describable in terms of the kinds of object schemata its members have to have. Figure 8 of (Lang et al. 1991) illustrates a rich taxonomy of objects based on the content of object schemata[10].

Dimensional designation is treated in the LILOG system by means of inference rules that reflect admissible mappings of DAPs onto OS-sections. Similarly, positional variation of objects is modeled by inference rules that effect the transformations on OS corresponding to the contextual transitions induced by verbs of rotation and positional change. Both of these sets of inference rules are valid for any member of the sort `object`; more precisely, they apply to any object schema. They are based on the procedures written for the Prolog program OSKAR[11]. Now let us investigate which of the evaluation criteria suggested in section 2 apply to this representational strategy.

Correctness and Completeness

In (Lang et al. 1991; p. 9), it is claimed that the rules written in OSKAR for the reconstruction of dimensional designation and positional variation of objects are correct and complete, in that they produce all and nothing but the correct solutions with respect to those two tasks. Of course, whether or not this claim is justified is an empirical question; we have to try the system out and see if we agree with the results (the claim could only be made after extensive experimentation with OSKAR). In any case, much of the work that goes into the investigation of valid inferences in the domain in question has been done before the realization in KR begins, giving the knowledge engineer a considerable head start. The inferences produced by the resulting system will be at least as reliable as the predictions of the theory it is based on.

Domain Independence and Context Neutrality

The present approach to the representation of objects can be shown to be domain independent in the following sense: domain dependent knowledge about the gestalt and position properties of objects is reflected in the specification of object schemata for the various object sorts in the lower structure, and in the further specification of OS for individual objects in contexts. Thus the transition to a new domain entails the specification of OS for the object sorts in the lower structure that are required in that domain. But the primitive building blocks of OS and of the representations of DAdjs on the semantic level are domain independent; DAVs, for example, represent information that is relevant in any domain. Furthermore, the rules that map DAPs onto OS, as well as rules that regulate the context transitions brought about by verbs of positional specification, are also domain independent. Thus we retain the inference rules in any domain, but vary the specification of OS in the lower structure from domain to domain.

It should be obvious by now that the theory supports a representation of objects that is neutral with respect to context, since it accomodates representations of objects in various contexts, models the effects of context transitions, and thus accounts for inferences that are based on contextual influ-

[10]Indeed, the object sorts in the LEU/2 prototype for which object schemata are defined are not at the lowest level of the hierarchy, since the gestalt and position properties of the natural object categories can in many cases be inherited from a more general category. For example, the OS of the sorts `street`, `highway`, `alley` and so on may be inherited from the sort `path`. It was conjectured at the workshop that the object sorts for which OS are defined correspond to Rosch's basic level categories, the categories for which the largest number of properties are established (whereas subordinate categories inherit most of their properties from the basic level). This conjecture has to be verified, but it seems quite plausible.

[11]OSKAR stands for "Objektschemata zur konzeptuellen Analyse räumlicher Objekteigenschaften" (object schemata for the conceptual analysis of spatial properties of objects). The program was developed by Kai-Uwe Carstensen and Ewald Lang, and is described in detail in (Lang et al. 1991).

ences. What we have not yet explained is how the various contexts are represented. In (Lang et al. 1991), it is claimed that time is the only contextual parameter that the positional variation of objects depends on, since the contexts suggested in (10), (17) and (19) above vary over temporal locations but are independent of, say, spatial locations.

Thus the context dependence of object properties is represented in the LILOG system by means of a 2-place function `has_objectschema`, which maps pairs of objects and temporal intervals to object schemata. Intervals are the temporal entities that are assigned to states such as "standing" or "lying", and OS are assumed to hold for individual objects just during these intervals. This means that the contextual parameters relevant for objects are derived from the analysis of tense and aspect, constituting a fairly smooth combination of temporal and spatial knowledge. With that we have a first indication of the modularity of the representational approach in question.

Modularity and the Justification of Primitives

In addition to the modularity that follows from the mesh of two knowledge clusters just described, the proposed treatment of dimensional designation is modular due to a fundamental assumption underlying the theory, namely that linguistic and conceptual knowledge form two autonomous systems mediated by an interface. This distinction is deliberately made explicit in the representation. The nature and purpose of the two levels proposed by Bierwisch and Lang provide additional justification for the choice of representational primitives on those levels. The relevant primitive symbols are DAPs on the linguistic level and DAVs on the conceptual level. They divide the task of representation in the following manner:

DAPs (primitives on the linguistic level)

(1) support inferences that are domain independent, namely those involving the antonymy relation (see section 2).

(2) can also be assumed in representations on the linguistic level of lexical items whose meaning includes a component of dimensional designation, such as: nouns (e.g. *length, width, height*) and verbs (*lengthen, shorten, widen*). The same rules of dimensional designation developed for DAdjs apply in the interpretation of these expressions.

DAVs (primitives on the conceptual level)

(1) support inferences that follow from extra-linguistic knowledge, viz. knowledge of the gestalt and position properties of objects.

(2) are based on notions of spatial perception (primarily vision) as spelled out in *IPS* and *PPS*.

(3) play a role in the interpretation of linguistic expressions for which the gestalt and position properties of objects are relevant. We have seen that distributions of DAVs are involved in the interpretations of the verbs of position and rotation. Moreover, DAVs are play a role in the interpretations of the prepositions ***above, below, in front of, behind, to the left of***, and ***to the right of***, since the meanings of these prepositions depend on which sides of an object are the "top", "bottom", "front", "back", "right", and "left", which in turn is determined by the object's position properties (cf. Lang 1989b, 1990).

It is primarily due to the second statement about DAVs – that they are based on perception – that Lang's theory can be viewed as a hypothesis about cognition; its conceptual primitives are independently motivated by notions from the perceptual system. Even if "cognitive adequacy" is not one of the goals of a KR system, it is nevertheless worthwhile to assume primitives that are derived from percepts whenever possible. Since entities like the Vertical axis of space can presumably be perceived by everyone, we can justifiably postulate them as primitive notions and expect their meaning to be understandable. Moreover, other applications of KR are likely to make use of them: if, for example, a text comprehension system is combined with a computer vision component, their common ground will surely be representational primitives that are derived from the perceptual system.

Incidentally, these considerations on the differing status of primitives in the "two-level" approach suggest a novel view of the role of model theory as a semantic foundation of representation. Recall that model-theoretic interpretations of a KR language establish a precise relation between representations and that which is represented, i.e. between representations and the external world. However, primitives on the linguistic level should not be interpreted as having a denotation in the external world, since they are not intended to refer to any entity – their function is purely computational. In contrast, primitives on the conceptual level should be interpreted as having a denotation in the world, since they are based on information about the world that is mediated by perception (cf. Bierwisch/Lang 1987a, 1989a).

For example, we could constrain model-theoretic interpretations of a KR language that includes object schemata so that the denotations of OS-sections are always axes of objects in the world. We could further stipulate that `vert` may be assigned to an OS-section if and only if the axis denoted by that section is aligned to the Vertical in the external world; and so on. The gist of all this is that model-theoretic interpretation may in many cases serve the same purposes for AI representations that perceptual systems supposedly serve for mental representations – both establish a relationship between the representation and the external world. This seems to be what Hayes is suggesting in the following:

> ...if the theory is in a creature with a body – a robot, like us – then some of the tokens can be attached to sensory and motor systems so that the truth of some propositions containing them is kept in correspondence to the way the real world actually is. These tokens – they might include the concept *vertical* connected to the inner ear, and those of a whole intricate theory of lighting and surfaces and geometry and texture and movement connected with visual perception, and a whole other collection associated with proprioceptive awareness of the body's position in space – have a special status. We might say that the body's sensori-motor apparatus *was* the model theory of this part of the internal formalization. (Hayes 1985a; p. 13)

This is, of course, a novel standpoint on the role of model theory in representation; but it cannot be discussed further here.

Extendibility

Ample examples have already shown how principles of the present theory can be applied to treat phenomena outside the domain of DAdjs. An ontology based on this theory contains a set of representational units that play a role in inferences involving nouns, verbs, prepositions, temporal knowledge and perception. (Note that extendibility and modularity go hand in hand.) It remains to be seen whether the theory stands up under research of additional phenomena, such as the determination prototypical (norm) sizes of objects. Given the fact that the theory rests on supposedly universal principles of perception and cognition, it appears to provide a promising starting point.

Since we have quoted Patrick Hayes so often, it seems appropriate to point out that some of the notions of Lang's theory can be applied to the ideas put forth in Hayes' "Liquids" paper (Hayes 1985b) – and after all, the true test of extendibility lies in the attempt to mesh the ideas of two different authors. One of Hayes' tasks in the analysis of liquids is to describe what sorts of objects can be containers; and what conditions must hold for a container to be able contain anything, or conversely, under what conditions do liquids spill out of a container. It turns out that a number of these conditions can be formulated in terms of OS.

To begin with, Hayes presupposes the notions 'vertical', 'top', 'bottom', 'horizontal', and an object's 'orientation' with respect to the vertical – all of which are spelled out in *PPS*. Now, a container must be hollow; Hayes describes this as saying that the container encloses a space he calls its `inside`, which is `Free`, meaning that no other object is contained in it (axiom (17) of Hayes 1985b). An open container has a portal, which Hayes assumes is the `top` of the container (axiom (18)). In terms of OS, we can simply say that the OS of an open container must contain the DAV `dist` (which indicates a hollow body), and its portal is the object's intrinsic top side.

In order to contain a liquid, a container must be the "right way up" (assuming that it isn't leaky), which Hayes represents with the predicate `Rwu` that holds for an object if and only if its intrinsic `top` (the portal) corresponds with its current `Top` by virtue of the object's actual orientation (axiom (20)). In Lang's theory, we can say that an object is the "right way up" just if its intrinsic top and bottom sides are identical to its deictic top and bottom sides, respectively (which is one condition given for the use of the predicate *standing* in Lang et al. 1991, section 3.3.3). Thus there are four kinds of object schemata that are relevant to the notion of containers. The first two contain the DAVs `vert` and `dist`; they differ as to whether the object's height is greater than its width (as in a cup) or vice versa (as in a bowl). The other two OS can be obtained from the first by performing the operations "tilt" on the OS appropriate for cups or "set on edge" on the OS appropriate for bowls; these are the OS of containers that liquids spill out of[12].

```
(24)        "cup" (standing)             "bowl" (standing)
       <   a        (b     c)  >      <   (a      b)      c   >
           ∅          dist                   dist         ∅
           vert                                           vert

            "cup" (tilted)               "bowl" (set on edge)
       <   a        (b     c)  >      <   (a      b)      c   >
           ∅          dist                   dist         ∅
```

Lexical Faithfulness and Transparency

For all of the positive results on the evaluation of the proposed ontology of objects, the obvious sacrifice has been lexical faithfulness. Although object schemata are intended to support correct inferences regarding DAdjs and other lexical items, the representation envisioned for a KR ontology based on object schemata does not contain a single symbol that resembles any of these linguistic expressions. Given the inferences about objects that we would like a system to produce and the failure of the two lexically faithful approaches described in section 2 to produce them, this situation seems to be unavoidable. But nothing important has been sacrificed as long as the relationship

[12]Actually, (24) does not include all the necessary details, because we have to ensure that a full container is not only upright but also not upside down. The conditions for an object being upside down are also given in 3.3.3 of (Lang et al. 1991).

between the representations of objects and linguistic expressions is clarified precisely; thus if lexical faithfulness is sacrificed, the distinction between linguistic and conceptual knowledge is critical. Of course, lexical faithfulness may be preserved for the sake of simplicity and efficiency, but at the cost of a number of other qualities (correctness, completeness, domain independence, and context neutrality). This option is entirely legitimate, as long as its consequences are clear; it all depends on what a knowledge engineer intends to achieve.

The problem of transparency, however, seems to be intractable. Someone who is unfamiliar with the theory is unlikely to know what should be inferred from an object schema just by looking at it, and this can only be remedied by a return to lexical faithfulness. In any case, if a representation is modular and its interfaces are specified, then it ought to be safe to use that representation in a KR project even if some of the project participants do not understand it (that is what makes modularity a virtue of software engineering). It seems that the pursuit of formal theories of knowledge is destined to make knowledge representation a more and more specialized and technical field. Given the complexity of the problems involved, this trend is probably unstoppable.

4 Concluding Remarks

Now let us a take a step back from this specific example and consider what it suggests about the general methodological approach being advocated here. A number of criteria were suggested in section 1 for judging the quality of the ontology for a certain knowledge cluster in a KR system. It was argued that although we can prove the formal properties of a logical system, there are no formal definitions underlying the adequacy criteria for a representation of world knowledge, and so we must apply techniques of cognitive science to determine whether they are satisfied. The exposition of the last two sections is an attempt to demonstrate this method for the special case of representations of objects, and it is to be hoped that such a demonstration can be repeated for a number of other clusters. The most important finding of this case study is that as a theory of knowledge becomes more sophisticated, it is critical to explicate the relation between knowledge and language as precisely as possible.

Having relied so much on Hayes' arguments for his naive physics program, we ought to remark on reservations recently voiced by one of naive physics' adherents, Drew McDermott (McDermott 1987). Hayes has stated that before we try to write programs that display intelligent behavior, we should first formulate theories that describe the knowledge which has to be represented in such a program; and we may as well write these theories down in the form of axioms of (classical or non-classical) logic, since any other notation is ultimately equivalent to it. Hayes feels that there is unnecessary pressure on AI researchers to produce programs; what really matters is the content of theory, so for the time being, we should concentrate on the axioms that articulate that content.

McDermott's objection is that because its notation is logic, this approach relies too heavily on deduction as a means of drawing the desired inferences. Even though any known representation and inferencing paradigm can be expressed in terms of logic, if we use logic as the starting point of research on the inferences we want, we are making the implicit assumption that those inferences are all deductive and the programs will be some form of a theorem prover. But McDermott points out that many of the inferences that the naive physicists seek to justify are not deductive after all (many are inferences to the best explanation, for example); and he argues that most human reasoning is not deductive (a chess player does not spend his time proving that a plan will work).

> ...no matter how many axioms you write about a domain, most of the inferences you want will not follow from them. For that to happen, you must also supply a *program*. In other words, in most cases there is no way to develop a "content theory" without a "process model". (These terms are due to Larry Birnbaum.) A content theory is supposed to be a theory of what people know, how they carve up the world, what their "ontology" is. A process model explains how they use this knowledge. (McDermott 1987)

His conclusions are pessimistic about basing KR on formal languages with Tarskian semantics (which is what he argued for in his 1978 paper). Since Tarskian semantics have to do with denotations, they tell us nothing about what process models should be like. At least we can hope to make use of dual denotational-procedural semantics.

In point of fact, the LILOG representation of objects is implemented in a language based on order-sorted predicate logic with a Tarskian semantics (L_{LILOG}), and it is run on a resolution theorem prover. But this does not refute McDermott's argument; on the contrary, the history of the project confirms it. Lang's theory is a content theory, but it was not originally expressed in logic. The next step in its development was the Prolog program OSKAR, which smoothed out a lot of details of the theory and provided it with a process model. Only then was the LILOG representation formulated. To summarize the difference, in naive physics it's: first theory (in the form of axioms), then program; in the case of object schemata, it was: first theory (in a precise form, but not in logic), then program, then realization in a logical language.

McDermott is right in saying that a program like OSKAR is a critical stage in the development of theory, since that is the only way to really know if a computer can generate the inferences we want. Although Lang's original proposal was precise, it was not formalized completely until it was realized in OSKAR. A theoretician might specify very many of the declarative and procedural details of his proposal, but no one can be sure whether the theory really produces the desired results if it is all on paper, simply because such a large amount of material is highly prone to human error. A computer program, however, is merciless; any errors lurking in the theory will be exposed in a matter of milliseconds. (Computers' ability to run a complex process on a large collection of data with meticulous precision is arguably the only thing they are really good for.) These may lead to minor adjustments (as in the case of OSKAR), or they might force the theoretician to revise her creation significantly. The latter experience may be very dismaying, but it surely is better than the rude shock of finding that a published proposal can never be realized in a program. Furthermore, no one would have dared to claim that the theory of dimensional designation is correct and complete without having tried it out on as many examples as possible.

The next step was translating the Prolog program into a KR language. This is an exercise in logic programming, because it amounts to using resolution to simulate the operation of the Prolog program. Such a translation may not always be possible (since a KR language is generally limited in its expressive power, while Prolog is as powerful as any programming language), and even when it is possible, it may not be easy. This is the sort of thing we need to know in order to find out how theories knowledge determine what standpoint should be taken on the "fundamental trade-off" between the expressibility and computational properties of KR languages. In fact, the implementation of dimensional designation in L_{LILOG} can be done, although it turned out to be difficult to do without some of Prolog's programming features, such as list processing or negation by fail; and OSKAR is much faster than the LILOG implementation[13]. Now that we have a realization of the theory in a KR language, it is possible to combine it with treatments of other knowledge clusters (such as temporal knowledge), and we can see that the choice of a highly expressive language like L_{LILOG} is not too costly.

[13]By saying that, I am backing off from the claim in (Lang et al. 1991) that the translation from Prolog into L_{LILOG} was "straightforward".

Because Lang's theory is claimed to be a theory of cognition, McDermott's argument that deduction is not the way we usually "think" may seem to be an important objection. But the claim of cognitive reality applies only to the structure of object knowledge, as well as to functional specifications about the way DAPs are mapped onto OS; it does not apply to the details of the process (Ewald Lang has confirmed this in a personal communication). The programs may bear some resemblance to the mental process of dimensional designation, or they be nothing like it; in any case, dimensional designation is presumed to take place on the unconscious level of the mind usually postulated in cognitive science, so introspection could not tell us anything about that process. The existence of OSKAR shows that running the right kind of Prolog program is one way of generating inferences that we would like to obtain from a representation of objects, and the implementation in L_{LILOG} with its theorem prover shows that deduction is another way; there may be many more.

The Last Word

This paper has been an attempt to show (and not merely hypothesize) that the goals of two kinds of AI researchers – those who develop performance systems and those involved in cognitive science – are not as distinct from each other as it might seem. Cognitive scientists seek to justify the claim that their models describe "the real thing"; knowledge engineers seek to justify the claim that their creations are robust, in that they can cope with a wide variety of phenomena in a wide variety of domains. In many cases, they are likely to use the same kind of empirical evidence to back up those claims. Of course, the epistemelogical validity of these methods is not uncontroversial; but as it stands, they are the best methods we have, and I think it is safe to say that on balance, they have brought us a long way so far.

An engineer in any discipline is someone who is well-versed in the theory and practice of her field; she is familiar with the strengths and weaknesses of various theories and technologies, and is skilled at combining them creatively to produce the best results. There is no reason why this should not be the case in "ontological engineering". There are plenty of theories of knowledge out there, each with its own ontology, and plenty of results on the technical properties of KR methods. We are bound to learn more as we attempt to combine them. A knowledge engineer may decide for or against certain theories and techniques, for whatever reason (domain independence, efficiency, etc.); what's most important is to be able to make a clear statement about what an AI system can do, and why decisions were made about what it should be able to do.

Acknowledgements

Thanks to Ewald Lang and Simone Pribbenow for their comments on an earlier version of the paper. Special thanks to Elke Jäger for setting the text in LATEX. Finally, thanks to the colleagues in the LILOG project for creating the atmosphere in which this sort of speculation is possible. Tut mir leid, daß ich zu faul war, auf Deutsch zu schreiben.

References

Allen, J. F. (1984): Toward a General Theory of Action and Time. *Artificial Intelligence* 23, 123 - 154

Allen, J. F., Hayes, P. J. (1985): A Common-Sense Theory of Time. IJCAI 85. 528 - 531

Bierwisch, M. (1987): Semantik der Graduierung. In: M. Bierwisch, E. Lang (eds.)(1987). 91 - 286

Bierwisch, M. (1989): The Semantics of Gradation. In: M. Bierwisch, E. Lang (eds.)(1989). 71 - 261

Bierwisch, M., Lang, E. (eds.)(1987): Grammatische und konzeptuelle Aspekte von Dimensionsadjektiven. Berlin: Akademie-Verlag

Bierwisch, M., Lang, E. (eds.)(1989): Dimensional Adjectives: Grammatical Structure and Conceptual Interpretation. Berlin-Heidelberg-New York: Springer-Verlag

Bierwisch, M., Lang. E. (1987a): Etwas länger - viel tiefer - immer weiter. Epilog zum Dimensionsadjektiveprojekt. In: M. Bierwisch, E. Lang (eds.), 649 - 699.

Bierwisch, M., Lang. E. (1989a): Somewhat Longer - Much Deeper - Further and Further. Epilogue to the Dimension Adjective Project. In: M. Bierwisch, E. Lang (eds.), 471 - 514

Brachman, R. J., Levesque, H. J. (eds.)(1985): Readings in Knowledge Representation. Los Altos, CA: Morgan Kaufman Publishers

Brachman, R. J., Levesque, H. J. (1985): A Fundamental Tradeoff in Knowledge Representation and Reasoning (Revised Version). In: R. J. Brachman, H. J. Levesque (eds.)(1985). 41 - 70. Original version (by H. J. Levesque) in: Proceedings of the CSCSI/SCEIO Conference 1984. London, Ontario

Carstensen, K.-U., Simmons, G. (1991): Why a Hill Can't be a Valley: Representing Gestalt and Position Properties of Objects with Object Schemata. In: O. Herzog, C.-R. Rollinger (eds.).

Davis, E. (1990): Representations of Commonsense Knowledge. San Mateo, CA: Morgan Kaufman

Fodor, J. A. (1983): The Modularity of Mind. An Essay on Faculty Psychology. Cambridge, Mass.: MIT Press

Geurts, B. (ed.) (1990): Natural Language Understanding in LILOG: An Intermediate Overview. IWBS Report 137. IBM Deutschland GmbH

Hayes, P. J. (1977): In Defence of Logic. Proceedings of the IJCAI-1977. 559 - 565. Cambridge, MA

Hayes, P. J. (1979): The Naive Physics Manifesto. In: D. Michie (ed.): Expert systems in the Electronic Age. Edinburgh: Edinburgh University Press. 242 - 270

Hayes, P. J. (1985a): The Second Naive Physics Manifesto. In: J. R. Hobbs, R. C. Moore (eds.). 1 - 36. Reprinted in: R. J. Brachman, H. J. Levesque (eds.). 467 - 485

Hayes, P. J. (1985b): Naive Physics I: Ontology for Liquids. In: J. R. Hobbs, R. C. Moore (eds.). 71 - 107. Reprinted in: A. Collins, E. E. Smith (eds.)(1988). Readings in Cognitive Science. San Mateo, CA: Morgan Kaufman. 251 - 269.

Herzog, O., Rollinger, C.-R. (eds.) (1991): Text Understanding in LILOG: Integrating Computational Linguistics and Artificial Intelligence. Berlin-Heidelberg-New York: Springer-Verlag

Hobbs, J. R., Moore, R. C. (eds.)(1985): Formal Theories of the Commonsense World. Norwood, N. J.: Ablex Publishing Corp.

Klose, G., von Luck, K. (1990): Knowledge Engineering. In: Geurts (ed.)

Klose, G., von Luck, K. (1991): The Representation of Knowledge in LILOG. In: O. Herzog, C.-R. Rollinger (eds.)

Krantz, D.H., Luce, R.D., Suppes, P., Tversky, A. (1971): Foundations of Measurement. Vol. 1: Additive and Polynomial Representations. New York - London: Academic Press

Lang, E. (1987): Semantik der Dimensionsauszeichnung räumlicher Objekte. In: M. Bierwisch, E. Lang (eds.). 287 - 458

Lang, E. (1987b): Gestalt und Lage räumlicher Objekte: Semantische Struktur und kontextuelle Interpretation von Dimensionsadjektiven. In: J. Bayer (ed.): Grammatik und Kognition. Psycholinguistische Untersuchungen. 163 - 191. Opladen: Westdeutscher Verlag

Lang, E. (1989a): The Semantics of Dimensional Designation of Spatial Objects. In: M. Bierwisch, E. Lang (eds.), 263 - 417.

Lang, E. (1989b): Primärer Orientierungsraum und inhärentes Proportionsschema. In: C. Habel et al. (eds.) Raumkonzepte in Verstehensprozessen. 150 - 173. Tübingen: Niemeyer

Lang, E. (1990): Primary Perceptual Space and Inherent Proportion Schema. *Journal of Semantics* 7, 121 - 141.

Lang, E., Carstensen, K.-U. (1989): OSKAR - ein Prolog-Programm zur Modellierung der Struktur und Verarbeitung räumlichen Wissens. In: D. Metzing (ed.): GWAI '89. 13th German Workshop on Artificial Intelligence. 234 - 243. Berlin-Heidelberg-New York: Springer-Verlag

Lang, E., Carstensen, K.-U., Simmons, G. (1991): Modelling Spatial Knowledge on a Linguistic Basis. Theory - Prototype -Integration. *Lecture Notes in Artificial Intelligence*, Vol. 481. Berlin-Heidelberg-New York: Springer-Verlag

McCarthy, J. (1958): Programs with Commonsense. In: *Proc. Symposium on Mechanisation of Thought Processes* 1, 77 - 84

McCarthy, J. (1968): Programs with Commonsense. In: M. Minsky (ed.): Semantic Information Processing. 403 - 418. Cambridge, MA: MIT Press. Revised from McCarthy (1958). Reprinted in: R. Brachman, H. Levesque (eds.), 300 - 307

McDermott, D. (1978): Tarskian Semantics, or No Notation Without Denotation! *Cognitive Science* 2, 277 - 282

McDermott, D. (1981): Artificial Intelligence Meets Natural Stupidity. In: J. Haugeland (ed.): Mind Design. Cambridge, MA: MIT Press. 143 - 160

McDermott, D. (1987): A Critique of Pure Reason. Computational Intelligence 3: 151 - 160

Rosch, E., Simpson, C., Miller, R.S. (1976): Structural bases of typicality effects. *Journal of Experimental Psychology: Human Perception and Performance* 2: 491 - 502

Verarbeitung von L_{LILOG} – Theorie und Praxis oder Was kann man noch besser machen bei der Verarbeitung von L_{LILOG}?

Toni Bollinger

Zusammenfassung

L_{LILOG} ist eine sehr mächtige Sprache, vielleicht zu mächtig, um effizient implementiert werden zu können. Die aktuelle Implementierung von L_{LILOG}, d.h. L_{LILOG}-Compiler und Inferenzmaschine mit Subsumtionschecker und Beweiser, realisiert nur einen Teil von L_{LILOG}. In manchen Punkten ist sie sogar inkorrekt.

In diesem Aufsatz soll auf einige dieser Lücken eingegangen werden und Vorschläge gemacht werden, wie diese Lücken beseitigt werden können.

1 Einleitung

Während der Entwicklung von LEU/2 sollte die Inferenzmaschine als Interpreter von L_{LILOG} möglichst früh benutzt werden können. Die Wissensingenieure sollten dadurch in die Lage versetzt werden, ihre Wissensbasen zumindest teilweise auszutesten. Aus diesem Grunde wurde versucht, die Grundfunktionalität, d.h. das Beweisen von Goals und die Ausführung von Vorwärtsinferenzen, für einen eingeschränkten Sprachumfang von L_{LILOG} (der ungefähr ordnungssortierter Prädikatenlogik entsprach) möglichst schnell zu realisieren. Einer größere Sprachabdeckung (wie z.B. die Behandlung von Gleichheit oder eingebauten Prädikaten), einer erweiterten Funktionalität, gewissen Optimierungen oder einem erhöhten Komfort bei der Benutzung wurde deshalb geringere Priorität eingeräumt.

Für die Wissensingenieure hatte diese Vorgehensweise natürlich den Nachteil, daß sie sich mit einer unfertigen Inferenzmaschine zufriedengeben mußten. Wurden gewisse Inferenzschritte nicht ausgeführt, so war es oft schwierig festzustellen, ob ein Modellierungsfehler vorlag oder die Inferenzmaschine daran schuld war. Lag der Fehler bei der Inferenzmaschine und konnte er nicht schnell behoben werden, so wurde versucht, durch eine etwas geänderte Modellierung zum Ziel zu gelangen. Die Modellierung wurde also den eingeschränkten Fähigkeiten der Inferenzmaschine angepaßt. Dabei hatte man aber auch das Problem, diese aktuellen Fähigkeiten überhaupt abschätzen zu können, da ständig an der Inferenzmaschine gearbeitet wurde, neue Komponenten hinzukamen und bestehende modifiziert wurden.

Auch die jetzige Version der Inferenzmaschine enthält einige Lücken. Dies liegt vor allem daran, daß L_{LILOG} ist eine sehr mächtige Sprache ist, die vielleicht schon zu mächtig ist, um effizient und vollständig implementiert werden zu können [1].

Ich möchte hier auf einige dieser Lücken eingehen und Vorschläge machen, wie diese Lücken beseitigt werden können. Insbesondere sollen folgende Punkte behandelt werden:

[1] Es ist sowieso fraglich, ob Vollständigkeit für unentscheidbare Sprachen wie L_{LILOG} überhaupt ein erstrebenswertes Ziel ist, vgl. hierzu die Aussage von Lenat/Guha in [Lenat und Guha 1991]: *"Efficieny and expressiveness should not be traded off against each other, as both are essential. What has to be sacrified is completeness."* Natürlich sollte man dann aber irgendwie beschreiben können, was eine Inferenzkomponente kann.

1. die Beweissteuerung,
2. die Inferenzkalküle,
3. Kopplung Ontologie-Axiome,
4. Behandlung von Mehrfachdeklarationen, z.B. bei Features, und damit verbundene Probleme,
5. Typinferenzen,
6. Knowledge Engineering Tools für den axiomatischen Teil einer Wissensbasis,
7. Type Checking bei der Codegenerierung von L_{LILOG},
8. Konsistenzüberprüfungen bei der Codegenerierung, z.B. mehrfache Featurewerte,
9. Erweiterungen von L_{LILOG}.

Zum Verständnis ist zumindest eine oberflächliche Kenntnis der LEU/2 Inferenzmaschine sehr nützlich, die u.a. in [Bollinger und Pletat 1991a; Bollinger und Pletat 1991b; Bollinger et al. 1991] beschrieben ist.

2 Steuerung der Inferenzen

Die Inferenzmaschine kann einerseits durch das Ausführen von *Vorwärtsinferenzschritten* aus bestehendem Wissen neues Wissen ableiten, das sie dann in der Wissensbasis abspeichert. Anderseits kann sie auch über *Rückwärtsinferenzen* zeigen, daß ein bestimmtes Goal bezüglich einer Wissensbasis beweisbar ist.

Der Wissensingenieur kann durch *Entrypoints (EP)* bestimmen, welche L_{LILOG}-Regeln für Vorwärts- und welche für Rückwärtsinferenzen verwendet werden. Markiert ein Entrypoint eine Prämisse, so haben wir eine Regel, mit der Vorwärtsinferenzen durchgeführt werden können (*Vorwärtsregel*). Bei *Rückwärtsregeln* stehen die Entrypoints vor Literalen in der Konklusion. Es ist auch möglich, daß Entrypoints in der Prämisse **und** in der Konklusion vorkommen. In diesem Fall kann die entsprechende Regel sowohl für Vorwärts- als auch für Rückwärtsinferenzen verwendet werden.

Beispiel:

Vorwärtsregel:	R_V:	`forall x:top; P(x) and EP Q(x) and R(x) → S(x) and T(x)`
Rückwärtsregel:	R_R:	`forall x:top: P(x) and Q(x) and R(x) → EP S(x) and EP T(x)`
Vorwärts- und Rückwärtsregel:	R_{VR}:	`forall x:top; EP P(x) and Q(x) and R(x) → S(x) and EP T(x)`

2.1 Vorwärtsinferenzen

Vorwärtsinferenzen werden über neue Fakten initiiert, die in die Wissenbasis eingetragen werden sollen. Solche Fakten können z.B. aus einem analysierten Text stammen. Für diese Fakten werden zuerst alle anwendbaren Vorwärtsregeln bestimmt. Anwendbar ist eine Vorwärtsregel auf einen Fakt, falls er mit einer mit einem Entrypoint markierten Prämisse unifizierbar ist. So ist z.B. auf den Fakt `P(a)` die Regel R_{VR} anwendbar, jedoch nicht R_V, da dort vor dem Prämissen-Literal `P(x)` kein Entrypoint steht. Nachdem alle so bestimmten Vorwärtsregeln auf die entsprechenden Fakten angewendet wurden, wird versucht, die restlichen Prämissen-Literale über Rückwärtsinferenzen zu beweisen. Gelingt dies, so hat man die dabei instanziierte Konklusion als gültigen Fakt abgeleitet. Für unser Beispiel kann man `S(a) and T(a)` ableiten, falls die Fakten `Q(a)` und `R(a)` in der Wissensbasis vorhanden sind.

Während eines solchen Vorwärtsinferenzzyklus können mehrere Fakten abgeleitet werden, da mehrere Vorwärtsregeln anwendbar sein können und es auch mehrere Beweise für eine Prämisse geben kann. Die abgeleiteten Fakten werden am Ende des Zyklus in die Wissensbasis eingetragen und dienen als Eingabe für den nächsten Vorwärtsinferenzzyklus. Um Endlosschleifen zu verhindern, ist die Anzahl dieser Zyklen auf ein gewisses Maximum begrenzt, das über eine Statusvariable festgelegt werden kann.

Über Vorwärtsinferenzen soll also die inferentielle Hülle für einen Fakt bis zu einer gewissen Tiefe berechnet werden. Es werden aber durch den oben beschriebenen Algorithmus nicht alle über Vorwärtsinferenzen ableitbaren Fakten bestimmt. Probleme gibt es hinsichtlich interagierender Vorwärtsregeln. So kann es insbesondere vorkommen, daß ein Fakt nicht ableitbar ist, weil ein anderer Fakt noch nicht abgeleitet worden ist.

Beispiel: Gegeben 2 Regeln:
`R1:  EP A and B and B' → C`
`R2:  EP A and C and C' → D`

Werden Vorwärtsinferenzen durch den Fakt `A` angestoßen, so kann `D` nicht abgeleitet werden. Denn `R1` und `R2` werden "parallel" angewendet und `C` wird noch nicht direkt abgespeichert, nachdem es abgeleitet wurde.

Für dieses Problem kann man sich folgende Lösungsmöglichkeiten vorstellen:

1. `C` in `R2` erhält auch einen Entrypoint, d.h man ersetzt `R2` durch:
   `R2a:  EP A and EP C and C' → D.`
   Im zweiten Zyklus wird dann, nachdem `C` durch `R1` abgeleitet wurde, `R2a` auf `C` angewendet, und es kann `D` abgeleitet werden. Diese Vorgehensweise kann jedoch unerwünscht sein, da dadurch auch andere, weniger sinnvolle Vorwärtsinferenzen ermöglicht werden.

2. `C` in `R2` wird durch `B and B'` ersetzt, d.h man ersetzt `R2` durch:
   `R2b:  EP A and B and B' and C' → D`
   Dies hat den Nachteil, daß der Beweis von `B and B'` zweimal durchgeführt wird.

3. Man führt ein Hilfsprädikat `C-aux` ein und ersetzt `R1` und `R2` durch:
   `R1c:  EP A and B and B' → C and C-aux`
   `R2c:  EP A and (C or EP C-aux) and C' → D`
   Dadurch wird erreicht, daß `R1c` vor `R2c` ausgeführt wird. Um zu erreichen, daß `R2c` ausschließlich nach `R1c` ausgeführt wird, genügt es, die Prämissem `A` und `C` aus `R2c` zu entfernen:
   `R2c':  EP C-aux and C' → D`
   Damit eine (Text-)Wissensbasis nicht mit Instanzen von solchen Hilfsprädikaten vollgeschrieben wird, könnte man in L_{LILOG} eine neue Klasse von *auxiliary predicates* einführen. Instanzen von solchen Prädikaten werden dann nicht abgespeichert.

4. Ein durch Vorwärtsinferenzen abgeleiteter Fakt wird sofort abgespeichert. Dann hängt aber die Menge der abgeleiteten Fakten von der Reihenfolge ab, in der die anwendbaren Vorwärtsregeln abgearbeitet werden. Wird `R1` vor `R2` angewandt, kann `D` abgeleitet werden, jedoch nicht bei der umgekehrten Reihenfolge.

5. Beweise bei der Ausführung von Vorwärtsinferenzen können suspendiert werden. Sie werden reaktiviert, wenn neue Fakten abgeleitet wurden. Hier ist man nicht mehr von der Regelreihenfolge abhängig. Jedoch ist der Implementierungaufwand, um dies zu realisieren, recht hoch.

6. Eine implementierungstechnisch weitaus einfachere Lösung wäre, zu den Eingabefakten für einen Vorwärtsinferenzzyklus die Eingabefakten des vorhergehenden Zyklus hinzuzunehmen. Natürlich führt dies zu einer höchst ineffizienten Ausführung der Vorwärtsinferenzen, da dabei viele Beweise mehrfach durchgeführt und gleiche Fakten mehrfach abgeleitetet werden.

Mir erscheint die Lösung mit den in L_{LILOG} deklarierten Hilfsprädikaten am angemessensten, da sie ohne größeren Aufwand realisiert werden kann und auf eine relativ einfach Weise die Spezifikation von Regelreihenfolgen zuläßt.

2.2 Rückwärtsinferenzen

Rückwärtsinferenzen werden von einer Beweisprozedur ausgeführt, die als Basiskalkül eine Erweiterung von Lovelands Modellelimination verwendet [Loveland 1978; Bollinger 1991]. Im Vergleich zu Resolution läßt sich Modellelimination folgendermaßen charakterisieren:

- Klauseln sind geordnete Folgen von Literalen;
- es gibt zwei Klassen von Literalen:
  - normale Literale und
  - *R(eduktor)*-Literale, dies sind Literale, über denen resolviert wurde;
- es gibt zwei Kalkülregeln:
  - die *Extensions*-Regel, die der Resolutionsregel entspricht und
  - die *Reduktions*-Regel, die durch einen Extensionsschritt mit einer Vorgängerklausel im Beweisbaum und nachfolgender Faktorisierung simuliert werden kann.

Axiome und das negierte Goal werden als *generalisierte Klauseln*, d.h. als Disjunktionen von konjunktiv verknüpften Literalen, dargestellt. Dadurch wird vermieden, daß bei der Normalisierung Regeln mit einer disjunktiven Prämisse oder einer Konjunktion in der Konklusion auseindergezogen werden, was bei der klassischen Klauselnormalform geschieht.

Lemmagenerierung Obwohl Regeln mit einer konjunktiven Konklusion, wie `R3: A → B and C`, durch eine generalisierte Klausel dargestellt werden können (für `R3` ist dies `¬A ∨ (B∧C)`), muß bei einem Beweis von `B∧C` `A` zweimal bewiesen werden. Die Modellelimination betrachtet nämlich jeweils nur einzelne Literale, so daß `R3` einmal auf `B` und einmal auf `C` angewendet wird.

Dieses Problem wird in dem erweiterten Modelleliminationskalkül dadurch gelöst, daß man sich bei der ersten Anwendung von `R3` merkt, daß man `B ∧ C` als Lemma ableiten kann, falls `A` bewiesen werden kann. Hierzu wird eine dritte Klasse von Literalen eingeführt, die *Lemmakandidaten* oder *L-Literale*. Gelingt der Beweis von `A`, so wird `B ∧ C` als Lemma erzeugt, durch das dann `C` direkt bewiesen werden kann.

Leider kann man, falls ein Lemma anwendbar ist, nicht immer auf die Anwendung der entsprechenden Regel verzichten, ohne daß Lösungen verloren gehen. Dies soll durch folgendes Beispiel illustriert werden:

```
R4: forall x:top; P(x) → Q(x) and R(x).
F1: P(a).
F2: P(b).
G1: exists y,z:top; ?- Q(y) and R(z).
```

Durch die Lemmatechnik erhält man 2 Lösungen für die Variablen des Goals `G1`: `y=z=a` und `y=z=b`, jedoch gibt es noch zwei weitere Lösungen, nämlich `y=a, z=b` und `y=b, z=a`, für die `R4` zweimal angewendet werden muß.

Es müssen noch einige theoretische Vorarbeiten geleistet werden, um hinreichende Bedingungen dafür zu formulieren, daß durch Anwendung der Lemmata alle Lösungen gefunden werden können. Insbesondere ist auch darüber nachzudenken, ob gewisse Lemmata nicht als Fakten in der temporären Beweiswissensbasis oder sogar in einer permanenten Wissensbasis abgespeichert werden sollen.

Verarbeitung von komplexen Konklusionen Mit Hilfe von Regeln wie `R3: A → B and C` können auch Goals bewiesen werden, in denen nur `B` oder `C` allein vorkommen. Manchmal kann es aber sinnvoll sein, die Konjunktion `B and C` als Einheit zu betrachten, d.h. `R3` sollte nur auf Goals angewendet werden, die `B` und `C` enthalten. Dies könnte man in L_{LILOG} dadurch ausdrücken, daß man einen Entrypoint vor solche komplexen Konklusionen setzt, so daß man folgende Regel erhält:

```
R3': A → EP (B and C) ,
```
die auf das Goal
```
G2: ?- P and B and Q and C
```
angewendet werden kann, jedoch nicht auf
```
G3: ?- P and B and Q .
```

Es gibt zwei Möglichkeiten, dies zu realisieren:

- durch einen *Makroinferenzschritt*, bei dem die ganze komplexe Konklusion mit dem passenden Teil des negierten Goals unifiziert wird;
- durch die Lemmatechnik, wobei das Anwenden der Regel ausgeschlossen wird, falls ein Lemma anwendbar ist.

Die erste Lösungsmöglichkeit hat den Vorteil, daß sie relativ effizient als neue Kalkülregel implementiert werden kann. Man kann sie auch ohne größere Schwierigkeiten in den Modelleliminations-Kalkül integrieren, indem man eine vierte Klasse von Literalen einführt, die M(*akrooperations*)-Literale. Bei der Unifikation eines Goals mit einer komplexen Konklusion werden das erste Goalliteral als R*eduktions*-Literal und die anderen beteiligten Goalliterale als M-Literale markiert. M-Literale, die am Anfang einer Klausel stehen, können wie R-Literale entfernt werden. Reduktionsschritte dürfen mit M-Literalen jedoch nicht ausgeführt werden.

Die zweite Lösung erlaubt auch eine Anwendung der Regel, wenn die Konklusion nicht ganz auf das Goal "paßt"; `R3'` könnte also auch beim Beweis von `G3` verwendet werden. Sie ist also eigentlich zu allgemein, ist aber als Übergangslösung oder zu Experimentierzwecken durchaus sinnvoll.

Sortieren der Subgoals Durch eine geschickte Anordnung der Subgoals kann man eine drastische Reduzierung des Suchraums erreichen. So kann es sinnvoll sein, zuerst die Subgoals abzuarbeiten, die am wenigsten Lösungen haben, so daß dadurch die mögliche Lösungsmenge frühzeitig eingeschränkt wird.

Die Möglichkeiten zum Sortieren der Subgoals sind jedoch begrenzt, da die Modellelimination auf geordneten Klauseln arbeitet. Sortieren kann man nur die Subgoals des initialen Goals und die Teilgoals, die durch Extensionsschritte neu hinzukommen.

Am einfachsten realisierbar scheinen feste Kriterien, die man schon bei der Compilation von L_{LILOG} anwenden kann, wie z.B. Literale mit dem Prädikat "lokal" immer nach hinten zu stellen. Dadurch wird vermieden, daß eine Sortierung während eines Beweislaufs notwendig wird.

Die Implementierug einer Sortierung während der Laufzeit eines Beweises erscheint momentan als zu aufwendig.

Lokale Suchstrategien bzw. Suchtiefen Gewisse Prädikate könnten eine größere Suchtiefe verlangen als andere. Auch könnten spezielle Suchstrategien für bestimmte Prädikate sinnvoll sein.

Da die Datenstruktur für den Beweisgraphen von der Suchstrategie abhängt (Listen bei Breiten- und Tiefensuche; "heaps" bei der Strategie, die die kürzesten Klauseln bevorzugt), kann die Suchstrategie nicht beliebig während eines Beweises gewechselt werden. Vorstellbar wäre höchstens ein Wechsel zwischen Breiten- und Tiefensuche. Prinzipiell ließe sich dies mit einigem Aufwand realisieren. Vorher muß jedoch auch geklärt werden, wie die entsprechenden Sprachkonstrukte von L_{LILOG} aussehen sollen.

Um Endlosschleifen zu vermeiden, sollte die lokale Suchtiefe nur dann berücksichtigt werden, wenn sie kleiner als die globale Suchtiefe ist. Abgesehen von der Implementierung stellt sich hier auch die Frage, wie lokale Suchtiefen in L_{LILOG} spezifiziert werden sollen.

3 Vervollständigung der Inferenzkalküle

Den axiomatischen Teil von L_{LILOG} kann man als eine syntaktische Variante von ordnungssortierter Prädikatenlogik auffassen, die außerdem noch Gleichheit, Sortenliterale und eingebaute Prädikate und Funktionen umfaßt. Der rein prädikatenlogische Teil wird von den beiden Modelleliminationsregeln verarbeitet. Für Gleichheit und eingebaute Prädikate ist die *execute-builtin*-Regel zuständig. Sortenliterale, d.h. Literale, deren Prädikat ein Sortenausdruck ist, werden durch die *sort-elimination*-Regel bewiesen. Außerdem gibt es noch die *depic-inspection*-Regel zum Aufruf der Depiktionen.

Diese fünf Regeln stellen den implementierten Kalkül von L_{LILOG} dar. Er ist in seiner jetzigen Version unvollständig. Insbesondere weist die *execute-builtin*-Regel einige Schwächen auf, was auch darauf zurückzuführen ist, daß ihre Mächtigkeit sukzessive den Bedürfnissen der Benutzer angepaßt worden ist.

Ein vollständiger Kalkül von L_{LILOG} kann wegen der Komplexität der Sprache sehr ineffizient sein. Außerdem ist es keine triviale Aufgabe, ihn zu entwickeln und zu zeigen, daß er vollständig ist.

3.1 Gleichheit

In der jetzigen Version der Inferenzmaschine wird die Gleichheit einerseits wie ein normales Prädikat behandelt, d.h. Gleichheitsliterale können durch die Modelleliminationsregeln bewiesen werden. Andererseits gibt es auch eine Sonderbehandlung der Gleichheit dadurch, daß durch die *execute-builtin*-Regel die Terme auf der linken und rechten Seite einer Gleichung durch Fakten (mit und ohne Variablen) ausgewertet werden. Durch diese Zweiteilung gibt es einige Vollständigkeitslücken, insbesondere ist es nicht möglich, die Gleichheit von Untertermen über Regeln zu beweisen.

Die sauberste Lösung wäre es, die Gleichheitsbehandlung einer eigenen Kalkülregel zu überlassen, d.h. zum Beweis der Gleichheit von zwei Termen wendet man ein vollständiges, möglichst effizientes Verfahren an, das sowohl Fakten und als auch Regeln berücksichtigt. Die E-Unifikation könnte ein Kandidat für ein solches Verfahren sein.

Beachten muß man bei der Implementierung, daß Randbedingungen, wie die maximale Suchtiefe und Defaults, berücksichtigt werden.

3.2 Beziehungen zwischen Ontologie und Axiomen

Sortenaxiomatisierung Werte von Features und Rollen können sowohl durch Sortenausdrücke als auch durch Axiome spezifiziert werden. So gibt es z.B. folgende Möglichkeiten dem Refo `r` für das Feature `f` den Wert `a` zuzuweisen:

(a) in der Deklaration von `r`: `r: (f:{a})`,

(b) durch einen Fakt: F_r: `f(r) = a .`

Wird nun nach dem Wert des Features für `r` durch das Goal G_r: `exists x:top: f(r) = x` gefragt, so gelingt der Beweis nur für den Fall (b), also nur dann, wenn der Wert durch einen Fakt spezifiziert ist. Geschieht dies durch einen Sortenausdruck (Fall (a)), so hilft weder die *sort-elimination*-Regel noch die *execute-builtin*-Regel, da sie nur Fakten berücksichtigt.

Eine Möglichkeit, diese Vollständigkeitslücke zu beseitigen, ist deshalb, aus bestimmten Sortenausdrücken in den Deklarationen von Sorten und Refos die entsprechenden Axiome zu erzeugen.

Die Regeln dafür sind relativ einfach:

$S < SE \implies \forall x : S\ \{SE\}(x),$

$S = SE \implies \forall x : S\ \{SE\}(x),$

$r : SE \implies \{SE\}(r).$

Die so erhaltenen Sortenformeln kann man dann folgendermaßen umformen:

$$
\begin{array}{lll}
\{and(SE_1,\ SE_2)\}(x) & \Longrightarrow & \{SE_1\}(x) \wedge \{SE_2\}(x), \\
\{or(SE_1,\ SE_2)\}(x) & \Longrightarrow & \{SE_1\}(x) \vee \{SE_2\}(x), \\
\{not(SE)\}(x) & \Longrightarrow & \neg\{SE\}(x), \\
\{\{a_1, ..., a_n\}\}(x) & \Longrightarrow & a_1 = x \vee ... \vee a_n = x, \\
\{f : SE\}(x) & \Longrightarrow & \{SE\}(f(x)), \\
\{ro :: SE\}(x) & \Longrightarrow & \exists z : (range(ro) \cap SE)\ ro(x,z), \\
\{some\ ro\}(x) & \Longrightarrow & \exists y : range(ro)\ ro(x,y), \\
\{all\ ro\ SE\}(x) & \Longrightarrow & \forall y : range(ro)\ ro(x,y) \rightarrow \{SE\}(y), \\
\{agree\ f_p\ f_{p'}\}(x) & \Longrightarrow & term(f_p, x) = term(f_{p'}, x), \\
\{disagree\ f_p\ f_{p'}\}(x) & \Longrightarrow & term(f_p, x) \neq term(f_{p'}, x)
\end{array}
$$

mit $term(f,x) = f(x)$ und $term(f \circ f_p, x) = term(f_p, f(x))$.

Im allgemeinen wird nur eine Teilklasse der so erzeugten Formeln benötigt. Ein Teil der Beziehungen zwischen Ontologie und axiomatischem Teil wird schon durch die *sort-elimination*-Regel abgedeckt. Sinnvoll ist es auf jeden Fall, Formeln zu erzeugen, in denen nur Features und Rollen vorkommen. Welche Teilklasse nun genau erzeugt werden soll, muß aber noch untersucht werden.

Overloading-Mehrfachdeklaration von Features Dasselbe Feature kann für mehrere Sorten mit unterschiedlichen Wertebereichen deklariert werden. Dies hat folgende Auswirkungen:

1. ein Term `f(x)` kann mehrere Sorten haben,
   z.B falls es zwei Sortendeklarationen:
   `sort` S_1`; features f:`$S_{1'}$ und
   `sort` S_2`; features f:`$S_{2'}$ gibt
   dann hat für `x:or(`S_1`,` S_2`)` der Term `f(x)` die Sorten $S_{1'}$ und $S_{2'}$.

2. die Sorte eines Terms `f(x)` hängt von der Sorte des Argumentes `x` ab,
   z.B. hat für `x:`S_1 `f(x)` die Sorte $S_{1'}$.

3. bei der Unifikation von `f(x)` mit einer Variablen `y` muß evtl. die Sorte von `x` spezialisiert werden,
   z.B. für `x:or(`S_1`,` S_2`)` und `y:`$S_{1'}$ muß bei der Unifikation von `y` und `f(x)` die Sorte von `x` auf S_1 spezialisiert werden.

Das erste Problem kann einfach dadurch gelöst werden, daß als Sorte eines (Feature-)Terms die Disjunktion seiner (möglichen) Sorten genommen wird. Zur Bestimmung der Sorte(n) eines Terms (Problem 2) benötigt man dann zusätzlich die Argumente, d.h insbesondere auch die Sorten der darin vorkommenden Variablen. Bei der Unifikation können nur die Sorten von Variablen spezialisiert werden, die durch eine Variable ersetzt werden sollen. Die Sortenverträglichkeitsprüfung für diese Variablen besteht darin zu testen, ob die größte gemeinsame Untersorte ("greatest lower bound" oder GLB) konsistent ist. Falls man diese Verträglichkeitsprüfung nach den Sortenverträglichkeitsprüfung für die Ersetzungen von Variablen durch Terme durchführt, dürfte der zusätzliche Berechnungsaufwand nicht zu groß sein.

Typinferenzen Mit Hilfe von Typinferenzen ist es möglich, von in Axiomen ausgedrücktem Wissen auf Sorteninformation zurschließen. In folgenden Situationen können Typinferenzen eine Rolle spielen:

Typinferenzen beim Abspeichern von Fakten Dies wäre die Umkehrung der Sortenaxiomatisierung. D.h. insbesondere, falls ein Fakt `f(r) = a` oder `ro(r,a)` abgespeichert wird, wobei `f` ein Feature, `ro` eine Rolle, `r` ein Refo und `a` ein Atom ist, müßte die Sortendeklaration von `r` um `f:{a}`, bzw. `ro::{a}` erweitert werden.

Typinferenzen beim Beweisen Falls bei der ordnungssortierten Unifikation die Sorte S_t eines Terms `t` nicht von der Sorte S_x der durch `t` ersetzten Variablen `x` subsumiert wird, kann versucht werden $\{S_t\}$`(x)` zu beweisen. Achten sollte man darauf, daß dazu ein möglichst spezielles Subgoal, also nicht unbedingt $\{S_t\}$`(x)`, erzeugt wird.
Beispiel:
Für S_x = `and(`S_t`, f:{a})`, wäre das passende Subgoal `f(t) = a`.

Typinferenzen beim Compilieren von L_{LILOG} Dabei handelt es sich um folgendes: Falls auf ein Objekt eine Rolle (bzw. ein Prädikat) oder ein Feature (bzw. eine Funktion) angewandt wird, soll postuliert werden, daß das Objekt zu der Sorte gehört, für die das Feature/die Funktion oder die Rolle/dasPrädikat deklariert wurde.
Beispiel:

```
sort S2 < S1;
  features f:int.
refo r :  S1.
  ...
axiom ax
  f(r) = 4 .
```

Aus `ax` müßte man schließen, daß `r` zu S_2 gehört.

Mir erscheinen solche Typinferenzen bei der Compilation von L_{LILOG} als nicht sinnvoll, da es dem Wissensingenieur zugemutet werden kann, direkt die Sorte des entsprechenden Refos richtig zu deklarieren. Falls der Compiler zusätzlich die passenden Fehlermeldungen produziert, dürfte dies auch nicht zu schwierig sein.

Anders sieht es aus, wenn nach Texteingabe ein Fakt wie `ax` eingetragen werden soll. Für solche Fälle muß aber vorher festgelegt werden, wer diese Typinferenzen vornehmen soll: die Semantikkonstruktion oder die Inferenzmaschine.

4 Knowledge Engineering Tools

4.1 Inspektions-Tools

Bis jetzt gibt es in der LILOG-KR[2] Knowledge-Engineering-Umgebung Inspektions-Tools nur für die Ontologie, durch die man sich insbesondere einen Sortenverband graphisch anzeigen lassen kann.

Ähnliche Tools kann man sich auch für den axiomatischen Teil einer Wissensbasis vorstellen. So könnte man graphisch den Connection-Graph einer Wissensbasis produzieren, aus dem ersichtlich ist, welche Regeln und Fakten "zueinander" passen.

Bevor ein solches Tool zur Verfügung steht, könnte man sich mit einfacheren Hilfsmitteln behelfen. Nützlich wäre auf jeden Fall die Möglichkeit, sich Axiome mit bestimmten Eigenschaften anzeigen und pretty printen zu lassen. Zu solchen Eigenschaften würden zählen: Prädikatssymbol, Argumente, Formeltyp. Eine Anbindung an die X-Windows-Oberfläche wäre wünschenswert.

4.2 Debugging-Tools

Die Funktionalität der Debugging-Tools sollte im wesentlichen Trace- und Spy-Möglichkeiten umfassen. Im Trace-Modus werden alle Inferenzschritte angezeigt, im Spy-Modus sind sie auf Schritte mit bestimmten Rollen, Features und Prädikaten beschränkt. Neben der eigentlichen evtl. auch graphischen Visualisierung eines Beweisablaufs soll der Benutzer auch darin eingreifen können, indem er z.B. gewisse Schritte suspendiert oder gewisse Instanziierungen im Goal verändert.

Im einzelnen kann man sich folgende Funktionalität vorstellen:

- der aktuelle Inferenzschritt wird angezeigt:

[2] LILOG Knowledge Representation System

  - es wird nur das aktuelle Subgoal angezeigt (natürlich pretty-geprintet);
  - es wird das gesamte Goal angezeigt;
  - Attribute wie Suchtiefe, Lemmakandidaten können auf Wunsch angezeigt werden;
  - der bisherige Beweisbaum mit den Knoten kann auch (am besten graphisch) visualisiert werden;
  - Argumente von Inferenzschritten (d.h. Axiome) sollen auch angezeigt werden können;
  - sinnvoll ist es auch, falls ein Inferenzschritt fehlschlägt, die Gründe dafür zu zeigen, d.h. insbesondere die Sorten und Terme, derentwegen eine Unifikation scheitert;

- der aktuelle Inferenzschritt wird modifiziert:
  - er wird suspendiert;
  - er wird fokussiert, d.h alle anderen Inferenzschritte werden suspendiert oder nach hinten gestellt; dies kann dann sinnvoll sein, wenn man nur einen ganz bestimmten Teil des Beweisbaumes untersuchen will;
  - gewisse Argumente mit den Sorten im Goal werden modifiziert, um etwa einer gescheiterten Unifikation noch zum Erfolg zu verhelfen;
  - es wird zu einem vorhergehenden Beweisknoten zurückgesetzt, etwa nachdem ein Teil der Wissenbasis, evtl. nur aus dem axiomatischen Teil, recompiliert wurde.

Natürlich wird sich in der noch zur Verfügung stehenden Zeit nur ein Teil der hier aufgezeigten Funktionlität realisieren lassen. Auf jeden Fall ist es erstrebenswert, die Inspektion eines Beweislaufes möglichst komfortabel zu gestalten.

5 Erweiterungen des L_{LILOG}-Compilers

5.1 Type Checking

Durch das Type Checking wird überprüft, ob die Sortenrestriktionen von Argumenten von Rollen, Features, Funktionen und Prädikaten erfüllt werden. Diese Verträglichkeitsprüfungen können verschieden streng sein und sollen an einem Beispiel erläutert werden.

Sei dazu `p:s` ein einstelliges Prädikat mit `s` als deklarierter Argumentsorte und `t` ein Term der Sorte `s'`. Dann kann das Literal `p(t)` gemäß den folgenden beiden Bedingungen typgerecht sein:

1. wenn $s' \ll s$ gilt
2. wenn $s' \sqcap s \neq \perp$ gilt

Nimmt man 1. als die zu prüfende Verträglichkeitsbedingung, so kommt man mit lokalen Typchecks für jedes Auftreten von `t` aus.

Nimmt man 2. als die zu prüfende Verträglichkeitsbedingung, so muß man in die Typchecks jedes Auftreten von `t` einbeziehen, da zwei verschieden Auftreten von `t` jeweils lokal korrekt sein können, es aber für alle Auftreten zusammen betrachtet zu einer globalen Unverträglichkeit kommen kann. Dazu betrachte man noch das Prädikat `p'':s''` und das Literal `p''(t)`. Auch wenn beide Literale typgerecht sind, muß noch geprüft werden, ob $s \sqcap s'' = \perp$ gilt. Dies darf nicht der Fall sein, da sonst `t` zur Sorte $\perp$ gehören müßte.

Das Type Checking sollte von daher die Subsumtion zwischen der Argumentsorte und der Termsorte prüfen, nicht aber, ob der Schnitt der beiden Sorten nichtleer ist.

Der L_{LILOG}-Compiler kann beim Type Checking auf zwei Arten reagieren:

- *weiches* Type Checking -
  bei einer Verletzung einer Sortenbeschränkung wird nur ein *warning* ausgegeben;

- *hartes* Type Checking -
  Ausdrücke mit Sortenverletzungen werden zurückgewiesen, d.h. es wird kein Code für sie generiert.

Um das Type Checking effektiv durchführen zu können, muß die Ontologie vorher compiliert worden sein, d.h. die Compilierung und Codegenerierung von L_{LILOG}-Wissensbasen erfolgt in 2 Phasen: zuerst wird die Ontologie und dann werden in der zweiten Phase die Regeln und Fakten compiliert. Das Type Checking wird dann bei der Generierung der internen L_{LILOG}-Datenstrukturen vorgenommen.

Bei dieser Vorgehensweise wird noch nicht überprüft, ob alle in einer Wissensbasis vorkommenden Sortenausdrücke konsistent sind. Insbesondere für die Deklarationen von Sorten, Rollen, Features und Refos ist dies wichtig. Denn eigentlich dürfte es z.B. ein Refo, das zur leeren Sorte ($\perp$) gehört, nicht geben.

Deshalb kann man sich natürlich auch vorstellen, daß es mehrere Passes gibt. Im ersten wird der Code erzeugt, im zweiten werden die Sortenbeschränkungen überprüft. Für eine solche Vorgehensweise sind aber wohl größere Eingriffe in die bisherige Architektur des Compilers notwendig.

5.2 Weitere Konsistenzüberprüfungen

Mehrfache Wertzuweisungen für Features Werden einem Feature für ein Refo mehrere verschiedene Werte zugewiesen, so liegt ein Widerspruch vor, falls die Werte als L_{LILOG}-Atome dargestellt sind. Die Wertzuweisung kann durch einen L_{LILOG}-Fakt dargestellt sein, oder sie kann sich aus der Deklaration des Refos ergeben. Natürlich ist es auch möglich, daß der Wert eines Features über L_{LILOG}-Regeln ableitbar ist. Solche Inkonsistenzen sollten jedoch nicht vom Compiler aufgedeckt werden.

Beispiel:

Gegeben die Sorte S1:

```
sort S1 < top ;
  features f:  int .
```

Wertzuweisung durch Deklaration:

```
 (i)  refo r1 :  ( f:{1} )
(ii)  sort S2 = and(S1, f:{2})
      refo r1 :  S2 .
```

Wertzuweisung als Fakten

```
axiom ax1
  f(r1) = 3 .
axiom ax2
  f(r1) = 4 .
```

Im L_{LILOG}-Sourcecode dürfte nur eine dieser Wertzuweisungen auftreten. Jede weitere müßte als widersprüchlich erkannt werden. Widersprüche können nur bei L_{LILOG}-Atomen als Wert auftreten, da nur für sie die *unique name assumption* gilt. Mehrere Refos als Werte stellen also a priori keinen Widerspruch dar. Man kann daraus nur folgern, daß diese Refos gleich sind.

5.3 Erweiterungen von L_{LILOG}

Deklaration von builtin-Prädikaten und Funktionen Bisher gab es nur eine fest vorgegebene Menge von eingebauten Sorten, Prädikaten und Funktionen. Es ist aber wünschenswert, wenn man z.B. gewisse Prädikate direkt in Prolog implementieren will, diese in L_{LILOG} als "builtin" zu deklarieren.

Deklaration von Hilfs-Prädikaten Hilfsprädikate könnten für Vorwärtinferenzen nützlich sein, um Regelfolgen zu spezifizieren (siehe Abschnitt 2.1). Sie haben nur eine "Hilfsfunktion", insbesondere werden Instanzen von ihnen nicht abgespeichert. In L_{LILOG} müßte es deshalb möglich sein, solche Prädikate zu deklarieren.

Partielle oder totale Features und Funktionen In der jetzigen Version der Inferenzmaschine wird über die Statusvariable *feature function status* global gesteuert, wie Funktionen und Features interpretiert werden. Werden sie als partiell aufgefaßt, so bedeutet dies für die Auswertung des Goals G_r: `exists x:top; f(r) = x`, daß sie nur gelingt, wenn der konkrete Wert von `f` für `r` bestimmt werden kann. Ist dies nicht möglich, so scheitert die Auswertung. Anders ist es, falls der *feature_function_status* auf *total* steht. Dann wird `f` als totale Funktion aufgefaßt, und der Term `f(r)` repräsentiert den Wert, falls nichts anderes bekannt ist, so daß die Auswertung von G_r mit `f(r)` als gültige Ersetzung von `x` gelingt.

Die Möglichkeit "individuell" für eine Funktion oder ein Feature anzugeben, ob sie/es als totale oder partielle Funktion behandelt werden soll, besteht nicht. Dazu müßten die Deklarationen von Features und Funktionen entsprechend erweitert werden.

Entrypoints für komplexe Literale Entrypoints vor komplexen Literalen, d.h. Konjunktionen von einfachen Literalen, sollen bei Rückwärtsinferenzen so interpretiert werden, daß sie nur auf Goals angewendet werden dürfen, die alle diese Literale "enthalten" (siehe auch Abschnitt 2.2). Im Sourcecode kann man weiterhin "EP" zur Kennzeichnung dieser komplexen Literale verwenden. In der internen Darstellung sollte sie jedoch zur Unterscheidung von den Entrypoints vor einfachen Literalen anders gekennzeichnet werden, etwa CEP(i), wobei i zur Unterscheidung von mehreren Entrypoints in einer komplexen Konklusion verwendet werden kann.
Beispiel: Die interne Darstellung von
`P → EP( Q and S) and EP( T and U) and V`
entspräche folgender Liste:
`[ 2:¬P, (1:5):CEP(2)Q, (1:4):CEP(2)S, (1:3):CEP(1)T,(1:2):CEP(1)U, (1:1):V]`

Natürlich kann man analog dazu mit Entrypoints komplexe Literale in Prämissen kennzeichenen. Mit einer solchen Regel könnten nur Vorwärtsinferenzen mit Fakten angestoßen werden, die das gesamte gekennzeichnete komplexe Literal enthalten. D.h. z.B. mit der Regel
`EP(P and Q) and S → T`
können durch den Fakt `Q and U and P` Vorwärtsinferenzen angestoßen werden, jedoch nicht durch den Fakt `P and S`, da dafür das Literal `Q` fehlt.

In der L_{LILOG}-Syntax kann die Prämisse einer Regel aus einer Disjunktion von Literalen bestehen. Um die Verarbeitung nicht unnötig zu verkomplizieren, scheint es jedoch nicht sinnvoll, mit einem Entrypoint Konjunktionen von disjunktiven Prämissen zu kennzeichnen. Folgendes sollte also nicht erlaubt sein:
`EP((P or Q) and S) and T → U .`

Abspeicherung von bewiesenen Prämissen Es könnte sinnvoll sein, bewiesene Prämissen einer Rückwärtsregel permanent abzuspeichern. Damit lassen sich zum Beispiel gezielte Typinferenzen realisieren. Eine entsprechende L_{LILOG}-Regel könnte dann so aussehen:
`forall X:S1; store {S2}(X) and P(arg:X) → Q(arg:X).`

6 Zusammenfassung

In diesem Aufsatz wurden mögliche Erweiterungen und Verbesserungen der LILOG-Inferenzmaschine vorgestellt. Einige stellen interessante Forschungsprobleme dar (wie die Vervollständigung der Inferenzkalküle), bei anderen geht es eher um die Anwendung schon anderswo entwickelter Konzepte auf die Inferenzmaschine (wie bei den Debugging-Tools). Da nicht alle Erweiterungen realisiert werden können, muß eine Auswahl erfolgen, bei der die Bedürfnisse der Benutzer, der mögliche Nutzen im Vergleich zum Realisierungsaufwand und natürlich auch die Interessen der Entwickler eine Rolle spielen werden.

Literatur

[Bollinger et al. 1991] Bollinger, T., Lorenz, S. und Pletat, U. *The LILOG Inference Engine.* In: Herzog, O. und Rollinger, C.-R., Hrsg., *Text Understanding in LILOG: Integrating Computational Linguistics and Artifical Intelligence*, Lecture Notes in Artifical Intelligence 546. Springer-Verlag, Berlin, 1991.

[Bollinger und Pletat 1991a] Bollinger, T. und Pletat, U. *Knowledge in Operation.* IWBS Report 165, IBM Deutschland, 1991.

[Bollinger und Pletat 1991b] Bollinger, T. und Pletat, U. *The LILOG Knowledge Representation System. SIGART Bulletin, Special Issue on Implemented Knowledge Representation and Reasoning Systems*, 2(3):22–27, Juni 1991.

[Bollinger 1991] Bollinger, T. *A Model Elimination Calculus for Generalized Clauses.* In: *Proceedings of the 12th International Joint Conference on Artificial Intelligence*, Sydney, Australia, 1991. Morgan Kaufmann.

[Lenat und Guha 1991] Lenat, D. und Guha, R. *The Evolution of Cycl, The Cyc Representation Language. SIGART Bulletin, Special Issue on Implemented Knowledge Representation and Reasoning Systems*, 2(3):84–87, Juni 1991.

[Loveland 1978] Loveland, D. *Automated Theorem Proving: A Logical Basis*, Band 6 der *Fundamental Studies in Computer Science.* North-Holland, New York, 1978.

Kommentar zu T. Bollinger:

Verarbeitung von L_{LILOG} – Theorie und Praxis

Ralf Röhrig und Elisabeth Neugebauer

Unsere KE-Gruppe LILOG-Raum Hamburg ist innerhalb des LILOG-Projektes thematisch weitgehend dem Bereich Knowledge Engineering zugeordnet. Die Arbeit dieser Gruppe besteht im wesentlichen darin, die formalisierten Theorien von Linguisten, Psychologen, Philosophen und KI-lern zur Modellierung des räumlichen Alltagswissens zu integrieren und mit Hilfe einer durch den Projektrahmen vorgegebenen Repräsentationssprache zu implementieren. Die Entwicklung dieser Repräsentationssprache L_{LILOG} und einer darauf operierenden Inferenzmaschine obliegt einer weiteren Gruppe innerhalb des Projekts. Beide Gruppen beschäftigen sich insofern ingeneursmäßig mit Wissen, als sie Werkzeuge entwickeln, bereitstellen und benutzen, um formale Theorien in operationelle Systeme umzusetzen.

Bei der Übernahme des Begriffes 'Knowledge Engineering' aus dem Bereich der Expertensysteme, wo er entstand, in den Bereich des Textverstehens und des "common sense reasoning" sehen wir jedoch ein Problem: zur Erstellung eines lauffähigen Expertensystems liefert der Experte sein umfangreiches Fachwissen, das die KE-ler dann mit Hilfe ihres Wissens aufgabengerecht strukturieren und modellieren. Die Rolle des Experten fällt bei der Modellierung von Alltagswissen jedoch weg, weil hier jeder Mensch ein Experte ist. So kommt es, daß KE-ler in diesem Wissensbereich nicht auf andere Experten angewiesen sind, um Informationen über das Was und Wie der Modellierung zu erhalten. Die Folge sind ad hoc-Lösungen, denen eine gewisse Allgemeingültigkeit unterstellt wird, denen jedoch teilweise die theoretische Fundierung fehlt. Unserer Meinung nach sollte hier sehr genau unterschieden werden zwischen Theorien über menschliches Repräsentieren und Schlußfolgern einerseits, und logischer bzw. technischer Umsetzung dieser Theorien andererseits. Während der zweite Teil sicherlich in den Aufgabenbereich des Knowledge Engineering fällt, ist dies bezüglich der menschlichen Kompetenzen eher fraglich. Auf diesem Verständnis von Knowledge Engineering aufbauend, möchten wir nun auf einige Aspekte der Ausführungen von Toni Bollinger eingehen. Die Inferenzkomponente, die es hier zu erweitern gilt, hat im letzten Jahr an Stabilität gewonnen. Allerdings arbeitet die derzeitige Inferenzmaschine so langsam, daß bislang eine umfassende Einbeziehung von Hintergrundwissen in die Schlußketten nicht möglich ist (s.u. in diesem Kommentar). Desweiteren gibt es zwar eine festgelegte, denotationelle Semantik für die Sprache L_{LILOG}, da es aber an Beschreibungen zur Arbeitsweise der Inferenzmaschine fehlte, herrschte lange Zeit große Ungewißheit über die tatsächliche Verarbeitung dieser Sprache. Auch gibt es nur wenige Möglichkeiten, die Arbeitsweise des laufenden Systems zu überprüfen. Es mangelt zum einen an Debugging Tools - es werden zwar Protokolle des Beweises angefertigt, Begründungen für die Beendigung von Beweiszweigen werden dem Benutzer jedoch nicht geliefert -, zum anderen an der Möglichkeit zum inkrementellen Arbeiten. Soll eine Regel entfernt oder verändert werden, muß auf einem alten Stand des LILOG-Systems ohne Regeln aufgesetzt und der gesamte Regelsatz neu compiliert werden. Wird eine Veränderung in der Sortenhierarchie notwendig, muß sogar der gesamte Compilationsvorgang wiederholt werden - ein Vorgang, der Stunden in Anspruch nimmt!

Ob dieser Unannehmlichkeiten ist es erfreulich, daß jetzt über mögliche Erweiterungen der Inferenzkomponente nachgedacht wird. Die einzelnen Punkte sind in Diskussionen unter KE-lern zusammengetragen und von Toni Bollinger präzisiert worden. Über aufgezeigte Alternativen und in gewissen Grenzen über die Priorisierung der Themen wird in Zusammenarbeit mit den KE-lern entschieden.

Wir möchten hier nun anhand zweier Beispiele erläutern, welchen Einfluß die angekündigten Erweiterungen auf unsere (LILOG-Raum in Hamburg) zukünftige Arbeit mit dem Prototypen haben. Zunächst wenden wir uns den interagierenden Vorwärtsregeln zu, bei deren Verarbeitung wir auf zwei Probleme stoßen. Zum einen geht es um die Anordnung von parallel verarbeiteten Entitäten, zum anderen um die von Toni Bollinger (in diesem Band) angesprochene Synchronisation unabhängiger Beweiszweige.

Zur Erläuterung des Problems der Anordnung dient uns hier die Verarbeitung zweier Wegangaben, durch die im Text eine Situation beschrieben wird, etwa in dem Satz

Wir gingen durch die Kö-Passage zum Graf-Adolf-Platz.

Dieser Tatbestand wird von der Semantik-Komponente als ein Axiom an die Inferenzmaschine weitergereicht:

```
axiom ax_inf_1
      thema( r_gehen ) = r_wir
and   abstweg( r_gehen, r_abstweg1 )
and   durch_dir_spec( r_abstweg1, r_koe_passage )
and   abstweg( r_gehen, r_abstweg2 )
and zu_dir_spec( r_abstweg2, r_graf_adolf_platz )
```

Aus dem Hintergrundwissen über Objekte wie Passagen und Plätze, sowie aus der Bedeutung der Präpositionen 'durch' und 'zu' wissen wir, daß die beiden Wege r_abstweg1 und r_abstweg2, die ihrerseits durch die Semantik der Verbalphrase erzeugt werden, drei Wegabschnitte induzieren, die hintereinander angeordnet den Gesamtweg ergeben[1]: Einen Abschnitt außerhalb der Kö-Passage, an dem die Gehen-Situation begann, einen innerhalb der Passage und einen dritten wieder außerhalb, in diesem Fall beim oder auf dem Graf-Adolf-Platz. Die Verträglichkeit der Regionen 'außerhalb der Kö-Passage' und 'beim oder auf dem Graf-Adolf-Platz' ist dafür verantwortlich, ob die Zielangabe den dritten Wegabschnitt genauer spezifiziert oder einen weiteren Wegabschnitt induziert, der von der Passage zu dem Platz führt.

Da die Inferenzmaschine jedoch bei der Bearbeitung von Vorwärtsregeln stets alle in einem Schritt zu erreichenden Inferenzen parallel durchführt, existiert für keinen der beiden verarbeiteten Wege r_abstweg1 und r_abstweg2 irgendein bekannter Wegabschnitt, dessen Regionsverträglichkeit zu prüfen wäre. Infolgedessen werden jeweils alle denkbaren Wegabschnitte neu angelegt, was zu insgesamt fünf Abschnitten führt: Zu den vier benannten kommt ein weiterer Wegabschnitt in einiger Entfernung vom Graf- Adolf-Platz hinzu - der Weganfang des Weges zum Graf-Adolf-Platz -, dessen Verträglichkeit mit der Kö-Passage eben nicht überprüft werden kann. Dieses nicht nur auf Verarbeitung von Wegen beschränkte Beispiel von Relationen zwischen parallel verarbeiteten Entitäten läßt sich durch keine der vorgeschlagenen Erweiterungen der Inferenzkomponente lösen. Eine Eingriffsmöglichkeit in die Vorgehensweise der Inferenzmaschine bei Vorwärtsableitungen wäre nötig, für die bisher jedoch noch nicht einmal eine Idee existiert, die weiterverfolgt werden könnte.

Das Problem der Synchronisation der unabhängigen Beweiszweige wurde bereits von Toni Bollinger (s.o.) angesprochen. Wegen der zeitlichen Restriktionen der Inferenzmaschine, die derzeit auf einem IBM PS/2 mit 386-er Architektur auf eine durchschnittliche Geschwindigkeit von 0,2 Inferenzen pro Sekunde kommt, entfallen von vorn herein alle Lösungen, die redundanter Ableitungen

[1]Eine ausführliche Darstellung der Repräsentationskonzepte für den Bereich "Raum" findet sich z.B. in E. Lang, K-U. Carstensen und G. Simmons (1991), *Modelling Spatial Knowledge on a Linguistic Basis. Theory - Prototype - Integration.* Lecture Notes in Artificial Intelligence Vol. 481, Springer Verlag, Berlin/Heidelberg.

bedürfen. Leider führt die Methode der Definition von Hilfsprädikaten, die ausschließlich zur Ablaufsteuerung von Inferenzprozessen dienen, ebenfalls zu unschönen Effekten, denn sie werden zu einem Programmierwerkzeug, das nur schwer zu überschauen ist. Das zweite Beispiel für die Folgen der Inferenzmaschinenerweiterung für unsere Arbeit bezieht sich auf die Verarbeitung von komplexen Konklusionen, die sich für einen realistischen Umgang mit größeren Wissensbeständen als Notwendigkeit erweisen. Die Anfrage "Wo befindet sich das Hetjensmuseum?" wird von der Semantikkomponente folgendermaßen an die Inferenzmaschine weitergeleitet und dort literalweise bewiesen:

```
exists    SB: SichBefinden, RR: RaumRegion;

?-   thema( SB ) = r_hetjensmuseum
and  lokal( SB, RR ).
```

Zum Beweis dieser Anfrage soll die folgende Rückwärtsregel benutzt werden, die besagt, daß ein Lokalisierungszustand stets dort lokalisiert ist, wo sein thema lokalisiert ist:

```
axiom local_rule
forall    SB: SichBefinden, P: RaumRegion, O: Objekt;

EP   thema( SB ) = O
and  lokal( SB, P )
<-
     lokal(  O, P ).
```

Als neues Unterziel verbleibt auf der Agenda der Rest der ursprünglichen Anfrage, erweitert um die Prämisse der angewendeten Regel:

```
exists    SB: SichBefinden, RR: RaumRegion, P: RaumRegion;

?-   lokal( r_hetjensmuseum, P )   ; Praemisse der Regel
and  lokal( SB, RR ).    ; 2. Literal der Anfrage
```

In diesem Ziel wird nun irgendeine Lokalisierung des Hetjensmuseums bewiesen, um anschließend eine Lokalisierung von irgendeinem Zustand des Sich-Befindens nachzuweisen. Die RaumRegionen P und RR stehen nicht miteinander in Verbindung und die Kopplung des Lokalisierungszustandes an sein thema, das Hetjensmuseum, ist ebenfalls verlorengegangen. Dadurch, daß hier Beziehungen zwischen Entitäten verlorengehen, wird auch der Sinn des Beweises eingebüßt. Durch die Einführung des Beweises komplexer, in diesem Fall konjugierter Literale kann jedoch die Kopplung der Variablen aus der Anfrage und somit auch der Sinn des Beweises erhalten bleiben.

Das bedeutet in diesem Fall, die Regel local_rule soll nur dann angewendet werden, wenn sowohl nach dem thema, als auch nach lokal gefragt ist, dann aber sollen mit dem Beweis ihrer Prämisse auch beide Literale als bewiesen gelten. Aus der ursprünglichen Anfrage wird somit

```
exists    RR: RaumRegion;

?-   lokal( r_hetjensmuseum, RR ). ; Praemisse der Regel
```

was genau der intendierten Anwendung der Regel entspricht.

Diese Beispiele vermitteln einen Eindruck der formalen Probleme, mit denen sich die KE-ler beschäftigen. Zu den im Bereich der Kognitionswissenschaft interessanten Problemen, z.B. der Einbringung von Objektwissen in den Aufbau des internen Modells und der Fragebeantwortung, sind wir bisher noch nicht vorgestoßen. Da dies zum Teil an der technischen Unreife der Inferenzmaschine und der Abwesenheit einer operablen Testumgebung liegt, sei auf die verschränkte Abhängigkeit der Komponenten bei zeitgleicher Entwicklung hingewiesen. Die von der Inferenzmaschine angebotenen Möglichkeiten sollten auf das auszuwertende Regelpaket abgestimmt sein und mit diesem erprobt werden. Andererseits kann ein komplexes Regelwerk nur mit genauer Kenntnis des Verhaltens der Inferenzmaschine entwickelt werden. Solche Abhängigkeiten gilt es frühzeitig zu identifizieren und in einer Phase der engen Zusammenarbeit zwischen den Programmierern der Inferenzkomponente und den KE-lern aufzulösen. Im Rahmen des LILOG-Projekts wurde die Notwendigkeit dieses Vorgehens kurz vor der Bereitstellung des zweiten Prototypen erkannt und thematisiert. Ein Ergebnis dieser Zusammenarbeit ist die nun von Toni Bollinger vorgelegte Liste möglicher Erweiterungen der Inferenzkomponente.

Ein letzter Kommentar zum bisherigen Ergebnis des Knowledge Engineering in LILOG bezieht sich auf den Produktstatus von LEU/2. Durch die Notwendigkeit, Ergebnisse theoretischer Arbeiten in Form eines lauffähigen Prototypen darzustellen, ergab sich die Situation, daß z.B. sehr verarbeitungsaufwendige (d.h. langsame) Komponenten bei der Demonstration des Gesamtsystems nicht integriert werden sollten. Die KE-ler, deren Möglichkeiten durch die langsame Inferenzmaschine stark eingeschränkt waren, behalfen sich deshalb häufig mit zeitlich optimierten "Performanzregeln", die wenigstens die nötigsten Schlüsse zuließen. Die interessanten Phänomene wie die Interaktion von Zeit und Raum, das Einbringen von Objektwissen in die Fragebeantwortung oder die Modellierung direktionaler Probleme können nun, da die Inferenzmaschine stabiler und der Implementierungsdruck geringer wird, hoffentlich unabhängig von Geschwindigkeitsrestriktionen angegangen werden.

Erfahrungen mit der Zeitontologie und -axiomatik

Sven Lorenz

Zusammenfassung

Anhand von Beispielen aus der Repräsentation und der Verarbeitung temporaler Information in LEU/2 werden einige grundsätzliche Probleme bei der Modellierung von Commonsense-Wissen in einem großen KI-System illustriert.

Neben den allgemeineren Problemen der Sichtenintegration und der Redundanz tritt in natürlichsprachlichen Systemen zudem die Frage der Trennung von sprachlicher und konzeptueller Ebene auf. Darüberhinaus zeigen die Beispiele den häufig vernachläßigten, engen Zusammenhang zwischen Modellierungs- und inferenziellen Aspekten auf.

Einführung

Dieser Bericht stellt anhand zahlreicher Beispiele aus der Modellierung des temporalen Bereichs einige allgemeine Probleme und ihre Ursachen aus der Sicht von Wissensaquisition, -repräsentation und -verarbeitung vor. Auf die Motivation und den Entwurf der Zeitontologie und -axiomatik kann nicht ausführlich eingegangen werden (siehe hierzu [Eberle 89a] und [Eberle 89b]). In dieser Einführung werden deshalb nur in aller Kürze die wesentlichen Bestandteile des temporalen Bereichs vorgestellt.

Abbildung 1 zeigt einen Ausschnitt der Sortenhierarchie mit den für diesen Bericht relevanten temporalen Sorten. Entitäten mit Zeitkomponente (*EntMitZeitkomp*) untergliedern sich in die disjunkten Mengen der *Situation*en und der *Zeit*en. Orthogonal zu dieser Klassifizierung liegen die Sorten der Punkttemporale (*PunktTemp*) und der ausgedehnten Temporale (*AusgTemp*). Im rein zeitlichen Bereich – auch die Situationen haben gemeinsame Untersorten mit den Punkt- bzw. ausgedehnten Temporalen, auf die hier nicht weiter eingegangen wird – entsprechen den Punkttemporalen die Zeitpunkte (*Zpunkt*) und den ausgedehnten Temporalen die Zeitintervalle (*Zintervall*). Zeitintervalle werden unterteilt in Kalenderintervalle wie z.B. Jahrhunderte oder Wochen oder Tage, und in Kalenderkorrelate wie Jahreszeiten oder Tageszeiten. Es wird ein Sekundenraster unterstellt, d.h. eine Sekunde ist das kleinste darstellbare Zeitintervall.

In Abbildung 2 wird ein Teil die L_{LILOG}-Deklaration der Sorte *EntMitZeitkomp* gezeigt. Das einzige hier relevante funktionale Attribut ist das Feature *temporal*, das dazu dient, einer Situation ein Zeitobjekt zuzuweisen, welches der temporalen Ausdehnung der Situation entspricht. Die relationalen Attribute [1] der Sorte *EntMitZeitkomp* bezeichnen allgemeine temporale Relationen, die sowohl zwischen zwei Situationen als auch zwischen Zeitobjekten oder zwischen einer Situation und einem Zeitobjekt gelten können. Man beachte die an den zeitlichen Präpositionen im Deutschen ausgerichteten *–tempspec*-Relationen (siehe hierzu Abschnitt 2.1).

Die weiteren Deklarationen der temporalen Sorten sind in Abbildung 3 dargestellt. Für Punkttemporale drückt die Rolle *p_kleiner* die lineare Ordnung entlang der Zeitachse aus. Für ausgedehnte Temporale sind die sogenannten *Allen-Relationen* (siehe z.B. [Allen 84]) definiert. Für die Relationen zwischen Zeitintervallen bzw. Zeitpunkten besteht eine vollständige Axiomatisierung in L_{LILOG}

[1] Ich verwende die Begriffe "Relation" und "Rolle" bzw. "role" synonym

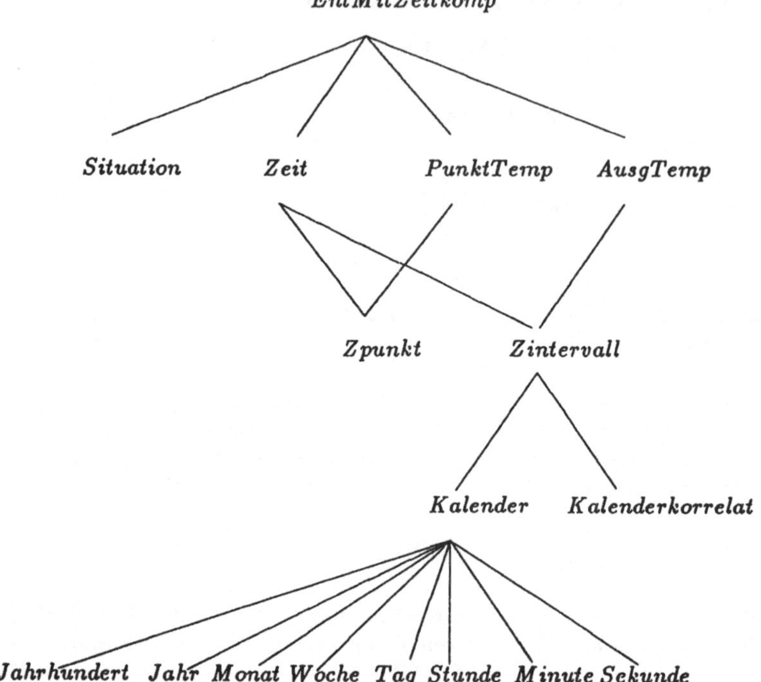

Abbildung 1: Ontologieausschnitt

(siehe Abschnitt 3), basierend auf den als primitiv angenommen Relationen *p_kleiner* für Punkte und *meets* für Intervalle. Die allgemeineren Relationen der Sorte *EntMitZeitkomp* sind mit Hilfe der Allen-Relationen definiert. Die Beziehungen zwischen den *–tempspec*-Relationen und den anderen temporalen Relationen lassen sich allerdings nicht ohne weiteres vollständig axiomatisieren (siehe auch hierzu Abschnitt 2.1).

In den folgenden beiden Abschnitten wird zuerst auf Erfahrungen und Probleme mit der Zeitontologie und anschließend auf Fragen der Zeitaxiomatik eingegangen. Teilweise liegen die geschilderten Probleme in der vorgeschlagenen Modellierung des Zeitbereichs (dies trifft besonders auf die Axiomatik zu), sehr häufig lassen sich die Schwierigkeiten allerdings auf Abstimmungsprobleme der verschiedenen "Ontologiebenutzer" zurückführen.

Zeitontologie

Relationeninflation

Abbildung 2 illustriert recht drastisch ein immer wiederkehrendes Problem in der Ontologie: die übermäßige Anhäufung von Features/Rollen, um die Repräsentation (vermeintlich) ausdrucksstärker oder komfortabler zu machen. Wesentliche Ursachen für diese Entwicklung sind:

- Problem der Sichtenintegration:
  Nach der Devise "Laß Du mir meine Features, dann laß ich Dir Deine."[2] entstehen viele Redundanzen – teilweise offensichtlich, teilweise unentdeckt – , die erst durch gewissenhafte Konsolidierung bereinigt werden können. Beispielsweise sind die Features *zahlenwert* und

[2] Dies geht auf einen Kommentar von C. Maienborn zurück.

```
sort EntMitZeitkomp < Entitaet;
 features start:  PunktTemp, end:  PunktTemp, temporal: Zeit;
 roles    prec           :: EntMitZeitkomp,
          ov             :: EntMitZeitkomp,
          t_teilvon      :: EntMitZeitkomp,
          folge          :: EntMitZeitkomp,
          not_bef        :: EntMitZeitkomp,
          dauer          :: Dauer,
          nachtempspec :: EntMitZeitkomp,
          vortempspec  :: EntMitZeitkomp,
          intempspec   :: EntMitZeitkomp,
          umtempspec   :: EntMitZeitkomp,
          vontempspec  :: EntMitZeitkomp,
          bistempspec  :: EntMitZeitkomp,
          alstempspec  :: EntMitZeitkomp,
          waehrendtempspec :: EntMitZeitkomp,
          seittempspec  :: EntMitZeitkomp,
          dur_itempspec :: EntMitZeitkomp,
          dur_ltempspec :: EntMitZeitkomp.
```

Abbildung 2: Sortendeklaration von *EntMitZeitkomp*

einheit der Sorte *Zeit* (Abbildung 3) vollkommen überflüssig; sie führen sogar zu einer uneindeutigen Modellierung zeitlicher Information, wie in Abschnitt 2.2 gezeigt werden wird. Die Generierungssicht verlangte diese vereinfachte Modellierung der Zeit. Aus der Sicht der Temporalsemantik und des temporalen Schließens war eine komplexere Modellierung des Zeitbereichs erforderlich. Obwohl diese natürlich die Modellierung mit *zahlenwert* und *einheit* ersetzen könnte und sollte, wurden zunächst beide Modellierungen beibehalten. Eine Sichtenintegration und -konsolidierung fand nicht statt. Der erforderliche Kommunikationsaufwand für eine solche Konsolidierung ist im allgemeinen zwar erheblich, sollte aber in Kauf genommen werden.

- Integration verschiedener Zeitmodelle:
  In LEU/2 sind dies das Allen'sche Intervallmodell, die Kamp'schen Ereignisrelationen *prec* und *ov* [Kamp 77] und die Eberle'schen Oberflächenrelationen *folge*, *t_teilvon*, und *not_bef* [Eberle 89b], die eine für die Repräsentation von Diskursen wichtige Abstraktion der Allen-Relationen darstellen.

- Vermischung der sprachlichen und konzeptuellen Ebene:
  Schlagendes Beispiel hierfür sind die *−tempspec*-Relationen. Für jede in den Texten vorkommende Präposition wurde eine solche Relation eingeführt; für zeitliche Inferenzen sind sie jedoch völlig irrelevant, eher sogar störend. Sie haben auf der konzeptuellen Ebene eigentlich nichts zu suchen, werden aber aus praktischen Gründen (Zugriff von Semantik und Generierung) bis in die Wissensrepräsentation mitgeführt.

  Für die Semantik besteht das Problem darin, die temporalen Präpositionen auf der sprachlichen Oberfläche in entsprechende temporale Relationen auf der konzeptuellen Ebene umzusetzen. Daß diese Abbildung nicht immer eindeutig sind, zeigt folgendes Beispiel für *alstempspec*:

  1. "Als Hans über die Straße ging$_{e1}$, schaltete$_{e2}$ die Ampel auf rot."
     $alstempspec(e1, e2) \rightarrow t\_teilvon(e2, e1)$
  2. "Als es zu regnen begann$_{e1}$, fuhren$_{e2}$ die Teilnehmer zurück ins Hotel."
     $alstempspec(e1, e2) \rightarrow folge(e1, e2)$

```
sort Zeit < EntMitZeitkomp;
 features start     : Zpunkt,  end       : Zpunkt,
          einheit   : Einheit, dimension : Dimension,
          zahlenwert: int;
 disjoint Situation.

sort Situation < EntMitZeitkomp;
 ...

sort AusgTemp < EntMitZeitkomp;
 roles    before  :: AusgTemp,
          meets   :: AusgTemp,
          during  :: AusgTemp,
          starts  :: AusgTemp,
          finishes:: AusgTemp,
          overlap :: AusgTemp,
          bef_in  :: AusgTemp,
          mee_in  :: AusgTemp,
          dur_in  :: AusgTemp,
          sta_in  :: AusgTemp,
          fin_in  :: AusgTemp,
          over_in :: AusgTemp,
          identical :: AusgTemp.

sort PunktTemp < EntMitZeitkomp;
 roles p_kleiner :: PunktTemp;
 disjoint AusgTemp.

sort Zintervall < and(Zeit, AusgTemp);
 disjoint Zpunkt.

sort Zpunkt < and(Zeit, PunktTemp, <start> == <end>);
 features jhr : int,        mon : [1 .. 12],
          tg  : [1 .. 31], std : [0 .. 23],
          min : [0 .. 59], sek : [0 .. 59].

sort Kalenderkorrelat < Zintervall.

sort Kalender < Zintervall.

sort Jahrhundert < Kalender;
  features jh:int.
...
```

Abbildung 3: Weitere Sortendeklarationen

Die Wahl der temporalen Relation ist also nicht allein von der gegebenen Präposition abhängig, sondern kann – wie im Beispiel – auch von der Art der beteiligten Ereignisse abhängig sein. Da 'Beginnen' in der Regel ein punktuelles Ereignis ist, 'Fahren' aber ein ausgedehntes, kann eine Interpretation von "als" in Satz 2 als *t_teilvon* ausgeschlossen werden. Die Module der Temporalsemantik (Aktionsartenkalkül und Temporale Resolution, siehe [Eberle 91]) sind in der Lage, aufgrund von sprachlichem Wissen und Hintergrundwissen eine solche Abbildung vorzunehmen, sodaß von der Semantikseite auf die *–tempspec*-Relationen verzichtet werden könnte.

Umgekehrt ist auch die Wahl der Präposition zu einer bestimmten logischen Relation nicht eindeutig und von ähnlichen Faktoren (z.B. Tempus, Aktionsart) abhängig wie in der Semantik. Es sind also auf der Generierungsseite umfangreichere Algorithmen zur Ermittlung der temporalen Präpositionen aus temporalen Relationen notwendig. Da diese bisher nicht realisiert werden konnten, muß die Übersetzung der logischen Relationen in temporale Präpositionen innerhalb der Inferenzmaschine mittels Regeln erfolgen. Aus den erwähnten Abbildungsschwierigkeiten ergab sich, daß nur eine unvollständige Definition der *–tempspec*-Relationen durch andere Relationen gegeben werden konnte.

Redundanzen aufgrund vereinfachter Modellierung

Für die Sorte *Zeit* sind die Features *einheit* und *zahlenwert* definiert, mit denen zwar eine vereinfachte, leider aber auch falsche Modellierung von Zeit und Dauer möglich ist. Das Jahr 1991 würde beispielsweise folgendermaßen dargestellt:

```
refo t1: Zeit

axiom a1
  einheit(t1) = jahr  and
  zahlenwert(t1) = 1991
```

Es gab mehrere Gründe für die vorläufige Wahl dieser Modellierung: Zunächst stand wohl die Gleichbehandlung von Raum und Zeit im Vordergrund. Die Analogie ist aber nur bei Dauer- bzw. Entfernungsangaben gegeben. Hierfür wäre eine Modellierung mit Zahlenwert und Einheit in der Tat ausreichend. Später war vermutlich die parallele Entwicklung der Zeitontologie und der Generierung dafür verantwortlich, daß die vorläufige Version in der Generierung beibehalten wurde.

Die Modellierung der Zeit durch Zahlenwert und Einheit läßt keine Darstellung von komplexen Datumsangaben wie 31.1.1991, 10:00 zu. Schlimmer noch, sie läßt keine Unterscheidung von Zeiten und Dauer – in diesem Fall von 1991 Jahren – zu. Die korrekte Repräsentation des Jahres 1991, die augenblicklich noch parallel zu der obigen falschen Darstellung erzeugt wird, ist:

```
refo t1: Jahr

axiom a1
  jhr(t1) = 1991
```

Solche offensichtlichen und leicht zu behebenden Fehlentwicklungen werfen an sich keine prinzipiellen Fragen auf. Allerdings soll durch dieses Beispiel aufgezeigt und auch davor gewarnt werden, daß sich vorläufige Lösungen durch permanentes Nichtbehandeln – die Lösung des Problems ist ja bekannt und deshalb um so weniger spannend – sehr schnell fest im System etablieren können.

Probleme mit "tiefer" Modellierung der Zeit

Mit tiefer Zeitmodellierung ist gemeint, daß die Zuordnung von Zeitangaben zu Ereignissen über mehrere Stufen und "Zwischenobjekte" erfolgt. Beispielsweise würde der temporale Anteil der Frage "Wurde das Hetjensmuseum 1909 eröffnet?" folgendermaßen aussehen:

```
refo e: Eroeffnung
refo t: Zeit
refo j: Jahr

goal g1
  ...
  temporal(e) = t and
  intempspec(t) = j and
  jhr(j) = 1909 and
  einheit(j) = jahr and
  zahlenwert(j) = 1909
```

Abbildung 4 zeigt eine L_{LILOG}-Regel, die von einer solchen Anfrage im Dialogmodus (das bedeutet, Rückwärtsverkettung der Regeln) angestoßen werden sollte. Man sieht, daß die Konklusion durch die mehrstufige Repräsentation sehr umfangreich und daher auch speziell wird. Dadurch müssen für ähnliche Anfragen, die z.B. Eröffnungen während eines Monats statt eines Jahres beschreiben, durch eine andere Regel behandelt werden. Die tiefe Modellierung führt also zu sehr vielen und sehr speziellen Regeln. Besser wäre ein stärker *objektorientiertes* System, das solche Vergleichsoperationen, wie in der Vorbedingung der Regel in Abbildung 4, "hart verdrahtet" durchführen könnte. Die große Anzahl der Regeln ist nämlich nicht nur für den Regelschreiber sehr aufwendig. Vorallem wird der Suchraum bei Beweisen sehr groß, was unter Umständen dazu führen kann, daß die Inferenzmaschine nicht in der Lage ist, überhaupt einen Beweis zu finden.

```
axiom eroeffnet_entstehung_in_jahr
  p_default inst:Institution, t:Zeit, z:Jahr, i,j:int;
  exists ee:Eroeffnung, te:Zeit, ze:Jahr;
  EP patiens(ee) = inst   and
  EP temporal(ee) = te and
  EP intempspec(te,ze) and
  EP jhr(ze) = j  and
  EP zahlenwert(ze) = j and
  EP einheit(ze) = jahr <- entstehung(inst,t) and
                           intempspec(t,z) and
                           jhr(z) = i and
                           i < j .
```

Abbildung 4: Eine Beispielregel

Zeitaxiomatik

Wie in der Einführung schon erwähnt wurde, liegt eine vollständige Axiomatisierung der temporalen Relationen für Zeitpunkte und Zeitintervalle vor. Aus theoretisch-logischer Sicht ist diese Vollständigkeit auch wünschenswert. Allerdings führt die große Anzahl der Relationen und das Fehlen von Steuerungsinformation für den Beweiser dazu, daß fast keine temporalen Beziehungen mittels der Axiomatik ermittelt werden können, weil sich die Inferenzmaschine in den zahlreichen (> 100) Axiomen mit vielen Querverbindungen (Konnektionen) verliert. Teilweise können diese Probleme durch Hinzufügen von Steuerungsinformation für den Inferenzprozeß gemindert werden [Müller 90]. Allerdings ist fraglich, ob ohne ein gravierendes "Abspecken" der Zeitmodellierung (d.h. weniger Relationen) die Inferenzprobleme in den Griff zu bekommen sind. Vielversprechender könnte der Entwurf eines speziellen Zeitinferenzmoduls sein, das – ähnlich wie bei den Depiktionen – nur für die Berechnung von Zeitrelationen zuständig ist [Kortüm 91]. Der Weg, der in Ermangelung dieser beiden Lösungsansätze vorerst beschritten wurde, ist der einer unvollständigen Axiomatik, die, mehr oder weniger ad hoc, nur die wichtigsten Beziehungen zwischen den allgemeinen temporalen Relationen (*prec*, *ov*, *folge*, *t_teilvon*, und *not_bef*) axiomatisiert. Abbildung 5 zeigt einen Ausschnitt daraus.

```
axiom ov_tteil
   forall x,y:EntMitZeitkomp;
   ov(x,y) <- t_teilvon(x,y).

axiom notbef_tteil
   forall x,y:EntMitZeitkomp;
   not_bef(x,y) <- t_teilvon(x,y).

axiom notbef_folge
   forall x,y:EntMitZeitkomp;
   not_bef(x,y) <- folge(y,x).

axiom folge_prec
   forall x,y:EntMitZeitkomp;
   folge(x,y) <- prec(x,y).

axiom tteil_startsfin
   forall x:Zintervall, y:EntMitZeitkomp;
   t_teilvon(x,y) <- starts(x,y) or finishes(x,y).

axiom tteil_startend
   forall x:Zpunkt, y:EntMitZeitkomp;
   t_teilvon(x,y) <- start(y) = x or end(y) = x.
```

Abbildung 5: Ausschnitt aus der unvollständigen Axiomatik für die allgemeinen temporalen Relationen

Schlußbemerkungen

Die Probleme der Relationeninflation und Redundanz können durch Konsolidierungsarbeiten sicherlich behoben werden. Ob dabei sprachliches Wissen völlig aus der Ontologie herausgehalten werden kann oder soll, ist allerdings fraglich. Wenn Teile der Semantik (z.B. Anaphernresolution, temporale Resolution) wissensbasiert arbeiten sollen, muß wohl auch sprachliche Information auf der Ebene der Wissensrepräsentation noch verfügbar sein. Für die *–tempspec*-Relationen gilt dies allerdings nicht, sie sind auf der konzeptuellen Ebene redundant und erschweren temporale Inferenzen erheblich.

Die Probleme mit der Zeitaxiomatik zeigen deutlich, daß inferentielle Aspekte bei der Modellierung nicht vernachlässigt werden dürfen. Es stellt sich auch die Frage, ob für manche Aufgaben eine spezielle Inferenzmaschine nicht geeigneter ist als ein allgemeiner Problemlöser, wie ihn die LEU/2 Inferenzmaschine darstellt. Für temporale Inferenzen ist dies spätestens dann der Fall, wenn numerische Daten, z.B. Dauerinformation, verarbeitet werden soll. Aber auch auf der logischen Ebene kann ein Spezialmodul Vorteile haben. Für Allen's Intervallkalkül liegen beispielsweise Algorithmen vor (z.B. [Allen 83], [Kortüm 91]), die, obgleich unvollständig, sehr viel effizienter als ein allgemeiner Theorembeweiser arbeiten können.

Literatur

[Allen 83] James F. Allen, *Maintaining Knowledge about Temporal Intervals*, Communications of the ACM 26(11), 1983, S. 832-843

[Allen 84] James F. Allen, *Towards a General Theory of Action and Time*, Artificial Intelligence 23 (1984), S. 123-154

[Eberle 89a] Kurt Eberle, *Quantifikation, Plural, Ereignisse und ihre Argumente in einer mehrsortigen Sprache der Prädikatenlogik erster Stufe*, IWBS Report 67, IBM Deutschland, Stuttgart, 1989

[Eberle 89b] Kurt Eberle, *Zeiten und Dauer*, Arbeitspapier, 1989

[Eberle 91] Kurt Eberle, *Ereignisse: Ihre Logik und Ontologie aus textsemantischer Sicht*, Dissertation, Universität Stuttgart, 1991

[Kamp 77] Hans Kamp, *Events, Instants, and Temporal Reference.* In R. Bäuerle, U. Egli, A. von Stechow (Hrsg.), *Semantics from Different Points of View*, Springer Verlag, 1977.

[Kortüm 91] Gerd Kortüm, *Temporales Schließen in einem natürlichsprachlichen System*, Diplomarbeit, Universität Stuttgart, 1991

[Müller 90] Michael Müller, *Implementierung und Integration von Verfahren zur wissensbasierten Steuerung der LILOG-Inferenzmaschine*, Diplomarbeit, Fachhochschule Dortmund, 1990

Antwortgenerierung, flexible Wortwahl und elaborative Inferenzen - ein Regelinventar für LEU/2

Barbara Gängler, Ipke Wachsmuth

Zusammenfassung

Dieser Beitrag befaßt sich mit der Modellierung von regelhaftem Hintergrundwissen für ein textverstehendes System (LEU/2). Solches Wissen spielt eine zentrale Rolle sowohl bei der Konstruktion von semantischer Text-Repräsentationen als auch bei der Beantwortung von Anfragen. Die hier beschriebenen Arbeiten zur Hintergrundaxiomatik richten sich auf Bereiche und Aspekte des Alltagswissens, die über rein räumliche und zeitliche Informationen hinausreichen. Im vorliegenden Bericht werden einerseits Regeln beschrieben, die die Performanz des Systems dadurch verbessern, daß sie Repräsentationen in ein für bestimmte Arten der Informationssuche geeigneteres Format umsetzen. Zum anderen werden Regeln beschrieben, die die konstruierten Text-Repräsentationen zur read- oder question-time elaborieren, so daß implizite Textzusammenhänge für das System verfügbar gemacht werden. Da die hier vorgestellten Arbeiten nicht auf grundlegende theoretische Vorarbeiten aufbauen konnten, sollen vor allem die entwickelten Konzeptionen zur Diskussion gestellt werden.

Übersicht

Ein wichtiger Beitrag zur zweiten LILOG-Entwicklungsumgebung (LEU/2) lag in der Modellierung und Strukturierung des für LEU/2 notwendigen regelhaften Hintergrundwissens der gewählten Anwendungsdomäne. Neben der Ontologie kommt diesem domänenspezifischen Regelinventar zentrale Bedeutung sowohl bei der Konstruktion semantischer Repräsentationen als auch bei der Beantwortung von Anfragen in der Demonstration des aufgebauten Textwissens zu. Im speziellen richteten sich diese Arbeiten auf drei sehr unterschiedliche Teilaufgaben[1]: Zum einen war es notwendig, das aus der semantischen Analyse der Sätze eines Textes hervorgehende Wissen für Generierungszwecke aufzubereiten. Diese Arbeiten werden in Abschnitt 2 beschrieben. Zum anderen mußten Möglichkeiten geschaffen werden, die dem Benutzer des Systems in Frage-Antwort-Dialogen eine flexible Wortwahl gestatten. In Abschnitt 3 werden die hierfür entwickelten Vorgehensweisen dargestellt. Darüber hinaus galt es, das aus den analysierten Texten extrahierte (explizite) Wissen durch regelhaftes (implizites) Hintergrundwissen zu vertiefen. Beim menschlichen Verstehen einer Äußerung wird in mehr oder weniger hohem Maße Weltwissen aktiviert, das inferentiell mit der aktuellen Äußerung in Zusammenhang gebracht wird. Von einem intelligenten natürlich-sprachlichen System würde man daher die Fähigkeit erwarten, Fragen, die gerade auf diese inferierten Zusammenhänge zielen, beantworten zu können. Die hier für LEU/2 gewählten Ansätze zur Elaboration von Textrepräsentationen werden in Abschnitt 4 beschrieben.

Ein Regelinventar zur Erfüllung der oben beschriebenen verschiedenartigen Aufgaben war für alle die Bereiche und Aspekte des "Alltagswissens" zu erstellen, die über die Verarbeitung rein

[1]Die studentischen Mitarbeiter der Bielefelder LILOG-Arbeitsgruppe, Marianne Greten und Thomas Linke, haben wesentlich zu den hier beschriebenen Arbeiten beigetragen, wofür ihnen die Autoren an dieser Stelle herzlich danken.

räumlicher bzw. zeitlicher Information hinausreichen[2]. Eine wesentliche Schwierigkeit lag jedoch in der Tatsache, daß bislang keine grundsätzlichen theoretischen Ansätze vorliegen, die diese Arbeiten richtungsweisend leiten konnten. Deshalb sollen in diesem Bericht vor allem die zur Bewältigung der genannten Aufgaben entwickelten Konzeptionen und die Erfahrungen damit präsentiert werden.

Wissensaufbereitung für die Generierung

Eine erste Teilaufgabe bestand darin, das aus der semantischen Analyse hervorgehende Wissen in ein Format zu überführen, das es erlaubt, Informationen zur question-time für die Generierung von bestimmten Antworten effizient zur Verfügung zu stellen.

Nachdem ein Satz die linguistische Analyse durchlaufen hat, erscheint die Information in einem Format, bei dem das Referenzobjekt, das dem Prädikat des Satzes entspricht, eine zentrale Stellung einnimmt. Die beteiligten Objekte werden - entsprechend der thematischen Rolle ihrer natürlich-sprachlichen Pendants - im wesentlichen als Argumente bezogen auf dieses Referenzobjekt repräsentiert. Beispielsweise erscheint der Satz (1) in einer Repräsentation (i), der Satz (2) in einer Repräsentation (ii)[3]:

(1) Die Kreuzherrenkirche, die im 15. Jahrhundert erbaut
wurde, (...)

(i) refo r_erbauen : ERBAUEN.
refo r_kreuzherrenkirche : KIRCHE.
refo r_erbau_zeit : ZEIT.
(...)
axiom ax_1
patiens (r_erbauen) = r_kreuzherrenkirche and
temporal (r_erbauen) = r_erbau_zeit
(...)

Graphisch kann eine solche Repräsentation wie folgt veranschaulicht werden:

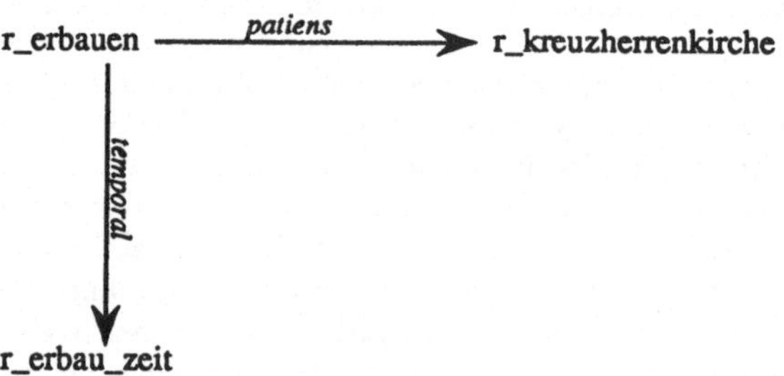

[2]Arbeiten, die diese Aspekte behandeln, wurden von anderen Teilprojekten geleistet.

[3]Zur Repräsentationssprache L-LILOG vgl. L-LILOG-Syntax im Anhang. Zur Notation: Mit arabischen Zahlen werden natürlich-sprachliche Sätze oder Fragen bezeichnet, die zugehörigen L-LILOG-Repräsentationen mit entsprechenden kleinen römischen Zahlen (zu Satz (1) Repräsentation (i), zu Satz (2) Repräsentation (ii) usw.); Regeln werden durch (R1), (R2) usw., Literale mit (L1), (L2) usw. bezeichnet. Sorten werden durch Groß-, Attribute durch Kleinschreibung gekennzeichnet. Zugunsten der Lesbarkeit werden für die mit "refo" gekennzeichneten Diskursreferenten "sprechende Namen" gewählt; beim automatischen Aufbau der Repräsentation würden hier Namen wie z.B. drfnt27 erscheinen.

(2) Die Kirche besitzt zwei parallele Schiffe.

(ii) refo r_besitzen : BESITZEN.
refo r_kirchenschiff : KIRCHENSCHIFF+.
(...)

axiom ax_2
thema (r_besitzen) = r_kreuzherrenkirche and
objekt (r_besitzen) = r_kirchenschiff
(...)

In diesen Repräsentationen nimmt das Referenzobjekt, das dem Prädikat des analysierten Satzes entspricht (z.B. 'r_erbauen', 'r_besitzen'), die zentrale Stelle ein; die Objekte (z.B. 'r_kreuzherrenkirche', 'r_erbau_zeit') werden als Argumente mithilfe von (ein- oder zweistelligen) Relationen auf dieses zentrale Referenzobjekt bezogen. Da die gemeinsame Obersorte aller Referenzobjekte, die für diese zentrale Stellung in Frage kommen, die Sorte SITUATION ist, wird im folgenden von Repräsentationen wie (i) und (ii) als von "situationszentrierten Repräsentationen" gesprochen.

Für die Informationssuche sind diese situationszentrierten Repräsentationen in bestimmten Fällen ungünstig, etwa wenn eine Anfrage an das System auf bestimmte Eigenschaften eines Objektes (z.B. r_kreuzherrenkirche) zielt, wie in (3):

(3) Was ist über die Kreuzherrenkirche bekannt?

In einem solchen Fall müßten von der Inferenzmaschine zur Generierung einer adäquaten Antwort sämtliche Axiome daraufhin durchsucht werden, ob in ihnen das fragliche Objekt ('r_kreuzherrenkirche') als Argument irgendeines Prädikates auftaucht. Dies hätte möglicherweise eine L-LILOG-Anfrage wie (iii) zur Folge:

(iii) axiom ax_f3
exists S : SITUATION;
?- patiens (S) = r_kreuzherrenkirche or
thema (S) = r_kreuzherrenkirche or
objekt (S) = r_kreuzherrenkirche or
...

Das würde bedeuten, daß für jedes Referenzobjekt der entsprechenden Sorte (z.B. SITUATION) eine irgendwie definierte Menge von Prädikaten danach durchsucht werden müßte, ob das zugehörige Argument mit dem Referenzobjekt 'r_kreuzherrenkirche' belegt ist. In einem weiteren Schritt müßten dann die gefundenen Instanziierungen auf andere Relationen hin durchsucht werden, die nur indirekt mit dem fraglichen Objekt zusammenhängen, aber für die vollständige sprachliche Darstellung der Information unabdingbar sind, wie beispielsweise eine 'temporal'- oder 'lokal'-Relation der gefundenen Situation.

Da dieses recht aufwendige Verfahren zur question-time erfolgen müßte und dadurch das Antwortverhalten des Systems erheblich verlangsamen würde, ist es offensichtlich, daß eine effizientere Repräsentation gefunden werden mußte. Es sollte bereits zur read-time eine Verbindung zwischen dem situationszentriert repräsentierten Wissen und der für die beteiligten Objekte relevanten Information hergestellt werden. Dafür wurden zwei grundsätzlich verschiedene Herangehensweisen untersucht: Einerseits bestand die Möglichkeit, im Zusammenhang mit den Objekten selbst auf die Situationen zu verweisen, an denen diese Objekte beteiligt sind. Eine andere Möglichkeit bestand darin, die ursprünglich situationszentrierte Information zusätzlich direkt an den betreffenden Objekten zu repräsentieren. In beiden Fällen jedoch sind es Objekte, die im Zentrum der repräsentierten Information stehen. Aus diesem Grunde wird hier im folgenden auch von "objektzentrierten Repräsentationen" gesprochen.

Die erste Vorgehensweise kann an den beiden Repräsentationen (i) und (i') und an der entsprechenden graphischen Darstellung veranschaulicht werden:

(i) axiom ax_1
patiens (r_erbauen) = r_kreuzherrenkirche and
temporal (r_erbauen) = r_erbau_zeit.

(i') axiom ax_1'
situation (r_kreuzherrenkirche, r_erbauen).

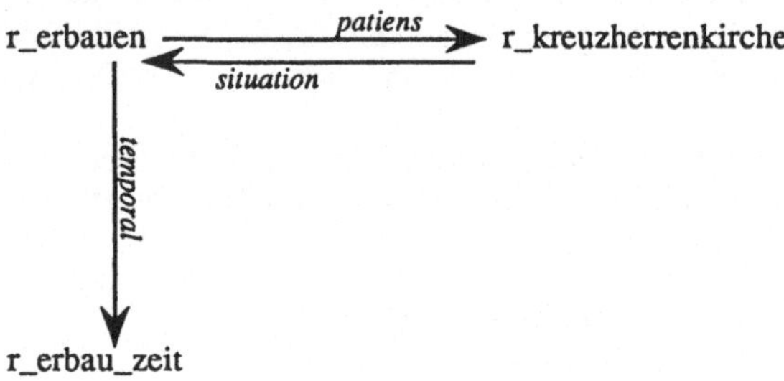

Durch axiom ax_1' wird darauf verwiesen, daß das Objekt 'r_kreuzherrenkirche' an einer Situation 'r_erbauen' beteiligt ist; die zeitliche Spezifizierung dieser Situation ist - ebenso wie andere denkbare Information - wiederum in dem die Situation selbst betreffenden axiom ax_1 repräsentiert. Wird eine Frage nach den Eigenschaften des Objekts 'r_kreuzherrenkirche' gestellt, so findet sich im ersten Schritt bei diesem Objekt der Hinweis auf die Situation 'r_erbauen'; im zweiten Schritt kann dann die zeitliche Spezifizierung 'r_erbau_zeit' gefunden werden.

Eine Vorwärtsinferenzregel, die diese Verknüpfung zur read-time leistet, könnte wie (R1) aussehen:

(R1) axiom ax_r1
forall E : ERBAUEN,
G : GEBÄUDE;
EP[4] patiens (E) = G
$\rightarrow$
situation (G, E).

Mit diesem Verfahren würde man eine - gegenüber dem Durchsuchen sämtlicher Axiome - gezieltere Informationssuche bei einer Anfrage wie (3) ermöglichen.

Die zweite untersuchte Möglichkeit, eine Verbindung zwischen situationszentrierter und objektzentrierter Repräsentation zur read-time herzustellen, bestand darin, die situationszentriert repräsentierte Information *vollständig* auch bei den betreffenden Objekten zu repräsentieren. Ein

[4]In L_LILOG kennzeichnet der Entrypoint (EP) das Literal, das bei der Abarbeitung der Regel als erstes bewiesen wird; da der Entrypoint hier vor einem Literal der Prämisse steht, handelt es sich um eine Vorwärtsinferenzregel.

der Repräsentation (i) entsprechendes objektzentriertes Pendant wäre beispielsweise (i") (mit der entsprechenden graphischen Darstellung):

(i") axiom ax_1"
entstehung (r_kreuzherrenkirche, r_erbau_zeit).

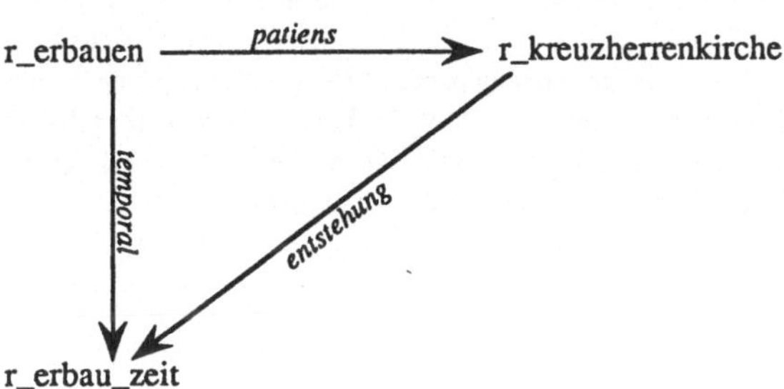

Bei dieser Art der Repräsentation wird dem Objekt 'r_kreuzherrenkirche' ein Attribut zugewiesen, das ein Verhältnis zu einem Zeitobjekt 'r_erbau_zeit' repräsentiert. Die Art dieses Verhältnisses ist durch die einführende Situation vorgegeben und kann sich im Namen der Rolle widerspiegeln.

Regeln, die per Vorwärtsinferenz diese Abbildung von situationszentrierter auf eine objektzentrierte Repräsentation leisten, sehen z.B. wie (R2) aus:

```
(R2) axiom ax_r2
     forall  E : ERBAUEN,
             G : GEBÄUDE,
             Z : ZEIT;
     EP  temporal (E) = Z and
         patiens (E) = G
         →
         entstehung (G,Z).
```

Dieses Vorgehen bietet den Vorteil, daß im Falle einer entsprechenden Anfrage die objekt-relevante Information ohne lange Suchverfahren und damit schnell gefunden werden kann. Voraussetzung dafür ist allerdings in einigen Fällen die doppelte Repräsentation von Information.

Nicht sämtliche an Situationen beteiligten Objekte werden derartig behandelt; für die von uns behandelten Kurztexte war es naheliegend, in erster Linie Information über die im Text thematisierten Objekte (wie z.B. das Hetjensmuseum, die Kreuzherrenkirche usw.) objektzentriert darzustellen.

Beide geschilderten Verfahren bieten der Inferenzmaschine die Möglichkeit, der Generierungskomponente Aussagen über Objekte bereitzustellen, ohne die den Satzprädikaten entsprechenden Referenzobjekte zu kennen, mit denen das Objekt im zugrundeliegenden Text ursprünglich eingeführt worden war. Während jedoch bei der ersten Methode der Suchweg in der Regel länger ist und sich negativ auf das Zeitverhalten des Systems auswirkt, belastet das zweite Verfahren durch redundante Repräsentation die Speicherkapazität. Nach Abwägen dieser Vor- und Nachteile wurde aus Performanzgründen zugunsten der letzten Lösung entschieden.[5]

[5] Interessant wären hier empirische Auswertungen, die die Wahl eines der beiden Verfahren abgesehen von theoretischen Überlegungen motivieren könnten.

Flexibilisierung der Wortwahl in Anfragen

Die situationszentrierten Repräsentationen, die nach der satzweise erfolgten semantischen Analyse der Texte aufgebaut werden (vgl. Abschnitt 2), binden die Information an das Referenzobjekt, das das Prädikat des jeweils analysierten Satzes repräsentiert. Die Sortenzugehörigkeit dieses Referenzobjektes schränkt jedoch die Möglichkeiten zur Beantwortung von Fragen nach dieser Information dadurch ein, daß die Situations-Referenzobjekte der Anfragen dieselbe Sortenzugehörigkeit aufweisen müssen. Hieraus ergibt sich das Problem, daß in der Regel zunächst nur solche Anfragen beantwortet werden können, die sich wörtlich an die im vorgegebenen Text auftretenden Prädikate halten. Beim menschlichen Sprachverstehen besteht jedoch die Möglichkeit, durch unterschiedliche Wortwahl auf ein- und denselben Zusammenhang zu referieren. So ist es leicht vorstellbar, daß im Zusammenhang eines vom System verarbeiteten Satzes wie (1) vom Benutzer eine Frage wie (4) an das System gerichtet wird:

(1) Die Kreuzherrenkirche, die im 15. Jahrhundert erbaut wurde, (...)

(4) Wann wurde die Kreuzherrenkirche errichtet?

In L-LILOG wird Frage (4) folgendermaßen repräsentiert:

```
(iv)  axiom ax_f4
      exists   E : ERRICHTEN,
               Z : ZEIT;
      ?-  temporal (E) = Z and
          patiens (E) = r_kreuzherrenkirche.
```

Wenn für jedes Prädikat eines Satzes oder einer Frage nur ein Referenzobjekt einer entsprechenden Sorte eingeführt wird, ist die Frage (4) aufgrund des Textwissens allein noch nicht beantwortbar (vgl. Repräsentation (i)). In der Faktenbasis ist kein Referenzobjekt von der Sorte ERRICHTEN eingetragen, das mit der Variablen E unifiziert werden kann. Es wäre natürlich wünschenswert, solche Anfragen aufgrund der vorhandenen (grundsätzlich auch ausreichenden) textuellen Information beantworten zu können. Dazu muß eine Möglichkeit gefunden werden, die verschiedenen möglichen Verbalisierungen gegebener Zusammenhänge miteinander in Verbindung zu bringen.

Im o.g. Beispiel könnte z.B. durch eine Vorwärtsinferenzregel eine Verbindung von ERBAUEN zu ERRICHTEN hergestellt werden:[6]

ERBAUEN ··········➤ ERRICHTEN

Frage (4) kann jedoch ebenso mit anderen Verben (etwa 'entstehen' oder 'fertigstellen') formuliert werden:[7]

(4') Wann entstand die Kreuzherrenkirche?/Wann wurde die Kreuzherrenkirche fertiggestellt?

[6]In den folgenden Graphiken entspricht jeder gerichteten Verbindung zwischen Sorten eine zu erstellende Regel. Benötigte Vorwärtsinferenzregeln werden durch ··> angedeutet, Rückwärtsinferenzregeln durch ––>. Fettgedruckt erscheinen Sorten, von denen ein Referenzobjekt als im Text gegeben angenommen wird.

[7]Dabei handelt es sich bei diesen Verben nicht um Synonyme, wie sie beispielsweise durch ein Synonymlexikon zu behandeln wären; in den hier beschriebenen Verfahren wird lediglich der allen vier Verben gemeinsame Aspekt des Anfangszeitpunktes der Existenz eines Gebäudes betrachtet.

Für diesen Fall sind Verbindungen durch entsprechende Inferenzregeln auch zu diesen Sorten herzustellen:

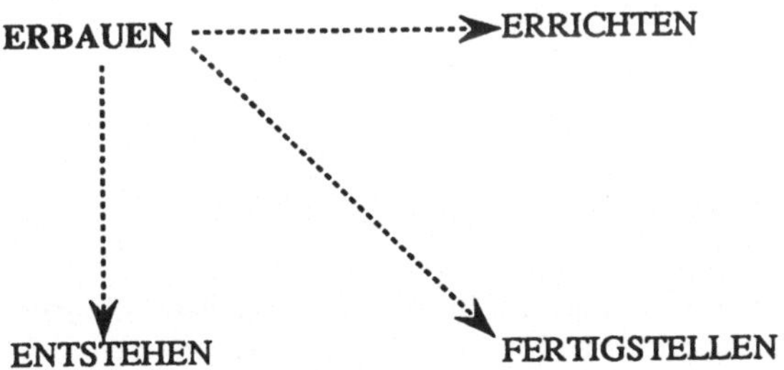

Wird jedoch in einem anderen zu analysierenden Satz eine ähnliche Beziehung von einem Gebäude und einer Zeitangabe mit dem Verb 'errichten' ausgedrückt, sollten die beteiligten Sorten auch mit der entsprechenden Sorte ERRICHTEN durch Regeln in Verbindung gebracht werden:

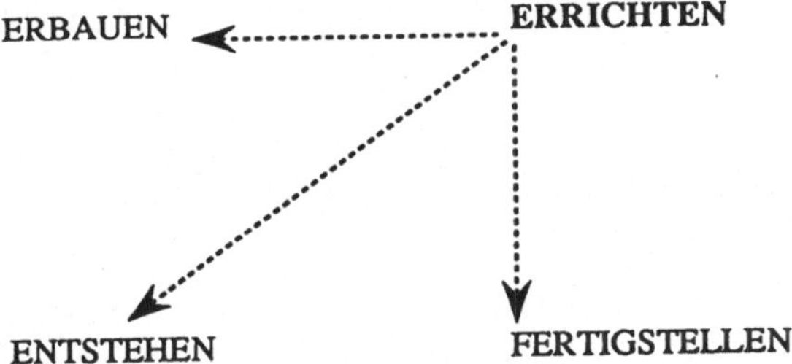

Es wird deutlich, daß letztlich - mehr oder weniger vollständig - alle Sorten aufeinander bezogen werden müssen:

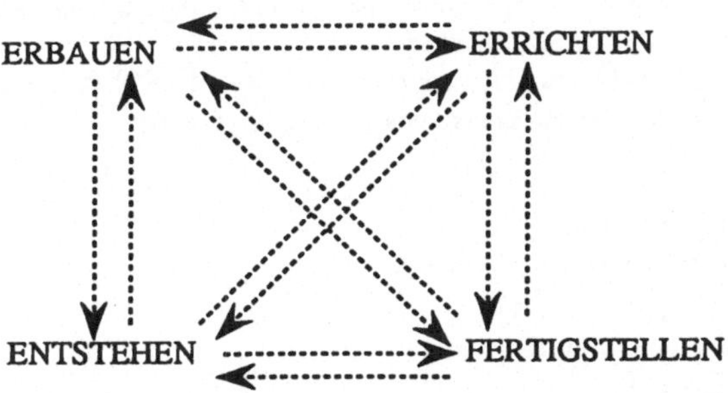

Für diesen Lösungsansatz müßten für die vollständige Vernetzung von n Sorten n∗(n-1) Regeln geschrieben werden. Reduzieren ließe sich dieser Aufwand, indem die beteiligten Sorten über Inferenz*ketten* miteinander verbunden werden:

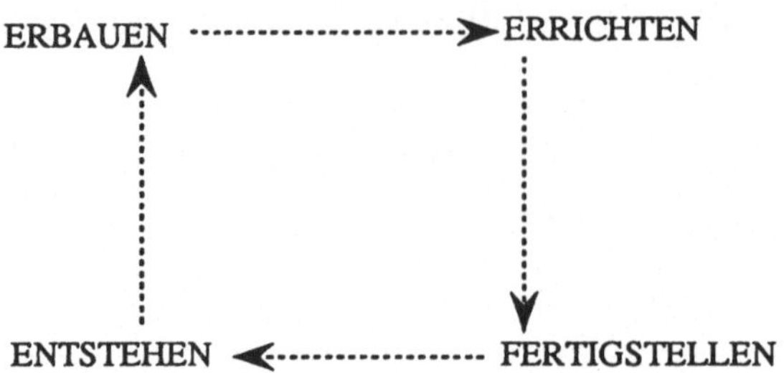

Hier wird die Verknüpfung von n Sorten mit nur n Regeln geleistet, die jedoch als Ketten aufeinanderfolgender Inferenzen realisiert sind. Ein Hinzufügen einer weiteren Sorte in dieses System hat zur Folge, daß zwei neue Regeln geschrieben werden müssen und eine der bisherigen Regeln überflüssig würde:

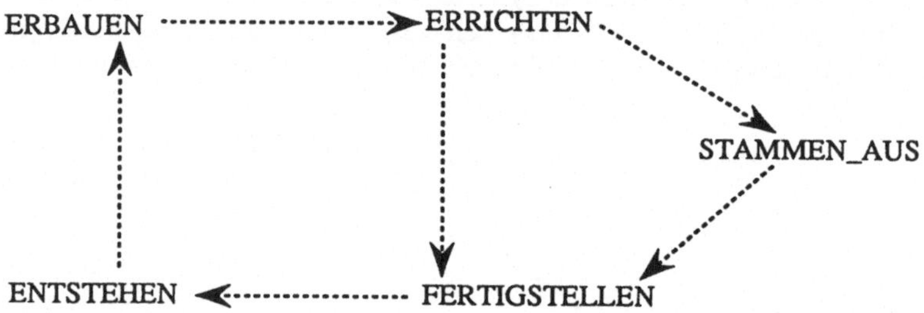

Gravierender jedoch als das Aufwandsproblem bezüglich der zu erstellenden Axiomatik ist die Tatsache, daß diese Art der Vernetzung der Sorten notwendigerweise zyklisch ist. Selbst wenn die in dieser Veranschaulichung gewählten Vorwärtsinferenzregeln durch Rückwärtsinferenzregeln ersetzt werden, können Zyklen nicht vermieden werden, wenn für ein zu beweisendes goal alle möglichen Lösungen gefunden werden sollen.[8]

Die Möglichkeit einer zyklenfreien Vernetzung der betroffenen Sorten bietet sich unter Rückgriff auf die in Abschnitt 2 beschriebenen Regeln zur Erzeugung objektzentrierter Repräsentationen. Diese Regeln überführen per Vorwärtsinferenz den situationszentriert dargestellten Zusammenhang von Satzprädikat und dessen Argumenten in ein objektzentriertes Format. So wird beispielsweise nach der semantischen Analyse von Satz (1) nach Anwendung von Regel (R2) zur read-time das Literal (L1) abgeleitet, das anschließend der Textwissensbasis hinzugefügt wird:

```
(R2)  axiom ax_r2
      forall  E : ERBAUEN,
              G : GEBÄUDE,
              Z : ZEIT;
      EP  temporal (E) = Z and
          patiens (E) = G
          →
          entstehung (G,Z).
```

[8] Die in LEU/2 verwendete Inferenzmaschine kann keine Zyklen erkennen und vermeiden. Zu vermeiden wären in diesem Modell Zyklen nur durch eine generelle Beschränkung der Inferenztiefe, was jedoch zu anderen - hier nicht zu diskutierenden - Problemen führt.

(L1) entstehung (r_kreuzherrenkirche, r_erbau_zeit)

Die zentrale Idee ist nun, diese auf das Objekt 'r_kreuzherrenkirche' bezogene Repräsentation (L1), die das Gebäude mit seiner Entstehungszeit in Verbindung setzt, als Bezugspunkt für die verschiedenen möglichen Frage-Formulierungen zu nutzen.

Andere Vorwärtsinferenzregeln, die von den Sorten ERRICHTEN, ENTSTEHEN und FERTIGSTELLEN ausgehen, stellen ebenfalls eine solche objektzentrierte Repräsentation her, so daß sich folgendes Bild zeigt:

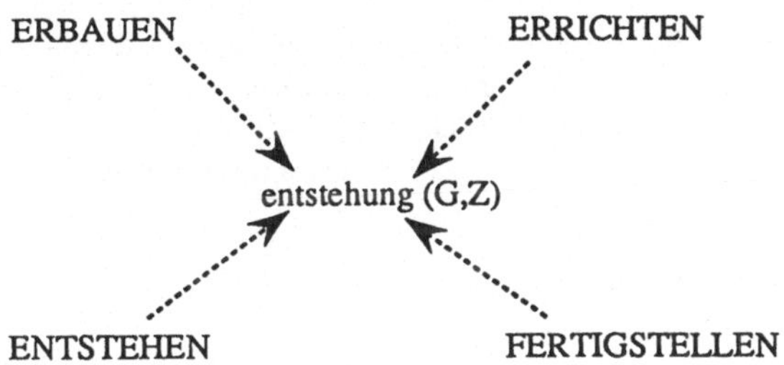

Auf der Basis dieser durch Vorwärtsinferenzregeln abgeleiteten objektzentrierten Repräsentation (L1) kann nun für Frage (4) eine positive Antwort gefunden werden - unabhängig von der Formulierung, mit der das Verhältnis von der Kreuzherrenkirche zu seiner Entstehungszeit im Text beschrieben wurde. Es müssen lediglich die fehlenden Verbindungen eingeführt werden, die von der als Bezugspunkt benutzten objektzentrierten Repräsentation zurück zu den situationszentrierten Repräsentationen führen. Um dabei jedoch erneute Zyklen zu vermeiden, wurden dafür Rückwärtsinferenzregeln gewählt. So kann für goal (iv) eine Lösung aufgrund einer solchen Rückwärtsinferenzregel (R3) gefunden werden:

```
(R3)  axiom ax_r3
      forall   G : GEBÄUDE,
               Z : ZEIT;
      exists   E : ERRICHTEN;
          entstehung (G, Z)
          →
      EP  patiens (E) = G and
      EP  temporal (E) = Z.
```

Bei Berücksichtigung der vier Sorten ERBAUEN, ERRICHTEN, ENTSTEHEN und FERTIGSTELLEN zeigt sich folgende Vernetzung:

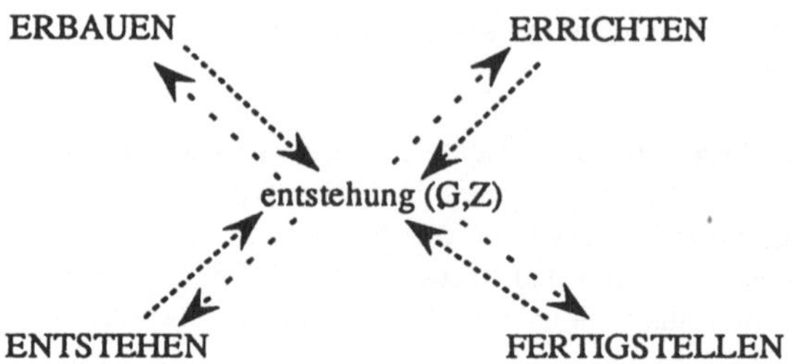

Für die Anbindung jeder neuen Sorte müssen lediglich zwei weitere Regeln erstellt werden. So können - unter Ausnutzung der objektzentrierten Repräsentation - alle möglichen Kombinationen von gegebenen und erfragten Verbalisierungen berücksichtigt werden.

Auf diese Art wurde ein Regelwerk aufgebaut, durch das eine ganze Reihe weiterer Situationssorten aufeinander bezogen werden können:

ERBAUEN, ENTSTEHEN, ERRICHTEN, FERTIGSTELLEN
↔ entstehung

ZEIGEN, AUSSTELLEN, GEBEN_IN
↔ stellt_aus

UNTERGEBRACHT_SEIN_IN, BEINHALTEN, BEHERBERGEN,
↔ lok_sem[9]

usw.

Die Verbindung der hier genannten Situationssorten erfolgt durch den Bezug auf nur ein einziges Attribut. Durch dieses Verfahren sollen die beteiligten Situationssorten *nicht* wie Synonyme behandelt werden, sondern es soll lediglich ein Aspekt erfaßt werden, unter dem eine bedingte Austauschbarkeit möglich ist. Um die Beziehungen der Sorten zueinander präziser zu repräsentieren, müßte über ein differenzierteres System nachgedacht werden. Dennoch kann durch das beschriebene Vorgehen einem Benutzer innerhalb eines gegebenen Rahmens eine gewisse Flexibilität bezüglich seiner Wortwahl ermöglicht werden. Die grundsätzlichen Grenzen dieses Verfahrens liegen jedoch nach wie vor darin, daß in Anfragen nur exakt die Verbalisierungen behandelt werden können, die bereits bei der Entwicklung des Systems eingeplant worden sind. In unserem Fall lag der Wahl der vernetzten Sorten die (introspektive) Überlegung zugrunde, mit welchen Anfrageformulierungen in der Regel zu rechnen sein würde. Es hängt also von der Qualität der vorausgehenden Planung ab, ob die vom Benutzer gewählte Frageformulierung ein Hindernis für die Beantwortung der Frage darstellt oder nicht. Die Frage der Wortwahl-Flexibilisierung grundsätzlich zu lösen, muß weiterer Forschung vorbehalten bleiben.

Regelhaftes Hintergrundwissen für elaborative Inferenzen

Die Modellierung von inferentiellem Hintergrundwissen zur Anreicherung der konstruierten Textpräsentation stellte eine völlig andersartige, weit schwierigere Aufgabe dar. Ein menschlicher

[9]Das Prädikat 'lok_sem' bezieht sich auf eine ähnliche Behandlung der fraglichen Sorten durch das Hamburger Teilprojekt und repräsentiert u.a. die Lokalisierung von Institutionen in Gebäuden.

Hörer einer Äußerung wird - sofern er die Äußerung versteht - in mehr oder weniger hohem Maße Weltwissen oder Standardannahmen einsetzen, die abhängig von seiner Alltagserfahrung und seinem aktuellen Kontext (Zustand, Interesse, außersprachliche Umgebung usw.) zum Verstehen der Äußerung erheblich beitragen. So läßt beispielsweise Satz (5) eine Reihe von Schlüssen wie etwa (6) plausibel erscheinen:[10]

(5) Das argentinische Restaurant Montedoro am Graf-Adolf-Platz ist wegen seiner saftigen Rindersteaks bekannt.

(6) (a) Da es sich um ein Restaurant handelt, kann man dort etwas essen.
(b) In dem Restaurant Montedoro kann man Rindersteaks essen.
(c) Rindersteak ist wahrscheinlich ein argentinisches Essen.
(d) Das Montedoro bietet wahrscheinlich gutes Essen an, weil ein Restaurant, das wegen Essen bekannt ist, normalerweise gutes Essen anbietet.
(e) Saftige Rindersteaks sind etwas Gutes.
(usw.)

Von einem künstlichen sprachverstehenden System erwartet man - zumindest in Ansätzen - ein "Verständnis" eines eingegebenen Satzes in dem Sinne, daß die unmittelbar aus dem Text extrahierte faktische Information durch plausible Schlüsse angereichert oder *elaboriert* wird (*elaborative Inferenzen*).

Ein Problem bei der Simulation dieses "Verständnisses" stellt die potentiell unbegrenzte, zumindest aber nicht einheitlich bestimmbare Tiefe der Inferenzketten dar, die bei einer Äußerung bezüglich der angesprochenen Objekte aktiv werden. Zudem läßt sich diese Art von regelhaftem Wissen nicht durch funktionale Überlegungen kategorisieren, wie dies bei den in den Abschnitten 2 und 3 beschriebenen Regeln möglich ist. So braucht man (aus Effizienz- oder Kapazitätsgründen) ein Kriterium für die Entscheidung, welche der *inhaltlich* möglichen Inferenzen modelliert werden sollen und welche nicht. Da die Leistung von LEU/2 in erster Linie durch Frage-Antwort-Dialoge demonstriert wird, haben wir diese Entscheidung wiederum aufgrund der Überlegung getroffen, welche Anfragen typischerweise zu erwarten sind. Dabei konnten wir auf vorhandene Fragekataloge zurückgreifen, die zur Evaluation von LEU/2 vorab erarbeitet worden waren, jedoch für die hier betrachtete Thematik nicht ausreichten, da sie im wesentlichen Fragen nach räumlichen und zeitlichen Zusammenhängen enthielten. Die Fragenkataloge wurden deshalb um Fragen erweitert, die sich auf ein "Verständnis" des Textes beziehen, das durch das vorhandene Hintergrundwissen über den Weltausschnitt motiviert ist.

An zwei Fällen wird nachstehend erläutert, wie Textrepräsentationen durch Hinzufügen weiterer Axiome elaboriert werden, um Antworten auf Anfragen zu ermöglichen, die die Kenntnis impliziter Textzusammenhänge voraussetzen.

Bei Kenntnis von Text (7) ist es beispielsweise wünschenswert, eine Frage wie (8) beantworten zu können:

(7) Das Hetjensmuseum wurde 1909 eröffnet. (...) Die Keramiksammlung des Museums umfaßt zehntausend Objekte. Die Ausstellung ist von 10 Uhr bis 17 Uhr geöffnet.

[10] Auf die Frage, welche Schlüsse es im Einzelfall sind, die unter anzugebenden Bedingungen für das Verstehen sprachlicher Äußerungen aktiviert werden und welches Wissen über einzelne Individuen hinaus für einen bestimmten kulturellen Kontext als gültig angenommen werden kann, kann und soll hier nicht eingegangen werden.

(8) Wann ist das Hetjensmuseum geöffnet?

Während die Auflösung des anaphorischen Bezuges von "Hetjensmuseum" und "Museum" ebenso wie die Identifizierung von "Keramiksammlung" und "Ausstellung" bereits bei der semantischen Analyse geleistet wird, muß aus Text (7) geschlossen werden, daß ein Museum, das eine Ausstellung beherbergt, normalerweise dieselbe Öffnungszeit wie die Ausstellung hat. Die Beziehung des Enthaltenseins von Keramiksammlung und Museum, die auf sprachlicher Seite durch die Genitiv-Phrase "Die Keramiksammlung des Museums" ausgedrückt ist, wird - ebenfalls im Zuge der semantischen Analyse - als 'sammlung (r_hetjensmuseum, r_keramiksammlung') repräsentiert. Die dem Text (7) zugrundeliegende Repräsentation ist (vii):

```
(vii)  refo r_geöffnet_sein[11]: GEÖFFNET_SEIN.
       refo r_keramiksammlung_hm : KERAMIKSAMMLUNG.
       refo r_t1 : ZEIT.


       axiom ax_7
       sammlung (r_hetjensmuseum,r_keramiksammlung_hm)
       (...)
       thema (r_geöffnet_sein) = r_keramiksammlung_hm and
       temporal (r_geöffnet_sein) = r_t1.
```

Regel (R4) erzeugt nach dem in Abschnitt 2 beschriebenen Verfahren eine objektzentrierte Version zu Repräsentation (vii):

```
(R4)  axiom ax_r4
      forall  G : GEÖFFNET_SEIN,
              I : INSTITUTION,
              Z : ZEIT;
      EP  temporal (G) = Z and
          thema (G) = I
          →
          öffnungszeit (I) = Z.
```

Mit Regel (R5) wird die Öffnungszeit einer Institution, die sich innerhalb einer anderen Institution befindet, übertragen:

```
(R5)  axiom ax_r5
      forall  I1,I2 : INSTITUTION,
              Z : ZEIT;
      EP  öffnungszeit (I2) = Z and
          sammlung (I1, I2)
          →
          öffnungszeit (I1) = Z.
```

Das durch diese Regel erzeugte Literal ist (L2):

[11] Zur Verwendung "sprechender Namen" siehe Fußnote 2.

(L2) öffnungszeit (r_hetjensmuseum) = r_t1.

Mit Regel (R6) kann - wie in Abschnitt 3 beschrieben - durch Rückwärtsinferenz zur Fragebeantwortung auf dieses Literal zugegriffen werden:

```
(R6)  axiom ax_r6
      forall   I : INSTITUTION,
               Z : ZEIT;
      exists   G : GEÖFFNET_SEIN;
          öffnungszeit (I) = Z
          →
      EP  thema (G) = I and
      EP  temporal (G) = Z.
```

Damit sind die Voraussetzungen für eine erfolgreiche Beantwortung von Frage (8) gegeben.

Durch nur eine weitere Regel kann nun von der Öffnungszeit des Hetjensmuseums auf die Öffnungszeit des Gebäudes, in dem es untergebracht ist, geschlossen werden. Die Beziehung des Untergebracht-Seins ist in Satz (9) ausgedrückt; (ix) ist die zugehörige Repräsentation:

(9) Das Hetjensmuseum ist im Palais Nesselrode untergebracht.

```
(ix)  refo r_unterbringen : UNTERBRINGEN.
      refo r_hetjensmuseum : MUSEUM.
      refo r_raumregion_pn : RAUMREGION.
      refo r_palais_nesselrode : PALAIS.

      axiom ax_9
      patiens (r_unterbringen_hm) = r_hetjensmuseum and
      lokal (r_unterbringen_hm, r_raumregion_pn) and
      inlokspec (r_raumregion_pn, r_palais_nesselrode).
```

Regel (R7) erzeugt die erforderliche objektzentrierte Repräsentation, auf die Regel (R8) aufbaut:

```
(R7)  axiom ax_r7
      forall   U : UNTERBRINGEN,
               G : GEBÄUDE,
               I : INSTITUTION,
               K : KONTEXTVEKTOR,
               T : ENT_MIT_ZEITKOMP,
               R : RAUMREGION.
      EP  patiens (U) = I and
          lokal (U, R) and
          inlokspec (R,G)
          →
          lok_sem (le:I, reg:R, temp:T, kontext:K).[12]
```

```
(R8)  axiom ax_r8
      o_default I : INSTITUTION,
                G : GEBÄUDE,
                R : RAUMREGION,
                Z : ZEIT,
                T : ENT_MIT_ZEITKOMP,
                K : KONTEXTVEKTOR;
      EP  öffnungszeit (I) = Z and
          lok_sem( le:I, reg:R, temp:T, kontext:K) and
          inlokspec (R,G)
          →
          öffnungszeit (G) = Z.
```

Regel (R8) besagt, daß die Öffnungszeit einer Institution der Öffnungszeit des Gebäudes entspricht, in dem sich die Institution befindet, sofern keine widersprüchliche Information bekannt ist (o_default)[13]. Das durch (R8) abgeleitete Literal ist (L3):

(L3) öffnungszeit (r_palais_nesselrode) = r_t1.

Mit einer entsprechenden Rückwärtsinferenz (wie etwa (R6)) kann dann für die Fragebeantwortung auf dieses abgeleitete Literal zugegriffen werden.

Ein anderer Fall, wo die Ergänzung des expliziten Faktenwissens durch regelhaftes Hintergrundwissen notwendig ist, sind Aussagen über Objekte, die sich in einer Teil-Ganzes-Beziehung befinden. Beispielsweise sollte aufgrund eines Textes wie (10) eine Frage wie (11) beantwortbar sein:

(10) Die Kunstsammlung Nordrhein-Westfalen ist in einem auffälligen Gebäude untergebracht.(...) Die Sammlung umfaßt 180 Bilder. Die Hälfte der Bilder stammt von Paul Klee.

(11) Zeigt die Kunstsammlung Nordrhein-Westfalen Bilder von Paul Klee?

Die dem Text (10) entsprechende Repräsentation (x) allein erlaubt die erforderlichen Schlüsse nicht:

```
(x)
(a)   refo r_kunstsammlung_nrw : KUNSTSAMMLUNG.
      refo r_umfassen_nrw : UMFASSEN.
      refo r_bilder : BILD+.

      axiom ax_10a
      thema (r_umfassen_nrw) = r_kunstsammlung_nrw and
      objekt (r_umfassen_nrw) = r_bilder and
      #r_bilder = 180.
```

[12] Diese Regel wurde mit dem Teilprojekt in Hamburg abgestimmt.

[13] Durch "o_default" wird das in Regel (R8) abgeleitete Wissen als Standardannahme gekennzeichnet.

(b) refo r_bilder_paul_klee : BILD+.
refo r_stammen : STAMMEN_VON.
refo r_paul_klee : MENSCH.

axiom ax_10b
r_bilder_paul_klee in r_bilder[14]and
thema (r_stammen) = r_bilder_paul_klee and
objekt (r_stammen) = r_paul_klee.

Um die Frage (11) beantworten zu können, muß zunächst aus der Teilmengen- Beziehung der beiden Bildermengen ("180 Bilder" und "die Hälfte der Bilder") abgeleitet werden, daß die im ersten Satz erwähnte Sammlung auch die im zweiten Satz erwähnten Bilder von Paul Klee umfaßt. In einem zweiten Schritt muß dann inferiert werden, daß eine Sammlung, die Bilder "umfaßt", diese auch "zeigt".

Regel (R9) erzeugt per Vorwärtsinferenz die zugehörige objektzentrierte Repräsentation:

```
(R9)  axiom ax_r9
      forall  K :KUNST_INSTITUTION,
              U :UMFASSEN,
              O :DEPIC_OBJEKT*;
      EP  objekt (U) = O and
          thema (U) = K
          →
          stellt_aus (K, O).
```

In Regel (R10) wird ausgedrückt, daß z.B. eine Sammlung, die eine Menge von Bildern umfaßt, auch die Teilmenge dieser Bilder umfaßt:

```
(R10) axiom ax_r10
      forall  U :UMFASSEN,
              B1, B2 : BILD*;
      EP  objekt (U) = B1 and
          B2 in B1
          →
          objekt(U)=B2.
```

Durch Regel (R10) wird das Literal (L4) abgeleitet:

(L4) objekt (r_umfassen) = r_bilder_paul_klee.

Dieses Literal stößt wiederum die Vorwärtsinferenzregel (R9) an, wodurch ein neues Literal (L5) erzeugt wird:

(L5) stellt_aus (r_kunstsammlung_nrw, r_bilder_paul_klee).

Das Literal (L5) läßt sich - wie in Abschnitt 3 beschrieben - zur Beantwortung der Frage (11) nutzen.

Die beiden in diesem Abschnitt beschriebenen Beispiele zeigen, wie eine Vielzahl von minuziös ineinander greifenden Regeln notwendig ist, um nur ansatzweise das Wissen nachzubilden, das beim Menschen eine entscheidende Rolle für das Verstehen einfachster Textzusammenhänge spielt.

[14]Mit der Formulierung "refo1 in refo2" wird eine Teilmengen-Beziehung ausgedrückt; auf eine präzisere Modellierung von "die Hälfte" wurde verzichtet.

Konkrete Erfahrungen und Ausblick

Der Schwerpunkt der im vorliegenden Dokument zusammengefaßten Beiträge zu LEU/2 lag zusammengefaßt darin, das analysierte Textwissen in verschiedener Hinsicht durch regelhafte Zusammenhänge aufzubereiten: Die semantischen Repräsentationen von Sätzen der LILOG-Texte mußten für die Generierung von Antworten auf Dialoganfragen aufbereitet werden. Für Benutzeranfragen mußte darüberhinaus eine flexible Wortwahl ermöglicht werden. Schließlich sollten durch die Bereitstellung von Hintergrundwissen implizite Textzusammenhänge für das System explizit verfügbar gemacht werden.

Für die Generierung von Antworten auf Anfragen mußte zunächst das sich stellende Problem der effizienten Informationssuche bewältigt werden. Hier wurde entschieden, die in der semantischen Analyse der Texte zunächst erstellten situationszentrierten Repräsentationen mit Hilfe speziell dafür erstellter Regeln in ein objektzentriertes Format zu überführen. Der in Kauf genommene zusätzliche Aufwand für die redundante Informationsdarstellung war dabei von doppeltem Vorteil. Einerseits zahlte er sich durch besseres Zeitverhalten aufgrund kürzerer Suchwege aus. Andererseits war das objektzentrierte Format auch für die Flexibilisierung der Wortwahl von Nutzen: Um bei der Benutzung des Systems in Frage-Antwort-Dialogen in begrenztem Umfang Freiheit bei der Wortwahl zu ermöglichen, mußten verschiedene Verbalisierungen gegebener Zusammenhänge miteinander in Verbindung gesetzt werden. Der zunächst naheliegende Weg einer wechselseitigen Vernetzung aufeinander zu beziehender Sorten durch Inferenzregeln hätte ein zyklisches Verhalten der Inferenzmaschine zur Folge gehabt; durch Rückgriff auf die objektzentrierten Repräsentationen als Bezugspunkt wurde eine zyklenfreie Vernetzung der Sorten bei linearem Aufwand (für jede hinzugefügte Sorte zwei zusätzliche Regeln) gewährleistet.

Schließlich wurde ein Inventar an regelhaftem Hintergrundwissen geschaffen, welches vermittelnde Inferenzen entlang der in den Texten beschriebenen Objekte und damit die Elaboration der unmittelbaren Textrepräsentationen durch Explizierung impliziter Zusammenhänge erlaubt. Der Kernpunkt dieser Arbeiten lag nicht in der Entwicklung neuer Konzeptionen, sondern in der inhaltlichen Modellierung eines Domänenausschnitts durch Standardannahmen des Alltagswissens; es mußte im Grunde vorhergesehen werden, welche Art von Fragen zu erwarten sind, um das System mit einer entsprechenden Hintergrundaxiomatik auszustatten. An dieser Stelle werden Grenzen des grundsätzlichen Vorgehens erkennbar, da die Vielzahl denkbarer impliziter Zusammenhänge, nach denen gefragt werden könnte, sich nur durch ein gegenüber dem tatsächlich erfaßten unvergleichlich reicheres Regelinventar zu bewältigen wäre - ein Massenproblem also.

Die konkreten Erfahrungen bei der Integration der entwickelten Regeln in das Gesamtsystem haben allerdings gezeigt, daß trotz verschiedener Effektivierungsbemühungen selbst bei dem vergleichsweise geringen Umfang der integrierten Regeln eine aufwendige und langwierige Suche oft nicht vermieden werden kann. Häufig wird bei der Antwortsuche zunächst eine unangemessen große Regelmenge berücksichtigt.

Bei der inhaltlichen Konzeption der domänenspezifischen Regeln für elaborative Inferenzen hat sich jedoch herausgestellt, daß in der Regel klar war, für welchen engeren Weltausschnitt die einzelne Regel jeweils geschrieben wurde. Daraus folgt, daß eine thematisch eingeschränkte Regelmenge bereits zu Beginn der Suche betrachtet werden könnte, wenn im Vorfeld der in einer Frage angesprochene Weltausschnitt identifiziert und die Suche überhaupt nur auf die diesem Weltausschnitt zugeordneten Regeln erstreckt wird. Voraussetzung dafür ist eine entsprechende Einteilung des gesamten Regelinventars in bereichsspezifische Module ('Wissenspakete', vgl. LILOG-Report Nr. 12). Die Modularisierung erfolgt aufgrund domänenbezogener Kriterien; für den oben genannten Fall könnte es beispielsweise sinnvoll sein, Wissen über Sehenswürdigkeiten in einem anderen Teilmodul abzulegen als Wissen über Restaurants. Falls sich bei einer anfänglichen Betracht! ung des Textes die darin enthalte

Aus diesen Überlegungen ergeben sich eine Reihe von Forschungsfragen, die mit der thematischen Identifikation von Wissenspaketen und ihrer dynamischen Fokussierung zusammenhängen. Ein diesen Fragen zugrundeliegender Gedanke ist der, daß ein erfolgreicher Diskurs darauf beruht, daß alle

Gesprächspartner zu jedem Zeitpunkt wissen, über welchen Weltausschnitt kommuniziert wird; ein Sprecher muß also seinen Gesprächspartnern signalisieren, wenn er sich auf einen anderen Weltausschnitt beziehen will. Ein wechselnder Fokus auf verschiedene Weltbereiche muß sich also in irgendeiner Weise in der Diskursstruktur niederschlagen. Dabei sind es eine Reihe von verschiedenartigen sprachlichen Phänomenen, die diese Diskursstruktur indizieren. Eine Systemkomponente, die eine Fokussteuerung hinsichtlich relevanter Bereiche der Wissensbasis leistet, müßte sich an der Diskursstruktur und diesen sprachlichen Phänomenen orientieren. Was die Identifizierung von Wissenspaketen betrifft, die in verschiedenen Textsegmenten bzw. Anfragen angesprochen sind, so soll u.a. untersucht werden, welche Rolle signifikante Wörter oder Wortkonstellationen für diese Identifizierung spielen.

Mit dem grundlegenden Gedanken einer modular organisierten Wissensbasis für ein sprachverstehendes System würde die Möglichkeit geschaffen, auf Wissen gezielt zugreifen zu können, ohne den gesamten Wissensbestand durchmustern zu müssen. Hierüber weitere Erkenntnisse zu gewinnen, ist ein über die Konzeptionen für LEU/2 hinausgreifendes Forschungsziel.

Kommentar zu B. Gängler, I. Wachsmuth: Antwortgenerierung, flexible Wortwahl und elaborative Inferenzen

Thomas Pirlein

Zusammenfassung

In diesem Kommentar soll der Beitrag von Gängler/Wachsmuth in einen Gesamtkontext eingeordnet werden. Dabei sollen die Abhängigkeiten zwischen Ontologie und Axiomatik aufgezeigt und anhand eines Beispiels vertieft dargestellt werden. Die Auswirkungen einer alternativen Modellierung werden perspektivisch für ein theoriegeleitetes Vorgehen angerissen.

Positionierung des Beitrags

Ausgehend davon, daß Textverstehen ein wissensbasierter Prozeß ist, beschreiben die Autoren ihre Vorgehensweise bei der Rekonstruktion von Wissen für einen Teil der Hintergrundwissensbasis des LEU/2-Systems. Dieser Ausschnitt ergibt sich sinnvoll durch den gewählten Repräsentationsformalismus, der eine Zweiteilung zwischen dem Sortenverband und dem axiomatischen Teil mit Regeln nahelegt[1]. Der Beitrag ist deswegen besonders interessant, weil er sich mit dem Aufbau des axiomatischen Teils beschäftigt. Für Modellierungen von Taxonomien der Welt sind bisher kaum Methodologien bekannt, für die Aufstellung von Regelhaftigkeiten ergibt sich aber ein noch größeres Defizit. Das liegt zum Teil daran, daß diese Abgrenzung zwischen beiden Wissensdarstellung willkürlich ist, worauf aber unten noch eingegangen werden soll. Im LEU/2-Projekt wurde diese Trennung zeitlich sehr genau eingehalten: Zuerst wurde der Sortenverband und dann die Regeln fertiggestellt, d.h. die Regeln mußten sich der Struktur des Verbandes anpassen. Hier sind alternative Vorgehensweisen vorstellbar, aber eingeordnet in diesen Projektrahmen bildet das Papier eine sehr wichtige und detaillierte Dokumentation der Vorgehensweise.

Inhaltliche Argumentation

Inhaltlich werden in diesem Papier zwei Kriterien zur Motivation für die gewählte Vorgehensweise erkennbar: zum einen eine Verbesserung der **Performanz** des Gesamtsystems und zum anderen eine Verbesserung der **Funktionalität** einzelner Komponenten bzw. des Systems.

Das Bemühen, die Performanz der Wissensbasis in LEU/2 zu verbessern, zeigt sich vor allem in Regeln, die für die Aufbereitung von Wissen für die Generierung geschrieben wurde (s. Kap.2) - hier wurde keine neue Funktionalität gewonnen, sondern hauptsächlich der Suchraum für die Inferenzmaschine begrenzt. Es wird deutlich, daß das Vorgehen bei der Definition von Axiomen vom Sortenverband abhängig war: wenn die Ontologie nicht eine Zweiteilung 'Ereignis-' und 'Objektbereich' hätte, wären alle 'Performanzregeln' unnötig.

Der andere angesprochene Punkt betrifft eher qualitative Arbeiten, die die Funktionalität verbessern sollen ('besser' im Gegensatz zu 'schneller'). Hier können Regeln zu den 'elaborativen Inferenzen zur flexiblen Wortwahl' eingeordnet werden.

Das Fehlen einer modellgeleiteten Vorgehensweise bei der Wissensrekonstruktion innerhalb der KI wird hier besonders deutlich. Meist wird auf introspektive- bzw. 'Brainstorming'-Methoden zurückgegriffen, um axiomatische Regularitäten der Welt zu identifizieren - oder, wie auch in diesem Fall,

[1] Im Gegensatz zu reinen KL-ONE Sprachen, bei denen kein axiomatischer Teil existiert.

einfach durch die Extraktion von Wissen aus einem Textkorpus. Wie eine allgemeine Vorgehensweise eingeschlagen werden kann, wird von den Autoren aber angedeutet. Der hier vorgeschlagene Weg, Diskurse und somit Bündelungen von Regelpaketen auf Wortebene durch 'Assoziation signifikanter Wörter oder Wortkonstellation' festzustellen, erscheint als interessante Perspektive für eine methodische Vorgehensweise.

Alternativ könnte man als ersten Schritt auch versuchen, durch eine 'Parametervariation' im Verhältnis 'Ontologie' / 'Axiomatik' Gesetzmässigkeiten aufzudecken. Bei den Regeln für eine 'flexible Wortwahl' zeigt sich besonders die unklare Trennungslinie zwischen Sortenverbandswissen und Wissen, das in Regeln codiert werden muß. Variiert man nun in der Ontologiestruktur, wäre es interessant, die Auswirkungen im Regelteil und die Verschiebung der Linien zu beobachten. Dies soll hier kurz angedeutet werden.

Abhängigkeit von Sortenverband und Regelinventar

Der in dem Beispiel 'Erbauung der Kreuzherrenkirche' angesprochene Zusammenhang zwischen verschiedenen Entstehungsereignissen von Objekten könnte auch im Sortenverband modelliert werden - dies würde eine inferenznahe Modellierung des Sortenverbandes bedeuten.

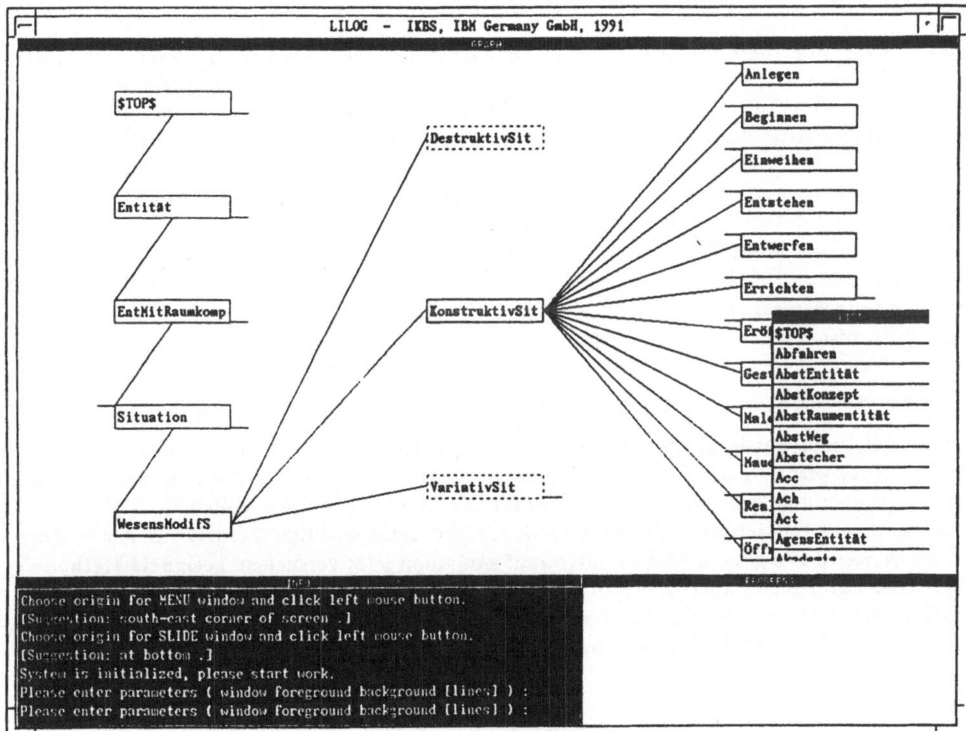

Abbildung 1: Konstruktive Ereignisse im Sortenverband

Motivation für eine solche Modellierung im Sortenverband wäre folgende: Bei der Analyse des Gegenstandsbereichs stellt man fest, daß oft geschichtliche Daten über Objekte auftauchen. Dabei sind Vorgänge wie Planung, Entstehung, Restaurierung, Umbau etc. und ihre kausalen und temporalen Beziehungen untereinander wichtig. Modifikationen sind verändernde Prozesse an Entitäten, die destruktiv, konstruktiv oder variativ sein können und Einflüsse auf das Erscheinungsbild dieser Entität haben.

Durch eine solche frühzeitige Analyse des Gegenstandsbereichs erhält man Informationen über die Strukturierung der Ontologie (siehe Abbildung 1). Führt man eine Obersorte `ModifikationsSit` ein, können alle bereichsabhängigen Primitive[2] wie `Entstehung`, `Errichten`, etc. als Subsorten dieser Sorte definiert werden. Diese Sorten sollten allerdings kreuzklassifiziert sein und auch noch Subsorten von anderen Supersorten bilden.

Dies würde sich dann folgendermaßen auf die Axiomatik auswirken:

Bei den Vorwärts- und Rückwärtsinferenzenregeln (R2, R3) könnte man sich auf das Schreiben einer einzigen Regel beschränken, wenn man statt der spezifischen Ereignisse die Obersorte `ModifikationsSit` einsetzen würde:

```
(R2)  axiom ax_r2
      forall  M:ModifikationsSit,
       G:Gebaeude,
Z:Zeit;
      EP temporal(E)=Z and
 patiens(E)=G
 ->
 entstehung(G,Z).
```

Vorteile dieser Modellierung: Es müßten weniger Regeln geschrieben werden - eventuell würde eine bessere Performanz bei Inferencing über Subsumptionsbeziehung möglich. Die Regeln aus den zwei anderen Bereichen wären nicht beeinflußt und könnten übernommen werden. Bei der Einführung eines weiteren gegenstandsabhängigen Primitivs muß nur in dem Sortenverband etwas geändert werden. Durch die zur Verfügung stehenden Tools (Browser,..) könnte im Gegensatz zu der axiomatischen Vorgehensweise die Übersichtlichkeit in Form von Visualisierungen erhöht werden (siehe Abbildung 1).

Nachteile dieser Modellierung: Die Ontologie muß laufend geändert werden und würde nicht als relativ stabile Basisstruktur erhalten bleiben. Außerdem würde man dann tendenziell alles Wissen in die Vererbungsheterarchie und nicht in die Axiomatik schreiben und würde die Möglichkeiten von L_{LILOG} nicht ausnutzen.

Schlußbemerkung

In dieser Fallstudie wurde die Problematik der 'Regelschreiberei' sehr anschaulich und detailliert aufgezeigt. Dies wird vor allem für andere Forschungsgruppen von Interesse sein, die vor ähnlichen Problemen stehen und Anregungen für ihre praktische Arbeit gewinnen wollen.

Aber auch aus theoretischer Perspektive wurde ein erster wichtiger Schritt zur Auswertung der gesamten Wissensbasis getan. Aufbauend darauf kann man jetzt versuchen, geeignete Methodologien zur Wissenstrukturierung auszuarbeiten. Interessant werden dabei Fragen nach der *Identifizierung*, der *vollständigen Spezifizikation*, der *Transportabilität*[3] und der *Evaluierung* von Axiomen aus den 'Performanz-' und 'Funktionalitätsbereichen' sein.

---

[2]Bereichsunabhängige Synonyme nur über eine Beschränkung der Modellierungstiefe d.h. die Reduktion von bestimmten Worten auf eine für LEU/2-Zwecke notwendige Attribute

[3]Gemeint ist hier die Übertragbarkeit des repräsentierten Regelinventars, das hauptsächlich auf die gestellte Aufgabe und den gewählten Gegenstandsbereich hin abgestimmt wurde, auf andere Systeme.

IV. Entwicklung und Verwaltung der Wissensbasis

In diesem Abschnitt rücken organisatorische, verwaltungsorientierte sowie projekthistorische Aspekte der Modellierung in den Vordergrund. *P. Gerstl* berichtet über seine Erfahrungen bei der Koordinierungs- und Integrationsarbeit in der LEU/2-Entwicklung. Seine Ausführungen werden in dem Kommentar (*G. Klose, M. Mezger, A. Müller*) ergänzt um den Versuch einer Einordnung in den Projektkontext. *M. Börkel* geht in seinem Beitrag auf die Entwicklung der Wissensbasis für den ersten LILOG-Prototypen ein und vergleicht Rahmenbedingungen und Ergebnisse mit der Wissensbasis in LEU/2.

Praxisgerechte Verwaltung der Ontologie

Peter Gerstl

Zusammenfassung

Im folgenden Beitrag geht es um organisatorische Aspekte der Projektarbeit im Rahmen des Knowledge Engineering[1]. Projektarbeit heißt in diesem Falle sowohl die Integration umfangreicher und verschiedenartiger Datenmengen in das Gesamtsystem, als auch die Verwaltung, Dokumentation und Kommunikation von Resultaten. Die folgenden Seiten sind weder als kommentarlose Bestandsaufnahme der Projektpraxis gedacht noch als theoretische Abhandlung oder Leitfaden für den Wege zu einer idealen Projekt- und Verwaltungsstruktur. Vielmehr wird versucht, aus positiven und negativen Erfahrungen der Praxisarbeit ein paar Richtlinien abzuleiten, die für eine weitergehende Systematisierung der Projektorganisation in solchen Fällen erfolgversprechend erscheinen, in denen ähnliche Rahmenbedingungen gegeben sind, wie wir sie im Projekt LILOG-KE vorfinden.

Die Rahmenbedingungen

Überlegungen zum Thema Projekt- und Arbeitsorganisation sind in großer Zahl als theoretische Arbeiten verfügbar und zahlreiche Projektunterlagen dokumentieren die LILOG Praxis. Daß bei der Systematisierung von Organisationsabläufen eine wesentlich größere Lücke zwischen Theorie und Praxis klafft als bei den inhaltlichen Arbeiten des Projektes, liegt zum großen Teil sicher an Gegebenheiten der Projektstruktur, die für betriebswirtschaftliche Maßstäbe eher untypisch sein dürften und daher die Anwendung geläufiger betrieblicher Organisationsmodelle beträchtlich einschränken. Es kommt hinzu, daß Lösungen fern des theoretischen Ideals oft dadurch zustande kommen, daß die termingerechte Fertigstellung funktionaler Komponenten eine Einschränkung verwaltungstechnischer Maßnahmen erzwingt. In jedem Fall sollte man bei den folgenden Überlegungen nicht vergessen, daß ein umfangreicher verwaltungstechnischer Überbau bei zunehmender Komplexität dazu neigt, der inhaltlichen Arbeit entgegenzuwirken und grundlegende Veränderungen zu erschweren. Inwieweit eine solche Beeinträchtigung speziell bei wissenschaftlicher Arbeit in Kauf genommen werden kann ist eine wichtige Fragestellung, denen die im folgenden erarbeiteten Vorschläge von Fall zu Fall unterzogen werden müssen. Sie bieten eine Antwort auf die Herausforderung, bei der Organisation der Projektarbeit einen tragfähigen Kompromiß zwischen kreativem Chaos und starrem Betriebsablauf zu finden.

Theoretische Überlegungen zur Organisation von Projektabläufen in betriebswirtschaftlich orientierten Untersuchungen[2], beruhen in der Regel auf einem idealisierten Anwendungszenario, das sich etwa durch folgende Eigenschaften auszeichnet[3]:

- Die Aufgabenstellung des Teilprojektes läßt sich klar von Zuständigkeiten anderer Teilprojekte abgrenzen.
- Für die Arbeit steht eine Reihe vorgegebener Hilfsmittel und Methoden zur Verfügung, deren Eigenschaften im wesentlichen bekannt sind.
- Die räumliche Abgrenzung erfolgt nach inhaltlichen Kriterien, d.h. Aufgaben werden gemäß inhaltlicher Verzahnung zu Standorten gebündelt.

---

[1]Knowledge Engineering wird im folgenden durch KE abgekürzt.

[2]Z.B. in [1].

[3]Für ein ausführlicheres Anforderungsprofil siehe: ibd. S.7 ff

Die Projektstruktur von LILOG-KE unterscheidet sich in wesentlichen Punkten von einem solchen, betrieblich orientierten Anwendungszenario. Einerseits weist es infolge seiner Grundlagenorientierung viele der typisch produktbezogenen Aspekte nicht auf. Andererseits ergibt sich aus der Verteilung von Zuständigkeiten eine unorthodoxe Projektstruktur, die sich vor allem in folgenden Punkten deutlich vom oben skizzierten Projektszenario abhebt:

1. Große räumliche Distanz der Bearbeiter inhaltlich eng miteinander verwobener Sachgebiete
2. Gleichzeitige Entwicklung von Werkzeugen und damit operierender Modelle
3. Wechselnder Stellenwert des Knowledge-Engineering im Gesamtprojekt bei gleichzeitig enger Integration in die Arbeiten anderer Teilprojekte
4. Wechselnder Mitarbeiterstab mit unterschiedlichem Erfahrungshorizont in KE, Sprachverarbeitung und Implementierungsarbeit

Wechselwirkungen zwischen einzelnen Punkten führen zu weiteren Problemen. So wird beispielsweise die räumliche Trennung spätestens dann zu einem kritischer Faktor, wenn, wie im Falle der Integration von Teilresultaten, die enge Zusammenarbeit entfernter Projektbeteiligter erforderlich ist. Die simultane Entwickung der Wissensbasis und entsprechender Sprach- und Handhabungsmechanismen bringt immer wieder eine beiderseitige Adaption der Entwürfe mit sich und wirkt damit der Stabilität von Projektergebnissen entgegen. Nicht zuletzt ist die wechselnde Zusammensetzung von Arbeitsgruppen und die damit verbundene interne Kommunikationskomplexität ein Faktor, welcher dem Streben nach Stabilität von Resultaten weitere Hindernisse entgegenstellt.

Eine kritische Bestandsaufnahme der Projektarbeit kann aus drei verschiedenen Blickwinkeln durchgeführt werden:

- Organisation der Projektarbeit (Aufgabenverteilung, Interaktion, ...)
- Einsatz von Werkzeugen und der Sprachkonstrukte von (L_{LILOG})
- Dokumentation und Systematisierung von Entwurfsentscheidungen

Die erstgenannte Sichtweise ist weitgehend von übergeordneten Entscheidungen zur Projektorganisation im Gesamtprojekt abhängig und nicht auf KE-interne Fragestellungen beschränkt. Der zweite Punkt ist Gegenstand anderer Beiträge dieses Sammelbandes. Daher ist der letzte Punkt in den folgenden Seiten Hauptgegenstand der Überlegungen. Als Präzedenzfall für Resultate der Projektarbeit dient die Ontologie-Datei, bei deren Entstehen eine Vielzahl von Mitarbeitern direkt oder indirekt mitgewirkt haben, so daß sich verschiedenartige Auswirkungen der anfangs aufgezählten KE-spezifischen Merkmale wiederfinden lassen.

Die Ontologie-Datei

Die Ontologie-Datei[4] ist eine Liste von Konzeptdefinitionen. Sie spezifiziert Knotenpunkte einer Verbandsstruktur, zwischen denen funktionale und relationale Beziehungen bestehen oder denen, im Falle einstelliger Relationen, Eigenschaften zugewiesen werden. Im Laufe der Weiterentwicklung und der schrittweisen Adaption an die Domäne ist die Datei zu einem umfangreichen Datenbestand angewachsen. Bereits daraus lassen sich datenbanktechnische Konsequenzen für eine Vereinfachung des Umganges mit der Datei ableiten, auf die hier jedoch nicht weiter eingegangen wird[5].

Im folgenden wird anstatt von der Ontologie-Datei, wie im KE-Teilprojekt üblich, von *Ontologie* gesprochen, obwohl diese sprachliche Vereinfachung eigene Probleme mit sich bringt[6]. Eine weitere

[4] Genaugenommen bezieht sich die folgende Argumentation nur auf den Sortenverband, die Ontologie-Datei umfaßt somit keine Axiome.

[5] siehe z.B. [3]

[6] Zur Begriffsbestimmung siehe auch die einleitenden Bemerkungen in diesem Band

Besonderheit der Ontologie ist der unterschiedliche Status einzelner Einträge. Aus Tabelle 1, welche einen quantitativen Überblick über die Verwendunge von Konstrukten der Sortendefinitionssparche wiedergibt, geht hervor, daß nicht nur inkrementelle Weiterentwicklungen sondern auch sprunghafte Erweiterungen und rückläufige Verwendungshäufigkeiten feststellbar sind. Das liegt einerseits daran, daß die Integration von Ergebnissen der Teilprojekte in einer bestimmten Schrittweite erfolgte, bei Arbeiten entfernter Projektpartner also stets ganze Abschnitte neu codiert bzw. erweitert wurden. Andererseits war es in einigen Fällen erforderlich, Entscheidungen zu revidieren, die auf frühere Entwicklungsstufen des Gesamtsystems beruhten. Die Rücknahme früher Entwurfsentscheidungen geht nicht selten auf die einleitend erwähnten Verschiebungen des Stellenwerts von LILOG-KE im Gesamtprojekt zurück. Einträge der Ontologie-Datei haben daher unterschiedlichen Status je nachdem, welche Projektbeteiligten bei der Entscheidung für die Einträge mitgewirkt haben und je nach Entwicklungsstand des Gesamtsystems. Die Verschiebung des Stellenwertes von LILOG-KE im Gesamtprojekt ist das Ergebnis der Neuverteilung von Detailaufgaben zwischen inhaltlich angrenzenden Projektkomponenten. Bei der Konkretisierung der Behandlung sprachlicher Phänomene innerhalb der Semantik oder bei Funktionalitätserweiterungen der Inferenzmaschine kamen auf das Teilprojekt nicht selten neue Aufgaben hinzu, oder bisher im Knowledge Engineering abgehandelte Fälle wurden in andere Komponenten verlagert. Dadurch war der Aufgabenbereich von LILOG-KE zwar im "Kern" fest definiert, die Abgrenzungskriterien an der "Rändern" jedoch waren, vor allem in der Anfangsphase des Projektes, nicht in dieser Schärfe gegeben.

Nr.	Datum	Umfang	Sorten	Features		Rollen		Atome
	(89/90)	(kB)		*def.*	*restr.*	*def.*	*restr.*	
1	Okt	37	261	0	111	0	25	0
2	Nov	40	282	0	122	0	25	0
3	Nov	42	297	0	264	0	54	0
4	23.11	45	309	0	167	0	28	0
5	14.12	44	313	0	195	0	37	0
6	20.12	50	320	76	194	16	40	44
7	10.1	63	346	79	430	19	78	72
8	27.2	61	352	99	334	0	80	87
9	23.3	48	298	109	268	33	21	196
10	4.4	64	385	116	288	44	21	196
11	20.4	84	423	118	430	46	9	250
12	21.4	86	435	124	472	47	9	260
13	6.5	153	665	167	609	86	29	255
14	10.5	156	656	180	631	84	39	255
*)	29.6	170	678	187	844	124	39	257

Tabelle 1: Häufigkeitsverteilung von SORT-L$_{\mathrm{LILOG}}$-Konstrukten im Verlauf der Projektgeschichte. *) markiert den aktuellen Stand nach Abschluß des LEU/2-Prototypen.

Kooperationspartner von LILOG-KE sind zuständig für die Modellierung einzelner Bereiche und Teilaspekte des Weltwissens, also verantwortlich für bestimmte Abschnitte der Ontologie-Datei. Problematisch ist dabei, daß diese Abschnitte sich in der Regel nicht anhand einfacher Kriterien von den übrigen Einträgen der Datei unterscheiden lassen. Oft ist es auch gar nicht möglich, solche Teile ohne Beteiligung von Komponenten, die von anderen Projektpartnern entwickelt wurden, isoliert zu testen. Exemplarisch sei hier die Integration räumlicher und zeitlicher Wissensstrukturen aus den Arbeiten der Projektpartner an den Universitäten Hamburg und Stuttgart genannt. Ein beträchtlicher Anteil raum- und zeitbezogener Information ist aus domänenspezifischen Gründen relationaler Natur, kann also nicht einfach an die Verbandsstruktur angebunden werden, sondern muß nach inhaltlichen Kriterien in bereits vorhandene Konzeptdefinitionen integriert werden. Das führt zu einer bisweilen schwer nachvollziehbaren Verteilung von Zuständigkeiten über die gesamten Wissensbestände hinweg. Oft sind zugleich mehrere Kooperationspartner für einzelne Eintragungen in die Datei zuständig. Daraus ergeben sich hohe Anforderungen an die Interaktion zwischen den Partnern.

Die Kommentierung der Ontologie-Datei

Bislang mußte der Eindruck entstehen, Organisationsmodelle, wie sie aus dem Software-Engineering bekannt sind, seien für den Einsatz im Rahmen von LILOG-KE ungeeignet und spielten daher bei der Entwicklung der Ontologie-Datei auch keine Rolle. Das mag zwar für einzelne Techniken zutreffen, die unter dieser Rubrik zu finden sind, jedoch sicher nicht für das Software Engineering insgesamt. Weil die Ontologie-Datei den Quellcode einer Wissensrepräsentationssprache, also im weitesten Sinne eine Programmiersprache enthält, lassen sich einige der im Zusammenhang mit dem Umgang mit Quelldateien entwickelten Techniken unmittelbar anwenden. Dazu gehört eine Methodik von Versionszählungen und Formatierungstechniken ebenso wie die Systematisierung von Dokumentation und Zugriffsverwaltung[7].

Eine wichtige Unterstützung der Arbeit liefern die Hilfswerkzeuge der LEU/2-Umgebung, die im Rahmen von LILOG speziell auf die Anforderungen des KE-Teilprojektes zugeschnitten wurden[8]. Infolge der oben angesprochenen Verfahrensweise der Parallelentwicklung stand den KE-Mitarbeitern erst nach und nach die volle Funktionalität der Hilfsmittel zur Verfügung. Es war also vor allem in den anfänglichen Entwurfsphasen unvermeidlich, die Ontologie-Datei in ihrer "Rohform" als Liste von Sortendefinitionen zu bearbeiten. Aus den dabei gesammelten Erfahrungen lassen sich Hinweise für die Systematisierung des Entwurfs und für die Verwaltung von Ontologie-Daten ableiten. Besonders ergiebig sind in diesem Zusammenhang Kommentare, die von verschiedenen Mitarbeitern im Laufe der Ontologie-Entwicklung direkt an die Stellen im Quellcode angefügt wurden, auf die sie sich beziehen. Aus der Art solcher Kommentare läßt sich einiges zur Vorgehensweise bei einer Systematisierung von Begleitinformationen ableiten. Im folgenden werden einige Auszüge aus der Ontologie-Datei präsentiert, die jeweils Kommentare eines bestimmten Typs enthalten.

Kommentare als Statuskennzeichnungen

```
sort Ereignis           <       and (Prozess,
                                     hat-time     : Zeitraum,
                                     hat-location : Raumentitaet).
     /* bei 'hat-time' und 'hat-location', ist noch zu ueberlegen, wie Mehrfachangaben
        zu repraesentieren sind. Insgesamt heisst's abwarten, bis eine Einigung ueber
        die thematischen Rollen (v.a. mit Generierung) erzielt ist. BS */
....

sort Oeffnungszeit      <       and (Zeitraum,
                                     hat-wochentag : Wochentag,
                                     hat-zeit      : Zeitraum).
     /* zeitl. Angaben sind noch ungenau! Mit aktueller Modellierung abstimmen! BS */
....

sort Tritone            <       DarstObjekt.
                                /* oder: Plastik, Figur? */
....

sort Kirchenschiff      <       Gebaeude.
        /* moeglich auch: teil-von : Kirche; waere aber zyklisch! */
```

Auszug 1: Kommentare mit Bezug auf den Status von Einträgen

[7] Darüberhinaus ist eine Vielzahl übergeordneter Organisationsmodelle verfügbar, die sich oftmals in geeigneter Weise auf das Knowledge Engineering übertragen lassen (vgl. [4]).

[8] Siehe [2]

Der vorangehende Ausschnitt der Ontologie-Datei faßt Kommentare zusammen, die Formulierungen wie: "vorerst", "überlegen", "möglich", etc. enthalten, also auf gewisse vorbehaltliche Entwurfentscheidungen hinweisen. Kommentare dieses Typs machen Aussagen zum Status von Einträgen. Die meisten Anmerkungen dieser Art dürften dadurch begründet sein, daß frühe Modellierungsentscheidungen zu einem Zeitpunkt getroffen wurden, an dem noch nicht eindeutig zu erkennen war, in welchem Maße andere Komponenten des Systems auf dieses Wissen zurückgreifen werden. In diesen Fällen besteht grundsätzlich die Notwendigkeit, solche mehr oder weniger willkürlichen Festsetzungen zu einem späteren Zeitpunkt zu aktualisieren. Sind die betreffenden Stellen nicht ausreichend gekennzeichnet, so wird die Anpassung der Ontologie an einen neueren Stand der Entwicklungen unnötig erschwert. Im Extremfall können Eintragungen sogar unbehelligt weiterbestehen, obwohl sie sich in einer späteren Phase der Entwicklung als obsolet erwiesen haben. Um solchen Effekten entgegenzuwirken, wurden die betreffenden Eintragungen direkt an der Stelle in der Datei gekennzeichnet, an welcher eine unsichere Entscheidung getroffen wurde. Zur Rubrik der statusbezogenen Kommentare zählen auch Anmerkungen, die Alternativen zu Entwurfsentscheidungen anbieten. Solche Kommentare können Hinweise darauf geben, an welchen Stellen eine Änderung der Modellierung angebracht erscheint.

Kommentare zur Dokumentation von Entwurfsentscheidungen

Ein anderer Typ von Kommentaren findet sich im folgenden Auszug aus der Ontologie:

```
sort Handlung            <       and (Ereignis,
                                      hat-agens : Lebewesen).
    /* von Pflanze, Tier und Mensch koennen Handlungen ausgehen;
       die Blume waechst; der Hund laeuft; MG */
....

sort Beeinflussung       <       and (Handlung,
                                      hat-patiens : Objektentitaet).
    /* Auswirkungen der Handlung betreffen ein Subjekt */

sort Manipulation        <       and (Handlung,
                                      hat-patiens : Objektentitaet).
    /* Auswirkungen der Handlung betreffen die Umwelt */
....

sort Erschaffenes        <       and (DreidimObjekt,
                                      hat-schoepfer : Mensch*,
                                      hat-urheber   : Mensch).
    /* hat-urheber soll evtl. den Unterschied zwischen Erbauer und */
    /* Planer o. ae. repraesentieren.BS */
....

sort Hallenkirche        <       Kirche.
    /* ueber Kirche, hat-element : turm kann Hallenkirche */
    /* einen leicht verdrehten Turm haben; BS */
```

Auszug 2: Motivation von Entwurfentscheidungen

In diesem Falle handelt es sich um definitionsartige Kommentare, die versuchen, Motive von Entwurfsenscheidungen transparent zu machen oder die Bedeutung von Einträgen zu charakterisieren. Wichtig ist bei Kommentaren dieses Typs, daß sie in der Regel die Verwendung von Elementen der Ontologie beschreiben. In einigen Fällen wird auch explizit auf Passagen der Beispieltexte Bezug genommen und so darauf hingewiesen, daß die betreffende Festlegung direkt durch sprachliche Besonderheiten der Texte motiviert ist. Solche definitionsartigen Kommentare markieren die Tatsache, daß an den betreffenden Stellen eine besondere Nähe zur sprachlichen Eingabe besteht. Abhängig davon, inwieweit eine solche Nähe zur Sprache erwünscht ist, können diese Anmerkungen als Hinweise darauf interpretiert werden, die betreffenden Stellen in einer späteren Entwicklungsstufe der Ontologie in Hinblick auf eine sprachunabhängigere Modellierung zu überarbeiten.

Ein Sonderfall von *Entwurfsentscheidungen* sind Anmerkungen, die Veränderungen dokumentieren. Kommentare dieses Typs zeichnen sich durch eine einfache Notation mit Rückgriff auf Formulierungen aus wie etwa: "ersetzt durch", "weggefallen", "stand vorher unter", etc. In einigen Fällen wird dadurch festgehalten, welchen syntaktischen Veränderungen die Ontologie-Datei unterworfen wurde. Oft sind darüber hinaus ausführlichere Erläuterungen angegeben, welche die Veränderung begründen. In solchen Fällen kommen die Modifikationskommentare den vorgenannten Entwurfsentscheidungen sehr nahe. Häufig ist ihre einzige Aufgabe, festzuhalten, was sich im Vergleich zu einer älteren Version der Ontologie geändert hat. Damit wird für die Mitarbeiter des Projektes sichtbar, an welchen Stellen die Ontologie verändert wurde. Besonders wichtig ist eine solche Art der Kommentierung bei Streichungen. Insgesamt kann dadurch der Aufwand drastisch verringert werden, der nötig wäre, um den neuen Stand der Ontologie mit Arbeiten, die auf einer älteren Version beruhen, abzugleichen. Der folgende Abschnitt der Ontologie enthält Anmerkungen dieses Typs:

```
sort Ereignis            <       and (Prozess,
                                      hat-time  : Zeitraum).
    /* Raumentitaet gibt es (vorerst) nicht mehr; MG */
....

sort Beeinflussung       <       and (Handlung,
                                           hat-patiens : Objektentitaet).
    /* 'hat-patiens' stand vorher unter 'Einwirkung', wird aber auch bei
       'Eingriff' gebraucht; MG */
....

sort Gebaeude            <       and (Bauwerk,
                                      hat-hausnummer :: Zahl,
                                      hat-element    :: Teile-bw,
    /* ersetzt teil-von : gebaeude bei fassade,vorbau,spitze,raum; BS */
                                      beherbergt     :: or (Institution,
                                                            LebendesObjekt+)).
....

sort Strasse             <       and (Landweg,
                                      hat-richtung :: Richtung,
                                      hat-name     :: Name,
                                      hat-mass     :  Laengenmass).
   /* 'hat-fahrbahn : Fahrbahn' ist weggefallen wg. Inversitaet); BS */
```

Auszug 3: Modifikationskommentare

Freie Kommentare

Neben den bisher angeführten Beispielen findet sich in der Ontologie-Datei eine große Zahl sogenannter *freier Kommentare*. Solche Kommentare haben oft die Form von Fragestellungen, die sich auf bestimmte Entwurfsentscheidungen beziehen. Ein Nachteil dabei ist, daß sie, obwohl als Anregungen zum Überdenken fragwürdiger Entscheidungen gedacht, oft nicht zu dem Dialog führen, den sie initiieren sollten. Das ist sicher zum Teil dadurch begründet, daß die Adressaten der Fragen bzw. die Projektpartner, die eine Antwort darauf liefern können, die entsprechenden Kommentare nicht zu sehen bekommen, weil sie nur für diejenigen Mitarbeiter, die sich mit der Ontologie befassen, direkt zugänglich sind. Dieser Typ von Kommentaren unterscheidet sich durch seinen unmittelbaren Bezug zu anderen Teilen des Gesamtprojektes wesentlich von den vorgenannten. Er ist eher als Beitrag zu einer Diskusson zu verstehen und nicht als Dokumentation von Entwurfsüberlegungen.

Im nächsten Schritt stellt sich nun die Frage, wie sich die nach Typen unterscheidbaren Kommentare systematisch auswerten lassen, ohne den Projektbeteiligten zu hohe Verwaltungsanstrengungen abzuverlangen. Ein zu hoher Grad an Systematisierung könnte unter den gegebenen Rahmenbedingungen dem inhaltlichen Vorankommen entgegenstehen und dadurch den positiven Effekt ins Gegenteil umkehren. Daher sollte es das Ziel einer systematischen Organisation von Verwaltungsaufgaben sein, das vorhandene Potential an projektbegleitenden Unterlagen besser auszuschöpfen und angemessen verfügbar zu machen, ohne daß der damit verbundene Mehraufwand auf Kosten der Implementierungsarbeit geht.

Die Systematisierung von Verwaltungsaufgaben

Zu Anfang wurden drei Gesichtspunkte aufgeführt, nach denen man die Bestandsaufnahme beurteilen kann: nach der Organisation der Projektarbeit, nach dem Einsatz von Hilfsmitteln und nach Dokumentationsaspekten. Obwohl sich die Überlegungen auf den letzten Punkt konzentrieren, sind einige Anmerkungen zu den ersten beiden angebracht, weil sich daraus direkte Konsequenzen für eine Organisation der Projektdokumentation ergeben.

Bei der Systematisierung stellt sich die Frage, inwieweit die Aufgabe, sowohl die inhaltliche Konsistenz als auch die Aktualität der Ontologie zu sichern, von zentraler Stelle aus bewältigt werden sollte. Bei einer Aufgabenverteilung wie im Falle von LILOG-KE ist es möglicherweise vorteilhaft, die Integrationsarbeit der Resultate verschiedener Projektpartner einer Person oder einer Gruppe von Mitarbeitern zuzuordnen, deren Aufgabe es ist, den Abgleich mit den übrigen Teilprojekten und auch innerhalb von KE durchzuführen und zu überwachen. Dadurch ist sichergestellt, daß die einzelnen Teile nicht additiv zu bereits Vorhandenem hinzugefügt werden, sondern bei kritischer Analyse der Gegebenheiten nur dann in den aktuellen Stand der Modellierung integriert werden, wenn sich daraus keine Inkonsistenzen ergeben. Um diese Arbeit allerdings von zeitraubenden und unnötigen mechanischen Tätigkeiten zu befreien, muß dafür eine entsprechende Systematik vorgesehen sein, die auch die Unterstützung durch technische Werkzeuge beinhaltet[9].

Die Integration von Entwurfentscheidungen

Ein erster Schritt in diese Richtung ist die Vereinheitlichung des Formates von *Modifikationen.* Anstatt überarbeitete Versionen der gesamten Ontologie-Datei auszutauschen, sollten die Projektpartner sich darauf beschränken, die jeweiligen Veränderungswünsche in der Form standardisierter Listen von Modifikationsanweisungen weiterzugeben. Dieses Vorgehen hat entscheidende Vorteile gegenüber dem direkten Austausch des gesamten Quellcodes. Zum einen entfällt die zeitraubende Ermittlung derjenigen Abschnitte, die gegenüber der letzen Version unverändert geblieben sind. Damit wird die Integrationsarbeit effizienter und weniger fehleranfällig. Zusätzlich kann die Integration bei geeigneter Festlegung des Formates von Modifikationsanweisungen durch Hilfswerkzeuge unterstützt werden. Außerdem ergibt sich dabei eine Dokumentation von Modifikationen, die in Auszug 3 noch explizit als Kommentare aufgeführt sind, gewissermaßen als "Abfallprodukt" bei entsprechender Katalogisierung von Anweisungen in einer *Projekthistorie.* Dort kann dann jederzeit nachgeblättert werden, wann ein bestimmter Eintrag vorgenommen bzw. gelöscht wurde. Damit ist zugleich die Quelldatei entlastet, weil Kommentare dieser Art nicht mehr erforderlich sind. Die Palette der Unterstützungsmöglichkeiten durch ein Hilfswerkzeug reicht von einem einfachen Dialogprogramm, das die Anweisungen Schritt für Schritt präsentiert und dem Benutzer die Auswahl überläßt, bis zur automatischen Integrationsumgebung, welche die Anweisungen entsprechend gekennzeichnet in die Quelldatei einfügt, so daß die Integrationsgruppe nur noch die Konsistenz dieser Zwischendarstellung überprüfen muß. Die Automatisierung des Ablaufes kann sogar soweit vorangetrieben werden, daß einfache Konsistenzüberprüfungen auf syntaktischer Basis bereits durch das Programm durchgeführt werden.

---

[9]Zum Entwurf einer Entwicklungsumgebung für KE-Belange siehe auch [2].

In diesem Zusammenhang sollte ein anderes Hilfswerkzeug erwähnt werden, das für die Integrationsarbeit sehr wichtig ist, obwohl seine Vorteile nicht auf der Hand zu liegen scheinen. Gemeint ist ein *Formatierwerkzeug*, das die in der Ontologie-Datei enthaltenen Definitionen nach einem fest vereinbarten Schema anordnet[10]. Eine solche Unterstützung ist deshalb besonders hilfreich, weil die Überprüfung der Ontologie sehr von einem einheitlichen Erscheinungsbild der Einträge profitiert. Ohne ein solches Werkzeug sind Dateien, die durch unmittelbares Zusammenführen von Resultaten verschiedener Projektpartner entstanden sind, schwierig zu entziffern, weil die Beteiligten in der Regel über keinen einheitlichen "Formatierstil" verfügen. Eine solchermaßen zusammengesetzte Quelldatei macht allein aufgrund ihrer uneinheitlichen Formatierung einen Überblick über den Stand der Projektarbeit unnötig schwer. Natürlich sollte die Formatierung die Möglichkeit offenlassen, Kommentare, beispielsweise im Sinne der in Auszug 2 angegebenen Definitionen, direkt an den Stellen in der Quelldatei anzuführen, auf welche sie Bezug nehmen. Möglicherweise ist es jedoch sinnvoll, auch für das Format von Kommentaren in Quelldateien gewisse Form-Beschränkungen vorzugeben.

Drei Basistypen von KE-Dateien

Mit dem Stichwort "einheitliche Formatierung" ist bereits ein Hinweis darauf gegeben, daß die Normierung von Dokumenten eine wichtige Rolle bei der Organisation der Projektarbeit spielt[11]. Für das weitere Vorgehen ist es hilfreich, drei Typen von Dokumenten zu unterscheiden, die bei der Projektarbeit von zentraler Bedeutung sind. Zum einen wurde anfangs die Betrachtung von LLILOG-Code auf den Sortenverband der Ontologie-Datei eingeschränkt. Die Ontologie wurde aufgrund der engen inhaltlichen Verflechtung von Einträgen über verschiedene Zuständigkeiten hinweg als besonders geeigneter Repräsentant für *Quelldateien* herangezogen, einer Gruppe von Dateien, die in der Wissensrepräsentationssprache verfaßte Definitionen enthalten. Allen Dateien dieses Typs ist gemeinsam, daß es durch die Syntax von LLILOG festgelegte Vorgaben für die Form der Einträge gibt. Bei der Vereinheitlichung des Erscheinungsbildes durch das obengenannte Formatierwerkzeug ist sogar eine noch weitergehende Festlegung des Erscheinungsbildes von Einträgen möglich. In diesem Zusammenhang kann es außerdem sinnvoll sein, über die LLILOG-Syntax hinausgehende Konventionen einzuführen. Beispielsweise bei der Auswahl von Bezeichnern hat es sich als hilfreich erwiesen, Sortennnamen durch Großschreibung des Anfangsbuchstabens von Bezeichnern für Attribute zu unterscheiden, obwohl die Sprache dem Anwender hier freie Hand läßt. Es gibt zwar auch in der Repräsentationssprache Schlüsselwörter, die Bezeichner als Sorten- oder Attributnamen kennzeichnen, jedoch erhöht die hier eingeführte Redundanz die Lesbarkeit des Codes in nicht geringem Maße. Weil solche Vereinbarungen unabhängig von der Repräsentationssprache zu treffen sind, ist es Aufgabe des Formatierprogramms, die Einhaltung auch dieser Konventionen sicherzustellen.

Weniger streng sind Formatvorgaben für *Entwurfsentscheidungen*, dem zweiten Dokumenttyp. Dabei handelt es sich um Ausschnitte aus Quelldateien zusammen mit Hinweisen zu ihrer Handhabung. Resultate der Projektarbeit, welche die Veränderung von Ontologie-Einträgen erfordern, sind Entwurfsentscheidungen und damit Dokumentation und Handlungsanweisung in einem. Wie im letzen Abschnitt angedeutet wurde, kann eine solche Datei in einem entsprechend formalen Rahmen als direkte Eingabe für ein Werkzeug dienen, das die Modifikation von Quelldateien unterstützt. Eine zusätzliche Aufgabe dieses Werkzeugs bestünde dann darin, die im Verlaufe der Integrationsarbeit durchgeführten Aktionen mitzuprotokollieren, um die Dokumentation dahingehend zu erweitern, daß ersichtlich wird, welche Aktionen durchgeführt wurden und welche, z.B. aus Gründen der Konsistenzverletzung, zurückgestellt werden mußten.

Das Stichwort "Zurückstellen von Modifikationsanweisungen" macht deutlich, daß die vorangegangenen Ausführungen sich auf mehr oder weniger technische Vorgänge konzentrierten. Wie jedoch bereits aus der Betrachtung freier Kommentare ersichtlich wurde, beansprucht die Kooperation mit

[10] Im Sinne eines *pretty printers*. Gemeint ist also eine ausschließlich auf syntaktische Kriterien basierte 'Glättung' des layouts ohne Berücksichtigung inhaltlicher Kriterien.

[11] Für das Erstellen von Prolog-Code gibt es projektinterne Richtlinien, die zu einem durchgängigen Format des Quellcodes verhelfen.

den Projektpartnern einen beträchtlicher Anteil des Arbeitsaufwandes im Rahmen von LILOG-KE. Die Analyse von Inkonsistenzen ist beispielhaft für eine Situation, welche die enge Zusammenarbeit aller Beteiligter beim gemeinsamen Problemlösen erfordert. Freie Kommentare, die Fragen über die Motivation von Entwurfentscheidungen stellen, sollen dazu anregen den Status einzelner Einträge der Ontologie-Datei immer wieder mit dem neuesten Stand der Arbeiten abzugleichen. Um diese Art der Kooperation jedoch nicht zu umständlich und aufwendig werden zu lassen, sollte dieser letzte Typ von Projektdokumenten möglichst direkt verfügbar, einfach zu handhaben und möglichst frei von Vorgaben bezüglich Form und Inhalt sein. Hier bietet sich also der Austausch unformatierter Texte über eine Kommunikationsverbindung wie E-Mail an, welche die ständige Kommunikation auch zwischen entfernten Projekpartnern ermöglicht. Aus projekthistorischen Gründen ist hierfür die Bezeichung "Meckerkasten" angebracht.

Das KE-Handbuch

Es ist nicht sehr ergiebig, eine entsprechende Verwaltungsmethodik zu etablieren, ohne sie gleichzeitig allen Projektbeteiligten leicht zugänglich zu machen. Das sollte die Aufgabe eines KE-*Handbuches* sein, das als zentrales Nachschlagewerk alle wesentlichen Informationen über organisatorische Belange zusammenfaßt. Dieses Handbuch sollte möglichst übersichtlich und leicht verständlich geschrieben sein und alle wesentlichen Vorgaben und Richtlinien systematisch zur Verfügung zu stellen. Dazu gehören Anmerkungen zum Teilprojekt, zu den Berührungspunkten mit anderen Projekten und zur allgemeinen Projektorganisation. Eines der wichtigsten Abschnitte des Handbuches ist das Glossar, in dem die im Projekt verwendeten Termini in alphabetischer Reihenfolge aufgelistet und kurz erläutert werden. Die ständige Aktualität und Verfügbarkeit des Buches sollte ein vorrangiges Anliegen der Projektorganisation sein. Das Inhaltsverzeichnis des KE-Handbuches könnte in der Skizze etwa folgendermaßen aussehen:

Inhalt

Vorwort

- Zweck des Handbuches
- Zielgruppe mit Bezug auf die beteffenden Kapitel

1. Die Struktur des Teilprojektes KE

- Einordnung des Teilprojektes KE in das Gesamtprojekt
- Zuständigkeiten und Schwerpunkte innerhalb des Teilprojektes KE

2. Die Verwaltung von Unterlagen

2.1 Ontologie-Datei(en)

2.2 Regel-Dateien

2.3 Entwurfsentscheidungen

2.4 "Meckerkasten"

jeweils untergliedert in:

- Zugriffspfade (*wo?*) und Zugriffsrechte (*für wen?*)
- Formatvorgaben und Tools für den Umgang mit der Datei
- Abgrenzung zu anderen Dokumenten

Glossar

...

Es hat sich mithin als hilfreich herausgestellt, den im Rahmen des Teilprojektes entstandenen Quelldateien einen standardisierten *Dateikopf* voranzustellen, der die wesentlichen Informationen über Autoren, die Versionsnummer, das Datum der letzten Modikation und Hinweise über zugehörige Begleitdokumente enthält:

```
<Dokumentname>
----------------------------------------------------------------------------
DATEINAME / DATUM / VERSION : ...
----------------------------------------------------------------------------
BEGLEITDOKUMENTE : ...
----------------------------------------------------------------------------
ANMERKUNGEN : ...
----------------------------------------------------------------------------
...
```

Der Dokumentame spezifiziert den Dateityp und die darin enthaltene Information, also beispielsweise "ONTOLOGIE". Dateiname, Versionsnummer und Datum des schreibenden Zugriffs auf die Datei sind technische Informationen zur Identifikation von Dokumenten, die im Idealfall automatisch verwaltet werden sollten. Die Liste der Begleitdokumente ermöglicht die Einschränkung der für ein Dokument relevanten Zusatzinformation auf den jeweils aktuellen Stand und Anmerkungszeile dient zur Aufnahme kurzer Hinweise auf weitere Informationen, die im Umgang mit der Datei wichtig sind (z.B. zum Status der Datei, zu Veränderungen des Formates oder des Umganges mit der Datei). Eintragungen eines Dateikopfes sollten nur dann in die Folgeversion übernommen werden, wenn nicht alle Projektbeteiligten Gelegenheit hatten, mit der Vorgängerversion zu arbeiten.

Genauere Angaben zur Standardisierung und zu verfügbaren Hilfsmitteln für Dateien beliebigen Typs sind dem betreffenden Kapitel des Projekthandbuches zu entnehmen. Als Beispiel für ein solches Kapitel sei 2.1 herausgegriffen, das die Ontologie-Datei beschreibt, die ja hier im Zentrum der Betrachtungen steht. Das Kapitel kann wie folgt untergliedert werden:

2.1 Die Ontologie-Datei

Die Ontologie-Datei faßt alle Definitionen von *Sorten* zusammen, die zur Modellierung der konzeptuellen Ebene des Systems erforderlich sind. Die Sprache ist LLILOG.

2.1.1 Zugriffspfade

Die zentrale Ontologie-Datei befindet sich bei IBM Stuttgart auf dem Rechner *sn5006841* in dem Verzeichnis \u\$onto.

2.1.2 Zugriffsrechte

Auf die zentrale Ontologie-Datei darf nur lesend zugegriffen werden. Sollen Veränderungen durchgeführt werden, so ist das nur auf dem Umweg über *Modifikationsdateien* möglich (siehe 2.3). Eine Kopie der Datei kann wie folgt auf dem eigenen Rechner verfügbar gemacht werden:
- im Hause: mit dem Befehl: "get ..."
- externe Projektpartner: ...

2.1.3 Format-Vereinbarungen

a) Der Datei-Kopf (Versionenzählung, Datum, Kurzinhalt, ...)
b) LLILOG-Syntax
c) Vereinbarungen zum Format von Bezeichnern (Sonderzeichen, Länge, ...)
d) Kommentare
...

2.1.4 Tools

a) Der Umgang mit dem KB-Environment (Graphik-Tools, Compiler etc.)
b) Erstellung von Referenzlisten und Differenzprotokollen
...

2.1.5 Abgrenzung zu anderen Dokumenten

a) Modifikationsdateien
b) Welche Entwurfsentscheidungen gehören in die Ontologie-Datei?
...

Einige kurze Anmerkungen zur Zugriffskontrolle schließen die Betrachtungen über verwaltungstechnische Maßnahmen der Projektorganisation ab. In diesem Zusammenhang stellt sich die Frage, welche Beteiligten welche Zugriffsrechte auf welche Datenbestände haben sollen. Bei der Realisierung einer Zugriffskontrolle sind somit drei Parameter zu berücksichtigen. Bezüglich der Projektmitarbeiter sollte die Möglichkeit bestehen, bestimmten Benutzergruppen des Systems den schreibenden Zugriff vor allem auf Quelldateien zu sperren. Es sollte eine flexible Methodik für die Vergabe von Zugriffsrechten geben, die es möglich macht, das Recht zum schreibenden oder lesenden Zugriff auf einzelne Dateien an Benutzer oder ganze Gruppen getrennt zuzuordnen und das Löschen von Dateien zu verhindern. Der wichtigste Aspekt betrifft die Art der geschützten Daten. Hier kann es unter Umständen angebracht sein, Ergebnisse von Entwurfsentscheidungen, welche das gesamte Projekt betreffen, gezielt gegen Modifikationen zu schützen, auch dann, wenn andere Dateien desselben Typs geändert werden können. Ein Beispiel hierfür ist die sogenannte *upper structure* der Ontologie, die als Gesamtstrukturierung der Sortendefinitionen für alle untergeordneten Knoten des Verbandes relevant ist. Dieser Abschnitt der Ontologie sollte so geschützt werden, daß Veränderungen nur nach vorangegangener Absprache mit allen Betroffenen von zentraler Stelle aus durchgeführt werden können. Beim gezielten Schutz einzelner Einträge, die inhaltlich in den Zuständigkeitsbereich eines Projektpartners fallen, wird die Zugriffskontrolle problematisch, weil solche Einträge, wie anfangs erwähnt wurde, häufig eng mit bereits vorhandenen Einträgen "verzahnt" sind. In Fällen dieser Art ist möglicherweise eine andere Strategie der Zugriffskontrolle erforderlich.

Schlußbemerkungen

Einige der oben angesprochenen Bearbeitungs- und Verwaltungsmaßnahmen wurden im Rahmen von LILOG-KE in die Tat umgesetzt. In diese kurze Bestandaufnahme wurden jedoch nur solche aufgenommen, die den Projektverlauf positiv beeinflußt haben. Natürlich gibt es auch Beispiele für Systematisierungsbestrebungen, die von den Projektbeteiligten eher als störend empfunden wurden, wie etwa die breadth-first-Aufeinanderfolge der Sortendefinitionen. Hier hat sich eine alphabetische Auflistung wegen ihrer einfacheren Handhabbarkeit als überlegen herausgestellt. Spätestens als ein Hilfsmittel zur Verfügung stand, das es gestattete, den Sortenverband graphisch darzustellen, hatte der Versuch einer linearen Nachempfindung der Sortenstruktur in der Ontologie-Datei ihre Berechtigung verloren. Aber gerade durch solche Erfahrungen wurde die Entwicklung von Hilfswerkzeugen mit KE-spezifischer Funktionalität erheblich vorangetrieben. Man kann sich nun fragen, warum Hilfsmittel und Anwendungen auf diese Weise parallel entwickelt wurden, und es nicht zuerst die Hilfsmittel fertigzustellen galt, um dann bei der Entwicklung auf die angebotene Funktionalität zurückgreifen zu können?

Die Frage beantwortet sich gewissermaßen selbst, denn, welche Funktionalität unter den anfangs angesprochenen untypischen Rahmenbedingungen erwünscht und zweckmäßig ist, wurde teilweise erst im Laufe der Arbeiten erkennbar. Die Möglichkeit, die im Laufe der Projektarbeit gewonnenen Erfahrungen in die Arbeit an der LEU/2-Umgebung mit einbringen zu können, ist gerade eine der Stärken dieser verteilten Projektstruktur. Viele der Probleme bei der Adaption an ein vorgegebenes System treten in diesem Falle nicht auf, weil die Beteiligten aus verschiedenen Blickrichtungen bestrebt sind, sich einer Lösung anzunähern, die den Anforderungen beider Seiten gerecht wird. Die durch Interaktion zwischen Teilprojekten ermittelte Verteilung von Zuständigkeiten in Detailfragen ist nicht nur eine Voraussetzung für die erfolgreiche Projektarbeit, sondern zugleich ein Hinweis auf relevante Abgrenzungskriterien zwischen den bearbeiteten Teilaufgaben. Dadurch werden interessante Aspekte der Grenzziehung zwischen Teilgebieten des Textverstehens explizit, die bei einer starr vorgegebenen Verteilung von Zuständigkeiten gar nicht sichtbar werden könnten. Das gilt sinngemäß auch für die Systematisierung der projektinternen Kooperation. Wichtig ist bei dieser Vorgehensweise allerdings eine ausführliche Beschreibung des erzielten Kompromisses zwischen einer theoretisch wünschenswerten Ideallösung und den Zwängen der Realisierungsarbeit, die als Hinweis auf eine praxisgerechte Fortführung der Aktivitäten dienen kann. Genau in diesem Sinne ist die vorangegangene Bestandsaufnahme zu verstehen.

Literatur

[1] Balzert, Helmut (1982) *Die Entwicklung von Software-Systemen: Prinzipien, Methoden, Sprachen, Werkzeuge.* Bibliographisches Institut. Mannheim, Wien, Zürich.

[2] Börkel, Manfred (1990) *Knowledge Engineering für ein wissensbasiertes natürlichsprachliches System.* IWBS Report 116. IBM Germany. Scientific Center. Stuttgart.

[3] Angele, J. und Basler, S. (1990) *Database Design und Knowledge Engineering*, Studie, Universität Karlsruhe

[4] Fensel, D. und Rauleder, R. (1990) *Software Engineering und Artificial Intelligence*, Vorstudie, Universität Karlsruhe

[5] Mezger, Martin (1991) *Eine netzwerktransparente Dialogschnittstelle für natürlichsprachliche Systeme*, Studienarbeit, Universität Stuttgart

[6] Monarch, I. (1987) *The Role of Ontology in Concept Acquisition for KBS.* European Workshop on Knowledge Analysis.

[7] Müller, A. (1991) *Konzeption und Implementierung einer formalen Sprache zur Integritätskontrolle von Wissensbasen — ICL (Integrity Control Language)*, Diplomarbeit, Universität Stuttgart

[8] Partridge, Derek (1989) *KI und das Software Engineering der Zukunft.* McGraw-Hill.

[9] Patel-Schneider, P. F. et al. (1984) *ARGON: Knowledge Representation meets Information Retrieval.* Conference on AI-Applications.

Kommentar zu P. Gerstl:

Praxisgerechte Verwaltung der Ontologie

Gudrun Klose, Martin Mezger, Adrian Müller

Einleitung

Die Überlegungen von Peter Gerstl zur "Praxisgerechten Verwaltung der Ontologie" lassen sich in zweierlei Hinsicht einordnen und bewerten. Zunächst handelt es sich um einen wichtigen Beitrag zu einem noch ausstehenden Bericht über den Verlauf des gesamten Projektes - immer häufiger wird auf Konferenzen und Workshops das unzureichende Know-How über große KI-Projekte angesprochen. Diese Perspektive legt den Schwerpunkt auf den *Engineering* Anteil des KE.
Zum anderen spiegeln die Ausführungen ein wissenschaftliches Erkenntnisinteresse an Bereichen wider, in denen bisher nur wenige gesicherte Aussagen möglich sind. Dies gilt sowohl für die *Benutzersicht auf Formalismen der KL-ONE Familie*, als auch - abgeleitet aus der z.T. kontrastiv zum Gesamtprojekt verlaufenden Teilprojektentwicklung - für die Verfügbarmachung von *Konzepten des Software Engineering* für wissensbasierte Projekte der Künstlichen Intelligenz.
Im folgenden soll kurz versucht werden, die von Peter Gerstl skizzierten Ansätze im Zusammenhang mit weiteren KE-typischen Problemen einzuordnen. Anschließend werden ansatzweise die Kontroversen wiedergegeben, die auf der Basis des vorliegenden Vorschlags entstanden sind. Den Abschluß dieses Kommentars bilden Hinweise auf weiterführende aktuelle Arbeiten in der Knowledge Engineering Gruppe von LILOG.

Versuch einer Einordnung

Peter Gerstl weist der Ontologie-Datei die Rolle eines "Repräsentanten einer Gruppe von Quelldateien mit Ausdrücken der Wissensrepräsentationssprache" zu, der als Präzedenzfall für die spezifischen Probleme des KE behandelt werden kann. Insbesondere beim Design der *Upper Structure* handelt es sich jedoch um weitaus mehr, denn hier werden die Strukturen determiniert, auf deren Basis andere Sprachkonstrukte überhaupt erst eingeordnet werden können. Sobald der Detaillierungsgrad im Laufe der Modellierungsarbeit zunimmt und die Kodierung des "mittleren" und "unteren" Teils des Konzeptverbands sowie der Axiomatik im Mittelpunkt steht, verlagert sich die Qualität der zu treffenden Entscheidungen weg von der grundlegenden Auswahl von Wissenselementen und hin zu einer Vernetzung vorhandener Bereiche.
In diesem Sinne kann der Stellenwert einer adäquaten Unterstützung des Knowledge Engineers innerhalb der Modellierungsphase für die *Upper Structure* nicht hoch genug eingeschätzt werden. Gleichzeitig wird mindestens eine weitere Aufgabe deutlich, die eine geeignete Knowledge Engineering Umgebung lösen sollte, d.h. die Gewährleistung von Transparenz und Übersichtlichkeit innerhalb von großen Wissensbasen mit stark vernetzten Daten.
Mindestens für die in L_{LILOG} wesentlichen Axiome, die in Prädikatenlogik erster Ordnung formuliert werden, rückt dabei die Notwendigkeit von zwei Sichten auf das System und damit zwei Typen von Arbeit in den Vordergrund.[1] Die erste Sichtweise ist bezogen auf die Modifikationen von Inhalten

[1] Vgl. Unterscheidung zwischen *Inspektionstools* und *Debugging Tools* von Toni Bollinger.

der Wissensbasis, d.h. das Anforderungsprofil für die diesbezüglichen Tools beinhaltet einen "Zoom" hinein in einen Teil des Systemcodes, der schrittweise und möglichst komfortabel verändert werden soll. Die zweite Perspektive hingegen entsteht beim Testen eines ablauffähigen Systemausschnitts und konzentriert sich für den Bereich KE primär auf die Bereitstellung von Facilities zum Nachvollziehen der jeweils angesteuerten Prozesse (Regeltraces, Liste der angefaßten Wissenselemente, etc.). In der zweiten Variante ist von Bedeutung, daß die verschiedenen Teile der Wissensbasis nicht als Quellcode verarbeitet werden, in dem sie mit einiger Übung lesbar sind, sondern als compilierter interner L_{LILOG}-Code. Für diesen Aspekt der Tools sind die von Peter Gerstl ausgearbeiteten Vorschläge für ein KE-Handbuch folglich nicht hinreichend. Der Beitrag von Toni Bollinger sowie der Kommentar dazu von Ralf Röhrig und Elisabeth Neugebauer behandeln schwerpunktmäßig diesen letztgenannten Aspekt der Knowledge Engineering Umgebung.

Kontrovers diskutierte Aspekte

Der Vorschlag von Peter Gerstl für ein KE-Handbuch geht u.a. von der Voraussetzung aus, daß die *vorhandene Systemarchitektur* in dieser Form beibehalten und das Handbuch als zusätzliches Tool aufgesetzt wird. Vor diesem Hintergrund entwickelten sich in der KE-Gruppe eine Reihe von Diskussionen, besonders initiiert von Mitarbeitern, die erst nach dem vorläufigen Abschluß der Modellierungsarbeiten ins Projekt eingestiegen sind und folglich eine unvoreingenommenere Sichtweise beisteuern können. So greift das Handbuch in der vorgeschlagenen Form sicher nicht weit genug, um sämtliche von Peter Gerstl aufgelisteten und systematisierten Ziele wie

- Transparenz von Modellierungsentscheidungen und Abstimmungsergebnissen
- schnelle und problemlose Einarbeitung von neuen Mitarbeitern
- Dokumentation stark vernetzter Bereiche
- Spezifikation der Funktionalität der Wissensbasis für andere Komponenten

zu erreichen. Auf der Basis dieses Korpus von Problemen könnte sich der Ansatz von Peter als nicht "radikal genug" erweisen.
Darüberhinaus hat der Verlauf der ersten Diskussionen gezeigt, daß im Hinblick auf die Bewertung von *Aufwand versus Nutzen von Verwaltungsüberbau* äußerst kontroverse Auffassungen existieren. Zwei Aspekte scheinen in diesem Zusammenhang eine herausragende Rolle zu spielen. Zum einen sollte beim Design einer Knowledge Engineering Umgebung großer Wert darauf gelegt werden, die *zusätzliche Arbeit*, beispielsweise beim Formulieren geeigneter Erläuterungsdokumente, möglichst gering bleibt und die *Geschwindigkeit des Systems* nicht siginifikant herabgesetzt wird. Zum anderen sollten die *qualitativen Auswirkungen* von Tools auf die Modellierungsarbeit nicht unterschätzt werden. Ein naheliegendes Beispiel für dieses Phänomen einer - im Grunde - unzulässigen Einengung bzw. Vereindeutigung von Arbeit sind beispielsweise graphische Präsentationsmöglichkeiten für den hierarchisch strukturierten Teil der Wissensbasis, die den Knowledge Engineer leicht dazu verleiten, ästhetische Kriterien bzgl. des Aussehens der baumartigen Struktur höher zu gewichten als vom Formalismus bereitgestellte Ausdrucksmöglichkeiten wie Kreuzklassifikationen.

Ausblick: Laufende Arbeiten im KE

Die aktuelle Weiterentwicklung der Knowledge Engineering Tools wird insbesondere von zwei Mitarbeitern getragen (Martin Mezger und Adrian Müller), die während der "heißen Phase" der Modellierungsarbeiten noch nicht im KE tätig waren. Ihre Sichtweisen auf das System sind daher weniger der existierenden Systemarchitektur und Projektstruktur verhaftet, und ihre Kritik an Peter Gerstls Beitrag entzündete sich insbesondere an drei Punkten:

- In der vorliegenden Version von LEU/2 muß der Modellierer über beachtliche Kenntnisse zur Struktur und Funktionalität des Systems verfügen, um seine Experimente, Erweiterungen und Tests in der Wissensbasis ausführen zu können. Diese Tatsache wird durch ein manuell geführtes Nachschlagetool konsolidiert.

- Vorhandene "Hilfs-Institutionen"wie der Chefprogrammierer oder das Kommentarhandbuch, die die Handhabung der komplexen Strukturen erleichtern sollen, werden unter Beibehaltung der Systemarchitektur mit Verantwortlichkeiten und Funktionen überladen, die sie realistischerweise kaum erfüllen können.

- Die bisher vorhandenen Tools zeichnen sich u.a. dadurch aus, daß sie für den Modellierer zusätzliche Arbeit mit sich bringen und zum Teil sogar die Antwortgeschwindigkeit des Systems herabsetzen. Bei einer neu zu konzipierenden KE-Umgebung käme es darauf an, das Verhältnis zwischen Aufwand und Nutzen der Tools deutlich zugunsten des Nutzen zu verändern. Der Einwand von Peter Gerstl, der mit Tools verbundene Mehraufwand sollte minimiert werden, würde sich damit erübrigen.

Folglich läßt sich in einer "radikalen" Variante das Ontologie-Handbuch weniger als Lösung denn als Teil eines idealen Ergebnisses auffassen.
Eines der aktuellen Experimente besteht in der Revision der KE-Dialogschnittstelle im Sinne einer **Trennung der KE Tools von der darunterliegenden Systemumgebung** (Martin Mezger). So ist es beispielsweise für den Modellierer relativ uninteressant, über die Filestruktur im einzelnen Bescheid zu wissen. Stattdessen sollten ergonomische Konzepte zur Handhabung, Erlernbarkeit und Wartung von Tools eine deutlich größere Beachtung finden. Das Ziel besteht zunächst in der Vereinfachung der Arbeit mit Elementen von L_{LILOG} durch Anwendung neuerer Technologien wie syntaxüberprüfende Editoren[2], netzwerktransparente Fenstersysteme, relationale Datenbankkonzepte oder Hypermedia-Ansätze.
Im Idealfall würde die Umgebung den Modellierer davon entbinden, mit Systemdaten und Systemstrukturen umzugehen. Ein benutzergerechter Entwurf von KE-Tools mit Dialogboxen, Pull-down-Menüs, Mausanbindung in der Dialogschnittstelle sowie darunterliegender intelligenter Anbindung an die Systemarchitektur würde es ihm ermöglichen, sich stärker auf die inhaltlichen Komponenten der Modellbildung zu konzentrieren und sicher auch die Experimentierfreudigkeit der verschiedenen Beteiligten erhöhen.
Eine gelungene Integration des Front Ends und der "tieferliegenden" Tools des Systems kann als Vorbedingung für Transparenz und Wartbarkeit des Systems gelten. Vor dem Hintergrund der Beteiligung von räumlich entfernten Personen und Gruppen mit (darüberhinaus) heterogenen inhaltlichen Herangehensweisen richtet sich der zweite Aspekt der Weiterentwicklung von KE-Tools auf die Veränderung des Informationsflusses, orientiert an Konzepten der Versionenkontrolle und mit dem Ziel eines "Herunterbrechens" der Aufgaben des Koordinators. Ausgangspunkt bildet die Gliederung der vorhandenen Informationen in mehrere Schichten:

- Datenintegrität (time stamps)

- Versionenkontrolle (Entwurfsentscheidungen werden nachgespielt bzw. rückgängig gemacht)

- Formalisierung von Kommentaren nach Schemata zugunsten einer systematischeren Kommunikation

- Verwendung der Klassifikation von Kommentaren (wie von Peter vorgeschlagen) für den Entwurf eines Tools zur Integritätskontrolle

[2]Hier könnten nicht nur syntaktische Besonderheiten von L_{LILOG} Eingang finden, sondern auch z.B. die von Peter Gerstl erwähnten KE-Konventionen zu Groß- und Kleinschreibung bestimmter Konstrukte.

Insbesondere auf der vierten Ebene werden zwei zusätzliche Sachverhalte relevant, die durch ein reines Handbuch nicht abgedeckt werden können. Ein Aspekt der Kommentare in der Ontologie besteht im *Warten auf eine Antwort* von anderen Mitgliedern der Modellierungsgruppe. Diesem kommunikativen Aspekt der Kommentierung sollte in Form einer - zumindest teilweisen - *Formalisierung der Koordination und Abstimmung* Rechnung getragen werden. Das System sollte dabei insbesondere tentative Schnittstellendefinitionen in frühen Stadien der Modellbildung durch geeignete Facilities zum Verteilen, Protokollieren, Diskutieren, etc. unterstützen. Der hier zugrundegelegte Ansatz orientiert sich dabei eher in Richtung einer *Dekomposition von Aufgaben* und *Kompetenzüberwachung* als in Richtung einer Kompetenzbündelung.
Beide neueren Vorschläge basieren zwar u.a. auf Erfahrungsberichten der "leidgeplagten" Modellierer, ein ausführlicher Praxistest steht jedoch - im Gegensatz zu den Ausführungen von Peter - noch aus.
Zu Punkt (3) der von Peter Gerstl skizzierten Projektstruktur (*wechselnder Stellenwert des Knowledge Engineering*) bleibt anzumerken, daß die Rolle einer Wissensbasis in einem sprachverstehenden System ein Forschungsthema widerspiegelt, das wohl noch einige Zeit zu den "Hot Topics" zählen wird. Insbesondere bei dem Verhältnis der Ontologie zu Lexikoninhalten und Generierungsroutinen trifft man zwangsläufig auf eine ganze Reihe von ungelösten inhaltlichen Problemen, die die konzeptuelle Ebene als *moving target* um so interessanter erscheinen lassen.

Vom ersten LILOG Prototypen zu LEU/2: Zur Entwicklung der Wissensbasen

Manfred Börkel

Mit dem System LEU/2 wurde im Projekt LILOG der IBM Deutschland im Juli 1990 der zweite Prototyp eines sprachverstehenden Systems fertiggestellt. Bei der Entwicklung dieses Systems konnte man auf die Erfahrungen, die man bei der Entwicklung des ersten Prototypen, der im April 1988 fertiggestellt wurde, zurückgreifen.

Hier werden insbesondere die Erfahrungen bei der Entwicklung der Wissensbasis des ersten Prototypen beschrieben. Dazu wird anhand einiger Beispiele gezeigt, wie sich diese Aufgabe entwickelte und welche Techniken zu ihrer Lösung eingesetzt wurden.

Anschließend werden einige Entscheidungen, die bei der Entwicklung von LEU/2 getroffen wurden, diskutiert.

Einführung

Auf dem projektinternen 'Ontologie-Workshop' der Knowledge Engineering Gruppe des LILOG Projektes vom November 1990 stand die Wissensbasis des LEU/2 im Mittelpunkt der Diskussion. Diese Wissenbasis hatte ihren Vorläufer in der Wissensbasis des ersten LILOG Prototypen, der im April 1988 fertiggestellt wurde. In diesem Beitrag wird diese Wissensbasis im Mittelpunkt der Betrachtungen stehen und ein Vergleich mit der Wissensbasis des LEU/2 gezogen.

Ein solcher Vergleich kann aus mindestens zwei Perspektiven vorgenommen werden. Erstens kann betrachtet werden, welches methodische Vorgehen die Arbeiten jeweils bestimmte. Dazu gehören Fragen nach arbeitstechnischen Methoden wie z.B. die Kommunikation unter denjenigen, die an der Wissenbasis arbeiten, sowie mit Entwicklern anderer Systemkomponenten oder die technische Verwaltung der entstehenden Modellierungen. Zweitens kann das Ergebnis der Modellierung betrachtet werden: die eigentliche Wissensbasis. Sie kann daraufhin evaluiert werden, inwieweit die gesteckten Ziele erreicht worden sind.

Bei der Betrachtung beider Aspekte darf nie der Kontext vergessen werden, in dem die Arbeit stattfindet. Die zur Verfügung stehenden Werkzeuge und Formalismen sowie das Anwendungsszenario und auch das Modellierungspersonal haben einen immensen Einfluss auf die Entwicklung der Wissensbasis sowie auf die Wissensbasis selbst[1].

Um nicht zu große Erwartungen an diesen Beitrag aufkommen zu lassen, möchte ich jetzt schon festhalten, daß ein solcher Vergleich hier nicht vollständig gegeben werden kann - das wäre ein kleines Projekt für sich. Während des Ontologie-Workshops wurde klar, daß es zwar einige Kriterien zur Evaluation von Wissensbasen gibt, jedoch keines davon soweit formalisiert und konkretisiert ist, daß es schon in der Praxis eingesetzt werden kann. Solche Kriterien wären aber notwendig,

[1] Für eine ausführlichere Diskussion siehe [Börkel 90]

wollte man eine direkte Gegenüberstellung der beiden Wissenbasen durchführen. Beispielsweise erschien es mir nicht sinnvoll, einen direkten Vergleich der beiden Sortenhierachien in der Art einer Synopse durchzuführen, da den Sorten als Etiketten (leider) Namen gegeben werden mußten, die aus natürlichsprachlichen Wörtern bestanden und so mit ihrem ambigen Charakter die Sortenhierarchie 'infizierten'. Hinter den Sortennamen verbergen sich Überlegungen und Vorstellungen der Namensgeber, die bei beiden Wissensbasen nur unzureichend dokumentiert sind und daher für einen externen Betrachter schwer oder überhaupt nicht nachvollziehbar sind. Man betrachte dazu nur die mannigfaltigen Bedeutungsvarianten, die Wörter wie 'Entität', 'Konzept', 'Objekt' oder 'Domäne' in den verschiedenen Beiträgen des vorliegenden Bandes haben, die doch eigentlich die gleiche Wissensbasis zum Thema haben. Eine Ausformulierung der Inferenzregeln, die eine sinnvolle Festlegung der intendierten Bedeutung einer Sorte darstellen können, fand leider in beiden Systemen bisher nur unzureichend statt. Auch die Beziehungen, die durch Features und Rollen zwischen den Sorten definiert wurden, können nicht immer die intendierte Bedeutung einer Sorte vermitteln.

Nur der Vollständigkeit wegen seien hier einige Zahlen genannt, die den quantitativen Aspekt eines solchen Vergleichs widerspiegeln.

	Erster Prototyp	LEU/2
Sorten	ca. 300	ca. 600
davon bereichsunabhängig	ca. 50	ca. 100
Attribute pro Sorte	ca. 5	ca. 20
Axiome	ca. 350	ca. 300

Solche Zahlen sind aber mit äußerster Vorsicht zu bewerten, denn sie sagen nichts über die Qualität der definierten Sorten und Axiome bzw. des erzeugten Kodes aus. Obwohl das eine Selbstverständlichkeit ist, möchte ich das hier nochmals besonders betonen.

Da also eine direkte Gegenüberstellung oder gar ein direkter Leistungsvergleich im Moment noch unmöglich ist, werde ich folgendermaßen vorgehen: zunächst werde ich in einer Art Projekthistorie beschreiben, wie sich die Aufgabe des Entwurfs der Wissensbasis des ersten Prototypen entwickelt hat und welche Techniken zu ihrer Bewältigung eingesetzt wurden. Dies wird anhand eines Beispiels vorgenommen, das eine Vorstellung davon vermitteln soll, welchen Charakter diese Aufgabe hatte. Dabei werde ich darzustellen versuchen, inwieweit die beschriebenen Aspekte auch für die Arbeit an LEU/2 zutrafen.

Die Arbeiten, über die hier berichtet wird, wurden bei der IBM in Stuttgart durchgeführt. Dort wurden u.a. die Ergebnisse aus den Teilprojekten der Universitäten Hamburg und Stuttgart zu Raum- und Zeitaspekten integriert sowie versucht, alle weiteren Aspekte abzudecken. Viele der Aussagen, die im folgenden gemacht werden, betreffen vor allem den letzteren Teil der Arbeiten bei der IBM in Stuttgart, d.h. sie müssen nicht immer auf die Teilprojekte Raum und Zeit zutreffen.

Beim Entwurf der Wissensbasis von LEU/2 wurden einige Entscheidungen getroffen, die sich stark auf die Aufgabe des Entwurfs der Wissensbasis auswirkten. Einige dieser Entscheidungen werden in einem späteren Abschnitt diskutiert.

Die Wissensbasis des ersten Prototypen

Die Aufgabe des Aufbaus einer Wissensbasis hatte bei der Realisierung des ersten Prototypen einen wesentlich geringeren Stellenwert, als es bei LEU/2 der Fall war. Wurden bei der Entwicklung von LEU/2 zwei Mitarbeiter von Werkstudenten unterstützt, so war diese Aufgabe beim ersten Prototypen noch einem nur kurze Zeit anwesenden Gastwissenschaftler und Werkstudenten übertragen. Das Problembewußtsein, daß die Erstellung einer adäquaten Wissensbasis für ein sprachverstehendes System eine eigene, wesentliche Teilaufgabe ist, die im Grunde den Einsatz bzw. die Entwicklung spezieller Methoden und Techniken erfordert, entstand erst während der Arbeit am ersten Prototypen. Die Erkenntnis, daß die Frage *'Wie repräsentiere ich etwas?'* durch die Angabe eines Formalismus noch lange nicht vollständig beantwortet ist, sondern sich dann erst die Frage stellt *'Wie benutze ich den Formalismus, um bestimmte Wissensinhalte darzustellen?'*, kristallisierte sich erst nach und nach heraus. Nachdem die Problematik dieser Aufgabe erkannt war, erhielt sie auch einen eigenen Namen: *'Knowledge Engineering'* oder kurz KE und wurde dann bei der Entwicklung von LEU/2 zu einem eigenständigen Teilprojekt innerhalb der gesamten Projektstruktur.

In der ersten Projektbeschreibung in [Herzog et al. 86] ist die Aufgabe des Aufbaus einer Wissensbasis folgendermaßen beschrieben:

> 'Für den für das LILOG-Projekt ausgewählten Gegenstandsbereich [...] wird eine Wissensbasis aufgebaut werden. Hierzu wird das für den Gegendstandsbereich benötigte Wissen in den Konzepten der Wissensrepräsentationssprache dargestellt und über die zu entwickelnde Benutzerschnittstelle in die Wissensbasis eingefügt.'

In dieser Formulierung wird es zwar nicht explizit ausgedrückt, doch durch die grundsätzliche Zielsetzung des Projektes war klar, daß diese Wissenbasis vor allem dem Verstehen natürlicher Sprache dienen sollte, und zwar insbesondere das Verstehen von Texten. Mit diesem Anspruch begannen dann auch die ersten Arbeiten zum Wissensrepräsentationsformalismus und zur Wissensbasis.

Unter *'Textverstehen'* verstand man *'die Überführung eines natürlichsprachlichen Textes in eine maschinell verarbeitbare semantische Repräsentation'* [2]. Um ein System, das eine solche interne Textrepräsentation erstellt hat, evaluieren zu können, hat man sich dazu entschlossen, Fragen vom System beantworten zu lassen. Alternativ dazu wurde auch an eine paraphrasierte Wiedergabe von Textteilen durch das System gedacht. Die Entscheidung, Fragen beantworten zu lassen, die vor allem unter dem Aspekt der zukünftigen Verwendbarkeit des entstehenden Systems und der Präsentierfähigkeit der Ergebnisse gefällt wurde, hatte schwerwiegende Auswirkungen auf den weiteren Verlauf des Projektes - doch dazu später mehr.

Aufgrund dieser Überlegungen gelangte man zu einem Szenario für ein textverstehendes System, das folgendermaßen charakterisiert war[3]:

---

[2] Ipke Wachsmuth in einem internen Memo vom 28.11.1986.
[3] Ipke Wachsmuth in einem internen Memo vom 18.12.1986.

- Ein zu verarbeitender fixer Text liegt maschinenlesbar vor. (14 Sätze aus einem Reiseführer über das Elsaß; siehe Anhang)
- Die Bedeutungsrepräsentation des Textes wird Satz für Satz vom System erzeugt.
- Anschließend wird durch explizite, frühzeitig festgelegte Fragen das Verständnis des Textes durch das System überprüft.

Die Festlegung eines fixen Textes sowie eines Katalogs von Fragen leiteten und koordinierten im weiteren Projektverlauf die Arbeiten am System.

Da man in dieser Projektphase noch primär an der Entwicklung eines Wissensrepräsentationsformalismus interessiert war, war es auch vor allem Ziel dieses Szenarios, Aussagen über Anforderungen an einen solchen Formalismus zu gewinnen.

Nachdem dieses Szenario festgelegt war, versuchte man im Frühjahr 1987 durch erste exemplarische Modellierungen, die Bedeutung des Textes, so wie sie erwartungsgemäß vom System erzeugt werden sollte, zu erstellen. Dabei waren die Modellierer noch völlig frei in der konkreten Verwendung des Formalismus, denn es war ebenfalls ein Ziel dieser Aktivitäten, Anregungen für den Entwurf eines Repräsentationsformalismus zu gewinnen. Voraussetzung einer solchen Textrepräsentation war eine Sortenhierarchie, die ebenfalls in einer ziemlich freien Notation formuliert wurde. Diese erste Sortenhierarchie hatte bereits eine prinzipielle Trennung in bereichs*un*abhängige Sorten und bereichsabhängige Sorten. Anregungen zu dieser Sortenhierarchie holte man sich von den Arbeiten Dahlgrens [Dahlgren 88], jedoch orientierte man sich bei konkreten Entscheidungen eher an pragmatischen Kriterien. Diese Kriterien lagen im inferentiellen Potential der Sorten. Eine Sorte wurde dann eingeführt, wenn sie für potentielle Inferenzen Distinktionen zu andereren Sorten aufwies. Der potentielle Charakter dieser Inferenzen bedeutet nichts anderes, als daß sich der Modellierer prinzipiell Inferenzen vorstellen kann, die die Einführung dieser Sorte rechtfertigt. Die Tatsache, daß diese Inferenzregeln noch nicht geschrieben sind, stellt ein prinzipielles Problem der Wissensmodellierung dar, auf das ich später nochmals eingehen werde.

Tiefergehende Überlegungen bzgl. einer theoretischen Fundierung der Struktur der Wissensbasis, insbesondere der Sortenhierachie, fanden zwar in Osnabrück im dortigen Teilprojekt statt [Gust et al. 88], wurden aber in die realisierte Wissensbasis kaum umgesetzt. Erste Ansätze zur Behandlung von Raum und Zeit, die in den Teilprojekten Hamburg und Stuttgart erarbeitet wurden, konnten in die Wissensbasis integriert werden. Allerdings ergaben sich einige Probleme bei den Regeln, die von diesen Teilprojekten erarbeitet wurden. Da die Inferenzmaschine zum Testen erst spät zur Verfügung stand, wurden diese Regelpakete kaum ausgetestet und evaluiert.

Die Sorte KREUZUNG: Eine Fallstudie

Als Beispielsorte wird im folgenden die Sorte KREUZUNG gewählt und anhand der Mutationen, die die Spezifikation dieser Sorte durchlebte, die Entwicklung der Arbeit der Modellierer beschrieben. Die angegebenen Beispiele stammen aus den jeweiligen Stadien der Modellierung.

Die Bedeutung des folgenden Satzes sollte darstellbar sein:

(1) *In Saverne beginnt unsere Wanderung an der Kreuzung der Grand' Rue mit dem Rhein-Marne-Kanal.*

Ich werde mich hier auf die Darstellung des Konzeptes KREUZUNG, die der Bedeutung der Phrase *'...Kreuzung der Grand' Rue mit dem Rhein-Marne-Kanal'* entspricht, beschränken. Es stellte sich zunächst die grundsätzliche Frage, *welches* Wissen über Kreuzungen *wie* im System repräsentiert werden kann. Über das *was* wurden in einer ersten Problemsynopse[4] recht phantasiereiche Überlegungen angestellt, die von Inferenzen bzgl. verschiedener Kreuzungstypen (Straße-Straße, Straße-Fluß, etc.) über Kreuzungen als Möglichkeit der Begegnung bis hin zu dem Aspekt der Kreuzung als Gefahrenpunkt im Verkehr reichten. Abgesehen davon, daß Bedeutungsvarianten, die nur entfernt mit der hier intentierten Bedeutung, nämlich die Kreuzung zweier Verkehrswege, verwandt sind, wie die Kreuzung von Tieren oder Pflanzen, mußte man entscheiden, welchen Aspekt von Kreuzung man im System rekonstruieren wollte. Hier bot sich beispielsweise an, die Kreuzung als abstrakten Ort zu modellieren, an dem zwei Verkehrswege aufeinandertreffen, und sonst nichts. Oder sollte man den physikalischen Ort rekonstruieren, an dem andere Objekte lokalisiert werden können? Ein sprachverarbeitendes System, das beansprucht, 'Wortbedeutung' adäquat zu verabeiten, muß all diese Varianten verfügbar machen, d.h. alle Aspekte, die im Zusammenhang mit dem Wort 'Kreuzung' in irgendeinem Kontext denkbar sind, müssen von einem sprachverstehenden System aktiviert werden können. Diese Forderung ist allerdings noch Zukunftsmusik und man durfte vom ersten Prototyen nicht erwarten, daß er neue Erkenntnisse auf diesem Gebiet liefern würde.

Nahm man das *wie* mit den zur Verfügung stehenden formalen Mitteln und dem theoretischem 'Know How' in die Überlegungen mit auf, so kam folgende ernüchternde Repräsentation zustande[5]:

```
Sortdef Name              : KREUZUNG
        Supersorten       : SOCIAL_PLACE
        Subsorten         :
   Attr. Eigenschaften    :
         Komponenten      : kreuzende_Wege: WEG-set
         Elemente         :
```

Diese Definition der Sorte KREUZUNG wurde in einem Phantasie-Formalismus vorgenommen, wie oben bereits berichtet und enthält noch einige Features, die in der tatsächlichen Realisierung des Formalismus nicht enthalten waren. Die Sorte KREUZUNG wurde mit dieser Spezifikation als Subsorte der Sorte SOCIAL-PLACE innerhalb einer Vererbungshierarchie modelliert. Innerhalb einer solchen Verebungshierarchie sollten alle Attribute einer Sorte an ihre Subsorten vererbt werden. Außerdem wurde durch diese Definition festgelegt, daß Kreuzungen als Komponenten eine Menge von Wegen haben sollten. Damit war eine Minimalkonstellation gegeben, um (1) repräsentieren zu können.

Den hier interessierenden Ausschnitt aus der Bedeutung von (1) stellte man sich folgendermaßen vor (ebenfalls in einer freien Syntax):

```
r2 e KREUZUNG
r2 = KREUZUNG( kreuzende_Wege = {r3, r4})
r3 e STRASSE
ist_Name_von(Grand' Rue, r3)
r4 e KANAL
ist_Name_von(Rhein-Marne-Kanal, r4)
```

Hier werden mit `r2`, `r3` und `r4` Referenzobjekte eingeführt und ihren jeweiligen Sorten zugeordnet, die als Repräsentaten der Objekte stehen, über die Aussagen im Text gemacht werden. Die Beziehun-

[4] Internes Arbeitspapier 'Beispieltext-Problemsynopse' vom März 1987.

[5] Nach einem internen Arbeitspapier von Manfred Börkel und Jutta Kreyß vom 23.03.1987.

gen, die zwischen diesen Objekten bestehen, werden ebenfalls dargestellt, hier also die Beziehung zwischen den beiden Wegen r3 und r4 und der Kreuzung r2.

Nachdem eine erste konkrete Syntax des Wissensrepräsentationsformalismus L_{LILOG} vorlag, sah die Modellierung folgendermaßen aus[6]:

```
SORTDEF KREUZUNG
        supersorts= SOCIAL_PLACE
        KP()
        (components= teil_1: WEG,
                     teil_2: WEG),
```

Wesentlichster Unterschied zur ersten Version war die Tatsache, daß man die Wege, die sich an einer Kreuzung schneiden, nicht als Menge, dargestellt durch **WEG-set**, rekonstruieren konnte, sondern aufgrund von Restriktionen, die der Formalismus auferlegte, zwei verschiedene Komponent-Attribute einführen mußte, um die Informationen aus (1) repräsentieren zu können. Richtig glücklich war niemand mit dieser Lösung, da man eine gleichartige Behandlung der Wege erreichen wollte und auch eine Kreuzung, an der sich mehr als zwei Wege schneiden, nicht ausschließen wollte.

Bis zur Fertigstellung des ersten Prototypen hatte die Sortendefinition von KREUZUNG folgendes Aussehen angenommen:

```
SORTDEF KREUZUNG
    KP( kp0 )
    supersorts: FLAECHE
      (   teile: WEG,
          genese: ARTEFAKT  ).
```

Inzwischen war der Formalismus L_{LILOG} soweit ausgereift, daß ein Compiler sowie ein Interpreter mit einer formalen Semantik[7] zur Verfügung stand. Dadurch waren allerdings einige Features, die man sich gewünscht hätte, wie z.B. eine Unterscheidung zwischen Eigenschaften, Komponenten und Elementen oder Mengen und Listen aus technischen Gründen, die in der Operationalisierung des Formalismus lagen, nicht möglich. Allerdings hatte man die Grundideen des Wissenspaketkonzeptes aus [Wachsmuth 87, 88] in den Formalismus integriert. Leider blieb es bei diesen Anfängen.

Das Attribut **genese** ist ein Relikt aus allgemeinen Überlegungen, die versuchten, potentielle Inferenzen zu antizipieren. Es war der Versuch, zwischen 'natürlichen' und 'künstlichen' Objekten zu unterscheiden, da man annahm, daß eine solche Unterscheidung irgendwann einmal für Inferenzen benötigt wird.

Die Repräsentation der Kreuzung aus (1), wie sie die Semantik erzeugen sollte, sah folgendermaßen aus:

```
r2: KREUZUNG       DESIGNATED_BY <>
r3: STRASSE        DESIGNATED_BY <Grande_Rue>.
r4: KANAL          DESIGNATED_BY <Rhein-Marne-Kanal>
```

[6]Nach einem internen Arbeitspapier von Manfred Börkel und Jutta Kreyß vom 13.08.1987

[7]Eine Beschreibung des Formalismus L_{LILOG}, wie er im ersten Prototypen zur Verfügung stand, befindet sich in [Beierle et al. 88].

```
ke9    KP( kp1 )                 ke11    KP( kp1 )
       poss (arg1 = r2,                  mit (arg1 = r2,
             arg2 = r3).                      arg2 = r4).
```

Dabei handelt es sich um Referenzobjekte und Wissenselemente. Referenzobjekte werden einer Sorte zugeordnet und angegeben, womit auf sie referiert werden kann. Wissenselemente werden durch einen Namen (**ke9** bzw. **ke11**), einer Wissenspaketzuordnung (**KP(kp1)**) sowie einem Prädikat eingeführt. Es war nicht mehr möglich, beide Wege, die die Kreuzung bilden, mit der Sorte KREUZUNG zu verknüpfen, da in der Operationalisierung des Formalismus L_{LILOG} jedes Attribut nur einen Wert erhalten durfte, also eine Funktion war. Eine Lösung mit zwei Rollen, wie in der vorhergehenden Version, wurde aus naheliegenden Gründen abgelehnt, da man die zwei Wege, die eine Kreuzung bilden, gleich behandeln wollte. Denkbar wäre sicherlich auch ein Modellierung, in der rekonstruiert wird, daß sich an einer Kreuzung ein Weg *mit* einem anderen kreuzt, also eine ungleiche Behandlung der beiden Wege. Die tatsächlich erzeugte Repräsentation durch das Prädikat **mit** hätte einer solchen Modellierung auch am ehesten entsprochen. Das eine zur Verfügung stehende Attribut **teile** (es hätte wohl besser **teil** geheißen) wurde durch folgende Regel aus dem Prädikat **poss**, das von der Semantik erzeugt wurde, 'gefüllt':

```
ke101
  KP( kp0 )
  forall  K : KREUZUNG,
          W : WEG
  ( EP  poss( arg1 : K, arg2 : W)
          impl
     EP  teile( dom : K, ran : W)      ).
```

Das zweistellige Prädikat **poss** wurde von der Semantik immer dann erzeugt, wenn in einem natürlichsprachlichen Satz ein possessives Genitiv auftrat, wie z.B. 'die Kreuzung der Grand' Rue', 'der Betrieb der Schleuse', oder 'die Markierung des roten Rechtecks'. Die Wissensrepräsentation übernahm dann die Aufgabe, die entsprechenden Attribute durch Inferenzregeln in der Art von **ke101** zu 'füllen'. Hier fand also eine, zugegebenermaßen noch nicht sonderlich tiefgreifende, Kooperation zwischen sprachlichem und konzeptuellem Wissen statt, allerdings keine Interaktion im eigentlichen Sinne des Wortes. In LEU/2 werden derartige Phänomene von der Semantik selbständig gelöst. Dort ist beispielsweise die Information, welche Rolle bei KREUZUNG bzw. ECKE zu füllen ist, als sprachliches Wissen repräsentiert.

In LEU/2 sieht die Definition von KREUZUNG folgendermaßen aus:

```
sort Kreuzung        <    Flaechenobjekt;
  features  schnitt  : Weg+;
     proto_depics kreuzung_depic.
```

Hier war es durch die Weiterentwicklung des Formalismus L_{LILOG} möglich, Mengen[8] (**Weg+**) als Werterestriktion eines Features bzw. einer Rolle anzugeben.

Soweit die Mutationen der Sortendefinition von KREUZUNG durch die verschiedenen Projektphasen. Sinn und Zweck dieser kleinen Fallstudie war es, einen Eindruck vom Arbeitsverlauf beim Aufbau einer Wissensbasis zu vermitteln.

[8] In L_{LILOG} wurden die Arbeiten von Link [Link 83] integriert.

Rückblickend kann gesagt werden, daß

- die Arbeit stark durch die Ausdrucksmächtigkeit des Formalismus geprägt war,
- Überlegungen zu Inferenzen wenig zielgerichtet waren,
- eine, wenn auch noch nicht sehr weitgehende, Kooperation mit der Linguistik stattfand
- die erarbeitete Lösung eng am vorgegebenen Text orientiert war.

Die Sortenhierarchie

Eine detaillierte Beschreibung der Sorten des ersten Prototypen findet der interessierte Leser in [Gust et al. 88]. Hier möchte ich nur auf die grobe Struktur und einige Charakteristika dieser Sortenhierarchie eingehen.

Die Struktur des Sortenverbandes war von einigen Restriktionen bestimmt, die sich aus dem Formalismus L_{LILOG} in seiner damaligen Form ergaben. Dazu gehörte, daß als Werterestriktionen von Attributen nur Sortennamen zugelassen, also keine Sortenausdrücke erlaubt waren. Das führte dazu, daß viele Sorten nur deshalb mit einem eigenen Namen definiert wurden, weil sie als Werterestriktion eines Attributes einer anderen Sorte benötigt wurden, was zu einer 'Inflation' von Sortendefinitionen mit recht dubiosen Sortennamen ausuferte.

Außerdem führte die Tatsache, daß keine Aufzählungstypen möglich waren, zu einer weiteren 'Inflation' von Sorten, da alle Elemente einer solchen Aufzählung als Subsorten der jeweiligen Sorte eingeführt werden mußten. Augenfälligstes Beispiel dafür sind wohl die natürlichen Zahlen, für die jeweils eine eigene Sorte eingeführt werden mußte. Solche Sorten wurden in einem separaten Teil der Sortenhierarchie definiert, der 'Sorten zweiter Ordnung' genannt wurde. Dieser Bereich faßte all die Sorten zusammen, deren Existenzberechtigung ausschließlich darin zu sehen war, daß sie als Werterestriktion von Attributen anderer Sorten benötigt wurden. Diese Unterscheidung ging vertikal durch den Sortenverband. In LEU/2 konnte Derartiges dank des weiterentwickelten Formalismus vermieden werden.

Eine *methodische Unterscheidung* innerhalb des Sortenverbandes war die zwischen bereichsunabhängigen und bereichsabhängigen Sorten. Sie verlief horizontal durch den Sortenverband. Die bereichsunabhängigen Sorten waren ihrem Anspruch nach unabhängig vom jeweiligen Gegenstandsbereich und vom gewählten Text, d.h. auch für andere Bereiche und Texte einsetzbar. Formal hatte man sich auferlegt, daß dieser Bereich in sich abgeschlossen sein sollte, d.h. Attribute, die in diesem Bereich definiert wurden, hatten als Wertebereichsrestriktion wieder Sorten aus diesem Bereich. Außerdem sollten die bereichsunabhängigen Sorten disjunkt sein, also keine gemeinsamen Subsorten zulassen. Für LEU/2 wurde diese Unterscheidung theoretisch weiter ausgearbeitet[9].

Pragmatische Sortendefinitionen

Die Frage, 'Was wird eine eigene Sorte?', wurde pragmatisch gehandhabt, wie oben bereits erwähnt. Kriterium waren die potentiellen Inferenzen, die vom System erwartet wurden, und die durch die Distinktion der betreffenden Sorte zu anderen Sorten ermöglicht werden sollte. Diese Inferenzen

[9] Vgl. dazu [Klose und Luck 91].

wurden allerdings selten durch Inferenzregeln explizit formuliert, so daß allein der Name, der als Etikett der Sorte gegeben wurde, Auskunft über die Überlegungen des Modellierers geben kann. Daß das nicht immer funktioniert, darf eigentlich nicht überraschen. Hier zeigt sich ein prinzipielles Problem, das auf dem Ontologie-Workshop oft Thema war und auch von anderen Autoren in diesem Band (Lang, Simmons, Klose, Pirlein) angesprochen wird. Soll der Name einer Sorte hilfreich sein bei der Identifikation seiner Bedeutung und damit die Transparenz der Modellierung steigern, so muß er sehr sorgfältig gewählt werden. Hier wäre die Formulierung von Richtlinien, an die sich alle Modellierer halten müssen, sinnvoll. Eine aussagekräftige Dokumentation muß selbstverständlich sein (cf. Gerstl, in diesem Band). Da die wirkliche Bedeutung erst durch das Verhalten im System realisiert wird, also durch die Inferenzen, müssen solche Inferenzen auch formuliert werden und die entsprechenden Inferenzregeln ebenfalls sorgfältig dokumentiert sein. Hier wird dem Modellierer ein pädagogisches Geschick abverlangt, da er sich in die Person eines Betrachters versetzen muß, der die Überlegungen und Theorien des Modellierers nicht so gut kennt wie dieser selbst. In dieser Beziehung stecken beide Wissenbasen noch in den Anfängen.

Arbeitstechnik beim ersten Prototypen

Zur Bewältigung der gestellten Aufgabe, eine adäquate Wissensbasis zu erstellen, konnte weder auf Erfahrungen früherer Arbeiten zurückgegriffen werden, noch auf eine etablierte Methodologie. Deshalb war man gezwungen, eigene Techniken zu entwickeln, um die Aufgabe zu lösen. Die wichtigste Technik war dabei die Erstellung einer handkodierten Repräsentation der Bedeutung des ausgewählten Kerntextes, der aus 14 Sätzen aus einem Reiseführer über das Elsaß bestand. Diese Textrepräsentation im Formalismus LLILOG bestand aus den Definitionen von Referenzobjekten, der Zuordnung dieser Referenzobjekte zu Sorten der Sortenhierarchie sowie der Definition von Wissenselementen, die aus Prädikaten über Referenzobjekte bestanden. Eine solche Repräsentation entspricht in etwa der A-Box von KL-ONE.

Wie oben berichtet, war dies schon in frühen Phasen des Projektes eine erfolgreich eingesetzte Technik, mit der mehrere Ziele verfolgt und erreicht wurden, die sich vor allem aus der parallelen Entwicklung der verschiedenen Systemkomponenten ergaben:

- Anregungen für die Entwicklung des Formalismus L_{LILOG} gewinnen
- Erfahrung in der praktischen Arbeit mit L_{LILOG} erlangen
- Adäquatheit der Sortenhierarchie überprüfen
- realistisches Testmaterial gewinnen für:
  - L_{LILOG}-Compiler
  - Inferenzmaschine
  - Wissensbasis
- Kommunikationsmedium für Koordination mit Semantik

Insbesondere der letzte Punkt erwies sich als äußerst hilfreich. Die erstellte Textrepräsentation, die als Kommunikationsmedium zwischen Wissensrepräsentation und Semantik diente, entwickelte sich in mehreren Iterationsstufen zu einer realistischen Darstellung dessen, was von der Semantik wirklich erzeugt werden konnte. Dazu waren natürlich mehrere Treffen zwischen Vertretern von Semantik und Wissensrepräsentation notwendig, aber durch die vorliegenden Textrepräsentationen verliefen diese Treffen sehr effektiv, da man eine gemeinsame Diskussionsgrundlage hatte. Die so erlangten Textrepräsentationen konnten von den Vertretern der Wissensrepräsentation dazu benutzt werden, ihre eigene Wissenbasis zu testen, noch lange bevor die Semantik tatsächlich in der Lage war, diese Ergebnisse zu liefern, da sie ja parallel zur Wissenbasis entwickelt wurde. Beim Testen der Wissenbasis konnte auch Feedback an die Entwickler der Inferenzmaschine gegeben werden, die ebenfalls zeitlich parallel entwickelt wurde.

Da die Entwicklung der Wissensbasis von LEU/2 unter ähnlichen Rahmenbedingungen bzgl. der parallelen Entwicklung anderer Systemkomponenten ablief, wurde diese Arbeitstechnik der handcodierten Textrepräsentationen übernommen.

Bei der Spekulation über Inferenzen, die irgendwann einmal vom System auszuführen sein würden, konnte man auf keine Vorgaben oder Spezifikationen zurückgreifen. Die Modellierer waren hier auf ihre Phantasie angewiesen. Daraus läßt sich auch erklären, warum viele der durch gutgemeinte Sortendistinktionen vorbereiteten Inferenzen nie geschrieben wurden. Sie wurden für die Beantwortung der vorbereiteten Fragen nicht benötigt. Aufgrund der knappen Zeit, die den Modellierern zur Verfügung stand, hatten die Regeln aus diesem Grund relativ geringe Prioritäten, so daß die Anzahl der Regeln im System im Vergleich zur Sortenhierachie doch ziemlich gering ausfiel. In den Teilprojekten in Hamburg und Stuttgart, die sich mit Raum und Zeitaspekten beschäftigten, sah dies anders aus, was sich z.B. in deren 'Regelproduktion' zeigte. An Regeln, die zeitliche bzw. räumliche Aspekte behandelten wurden ca. 215 bzw. 100 geschrieben - sonstige Regeln nur 35.

Die Integrationsarbeit der verschiedenen Teilergebnisse der Teilprojekte Raum und Zeit aus Hamburg und Stuttgart wurden bei der IBM in Stuttgart am VM System mit den von diesem zur Verfügung gestellten Mitteln geleistet. Dazu waren zwar bescheidene, aber in der praktischen Arbeit doch sehr hilfreiche speziell entwickelte Werkzeuge implementiert worden. Diese Werkzeuge waren einfache Editierhilfen, die z.B. das Auffinden einer Definition in einer Datei erleichterten oder das Auflisten aller Super- bzw. Subsorten und Attribute zu einer Sorte. Da man für LEU/2 auf AIX-Workstations gewechselt war, konnte man für die Entwicklung der Wissensbasis dort wesentlich komfortablere Werkzeuge bereitstellen.

Die Wissensbasis von LEU/2

Als man mit der Entwicklung des zweiten Prototypen begann, der den Namen LEU/2 erhielt, wurden einige grundsätzliche Entscheidungen getroffen, von denen ich hier einige rückblickend diskutieren möchte. Eine ausführlichere Darstellung der Entwicklung der Arbeiten am System LEU/2 wird in diesem Band von Klose, Pirlein u.a. gegeben.

Die zunächst wichtigste Entscheidung war der Wechsel der Hardwareumgebung vom VM System auf AIX-Workstations. Damit war man in der Lage, den einzelnen Wissensingenieuren komfortablere Entwicklungsumgebungen zur Verfügung zu stellen, als es auf Terminals, die mit einem Großrechner verbunden waren, möglich gewesen wäre. Ein Nachteil war allerdings, daß man vom ersten Prototypen nur sehr wenig übernehmen konnte. Insbesondere die Arbeitsumgebung für die Entwicklung der Wissensbasis mußte völlig neu entworfen und implementiert werden. Hier ergab sich das Problem, daß diese Umgebung parallel zur Wissenbasis implementiert wurde und daher erst spät den Wissensingenieuren zur Verfügung stand.

Von der Wissensbasis selbst wurde nichts übernommen. Wichtigster Grund dafür war die Neuentwicklung des Wissensrepräsentationsformalismus L_{LILOG}. Ausserdem übernahmen neue Mitarbeiter diese Aufgabe, so daß hier im Grunde ein völliger Neuanfang geleistet wurde. Allerdings konnte man auf einige Erfahrungen der bisherigen Mitarbeiter zurückgreifen, da diese beratend zur Verfügung standen.

Das Szenario

Veränderungen ergaben sich in der Definition des Szenarios. Beim ersten Prototyen hatte noch die Überführung eines Textes in eine interne Repräsentation, also Textverstehen, im Mittelpunkt des Szenarios gestanden. Für LEU/2 versuchte man durch die Spezifikation eines Szenarios die drei Aspekte der Wissensmodellierung Gegenstandsbereichskomplexität, Aufgabenkomplexität und Modellierungstiefe[10] einzugrenzen. Die Entscheidung bei der Entwicklung des ersten Prototypen, zu dessen Evaluierung Fragen beantworten zu lassen, wurde durch dieses Szenario weitergeführt und zu einer Hauptaufgabe des zu entwickelnden Systems gemacht. Diesen Wechsel der primären Aufgabenstellung von Textverstehen hin zur Fragebeantwortung muß man beachten, wenn man die beiden Systeme vergleicht, weil das Szenario Entwurfsentscheidungen zur Wissensbasis stark beeinflußt[11].

Die Wissensbasis von LEU/2 wurde dahingehend konzipiert, daß sie Weltwissen rekonstruieren, über Fragen zugänglich, sowie in einem gewissen Grad 'generierungsfreundlich' sein sollte. Die Aufgabe, Textverstehen in enger Kooperation mit den linguistischen Komponenten zu ermöglichen, wurde von den Wissensingeneuren bei ihrer praktischen Arbeit als sekundär betrachtet.

Meines Erachtens wäre es hilfreicher gewesen, das Szenario von Anfang an etwas 'stärker' zu formulieren. D.h., die Aufgaben, die vom System zu leisten waren, hätten schon früher genauer spezifiziert werden sollen. Bei der Beschreibung derartiger Aufgaben wäre es sinnvoll gewesen, bestimmte linguistische Aufgabenstellungen mit aufzunehmen, um dem Anspruch des Projektes, Sprachverstehen zu modellieren, mehr gerecht zu werden.

Die Texte

Beim ersten Prototypen hatte man sich dazu entschlossen, einen Originaltext aus einem Reiseführer als Beispieltext zu wählen. Damit ist man das Risiko eingegangen, nicht alle linguistischen und konzeptuellen Phänomene, die sich im Text befinden, adäquat behandeln zu können, hatte aber eine fixe Arbeitsgrundlage, an der sich alle Systemkomponenten von der Morphologie bis zur Wissensrepräsentation orientieren konnten. Außerdem war man sich sicher, ein System für einen realistischen deutschen Text zu schreiben, auch wenn nicht alles vom System 'richtig' verstanden wurde. Hier kann man damit argumentieren, daß auch Menschen, beispielsweise Kinder, nicht alles in einem solchen Text verstehen, aber trotzdem Informationen aus ihm entnehmen können. Für den Entwurf der Wissensbasis hatte das die Folge, daß von Anfang an feststand, welche Konzepte zu rekonstruieren waren.

Für LEU/2 wurde beschlossen, die zu verarbeitenden Texte selbst zu formulieren, um zu vermeiden, daß die Texte Phänomene enthielten, die von LEU/2 nicht ohne 'ad hoc'-Lösungen zu behandeln waren[12]. In sehr langen, zeitraubenden Projektmeetings der verschiedenen Projektpartner wurde versucht, einen 'geglätteten' Text zu entwerfen, von dem alle meinten, sie könnten die darin enthaltenen Phänomene behandeln.

[10] Siehe dazu [Pirlein 91].
[11] Siehe dazu [Luck und Pirlein 91].
[12] Siehe dazu [Luck und Pirlein 91].

Nachdem diese Texte zunächst mit dem Anspruch, die endgültige Version zu sein, festgelegt waren, setzte sich allmählich die Einsicht durch, daß die einzelnen Komponenten bestimmte Phänomene doch nicht in der vorgesehenen Form behandeln konnten. Das ist auch verständlich, entwickelten doch fast alle Komponenten neue Theorien und konnten daher in einer so frühen Phase noch nicht abschätzen, was 'geht' und was 'nicht geht'. Das führte dazu, daß die Texte während der gesamten Entwicklungszeit des LEU/2 weiterhin modifiziert bzw. 'geglättet' wurden. Dieser Prozeß kann, wie in [Luçk und Pirlein 91] argumentiert wird, dazu benutzt werden, die Leistungsfähigkeit des Systems zu dokumentieren und zu evaluieren. Dazu ist aber ein detailliertes Protokoll notwendig, in dem genau beschrieben ist, was warum von wem geändert wurde. Etwas Derartiges wurde, aus zeitlichen Gründen, leider nicht angelegt.

Für die Wissensbasis hatte der ständige Wandel der Texte zur Folge, daß viele Konzepte, insbesondere in der Lower Structure, nicht mehr benötigt wurden. Man kann zwar damit argumentieren, daß das nicht so schlimm sei, da man ja nicht für die speziellen Texte modelliert habe, aber m.E. war der Zeitaufwand für diese Sortendefinitionen teilweise nicht gering und die dabei 'vergeudete' Zeit hätte sinnvoller genutzt werden können.

Fazit

In diesem Beitrag stand die Wissensbasis des ersten LILOG Prototypen im Mittelpunkt der Betrachtungen. Es wurde ein Eindruck von deren Entwicklung vermittelt sowie eine Gegenüberstellung zur Entwicklung der Wissenbasis des LEU/2 gegeben. Ein direkter Leistungsvergleich beider Systeme konnte nicht geleistet werden, da dazu die Voraussetzungen fehlen. Man wird beiden Systemen nicht gerecht, wenn man versucht sie dahingehend zu vergleichen, was sie als sprachverstehendes System 'können' und was nicht. Dazu waren die Voraussetzungen, unter denen beide System entwickelt wurden, zu verschieden. Beim ersten Prototypen hatte man das Ziel, erste Erfahrungen bei der Entwicklung derartiger Systeme zu gewinnen. Bei LEU/2 konnte man auf diese Erfahrungen zurückgreifen bei der Entwicklung eines Experimentiersystems, deren endgültige Bewertung den Einsatz in der Praxis erfordert.

Ausblick

Eine Sortenhierarchie wird erst dann bewertbar, wenn es genügend Inferenzen gibt, die die Sorten miteinander in Beziehung setzen. Weder im ersten Prototypen noch in LEU/2 gibt es genügend derartige Inferenzen.

Zur Evaluierung der Wissensbasis eines *textverstehenden* Systems müssen die Inferenzen betrachtet werden, die bei der Interaktion mit der linguistischen Semantik beim Verstehensprozeß ablaufen. Um solche Inferenzen zu identifizieren und zu implementieren muß der Wissensingenieur entweder auf bereits vorhandene Theorien zurückgreifen, wie beispielsweise von [Simmons, in diesem Band] demonstriert, oder selbst, zusammen mit der linguistischen Semantik, zu einzelnen Phänomembereichen eigene Theorien entwickeln, wie z.B. in [Gerstl 91] am Beispiel der lexikalischen Semantik vorgeschlagen. Neben der konzeptuellen Trennung zwischen sprachlichem und nicht-sprachlichem Wissen muß vor allem deren Interaktion vorrangiges Forschungsinteresse gelten.

Ein wissensbasiertes System muß nach Kriterien der zu lösenden Aufgabe entworfen werden[13].

---

[13]Siehe dazu z.B. [Pirlein 91].

Da die Aufgabe eines textverstehenden Systems primär die Behandlung linguistischer Phänomene ist, muß es sich an den Charakteristika der Sprache orientieren. Solche Aufgaben müssen in eine Szenariobeschreibung eines sprachverstehenden Systems aufgenommen werden, um die Arbeiten von Anfang an auf diese Problematiken zu fokussieren. Das soll nicht heißen, daß diverse Cluster, die bestimmte 'commonsense'-Theorien beschreiben, keine Bedeutung für ein sprachverstehendes System haben. Aber neben der Identifikation und Rekonstruktion derartiger Cluster muß auch engste Kooperation mit der linguistischen Semantik Ziel bei der Realisierung eines sprachverstehenden Systems sein.

Anhang: Beispieltext des ersten Prototypen

(1) In Saverne beginnt unsere Wanderung an der Kreuzung der Grand' Rue mit dem Rhein-Marne-Kanal. (2) An dieser Stelle finden wir eine Hinweistafel des Vogensenklubs und die Markierung des roten Rechtecks auf weißem Grund, der wir vorerst folgen. (3) Mit diesem roten Rechteck ist der Fernwanderweg Nr. 5 (Grand Randonne 5) bezeichnet. (4) Wenn wir etwas Glück haben, können wir den Betrieb der altertümlichen Schleuse verfolgen. (5) Im Jahr fahren hier immerhin - so ist zu lesen - 4000 Schiffe durch. (6) Auf einem schmalen Fußweg folgen wir etwa 250 Meter dem Kanal und klettern dann bei der Fußgängerbrücke links auf die Böschung und auf die Straße, auf der wir weitergehen. (7) Gut von unserere Markierung geführt, schlagen wir die Rue du Haut-Barr ein, die uns rasch auf die Höhe bringt. (8) Bald haben wir einen weiten Blick auf die Zaberner Senke zurück. (9) Rechts von uns auf der anderen Talseite gegenüber die Burgruine Griffon, die alte Burg Greifenstein. (10) Am Ende der Wohnstraße überqueren wir einen kleinen Parkplatz und wandern jetzt in einen prachtvollen Mischwald hinein, zuerst auf einem Waldlehrpfad. (11) Nach etwa einer halben Stunde haben wir den ersten Anstieg geschafft und werden, wenn wir ein paar Schritte nach Osten vorgehen, durch einen weiten Blick in die Ebene für die Anstrengung entschädigt. (12) Der nächste Weg zur Höhe und zur Burg Haut-Barr erfordert einige Aufmerksamkeit; wenn wir bei den Abzweigungen jedoch dem roten Rechteck gefolgt sind, stehen wir bald vor den mächtigen Sandsteinquadern der Burg, die in den roten Fels hineingebaut ist. (13) Der erste Eindruck dieser Burg ist der beste und geschlossenste: Sobald wir näher kommen, taucht im Burghof ein altdeutscher Fachwerkbau auf, der Anfang dieses Jahrhunderts sicherlich mit guter Absicht zur Bereicherung des Fremdenverkehrs gebaut worden ist. (14) Das Wirtshaus und der damit verbundene Umtrieb soll uns nicht hindern, die Burg zu besichtigen und den Burgfels zu besteigen. (aus: Sterner: Elsaß-Wanderung für Genießer, Walz Wandereferien Verlag, 1984, S.29f)

Literatur

[Börkel 90] Manfred Börkel. *Knowledge Engineering für ein natürlichsprachliches wissensbasiertes System.* Stuttgart: IBM Deutschland, IWBS-REPORT 116, 1990

[Beierle et al. 88] Christoph Beierle, Jochen Dörre und Udo Pletat et al.. *The Knowledge Representation Language L-LILOG.* Stuttgart: IBM Deutschland, LILOG-REPORT 41, 1988

[Dahlgren 88] Kathleen Dahlgren. *Naive Semantics for Natural Language Understanding.* Boston, etc.: Kluwer Academic Publishers, Kluwer international series in engineering and computer science. Natural language processing and machine translation, 1988

[Gerstl 91] Peter Gerstl. Linking Linguistic and Non-Linguistic Information. *In:* R.P. van de Riet und R.A. Meersman (Hrsg.): *Proceedings of the 1991 Workshop on Lingustic Instruments in Knowledge Engineering.* Amsterdam: Elsevier und North Holland, 1991 (in Vorbereitung)

[Gust et al. 88] Helmar Gust, Petra Ludewig und Mechthild Rickheit.*Die Struktur des Lexikons für LILOG.* Stuttgart: IBM Deutschland, LILOG-REPORT 29, 1988

[Herzog et al. 86] Otthein Herzog et al.. *LILOG - Linguistische und logische Methoden für das maschinelle Verstehen des Deutschen.* Stuttgart: IBM Deutschland, LILOG-REPORT 1a, 1986

[Herzog und Rollinger 91] Otthein Herzog und Claus-Rainer Rollinger (Hrsg.). *Text Understanding in LILOG: Integrating Computational Linguistics and Artificial Intelligence.* Berlin: Springer-Verlag, Lecture Notes in Artificial Intelligence, Nr. 546, 1991

[Klose und Luck 91] Gudrun Klose und Kai von Luck. Background Knowledge for the LILOG System. *In:* [Herzog und Rollinger 91]

[Link 83] Godehard Link. The Logical Analysis of Plurals and Mass Terms: A Lattice-theoretical Approach. In: R. Bäuerle, Chr. Schwarze und A. von Stechow (Hrsg.): Meaning, Use and Interpretation of Language. Walter de Gruyter, Berlin, 1983

[Luck und Pirlein 91] Kai von Luck und Thomas Pirlein. Constructing a Context for LEU/2. *In:* [Herzog und Rollinger 91]

[Pirlein 91] Thomas Pirlein. Konstruktion und Evaluation von Wissensbasen in textverstehenden Systemen. In: Proc. of GWAI-91, Springer-Verlag, Berlin, 1991

[Wachsmuth 87] Ipke Wachsmuth. *On Structuring Domain-Specific Knowledge.* Stuttgart: IBM Deutschland, LILOG-REPORT 12, 1987

[Wachsmuth 88] Ipke Wachsmuth. *Zur intelligenten Organisation von Wissensbeständen in künstlichen Systemen.* Habilitationsschrift an der Universität Osnarbrück, 1988 (erschienen als IWBS-Report 91)

Anhang

Der folgende Anhang dokumentiert die Upper Structure der Ontologie in der LEU/2-Wissensbasis, das Textkorpus, das den Arbeiten aller Teilprojekte zugrundegelegt wurde, sowie die Syntax der verwendeten Sprache L_{LILOG}.

Struktur der Wissensbasis in LEU/2

Der aktuelle Sortenverband teilt sich in der ersten Ebene unter TOP in Konzept und Entität auf.

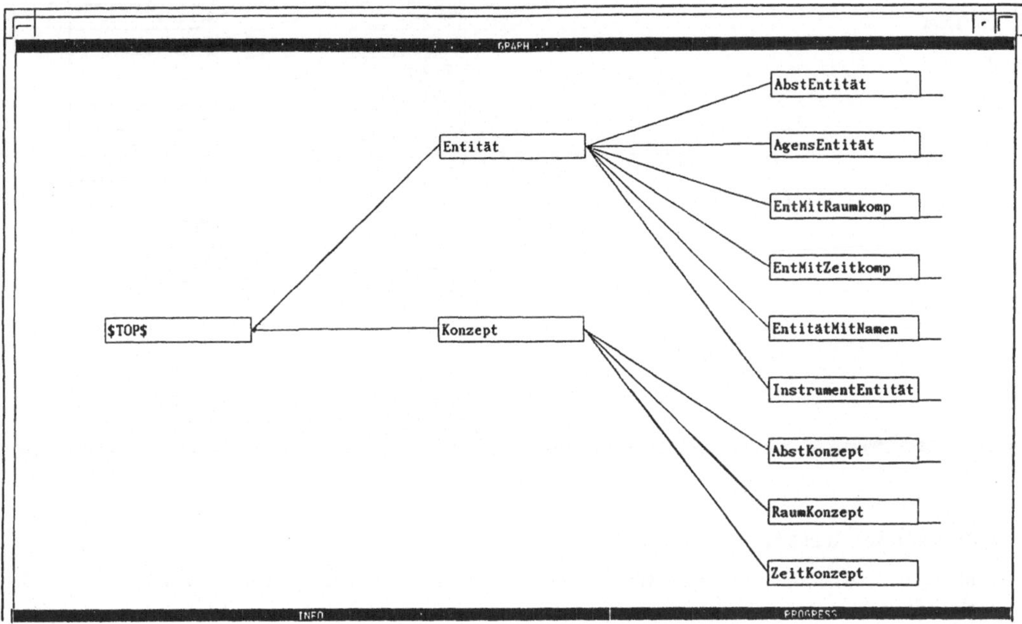

Abbildung 1: Sorten unter TOP

Konzepte sind beispielsweise abstrakte Dinge wie Maße, Dimensionen oder Raumregionen. Entität sind im Modell die grundlegenden Einheiten des Gegenstandsbereiches. Konzepte dagegen liefern Hilfskonstruktionen zu den Entitäten. Die Strukturierung von Konzepten orientiert sich an den qualitativen Umgebungen, die für die Entitäten des Gegenstandsbereichs von Bedeutung sind.

Sorten unter Konzept:

- **AbstKonzept unter Konzept**

  Hier finden sich Konzepte, die nicht für die Modellierung von Raum oder Zeit benötigt werden.

- **Begriffskonzept unter AbstKonzept**

  Begriffe sind atomare Klassifikationsgrößen, denen keine eigenständige Obersorte zugestanden wird.

- **Struktur unter AbstKonzept**

  Hilfskonstruktionen für die Bündelung verschiedener 'Dinge'. Dazu zählen Zusammenfassungen von Konzepten zu solchen höherer Ordnung genauso wie "Mengen von Äpfeln", "Listen wartender Personen" usw., die einzelnen Untersorten unterscheiden sich durch die zwischen den Elementen bestehenden Beziehungen (keine bei Mengen, lineare Ordnung bei Listen, etc.).

- **Liste unter Struktur**

  Eine Liste ist die Repräsentation linear geordneter Zusammenfassungen von Konzepten oder Entitäten.

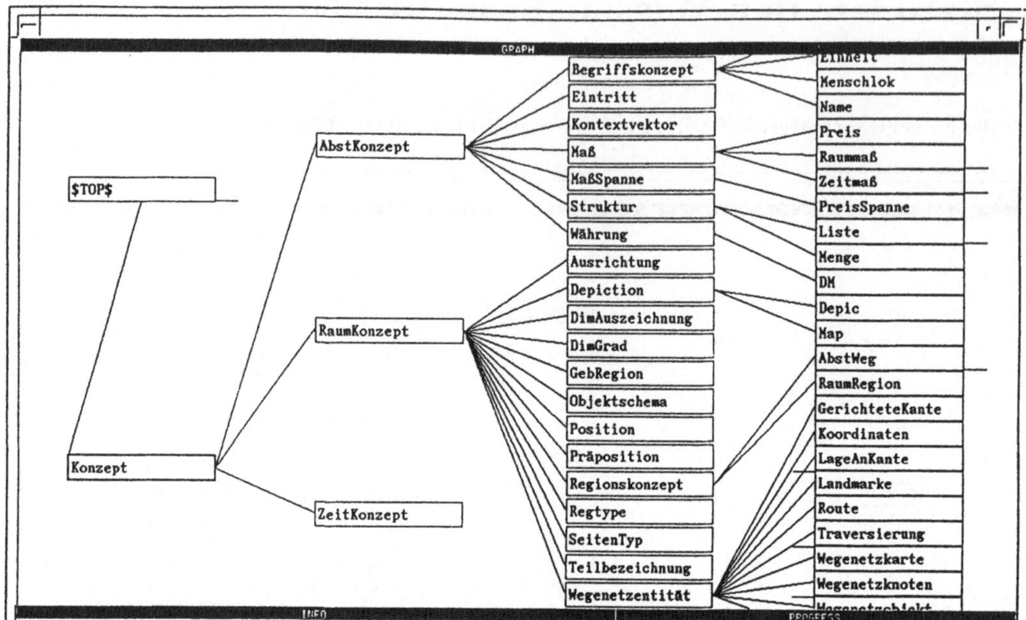

Abbildung 2: Sorten unter `Konzept`

- `Menge` unter `Struktur`

  Mengen sind eine Repräsentation ungeordneter Zusammenfassungen von Konzepten oder Entitäten.

- `Währung` unter `bstKonzept`

  Hier handelt es sich um die Obersorte von Dollar, DM, Franken, ...

- `Regionskonzept` unter `RaumKonzept`

  Regionskonzepte dienen der räumlichen Lokalisierung 'in, an, bei,...' einer Region oder 'entlang, im Verlaufe, ...' eines Weges.

- `RaumKonzept` unter `Konzept`

  Raumkonzepte werden für die Modellierung räumlicher 'Hilfskonstruktionen' verwendet.

- `Präposition` unter `RaumKonzept`

  Präposition steht für räumliche Präpositionen mit lokaler oder direktionaler Lesart.

- `Ausrichtung` unter `RaumKonzept`

  Die Sorte Ausrichtung drückt eine gerichtete Beziehung zwischen einem Objekt und seiner räumlichen Umgebung aus.

- `Objektschema` unter `RaumKonzept`

  Hier handelt es sich um eine Charakterisierung der räumlichen Ausdehnung gegenständlicher Objekte.

- `Maß` unter `AbstKonzept`

  Maße sind qualitative oder quantitative Beurteilungen, die durch Dimensionen (welcher Aspekt wird beurteilt, z.B. Länge, Wert, Schönheit, ...) und in bestimmten Fällen zusätzlich durch Einheiten (einer Währung, Längen- und Zeitmaße ...), ggf. mit einem zugehörigen Zahlenwert, ausgezeichnet sind.

- `Raummaß` unter `Maß`

  Raummaß stellt ein Maß der räumlichen Ausdehnung in 1-3 Dimensionen mit Angabe der Einheit (cm, m, km) und Dimension (lang, kurz, dünn, ...) dar.

- `Dauer` unter `Zeitmaß`

  Analog zu Raummaß ist Dauer ein Maß der zeitlichen Ausdehnung.

- `Stoff` unter `AbstEntität`

  Aus Stoffen können gegenständliche Objekte bestehen. Stoffe werden als atomar betrachtet, auch wenn sie aus anderen Materialien zusammengesetzt sind (die Chemiker und Geophysiker mögen uns verzeihen).

- `Material` unter `Stoff`

  Materialien sind feste Stoffe (Metall, Stein..), aus denen sich gegenständliche Objekte zusammensetzen können.

- `Flüssigkeit` unter `Stoff`

  Flüssigkeiten sind flüssige Stoffe, die Bestandteile von Objekten sein können.

- `RaumRegion` unter `Regionskonzept`

  Raumregionen dienen zur abstrakten räumliche Charakterisierung bei der Lokalisierung von Raumentitäten.

- `AbstWeg` unter `Regionskonzept`

  Diese Sorte subsumiert abstrakte räumliche Charakterisierungen für die Lokalisierung von Bewegungsereignissen.

- `Begriffsentität` unter `AbstEntität`

  Begriffe sind atomare Klassifikationsgrößen, die flach modelliert werden sollen und die deswegen im Sortenverband keine eigenständige Obersorte erhalten.

- `Depiction` unter `Regionskonzept`

  Hier handelt es sich um "Hilfskonstruktionen" der depiktionalen Komponente.

Sorten unter `Entität`:

- `AbstEntität` unter `Entität`

  Abstrakte Entiäten sind beispielsweise `Wissenschaft`, `Plan`, `Kunst`.

- `AgensEntität` unter `Entität`

  Enthält alle Entitäten, die als Agenten in einer Handlung auftauchen können: `Lebewesen`, `Körperschaften`, `Institutionen`, etc.

- `EntitätMitNamen` unter `Entität`

  Enthält alle Entitäten, die typischerweise Namen haben.

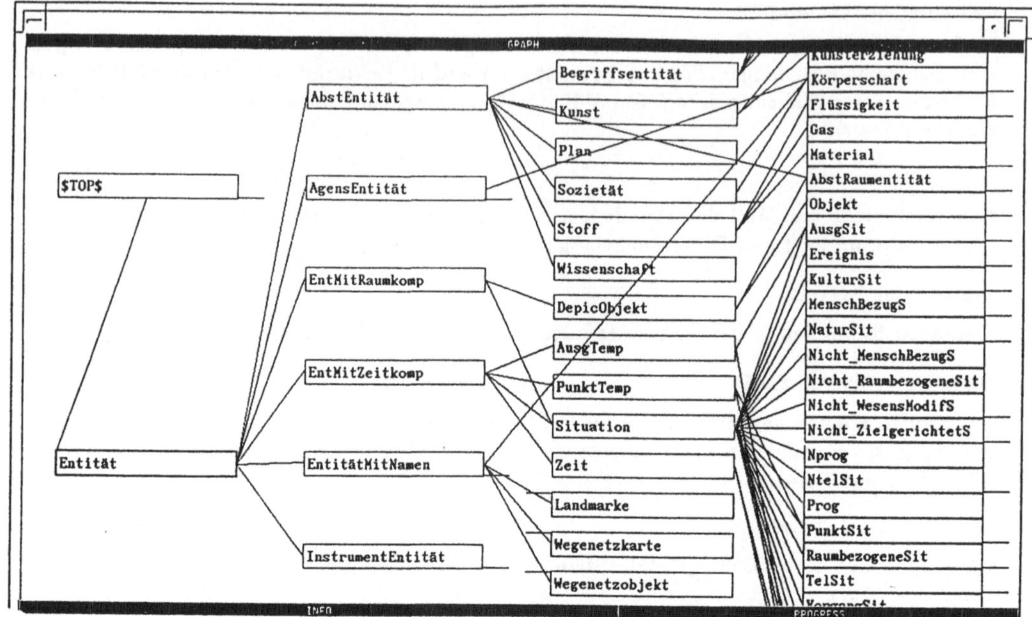

Abbildung 3: Sorten unter `Entität`

- `InstrumentEntität` unter `Entität`

  Enthält alle Entitäten, die typischerweise Instrumente in Handlungen sein können.

- `EntMitRaumkomp` unter `Entität`

  Raumentitäten besitzen eine räumliche Komponente.

- `DepicObjekt` unter `EntMitRaumKomp`

  Hier werden alle Objekte mit depiktionaler Charakteristik subsumiert.

- `EntMitZeitKomp` unter `Entität`

  Entitäten mit Zeitkomponente bezeichnet die Menge aller Entititäten, denen man eine zeitliche Komponente zuordnen kann. Die Features 'start' und 'end' bezeichnen Start- und Endpunkt einer EntmitZeitkomp; mit 'temporal' wird einer solchen Entität eine Zeit zugeordnet. Die Rollen 'prec' bis 'not-bef' sind verallgemeinerte Rollen, die aus der Zusammenfassung von Allenschen Relationen entstehen. Die '...tempspec'-Rollen werden von der Semantik erzeugt und müssen durch Regeln in Allensche Relationen transformiert werden.

- `Situation` unter `EntMitRaumkomp` und `EntMitZeitkomp`

  Situationen besitzen sowohl eine zeitliche als auch eine räumliche Komponente. Die Rollen 'teilvon' bezeichnen die Teil-Beziehungen zwischen Situationen, d.h. eine Situation ist ein Teil der anderen.

Sorten unter `Situation`
Diese Sorten dienen als 'Grundbausteine' zur Rekonstruktion von 'Commonsensense-Knowledge' über Ereignisse.

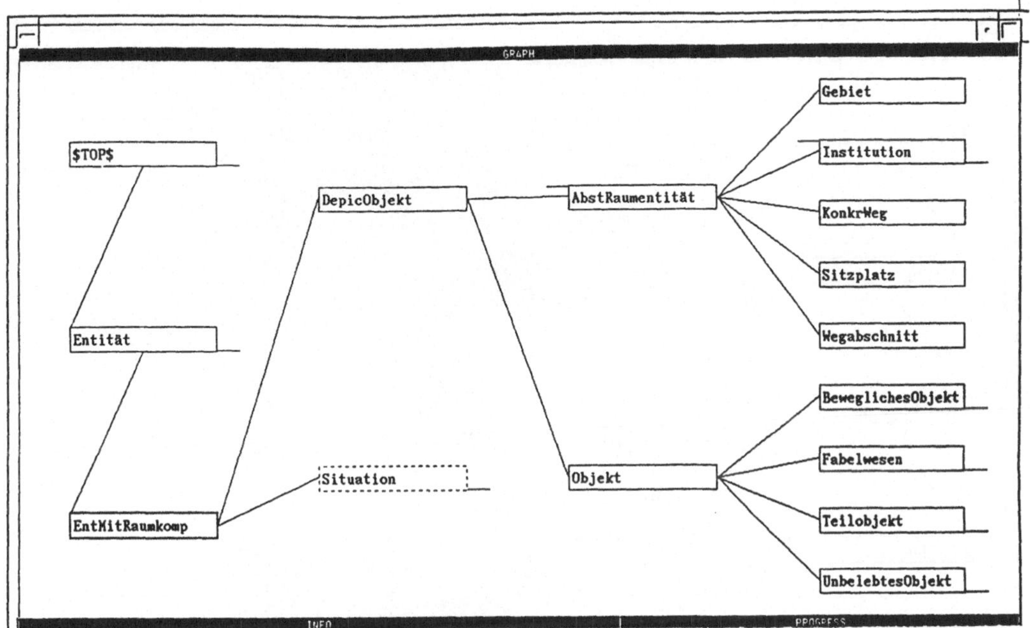

Abbildung 4: Sorten unter `DepicObjekt`

- `Zustand` unter `Situation`
  Man unterscheidet nach der Klassifikation von Vendler [Vendler 67] zwischen Ereignissen (bzw. Verben) mit einer sogenannten 'Subintervalproperty' und solchen ohne:

  > A sentence j is a stative (Zustand) iff it follows from the truth of j at an intervall I that j is true of all subintervalls of I.

  Zustände haben diese Eigenschaft nicht.

- `Ereignis` unter `Situation`
  Ereignisse haben die 'Subintervallproperty'.

  > A sentence j is an activity (Ereignis) iff it follows from the truth of j at an intervall I that j is true of all subintervalls of I down to a certain limit in size.

  Situationen können somit kreuzklassifiziert werden in Zustände und Ereignisse.

- `ZielgerichtetS` unter `Situation`
  Zielgerichtete Prozesse werden in der philosophischen Terminologie auch telische Prozesse genannt. Man versteht darunter das Zusteuern eines Prozesses auf einen bestimmten, zeitlich nicht notwendigerweise punktuellen, Kulminationspunkt.

- `Nicht_ZielgerichtetS` unter `Situation`
  Situationen kann man kreuzklassifizieren in zielgerichtete und nicht zielgerichtete Situationen.

- `VorgangSit` unter `Situation`
  'Vorgänge' sind Situationen, die per definitionem einen Agens besitzen. 'Vorgänge' können unterschieden werden in 'Geschehen' und in ' Handlung'.

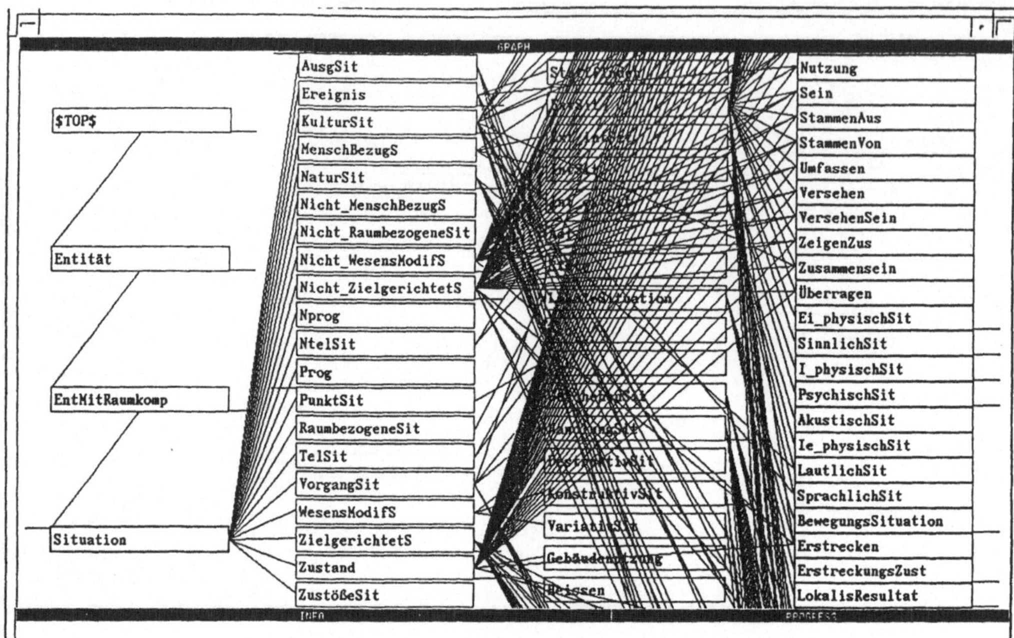

Abbildung 5: Sorten unter `Situation`

- `ZustoesseSit` unter `Situation`
  'Zustösse' sind Ereignisse, die von der Umwelt ausgehen und keinen Agens haben. Beispiel: Regen

- `HandlungSit` unter `VorgangSit`
  'Handlung' sind Ereignisse, die auf jeden Fall von einem Menschen ausgehen und Auswirkungen auf die Umwelt (Kategorie 'Manipulationen') oder auf andere Menschen (Kategorie 'Beeinflußungen') haben.

- `GeschehenSit` unter `VorgangSit`
  'Geschehen' ist ein Vorgang, der von einem nichtmenschlichen Agens ausgeht. Beispiel: Der Baum wächst.

- `BeeinflussungSit` unter `HandlungSit`

- `EingriffSit` unter `BeeinflussungSit`
  'Eingriffe' sind intentionale 'Beeinflußungen', die von einem Menschen ausgehen und einen Menschen betreffen.

- `EinwirkungSit` unter `BeeinflussungSit`
  'Einwirkungen' sind unintentionale 'Beeinflußungen', die von einem Menschen ausgehen und einen Menschen betreffen.

- `ManipulationSit` unter `HandlungSit`
  'Manipulationen' umfassen unintentionale 'Bewirkungen' wie

  Beckenklauer schießt ein Eigentor.

und intentionale 'Übergriffe' wie

Schmelzles bauen ein Haus.

- `ÜbergriffSit` unter `ManipulationSit`

- `BewirkungSit` unter `ManipulationSit`

- `MenschBezugS` unter `Situation`
  Der menschliche Beteiligte eines Ereignisses wird als Fixum, als Mittelpunkt des Geschehens betrachtet. Dabei interessiert, was mit Menschen, durch Menschen, in Menschen, an Menschen etc. in diesem Ereignis passiert.

  Hier werden Situationen kreuzklassifziert in 'interne', 'externe' und Übergänge von 'intern' nach 'extern' und 'extern' nach 'intern' Ereignisse.

- `Nicht_MenschBezugS` unter `Situation`

- `ExtSit` unter `MenschBezugS`
  'Menschliche' und 'externe' Ereignisse, etwa Bewegungen wie *gehen, sitzen, bummeln,...*.

- `Ext_intSit` unter `MenschBezugS`
  Hier finden sich Ereignisse, die von aussen nach innen wirken. Beispiele sind sinnliche Ereignisse, die den Sehsinn (*begutachten, anschauen,...*) oder den Geschmackssinn (*essen, trinken,...*) betreffen.

  Bei den ext-int-Ereignissen ist zu unterscheiden zwischen sinnlicher Wahrnehmung und physischen Aufnahmeereignissen.

- `Int_extSit` unter `MenschBezugS`
  Ereignisse, die von innen nach außen wirken: *sprechen,...*

- `IntSit` unter `MenschBezugS`
  interne Ereignisse oder Zustände: *müde,...*. Sinnvollerweise kann man 'interne' Ereignisse noch unterteilen in intern-physische und psychische Ereignisse.

- `SinnlichSit` unter `Ext_intSit`

- `Ei_physischSit` unter `Ext_intSit`

- `Ie_physischSit` unter `Int_extSit`

- `Nahrungsaufnahme` unter `Ei_physischSit`

- `EssenSit` unter `Nahrungsaufnahme`

- `TrinkenSit` unter `Nahrungsaufnahme`

- `VisuellSit` unter `SinnlichSit`

- `Sehen` unter `VisuellSit` und `HandlungSit`

- `GustatorischSit` unter `SinnlichSit`

- `TaktilSit` unter `SinnlichSit`

- `AuditivSit` unter `SinnlichSit`

- `OlfaktorischSit` unter `SinnlichSit`

- `AkustischSit` unter `Int_extSit`

- `LautlichSit` unter `Int_extSit` und `NaturSit`

- `SprachlichSit` unter `Int_extSit` und `KulturSit`
  Ein sprachliches Ereignis ist im Gegensatz zu einem lautlichen kulturell gebunden.

- `PsychischSit` unter `IntSit`

- `MentalSit` unter `PsychischSit` und `EingriffSit`

- `EmotionalSit` unter `PsychischSit` und `EinwirkungSit`

- `I_physischSit` unter `IntSit`

- `WesensModifS` unter `Situation`
  In dem Gegenstandsbereich tauchen oft geschichtliche Daten über Objekte auf. Wichtig sind hier Vorgänge wie Planung, Entstehung, Restaurierung, Umbau etc. und ihre kausalen und temporalen Beziehungen untereinander. Modifikationen sind verändernde Prozesse an Entitäten, die destruktiv, konstruktiv oder variativ sein können und Einflüsse auf das Erscheinungsbild dieser Entität haben. Aristoteles unterschied qualitative Veränderungen (Werden und Vergehen), quantitative Veränderungen und Orts- und Lageveränderungen.

- `Nicht_WesensModifS` unter `Situation`

- `VariativSit` unter `WesensModifS`
  Objekt X wird variiert, d.h. aus X wird Y

- `KonstruktivSit` unter `WesensModifS`
  Objekt X entsteht.

- `DestruktivSit` unter `WesensModifS`
  Objekt X vergeht.

- `Restauration` unter `VariativSit` und `HandlungSit`

- `Erbauen` unter `Errichten`
  Objekt X wird erbaut.

- `KulturSit` unter `Situation`
  Ereignisse, die nur in sozialer Umgebung ablaufen, werden von solchen getrennt, die natürlich auftreten und kein Produkt eines sozialen Umfelds sind.

- `NaturSit` unter `Situation`

- `LokaleSituation` unter `RaumbezogeneSit`

  Jede dieser Situationen fordert ein lokales Argument, d.h. alle Fortbewegungen und statischen Lokalisierungen.

- `LokalisierungsSit` unter `LokaleSituation`

  Ein Thema wird in einer Region lokalisiert und nimmt eine bestimmte Position ein.

- `BewegungsSituation` unter `LokaleSituation`

  Ein Agens bewegt sich oder ein Thema entlang eines Weges.

- `BewegungsZustand` unter `BewegungsSituation` und `Zustand`

  Ein Agens bewegt sich oder ein Thema entlang eines Weges, dessen Anfang und Ende ausgeblendet sind.

- `BewegungsEreignis` unter `BewegungsSituation` und `Ereignis`

  Ein Agens bewegt sich oder ein Thema entlang eines Weges mit definiten Grenzen.

- `EigenbewegungsSit` unter `BewegungsSituation`

  In diesen Bewegungssituationen bewegt ein Agens sich selbst, d.h. Agens = Thema.

- `LokalisZustand` unter `LokalisierungsSit` und `Zustand`

  Ein Thema wird in einer Region lokalisiert und hat eine bestimmte Position inne.

- `LokalisEreignis` unter `LokalisierungsSit` and `Ereignis`

  Ein Agens verursacht die Lokalisierung des Themas in einer Zielregion. Die Art und Weise der Positionierung wird durch das Feature 'consequent-state' von der Sorte `LokalisZustand` erfaßt.

- `ErstreckungsZust` unter `LokaleSituation`

  Die Sorte ErstreckungsZust beschreibt den Zustand einer räumlichen Ausdehnung eines langgezogenen Objektes.

- `LokalisResultat` unter `LokaleSituation`

  Diese Situationen betreffen das Resultat einer Bewegung oder Lokalisierung.

Sorten unter `Zeit`:

- `Zeit` unter `EntMitZeitkomp`

  Zeit ist eine Sorte, in der alle zeitlichen 'Erstreckungen' incl. Zeitpunkten vereinigt sind. Zeitpunkte werden als Erstreckungen aufgefasst, bei denen Start- und Endpunkt zusammenfallen. Die Features 'einheit', 'dimension' und 'zahlenwert' werden von der Semantik erzeugt, wenn diese eine Zeitangabe verarbeitet.

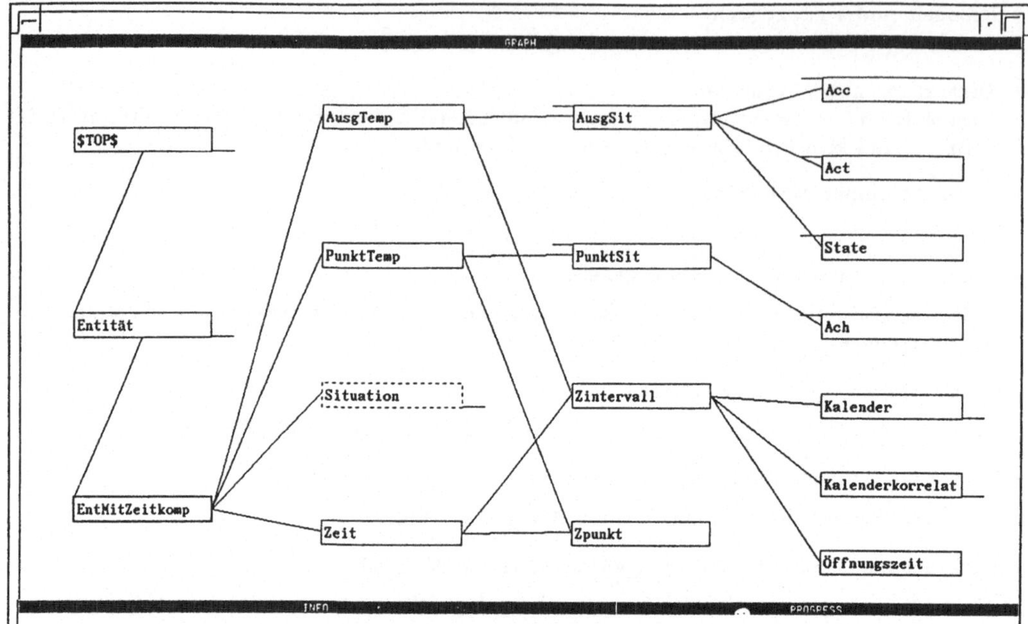

Abbildung 6: Sorten unter `Zeit`

- `PunktTemp` unter `EntMitZeitkomp`

  'Punkt-Temporale' sind Entitäten, die eine punktförmige zeitliche Ausdehnung besitzen. Dazu gehören sowohl PunktSituationen als auch Zeitpunkte. Die Rolle p-kleiner steht für die zeitliche Beziehung zwischen Punkt-Temporalen: p-kleiner(p1,p2) ='p1 ist früher als p2' im Sinne der zeitlichen Ordnung des Kalenders.

- `Zintervall` unter `Zeit` und `AusgTemp`

  Zeitinteralle sind alle Zeitspannen im üblichen Sinne, die größer sind als 1 Sekunde. Prinzipiell wird ein Sekundenraster zugrunde gelegt.

- `Zpunkt` unter `Zeit` und `PunktTemp`

  Zeitpunkte sind im Kalender auf dem Sekundenraster eindeutig zuzuordnende Größen.

  Im folgenden werden 'sekundäre' Sorten eingeführt, die für den Aspektkalkül erforderlich sind. Der Aspektkalkül setzt eine Grundsortierung der Situationen in der Ontologie voraus. Er dient dazu, die Präsentationsform einer Situation im Text daraufhin zu untersuchen, ob die Art der Präsentation dazu führt, daß die übliche Zuordnung durch die Aspektkalkül geändert werden muß.

  Telische Situationen sind alle zielgerichteten Situationen.

- `TelSit` unter `Situation`

  Nichttelische Situationen sind alle nicht zielgerichteten Situationen.

- `NtelSit` unter `Situation`

  `Ach`(ievment), `Act`(ivity), `Acc`(omplishment) und `State` sind die Grundbegriffe zur Bezeichnung des 'Aspekts' einer Situation. Diese Klassifikation stammt von Vendler [Vendler 67] und sie dient dazu festzustellen, ob die 'Subintervallproperty' gilt. Eine Situation hat die Subintervallproperty genau dann, wenn eine Situation, die einem Zeitintervall t1 zugeordnet wird, auch in jedem Teilintervall von t1 besteht.

- `State` unter `AusgSit` und `NtelSit`

  'States' sind Zustände. Sie sind zeitlich ausgedehnt und nicht zielgerichtet. Sie besitzen ohne Einschränkung die Subintervallproperty. Beispiel: 'Hans liebt Maria'.

- `Act` unter `AusgSit` und `NtelSit`

  'Activities' sind Prozesse, die zeitlich ausgedehnt sind und nicht zielgerichtet präsentiert werden. Sie sind bis zu einer gewissen Grenze homogen, d.h. sie besitzen die Subintervallproperty mit Einschränkung. Beispiel: 'Hans arbeitet' (Pausen sind zugelassen).

- `Ach` unter `PunktSit` und `TelSit`

  'Achievements' werden als annähernd punktuelle Situationen betrachtet, die zielgerichtet sind. Beispiel: 'Hans schaltet das Licht an.' Bei punktförmigen Situationen erübrigt sich die Frage nach der Subintervallproperty.

- `Acc` unter `AusgSit` und `TelSit`

  'Accomplishments' sind zeitlich ausgehnte Situationen, die ein Ziel haben. Die Subintervallproperty gilt nicht. Beispiel: 'Hans schreibt einen Brief.'

- `Prog` unter `Situation`

  Progressive Situationen sind Situationen, bei denen ein Schluß auf das Zustandekommen des Ergebnisses des Prozesses nicht erlaubt ist, wenn nur der Prozeß bekannt ist. Beispiel: 'Er fährt an den Rhein' erlaubt nicht automatisch den Schluß, da er dort ankommt.

- `Nprog` unter `Situation`

  Nichtprogressive Situationen erlauben den Schluß auf das Ergebnis.

  Die Unterscheidung von abgeschlossenen und nichtabgeschlossenen Situationen kann eventuell wegfallen.

- `Nperf` und `Perf` unter `Situation`

  Beziehungen zwischen den Sorten, die erforderlich sind, um das Verhältnis der Sorten vollständig zu charaktersieren. Gegebenenfalls können diese Definitionen integriert werden.

- `Kalender` unter `Zintervall`

  Zum Kalender gehören alle Sorten, die erforderlich sind, um ein Zeitintervall exakt zu bestimmen. Die Zeitbegriffe unter Kalender sind die üblichen Kalenderbegriffe. Eine Ausnahme bildet die Wochenangabe; diese bezieht sich auf den Monat (Bsp: die erste Maiwoche).

- `Kalenderkorrelat` unter `Zintervall`

- `Zeitstufen` unter `Kalenderkorrelat`

  Besitzt die Atome 'früher, heute, künftig, Vergangenheit, Gegenwart, Zukunft'. 'früher' wird hier als Angabe in Bezug auf den Sprechzeitpunkt aufgefaßt (früher= Vergangenheit), nicht relational in der Form 'früher als'.

  Die Jahreszeiten werden jeweils einem Jahr zugeordnet. Zeitstufen sind allgemeine Begriffe zur Charakterisierung von großen Zeitspannen.

- `Jahreszeit` unter `Kalenderkorrelat`

- `AusgTemp` unter `EntMitZeitkomp`

  'Ausgedehnte Temporale' sind Entitäten, die eine zeitliche Ausdehnung haben. Dazu gehören sowohl Ausgehnte Situationen als auch Zeitintervalle. Die Rollen sind die Allen-Relationen mit Inversen.

  `AusgSit` unter `Situation` und `AusgTemp`

  'Ausgedehnte Situationen' sind Situationen, die eine zeitliche Ausdehnung haben.

- `PunktSit` unter `Situation` und `PunktTemp`

  'Punkt-Situationen' sind Situationen, denen ein Zeitpunkt zugeordnet wird.

Dokumentation der Texte

Arbeitsgrundlage für LEU/2

Die folgenden Texte wurden im Herbst 1988 konsolidiert und bildeten die Arbeitsgrundlage für alle Teilprojekte und Komponenten in LILOG.

Langtext

Die etwa 1 km lange, meist nur „Kö“ genannte Königsallee, Düsseldorfs elegante Einkaufs- und Flanierstraße, verläuft in nordsüdlicher Richtung vom Corneliusplatz zum Graf–Adolf–Platz. Zwischen den beiden Fahrbahnen liegt der alte, flache Stadtgraben.
Die Allee wurde 1804 angelegt. Zunächst hieß sie Mittelallee. Später hieß sie Kastanienallee, ehe sie im Jahre 1851 ihren heutigen Namen erhielt.
An beiden Seiten der von dicht stehenden Bäumen gesäumten Königsallee reihen sich Geschäftshäuser und Verwaltungsbauten aneinander. Exklusive Geschäfte, Restaurants und Terrassencafes findet man an der Ostseite der Kö.
Wir beginnen unseren Bummel über die Königsallee am Hofgarten. Die unterirdische Kö-Passage führt uns von hier zu dem am Nordende der Kö gelegenen, rechteckigen Corneliusplatz.
Im Süden des Corneliusplatzes sehen wir den 1882 aufgestellten Schalenbrunnen; im Südosten steht die Normaluhr. Wenden wir uns nach Osten, so erreichen wir nach wenigen Metern den Schadowplatz, auf dem 1964 der Salinenbrunnen eingeweiht wurde.
Von hier aus können wir eines der Wahrzeichen Düsseldorfs sehen: die bekannte Tritonengruppe, die an der Kreuzung der Kö mit der Theodor-Körner-Straße steht und den Stadtgraben nördlich abschließt. Sie wurde nach einem Entwurf von Fritz Coubillier, einem hiesigen Akademieschüler, im Jahre 1902 realisiert.
Die Theodor-Körner-Straße führt in Düsseldorfs Altstadt mit ihren engen Gassen und Altbierkneipen. Wir setzen unseren Spaziergang auf der linken Seite der Königsallee fort und kommen bald zum Kö-Center, das die Kö mit der östlich verlaufenden Blumenstraße verbindet. Im Eingangsbereich steht die Bronzeplastik „Schreitendes Mädchen“, die 1960 von Gerhard Marcks geschaffen wurde. Eine Weile schlendern wir durch das 1967 vollendete Center an einer Reihe von Geschäften und Boutiquen entlang.
An der Ostseite der Königsallee befinden sich zwei weitere Passagen mit eleganten Geschäften, die Kö-Galerie mit ihrer hohen Glaskuppel und das Kö-Karree. Auf einer der Brücken, die die Königsallee kreuzen, überqueren wir den Stadtgraben und folgen der Kö nun auf der rechten Seite bis zum Graf-Adolf-Platz, der das südliche Ende bildet.

Kurztexte

Hetjensmuseum

Das Hetjensmuseum wurde 1909 eröffnet und ist im Palais Nesselrode untergebracht, das im 18.Jahrhundert errichtet wurde. Diese barocke Dreiflügelanlage befindet sich südwestlich der Fußgängerzone an der Ecke Schulstraße und Hafenstraße. Die Keramiksammlung des Museums umfaßt mehr als zehntausend Objekte. Die Ausstellung ist täglich außer Montag von 10 Uhr bis 17 Uhr geöffnet. Der Eintritt kostet 2 DM und ermäßigt 1 DM.

Kreuzherrenkirche

Die Kreuzherrenkirche, die im 15. Jahrhundert als Kloster des Kreuzherren-Konvents erbaut wurde, befindet sich an der Ecke Ratinger Straße/Ursulinengasse. Ab 1803 beinhaltete das Bauwerk Büros, und seit der Restaurierung im Jahre 1968 wurde es als katholische Pfarrkirche genutzt. Besonderheit der gotischen Hallenkirche sind ihre beiden parallelen Schiffe.

Kunstsammlung Nordrhein-Westfalen

Die Kunstsammlung Nordrhein-Westfalen ist in einem auffälligen Gebäude am Grabbeplatz gegenüber der städtischen Kunsthalle untergebracht. Das Gebäude, das mit einer geschwungenen Fassade versehen ist, entstand als Werk der Kopenhagener Architekten Dissing und Weitling und wurde 1986 fertiggestellt. Die Sammlung umfaßt 180 Bilder, von denen etwa die Hälfte von Paul Klee stammt, und zeigt Werke von Künstlern des 20.Jahrhunderts. Das Museum ist Dienstag, Donnerstag, Samstag und Sonntag von 10 Uhr bis 17 Uhr, Mittwoch und Freitag von 10 Uhr bis 20 Uhr geöffnet. Der Eintrittspreis beträgt 5 DM, für Studenten und für Gruppen ab 10 Personen ist er auf 3 DM ermäßigt.

Schloßturm

Der Schloßturm am Burgplatz, der wenige Meter südlich der Lambertuskirche an der Uferstraße steht, wird von den höheren Gebäuden im Hintergrund überragt. Er stammt noch aus dem 13. Jahrhundert und wurde im 16. Jahrhundert im Oberteil umgebaut. Seit Januar 1984 beherbergt er das Schiffahrt-Museum. Die Ausstellung, in der mehr als 100 Schiffsmodelle zu sehen sind, ist täglich außer Montag von 10 bis 14 Uhr geöffnet. Der Eintrittspreis beträgt 2 DM und ermäßigt 1 DM.

Lambertuskirche

Weit im Norden der Altstadt liegt St.Lambertus, die einst Stiftskirche war und heute eine katholische Pfarrkirche ist. Die dreischiffige gotische Hallenkirche, die aus Backstein und Tuff gemauert ist, stammt aus dem 14. Jahrhundert. Ihre Charakteristika sind die leicht verdrehte Turmspitze und der wertvolle Kirchenschatz im Innern der Kirche.

Staatliche Kunstakademie

Die Kunstakademie, die 1773 aus einer Zeichenschule entstand, ist in einem aus der Gründerzeit stammenden Gebäude in der Eiskellerstraße untergebracht. Es wurde 1879 nach den Plänen des Architekten Riffart errichtet. Das Gebäude, das durch seine breiten Vorbauten auffällt, wurde nach 1945 restauriert. Die Staatliche Kunstakademie Düsseldorf umfaßt die Fachbereiche Freie Kunst, Kunsterziehung und Kunstbezogene Wissenschaften.

Städtische Kunsthalle

In der städtischen Kunsthalle an der Ecke Grabbeplatz/Hunsrückstraße werden Wechselausstellungen moderner und zeitgenössischer Kunst gezeigt. Das Gebäude der Kunsthalle wurde 1967 nach Plänen der Architekten Beckmann, Brockes und des städtischen Bauamtes fertiggestellt. Am Eingang ist die 4 Meter hohe Bronzeplastik Habakuk des Bildhauers Max Ernst zu bewundern. Die Ausstellung kann täglich außer Montag von 10 bis 16 Uhr besichtigt werden. Die Eintrittspreise sind je nach Ausstellung verschieden.

Zum Schiffchen

In der Hafenstraße 5 beim Hetjensmuseum befindet sich das beliebte Restaurant „Zum Schiffchen". Diese niveauvolle Gaststätte verfügt über eine eigene Brauerei. Von 12 Uhr bis 15 Uhr und von 17 Uhr bis 24 Uhr hat das Restaurant mit seiner rustikalen Küche geöffnet.

Tante Anna

Das bekannte Weinhaus „Tante Anna" in der Andreasstraße stammt aus dem Jahr 1593 und ist noch im Stil des 16. Jahrhunderts eingerichtet. In diesem Restaurant mit anspruchsvoller, internationaler Küche werden mehr als 130 verschiedene Weine angeboten. Täglich außer Sonntag von 18 Uhr bis 3 Uhr hat dieses historische Weinhaus geöffnet. Die Küche hat von 18 Uhr bis 24 Uhr geöffnet.

Im goldenen Ring

Im Brauereigasthof „Im Goldenen Ring" am Burgplatz wird Altbier aus eigener Brauerei ausgeschenkt. Dieser gemütliche Gasthof ist durchgehend geöffnet. Hauptgerichte gibt es von 10 bis 25 DM.

Montedoro

Das argentinische Restaurant am Graf-Adolf-Platz ist bekannt wegen seinen saftigen Rindersteaks. Hauptgerichte gibt es für 10 DM bis 30 DM. Es hat durchgehend von 11.30 Uhr bis 0.30 Uhr geöffnet.

Lilly Kö-Bistro

Dieses kleine Bistro an der Ecke Königsalle/Bahnstraße hat täglich von 10 Uhr bis 24 Uhr geöffnet. Hier trifft man nette Leute bei einem Glas Wein oder einem kleinen Imbiß.

Tritonengruppe

An der Südseite der Theodor-Körner-Straße befindet sich eines der Wahrzeichen von Düsseldorf, die Tritonengruppe. Diese Brunnenanlage besteht aus zwei großen Figuren, die einen Tritonen und einen Fisch darstellen.

Kö-Center

Von 1965 bis 1967 enstand auf der Ostseite der Kö das „Kö-Center". Es vereint etwa 70 Geschäfte mit Büros und anderen Verwaltungsräumen. Auf dem östlich anstoßenden Martin-Luther-Platz steht ein Bismark-Denkmal und südlich davon befindet sich in einem klassizistischen Gebäude das Justizministerium.

Hofgarten

Der Hofgarten ist eine etwa 26 Hektar große Parkfläche, welche die Düsseldorfer Innenstadt nach Norden hin begrenzt. Er erstreckt sich vom Holzgartenufer zunächst in östlicher Richtung bis an die Kaiserstraße. Der Park wurde um 1770 angelegt und bildet ein sehr geschätztes Erholungsgebiet in unmittelbarer Nähe der Innenstadt.

Narrativer Text

In der ersten Maiwoche fand in Düsseldorf der große LILOG-Workshop statt. Nach der anstrengenden Projektsitzung am Dienstag machten die Teilnehmer des Workshops am Mittwoch einen Ausflug in die Düsseldorfer Innenstadt. Der Bus brachte sie von ihren Hotels am Rhein in rund 30 Minuten zum Hofgarten.
Kaum waren sie angekommen, begann es zu regnen, trotzdem unternahmen sie einen etwa einstündigen Spaziergang durch den Park. Gegen 10 Uhr fand man sich am Ausgang ein. Durch die Kö-Passage gingen sie weiter zum Cornelius-Platz. Dort schaute man sich den Schalenbrunnen und die Normaluhr an. Einige machten einen Abstecher zum Schadowplatz und besichtigten dort den Salinenbrunnen. Über die Blumenstraße gingen sie weiter zum Martin-Luther-Platz und zum Bismarck-Denkmal. Nach einem Blick auf das Justizministerium bummelten sie durch das Kö-Center zum „Schreitenden Mädchen". Zuvor hatten sie noch die Johanneskirche besichtigt. Währenddessen hatte der Rest der Gruppe die Tritonen-Gruppe an der Theodor-Körner-Straße begutachtet und war direkt zum Kö-Center gegangen. Dort traf man sich wieder.
Nachdem man ausgiebig zu Mittag gegessen hatte, gingen die einen den Nachmittag über Einkaufen, die anderen fuhren mit der Straßenbahn an den Rhein und machten einen Bootsausflug. Um die Mittagszeit hatte es aufgehört zu regnen. Deshalb wurden die Sitzplätze auf dem Sonnendeck eingenommen. Am frühen Abend kam man am Graf-Adolf-Platz wieder zusammen. Während der Corneliusplatz noch mit Elan umrundet wurde, war man jetzt zu müde, verzichtete auf eine Besichtigung und suchte nach einer Gaststätte. Das argentinische Montedoro am Corneliusplatz hatte geöffnet. Nachdem man eine Kleinigkeit gegessen hatte, beschloß man noch kurz in Lillys Kö-Bistro an der Ecke Kö/Bahnstraße einzukehren. Bevor sie um Mitternacht den Bus zurück ans Rheinufer nahmen, gingen sie noch auf einen Sprung ins bekannte Weinhaus Tante Anna in der Andreasstraße. An der Bushaltestelle fing es wieder an zu regnen, man verabschiedete sich schnell und die verschiedenen Gruppen gingen in ihre Hotels.

Syntax von L_{LILOG}

```
Notational Conventions
----------------------
terminal symbols are enclosed in '"'
'epsilon' is the empty string
'A | B' stands for the alternative A or B
'[ A ]' stands for 'A | epsilon'
'{ A }' means repetition of A (zero or more times)
'()' is sometimes used to make precedence clear
everything following "%" on the same line is a comment

Knowledge Bases (not yet implemented)
---------------

KB_DECLARATION ::=  ...to be specified

Knowledge Packets (not yet implemented)
-----------------

KP_DECLARATION ::=  ...to be specified


Knowledge Entities
------------------

KE_DECLARATION ::=
{
  (    SORT_DECLARATION
| REFO_DECLARATION
| FUNCTION_DECLARATION
| CONSTANT_DECLARATION
| PREDICATE_DECLARATION
| AXIOM_DECLARATION
| GOAL_DECLARATION
  ) "."
}

SORT_DECLARATION ::=
  "sort" SORT_NAME "from" KP_NAME
| "sort" SORT_NAME ( "<" | "=" ) SORT_EXPRESSION [ AFRD_DECLARATIONS ]
```

```
AFRD_DECLARATIONS ::=
{ ";"
      (   "features" FEATURE_DECLARATION { "," FEATURE_DECLARATION }
| "roles" ROLE_DECLARATION { "," ROLE_DECLARATION }
| "atoms" ATOM_NAME { "," ATOM_NAME }
| "disjoint" SORT_EXPRESSION { "," SORT_EXPRESSION }
| "proto_depics" PROTO_DEPIC_NAME { "," PROTO_DEPIC_NAME }
      )
}

FEATURE_DECLARATION ::=
FEATURE_NAME ":" SORT_EXPRESSION

ROLE_DECLARATION ::=
ROLE_NAME "::" SORT_EXPRESSION

SORT_EXPRESSION ::=
  SORT_NAME
| "and" "(" SORT_EXPRESSION { "," SORT_EXPRESSION } ")"
| "or" "(" SORT_EXPRESSION { "," SORT_EXPRESSION } ")"
| "not" "(" SORT_EXPRESSION ")"
| FEATURE_PATH ":" SORT_EXPRESSION
| FEATURE_NAME ":" SORT_EXPRESSION
| ROLE_NAME "::" SORT_EXPRESSION
| "all" ROLE_NAME SORT_EXPRESSION
| "some" ROLE_NAME
| "{" ATOM_NAME { "," ATOM_NAME } "}"
| "{" INTEGER { "," INTEGER } "}"
| "[" INTEGER ".." INTEGER "]"
| FEATURE_PATH "==" FEATURE_PATH
| FEATURE_PATH "=/=" FEATURE_PATH
| "(" SORT_EXPRESSION ")" "*"
| SORT_NAME "*"
| "(" SORT_EXPRESSION ")" "+"
| SORT_NAME "+"

FEATURE_PATH ::=
"<" FEATURE_NAME { FEATURE_NAME } ">"

REFO_DECLARATION ::=
  "refo" REFO_NAME "from" KP_NAME
| "refo" REFO_NAME ":" SORT_EXPRESSION

FUNCTION_DECLARATION ::=
  "function" FUNCTION_NAME "from" KP_NAME
| "function" FUNCTION_NAME
"(" ARGUMENT { "," ARGUMENT } ")" "->" SORT_EXPRESSION

%% NOTE:
%% Avoid using 0-ary functions. This is what constants are for.
```

```
CONSTANT_DECLARATION ::=
  "constant" CONSTANT_NAME "from" KP_NAME
| "constant" CONSTANT_NAME ":" SORT_EXPRESSION

PREDICATE_DECLARATION ::=
  "predicate" PREDICATE_NAME "from" KP_NAME
| "predicate" PREDICATE_NAME "(" [ ARGUMENT { "," ARGUMENT } ] ")"

AXIOM_DECLARATION ::=
  "axiom" AXIOM_NAME "from" KP_NAME
| "axiom" AXIOM_NAME ":" FORMULA

GOAL_DECLARATION ::=
  "goal" GOAL_NAME "from" KP_NAME
| "goal" GOAL_NAME ":" FORMULA
%% NOTE:
%% Axioms and goals have identical syntax.
%% But: that might change some time!!

ARGUMENT ::=
ARGUMENT_NAME ":" SORT_EXPRESSION

FORMULA ::=
QUANTIFICATION BODYofFORMULA

QUANTIFICATION ::=
{ QUANTIFIER QUANTIFIEDVARIABLES { "," QUANTIFIEDVARIABLES } ";" }

QUANTIFIER ::=
  "forall"
| "exists"
| "o_default"
| "p_default"

QUANTIFIED_VARIABLES ::=
VARIABLE_NAME { "," VARIABLE_NAME } ":" SORT_EXPRESSION

BODYofFORMULA ::=
  DISJofCONJ % fact
| DISJofCONJ "<-" CONJofDISJ % rule (intention: backward)
| CONJofDISJ "->" DISJofCONJ % rule (intention: forward)
| FLAT "<->" FLAT % rule
| "?-" CONJofDISJ % goal (not in knowledge bases!)

%% NOTE:
%% In fact, formulas can be much more general than decribed here.
%% You can use every formula with the operators "not", "depic_obl", "EP",
%% "depic_opt", "and", and "or" and with arbitrary "()"s instead of DISJofCONJ,
%% CONJofDISJ, and FLAT. But in those cases the LLilog-compiler
%% will generate a normal form which might be quite different from
%% what you typed in. If you restrict yourself to the syntax given
%% above, the LLilog-inference engine will process formulas exactly
```

```
%% as you typed them. This simplifies debugging and tracing
%% considerably.
%%


DISJofCONJ ::=
CONJ { "or" CONJ }

CONJofDISJ ::=
DISJ { "and" DISJ }

FLAT ::=
  CONJ
| DISJ

CONJ ::=
{ "not" | "depic_obl" | "depic_opt" | "EP" } "(" MODLITERAL { "and" MODLITERAL } ")"

DISJ ::=
{ "not" | "depic_obl" | "depic_opt" | "EP" } "(" MODLITERAL { "or" MODLITERAL } ")"

MODLITERAL ::=
{ "not" | "depic_obl" | "depic_opt" | "EP" } LITERAL [ VAGUENESS ]

VAGUENESS ::=
"[" REAL_IN_0_1 "]"

LITERAL ::=
  PREDICATE_NAME [ "(" ARGTERM { "," ARGTERM } ")" ]
| ROLE_NAME "(" TERM "," TERM ")"
| "genrefo" "(" TERM "," TERM ")"
| TERM ( "=" | "<" | "=<" | ">=" | ">" ) TERM
| "{" SORT_EXPRESSION "}" TERM
| TERM "in" TERM
| "atomic" TERM

TERM ::=
  VARIABLE_NAME
| CONSTANT_NAME
| ATOM_NAME
| REFO_NAME
| LIST
| ARITHMETIC_EXPRESSION
| FUNCTION_NAME [ "(" ARGTERM { "," ARGTERM } ")" ]
| FEATURE_NAME "(" TERM ")"
| TERM "&" TERM
| "#" TERM
| "(" TERM ")"

ARGTERM ::=
ARGUMENT_NAME ":" TERM
```

```
LIST ::=
  "nil"
| "[" [ TERM { ";" TERM } ] [ "|" LIST ] "]"

ARITHMETIC_EXPRESSION ::=
  ARITHMETIC_EXPRESSION ( "+" | "-" ) T
| T
T ::=
  T ( "*" | "/" ) F
| F
F ::=
  VARIABLE_NAME
| INTEGER
| ( "+" | "-" ) F
| "(" ARITHMETIC_EXPRESSION ")"
| TERM


Token Grammar
-------------
KB_NAME ::= ID
KP_NAME ::= ID
SORT_NAME ::= ID
ATOM_NAME ::= ID
PROTO_DEPIC_NAME::= ID
FEATURE_NAME ::= ID
ROLE_NAME ::= ID
FUNCTION_NAME ::= ID
CONSTANT_NAME ::= ID
PREDICATE_NAME ::= ID
AXIOM_NAME ::= ID
ARGUMENT_NAME ::= ID
REFO_NAME ::= ID
VARIABLE_NAME ::= ID

INTEGER ::= DIGIT { DIGIT }

REAL_IN_0_1      ::= "0." INTEGER

ID ::= LETTER { LETTER | DIGIT | SPECIAL }

DIGIT ::= "0" | "1" | "2" | "3" | "4" | "5" | "6" | "7" | "8" | "9"
LETTER ::= UPPERCASE | LOWERCASE
UPPERCASE ::= "A" | "B" | ... | "Z" | " " | " " | " "
LOWERCASE ::= "a" | "b" | ... | "z" | " " | " " | " " | " "
SPECIAL ::= "_" | "\" ANYCHAR
OTHERS ::= a lot of other characters

ANYCHAR ::= LETTER | DIGIT | OTHERS
```

Anschriften der Autoren

Manfred Börkel	IBM Deutschland GmbH, Wissenschaftliches Zentrum, IWBS 7000-75, Postfach 80 08 80, 7000 Stuttgart 80
Toni Bollinger	IBM Deutschland GmbH, Wissenschaftliches Zentrum, IWBS 7000-75, Postfach 80 08 80, 7000 Stuttgart 80
Zuzana Dobes	MCC, 3500 West Balcones Center Dr., Austin, TX 78759, USA
Barbara Gängler	Universität Bielefeld, Technische Fakultät, Postfach 8640, 4800 Bielefeld 1
Peter Gerstl	IBM Deutschland GmbH, Wissenschaftliches Zentrum, IWBS 7000-75, Postfach 80 08 80, 7000 Stuttgart 80
Bart Geurts	ITK/KUB, Tilburg University, P.O. Box 90153, Tilburg, NL
Gudrun Klose	TU Berlin, FB Informatik (20), Sekr. FR 6-10 Franklinstr. 28/29, 1000 Berlin 10
Ewald Lang	Bergische Universität, FB 4 – SFB 282 "Theorie des Lexikons", Gaußstr. 20, 5600 Wuppertal 1
Sven Lorenz	Universität Stuttgart, Institut für Maschinelle Sprachverarbeitung, Keplerstr. 17, 7000 Stuttgart 1
Kai von Luck	IBM Deutschland GmbH, Wissenschaftliches Zentrum, IWBS 7000-75, Postfach 80 08 80, 7000 Stuttgart 80
Claudia Maienborn	Universität Hamburg, Fachbereich Informatik, Bodenstedtstr. 16, 2000 Hamburg 50
Martin Mezger	IBM Deutschland GmbH, Wissenschaftliches Zentrum, IWBS 7000-75, Postfach 80 08 80, 7000 Stuttgart 80
Adrian Müller	GMD, Dolivostr. 15, 6100 Darmstadt
Elisabeth Neugebauer	Universität Hamburg, Fachbereich Informatik, Bodenstedtstr. 16, 2000 Hamburg 50
H.-J. Novak	IBM Deutschland GmbH, Wissenschaftliches Zentrum, IWBS 7000-75, Postfach 80 08 80, 7000 Stuttgart 80
Thomas Pirlein	IBM Deutschland GmbH, Wissenschaftliches Zentrum, IWBS 7000-75, Postfach 80 08 80, 7000 Stuttgart 80
Ralf Röhrig	Universität Hamburg, Fachbereich Informatik, Bodenstedtstr. 16, 2000 Hamburg 50
Geoff Simmons	Universität Hamburg, Fachbereich Informatik, Bodenstedtstr. 16, 2000 Hamburg 50
Ipke Wachsmuth	Universität Bielefeld, Technische Fakultät, Postfach 8640, 4800 Bielefeld 1